中俄经贸关系现状与前景

修|订|版

陆南泉　马风书◎主编

中国社会科学出版社

图书在版编目（CIP）数据

中俄经贸关系现状与前景／陆南泉，马风书主编． — 修订版．— 北京：中国社会科学出版社，2024.11.
ISBN 978 - 7 - 5227 - 2739 - 4

Ⅰ.①中… Ⅱ.①陆… ②马… Ⅲ.①中俄关系—双边贸易—研究 Ⅳ.①F752.751.2

中国国家版本馆 CIP 数据核字（2023）第 215742 号

出 版 人	赵剑英
责任编辑	周　佳
责任校对	李　莉
责任印制	李寡寡
出　　版	中国社会科学出版社
社　　址	北京鼓楼西大街甲 158 号
邮　　编	100720
网　　址	http：//www.csspw.cn
发 行 部	010 - 84083685
门 市 部	010 - 84029450
经　　销	新华书店及其他书店
印刷装订	北京君升印刷有限公司
版　　次	2024 年 11 月第 1 版
印　　次	2024 年 11 月第 1 次印刷
开　　本	710×1000　1/16
印　　张	24.25
字　　数	410 千字
定　　价	128.00 元

凡购买中国社会科学出版社图书，如有质量问题请与本社营销中心联系调换
电话：010 - 84083683
版权所有　侵权必究

前　言

笔者撰写的《中俄经贸关系现状与前景》一书于2011年由中国社会科学出版社出版，至今已过去十多年。在这期间，无论是中俄政治关系、经贸关系还是世界政治、经济格局，都发生了较大的变化。在当今世界正经历百年未有之大变局，国际环境日益复杂，不稳定性、不确定性明显增加，美国不断强化打压、遏制中俄两国的大背景下，如何巩固和发展业已建立起来的中俄关系，是两国都十分关注的重大问题。在此背景下，在各个方面变化了的情况下，进一步深化研究中俄之间的经贸关系，具有重要的意义。因为经贸关系的发展，是夯实中俄政治关系的一个重要因素。为此，笔者决定对本书进行修改，充实新的内容。

一　加强经贸合作对发展中俄关系的重要意义

苏联解体后，中国与作为苏联继承国的俄罗斯，无论是政治关系还是经贸关系，一直在不断地发展并向更高层次迈进。中俄关系从"互视为友好国家"到2019年6月两国元首共同签署《中俄关于发展新时代全面战略协作伙伴关系的联合声明》，把两国关系提升为"新时代全面战略协作伙伴关系"。在这期间，两国的经贸合作也取得了很大的发展。

中俄双方都认为，当今的两国关系处于历史上最好的时期。两国关系之所以能顺利发展，无疑地缘政治与安全因素有着重要的作用。双方在处理国际关系中的一些重大问题上进行协调，反映了两国之间存在长期的共同战略依托。但在世界经济全球化的大趋势下，在国与国之间经济联系日益紧密、各国之间的经济利益不可分割的条件下，作为互为最大邻国的中俄两国，如何使良好的政治关系推动经贸关系进一步发展，使其符合两国政治关系的水平与发展新时代中俄关系的要求，并依此来不断提高两国之间经济利益的依存度，这具有十分重要的意义。正如2012年4月26—30日李克强访俄谈到中俄经贸合作重要性时指出，经贸合作是中俄战略协作伙伴关系的重要基石，是支撑中俄关系向前发展的重要动力。普京强调："全力发展经贸联系具有特别重要的意义，俄中两国关系总的状况在很大程度上取决于这种关系的水平与质量。"[①] 2008年2月14日，普京总统在第七次大型记者招待会上指出："中国人民和领导人珍视俄中关系，我们非常赞赏这一点。我们在贸易、投资、高新技术、航天、国防和军工领域都有庞大的合作计划。中国是我们在军事技术领域最大的合作伙伴，是与我们开展高度互信合作为数不多的国家之一。这种互信合作立足长远，促进能源、运输、核能、金融、航天航空、信息技术及其他双方共同感兴趣领域的合作，促进两国边境和地方间经贸合作的发展，并根据本国法律为此创造必要条件。未来数十年，我们将保持两国间的这种高度互信，不断谋求达到新的合作水平，首先是在经济领域。"提升与加强两国经贸合作关系，一直是两国领导人会晤时重要的议题。《中俄关于发展新时代全面战略协作伙伴关系的联合声明》要求双方拓宽思路、创新模式，推动两国务实合作全面提质升级，实现利益深度交融、互利共赢。为此提出了两国17个领域的合作内容，为夯实新时代关系奠定坚实的物质基础。

二 两国经贸合作水平不断提高

三十年来，中俄两国经贸合作水平不断提升，除2009年、2015年与2020年贸易额分别与前一年相比出现下降外，其他各年都是增长的。2018年两国贸易额为1087.79亿美元，比2017年增长了26%。这是两国贸易首次超过1000亿美元，应该说这是一个大的发展，也是中俄经贸关系一个大的进步，还是中俄两国长期期待达到的目标。这也使大家看到了快速发展两国贸易水平的前景，也看到了两国在经贸合作中存在的、有待进一步发挥作用的潜力。2018年中俄经贸关系不仅在规模上有所突破，在质量上也有所改进，贸易结构有所优化，主要表现如下。（1）2018年中国出口到俄罗斯的产品以科技产品为主，此类产品约占对俄出口的

[①] 《普京文集》，中国社会科学出版社2002年版，第661页。

60%；俄罗斯对中国出口的资源型产品占比高达80%。贸易结构有所改进，但谈不上实质性的变化。（2）出现了一些新的贸易增长点。2018年中国从俄罗斯进口的农产品为32.1亿美元，比2017年增长了51.3%。双方在电子商务、服务贸易等领域也有新的发展。（3）在一些战略性大项目，如在能源、核、航天、跨境基础设施领域，以及北极开发、数字经济等新兴领域的合作也取得进展。（4）地方区域合作进一步加强。以"中俄地方合作交流年"为契机，双方签署了《中俄在俄罗斯远东地区合作发展规划（2018—2024年）》和《中国东北地区和俄罗斯远东及贝加尔地区农业发展规划》，在远东地区的合作进一步深化。同时，中俄地区合作发展投资基金正式成立，为双边合作项目提供融资支持。以上情况说明，2018年是中俄经贸合作取得重大进展的一年，两国贸易额达到1070.6亿美元，比2017年增长了27.1%。这是两国贸易额首次超过1000亿美元。2019年，中俄贸易额继续呈增长态势，达到1107.57亿美元，2020年由于受新冠疫情的影响，中俄贸易额下降为788亿美元。之后从2021年起，两国贸易一直处于高速增长态势。中国从俄罗斯进口中的份额从2021年的27%升至2023年的45%，在俄向中国出口中的份额从2021年的13%升至2023年的28%。中俄经贸关系快速发展，充分体现了两国互利合作的强大韧性与广阔前景，这对充实业已建立的"中俄新时代全面战略协作伙伴关系"具有重要意义。2024年，中俄建交75周年，两国关系将面临新的发展机遇。

三　主要内容

本书除了前言，其他内容由三编十四章组成。

第一编研究中俄经贸关系发展的大环境。两国经贸关系受到各种因素的影响。为此，对这方面起重要作用的问题有必要进行分析。目的是更好地把握中俄经贸关系发展基础性条件的变化趋势。这里涉及的问题有俄罗斯政治环境、经济状况、经济结构、外贸政策与中俄政治关系等。

第二编考察中俄经贸关系发展历史，目的是使读者对两国经贸关系有个总体了解。考虑到俄罗斯是苏联的继承国，为此，在论述中俄经贸关系进程前，也对中苏经贸关系的情况作了介绍。

第三编较为详细地分析中俄经贸主要合作领域，主要研究能源、科技、农业、金融、区域合作和"一带一路"与中俄经贸合作关系等问题。

四　写作的基本思路

本书写作过程中，笔者的基本思路如下。

第一，要让人们认识到，提升经贸合作水平对巩固与发展中俄战略协作伙伴关系的重要性。而目前的两国经贸关系的水平与存在的问题，尚难以对业已形成的两国政治关系起到强有力的、基础性的促进作用。鉴于此，笔者在论述两国经贸关系问题时，不仅指出了已取得的进展，还分析了存在的问题及其产生的缘由。

第二，本书的任务主要不是从微观角度分析与俄罗斯发展经贸合作，或就某个项目达成协议问题，而是从宏观角度说明与俄罗斯发展经贸合作时，应对其有关方面有较为全面与准确的了解。只有这样，才能把握对俄罗斯发展经贸关系的可能性与前景，也可预先估计到可能出现的问题。正是出于这一目的，本书除在第一编集中论述中俄经贸合作大环境外，在分析各个领域的合作问题时，也用了较大篇幅阐明俄罗斯在该领域的基本情况与分析存在的问题。例如研究中俄能源合作时，本书对俄罗斯能源当前的情况、潜力、基本政策与发展前景等问题都作了分析，以便让国人对俄罗斯能源领域有较为全面的认识，减少合作过程中的盲目性。关于对农业、科技、金融与区域合作问题的研究，都对俄罗斯在这些领域的基本情况和政策作了论述。

第三，考虑到俄罗斯是苏联的继承国，与苏联有着十分密切的关系，为了更好地认识俄罗斯，在论述俄罗斯有关问题时，笔者同时也对苏联时期一些重要领域的基本情况作了概述。

第四，本书对中俄经贸关系的研究，并没有涉及所有领域，只是对一些主要领域加以考察。

本书由中国社会科学院荣誉学部委员、山东大学俄罗斯与中亚研究中心首席专家陆南泉设计全书框架。参加本书撰写与修订的有陆南泉（前言、第一至第七章、第十三章第五节），山东大学俄罗斯与中亚研究中心主任、教授马风书（第八至第九章），中国社会科学院俄罗斯东欧中亚研究所经济研究室副主任、研究员高际香（第十至第十一章），中国社会科学院俄罗斯东欧中亚研究所研究员、博士生导师李建民（第十二章），黑龙江社会科学院东北亚战略研究院首席专家、研究员，黑河学院特聘研究员马友君（第十三章第一至第四节），山东大学俄罗斯与中亚研究中心副主任、副研究员展妍男（第十四章）。这里特别要指出的是，本书修订版中有关农业、金融、"一带一路"与中俄经贸合作关系这三章是新增加的，书中其他原有的各章内容与结构都有重大调整与修改，第十三章是完全重新改写的。

全书各章由陆南泉与马风书分别作了修改，最后由陆南泉定稿。由于研究水平有限，加上俄罗斯是政策多变的转型国家，往往使笔者对有些情况不能及时掌握。本书的有些观点可能与一些同行和实际部门不尽相同，书中定有不妥与错误，十分欢迎来自各方面的批评与指正。

最后感谢中国社会科学出版社对本书出版给予的大力支持，还要感谢本书责编周佳和校对老师李莉为本书出版付出的辛劳。

陆南泉

2024年3月

目 录

第一编　中俄经贸关系发展的大环境

第一章　俄罗斯政治环境 ……………………………………（3）
　第一节　政治概况 ……………………………………………（3）
　第二节　普京治国的总目标和思想及其采取的主要措施 ……（5）
　第三节　俄罗斯转向民主政治进程的分析 …………………（11）
　第四节　普京强化中央权力的发展趋势 ……………………（15）

第二章　俄罗斯经济状况分析 ………………………………（17）
　第一节　经济概况 ……………………………………………（17）
　第二节　叶利钦时期出现严重经济转型危机 ………………（20）
　第三节　普京任前两届总统时期经济快速增长的原因 ……（25）
　第四节　"梅普""普梅"交替组合时期俄经济不断
　　　　　衰退的根由 …………………………………………（29）
　第五节　始于2020年的经济发展前景 ………………………（35）

第三章　俄罗斯经济结构与调整趋势 ………………………（39）
　第一节　苏联时期经济结构的特点 …………………………（40）
　第二节　俄罗斯经济结构调整趋势 …………………………（43）
　第三节　俄罗斯经济结构调整面临的难题 …………………（47）

第四章　俄罗斯对外经贸政策与发展趋势 …………………（54）
　第一节　苏联时期对外经贸关系概况 ………………………（54）
　第二节　戈尔巴乔夫时期对外经贸体制改革 ………………（59）
　第三节　俄罗斯对外经贸关系概况 …………………………（69）
　第四节　改革对外经贸体制 …………………………………（74）
　第五节　值得思考的几个问题 ………………………………（75）

第五章　不断向高层次发展的中俄政治关系 （78）
第一节　叶利钦执政时期两国政治关系的发展进程 （78）
第二节　升级为"面向21世纪的全面战略协作伙伴关系" （84）
第三节　"中俄新时代全面战略协作伙伴关系" （90）
第四节　对中俄政治关系发展趋势的几点看法 （93）

第二编　中俄经贸关系发展历史

第六章　曲折的中苏经贸关系 （101）
第一节　历史回顾 （102）
第二节　经贸关系稳定与迅速发展的原因分析 （110）
第三节　中苏经贸合作的主要问题 （114）

第七章　中俄经贸关系发展进程 （117）
第一节　1992—1993年的快速发展阶段 （119）
第二节　1994—1999年的滑坡与徘徊不前阶段 （123）
第三节　2000年至今逐步结束磨合期进入快速发展阶段 （132）

第三编　中俄经贸主要合作领域

第八章　俄罗斯能源概述 （147）
第一节　俄罗斯能源资源潜力 （147）
第二节　俄罗斯能源分布与消费结构 （158）
第三节　俄罗斯能源战略与政策 （167）

第九章　中俄能源合作 （185）
第一节　中国能源基本状况与主要政策 （185）
第二节　中俄能源合作的大体进程 （218）
第三节　输油管道问题 （223）
第四节　2009年以来中俄能源合作的发展 （229）
第五节　应思考的几个问题 （234）

第十章　中俄科技合作 （238）
第一节　苏联时期的科技发展 （238）
第二节　俄罗斯时期的科技发展 （243）
第三节　中苏科技合作 （252）

第四节	中俄科技合作	(256)
第五节	中俄科技合作掣肘问题及应对	(261)
第十一章	**中俄农业合作**	**(264)**
第一节	苏联时期农业概况	(264)
第二节	俄罗斯时期农业的发展	(267)
第三节	中俄农业合作现状与前景	(274)
第十二章	**中俄金融领域的合作**	**(283)**
第一节	当代俄罗斯银行体制的确立及运行	(283)
第二节	中央银行货币政策的演化	(287)
第三节	外汇管理体制改革及汇率自由化	(294)
第四节	西方的金融制裁及其应对	(300)
第五节	中俄金融领域合作的进展与深化	(304)
第十三章	**中俄区域经贸合作发展趋势分析**	**(317)**
第一节	俄罗斯东部地区经济区概况	(317)
第二节	中俄区域经贸合作发展历程与结构特点	(333)
第三节	中俄区域合作存在的主要问题	(340)
第四节	新时代中俄区域经贸合作的进展与设想	(342)
第五节	俄乌冲突后中俄东部地区经贸合作前景	(348)
第十四章	**"一带一路"倡议与中俄经贸合作问题**	**(353)**
第一节	俄罗斯对"一带一路"倡议的认知与评价	(355)
第二节	"一带一路"框架下中俄经贸合作若干问题分析	(359)
主要参考文献		**(373)**

第一编
中俄经贸关系发展的大环境

中俄两国经贸关系的发展，受到各种因素的影响。本编集中对两国经贸关系起重要作用的大环境加以分析。主要论述俄罗斯的政治环境、经济状况与发展趋势、经济结构与调整趋势、对外经贸政策与中俄政治关系发展态势等问题。目的是更好地从宏观层面把握两国经贸合作发展前景。

第一章　俄罗斯政治环境

与某个国家或地区从事经贸活动，了解其政治环境具有十分重要的意义。

1991年年底苏联解体后，俄罗斯成为苏联继承国。俄罗斯1993年通过的《俄罗斯联邦宪法》第一条第1、第2款规定：俄罗斯联邦——俄罗斯是具有共和制政体的民主的、联邦制的法治国家。国名俄罗斯联邦和俄罗斯意义相同。俄罗斯领土面积为1707.54万平方千米，常住人口为1.4624亿人（截至2021年1月1日）。作为苏联继承国的俄罗斯，不仅继承了苏联的大部分领土（占苏联总面积的76.3%），还继承了大部分经济和军事实力，占不包括土地、森林和矿藏在内的国民财富的64%、生产固定基金的63%、社会总产值与工业产值的60%、科技力量的64%与军事力量的67%。

俄罗斯从独立执政之日起，就面临着极其复杂的国内外形势与转型任务。俄罗斯一方面继承了苏联大部分遗产，包括斯大林时期形成的高度集权的政治体制与指令性计划经济体制；另一方面以叶利钦为代表的民主派又急于摆脱旧体制，走西方式的发展道路，按照西方模式实现民族振兴。俄罗斯要在短期内摧毁已经70多年历史的苏联模式，必然会遇到种种困难。

在上述条件下，俄罗斯所面临的政治局面是复杂的。因此，与俄罗斯发展经贸合作，对其政治环境与发展趋势有较清晰的认识显得尤为必要。

第一节　政治概况

1991年年底苏联解体后，俄罗斯联邦内的各行政区域、自治实体共同签署了《联邦条约》。根据条约规定，各民族自治实体，各边疆区与州同为联邦主体，各主体在与中央的关系中其权利是平等的。1993年12月12日，经全民投票通过的新的《俄罗斯联邦宪法》，确定了新的俄罗斯联邦体制。俄罗斯联邦共有89个联邦主体（现85个），其中分别有21个共和国、10个自治区、1个自治州、2个联邦直辖市、6个边疆区和49个州。

在苏联时期，作为苏联15个加盟共和国中最大的一个加盟共和国——俄罗斯苏维埃联邦社会主义共和国，它与整个苏联一样，是高度集权的政治体制，其主要内容是实行一党制，党政合一；实行无产阶级专政；贯彻民主集中制过程中，权力集中在少数人手里；对文化、意识形态严加控制。苏联解体后，在叶利钦执政时期，随着1993年新宪法的通过，立法原则与国家基本政治制度、经济制度等方面有了根本变化。宪法以西方"民主政治"基本原则为基础，根据"分权与制衡"原则，确立国家的立法权、行政权、司法权各自分立又互相制衡的三权分立制，从而使原有的权力结构发生了根本性变化。

根据《俄罗斯联邦宪法》，"俄罗斯联邦总统是国家元首"，是"俄罗斯联邦武装力量最高统帅"，"俄罗斯联邦总统不受侵犯"。总统任期4年，总统连任不得超过两届，俄罗斯总统拥有广泛的职权。

国家权力机构为联邦议会，它是俄罗斯联邦最高立法机关，由联邦委员会（上院）和国家杜马（下院）两院组成；"俄罗斯联邦执行权力由俄罗斯联邦政府行使"。政府由总理、副总理与联邦部长组成。政府总理由总统提名，征得国家杜马同意后由总统任命。俄罗斯联邦政府负责向国家杜马提交国家预算、决算，管理国家的内政、外交、财政、经济、文化建设、社会保障和国防事务等。政府可以根据宪法、联邦法、总统令发布决定、命令并保证其实施。总统有权决定政府是否应辞职，政府可以向总统提出辞职，总统可以接受或不接受政府的辞职。

1993年《俄罗斯联邦宪法》生效后，俄罗斯联邦司法权力体系由宪法法院、最高法院、最高仲裁法院、检察院组成。宪法法院是俄罗斯实施宪法监督的司法审查机关以及宪法解释机关。最高法院是民事、刑事、行政等一般司法法院管辖范围内的最高司法机关。最高仲裁法院是按照俄罗斯联邦法律规定的仲裁程序对各种经济纠纷和其他所属案件进行审理的经济审判机关。联邦最高仲裁法院可以根据联邦法律规定的诉讼程序对下级仲裁法院的活动实行审判监督与指导，并可按照审判监督程序审理案件。

检察院由三级组成：俄罗斯联邦总检察院、各联邦主体检察院与区（市）检察院。三级检察院为上下级所属关系，实行总检察长负责制，联邦总检察长由联邦委员会根据俄罗斯总统提议任免，任期5年。俄罗斯检察机关内部实行的是总检察长负责制，总检察长应定期向联邦委员会与总统报告工作。

上述情况说明，在经过激烈的政治斗争，于1993年通过新宪法后，俄罗斯又对权力体制、政党制度、选举制度、联邦体制等各领域进行了一系列改革，到叶利钦1999年年底宣布辞职时，俄罗斯已形成了新的政治体制模式框架，建立了以总统设置、多党制议会民主、三权分立、自由选举等为特征的西方式的政治体制模式。但要指出的是，叶利钦执政时期形成的新的政治体制有其严重的局限性与不完善之处，俄罗斯尚未成为一个现代的民主社会与民主国家，主要表现在总统权力过大，带有总统独裁的性质；政党政治不成熟；寡头势力参与政治；公民在实现自己民主权利方面尚存不少问题。

由于叶利钦时期的主要任务是打破过去的旧体系，加上一系列政策的失误，从而出现尖锐的政治与社会冲突，国家处于无序混乱状态。在一个相当长的时期里俄罗斯政局动荡，只是到了1996年总统大选后，在一段时间里保持了相对稳定的政治局面，但存在不少潜在的危机因素。政局不稳也是俄罗斯连续多年出现经济危机的一个重要原因。

第二节　普京治国的总目标和思想及其采取的主要措施

一　治国总目标与思想

2000年普京通过竞选顺利当选俄罗斯总统，从而使俄罗斯进入一个新的历史时期。普京上任后，在坚持政治民主化与经济市场化的转轨大方向前提下，针对叶利钦时期政治体制方面存在的严重问题，在治国思想、方针与政策方面进行重大的调整。

普京在2000年5月就任俄罗斯总统时，俄罗斯正处于数百年来最困难的一个时期。他面临的形势是十分复杂的，其中经济问题尤为突出。正是出于这个原因，普京提出了富民强国的竞选纲领。他为了实现富民强国的经济纲领，一方面坚持叶利钦时期转轨的大方向，即政治民主化和经济市场化。他一再强调,俄罗斯发展的目标不变,"就是发展俄罗斯的民主,建立文明的市场和法治国家"。① 另一方面,普京针对叶利钦时期转轨中存在的问题,在政治、经济转轨的具体政策等方面提出新思路与新方针,把转轨的重点由过去主要以摧毁旧制度为目标转向主要以建设新制度为目的。

普京的治国思想,是他1999年年底发表的《千年之交的俄罗斯》纲领性文章中提出的"俄罗斯思想"。② 它包含的内容有"爱国主义""强国意识""国家观念""社会团结"。"俄罗斯思想"实质上是带有浓厚俄罗斯民族主义色彩的爱国主义,其核心是"国家"的观念,即突出国家的地位与作用,恢复俄罗斯的大国和强国地位。关于这一点,普京说:俄罗斯唯一现实的选择是做强国,做强大而自信的国家,做一个不反对国际社会,不反对别的强国,而是与其共存的强国。③ 他认为,为了使俄罗斯成为强国,需要有一个强有力的国家政权体系。④

作为普京治国思想的"俄罗斯思想",其形成有多方面的因素,但最主要的有如下几个方面。

第一,与普京上台执政时所面临的十分困难和复杂的客观条件有关。普京上台时,一方面,俄罗斯在20世纪90年代的转轨,为今后的变革积累了潜力,转轨已不可逆转;另一方面,俄罗斯在20世纪90年代的变革没有经过深思熟虑,是自发性的轻举妄动,后果不佳。这就导致在21世纪之初,俄罗斯仍面临选择。

这说明,普京上台执政时,需要在一系列重大政策方面作出选择,进行调整,因为"他接受的是一个烂摊子"。⑤ 或者像俄罗斯著名的历史学家、传记与政论作家罗伊·麦德维杰夫说的:"弗拉基米尔·普京是在国家处于非常条件下上台执政的。俄罗斯经济衰弱,国家政治上软弱无力,而且出现联邦解体的危险,这一切汇合成一个危险——似乎很少有什么东

---

① 《普京文集》,中国社会科学出版社2002年版,第602页。
② 关于"俄罗斯思想"基本内容的论述,详见《普京文集》,中国社会科学出版社2002年版,第7—10页。
③ 《普京文集》,中国社会科学出版社2002年版,第77页。
④ 《普京文集》,中国社会科学出版社2002年版,第10页。
⑤ [俄]叶夫根尼·普里马科夫:《临危受命》,高增训等译,东方出版社2002年版,第222—224页。

西能够使国家复兴,国民已经厌倦了 20 世纪的诸多尝试。这种情况下普京总统和他的班子就负有特殊责任。"①

普京面对上述局面,一方面要充分利用已形成的改革潜力,调整政策,使转轨进程继续下去,使俄罗斯避免陷入沦为世界上第二流甚至是第三流国家的危险;另一方面,要避免上述危险,又要克服种种困难,把精力用在改革上,而要做到这一点,须有一种思想把俄罗斯社会团结起来,不再是一盘散沙。为此,普京强调,在"一些重要问题上意见一致是十分重要的,例如,大多数俄罗斯人所期望和关心的是目标、价值观、发展水平这些问题。我国的改革艰难而缓慢的原因之一就是公民不和睦,社会不团结。精力都耗费在政治内讧上,没有用在解决俄罗斯改革的具体问题上"。② 笔者认为,以上是普京提出"俄罗斯思想"并把它作为治理俄罗斯的指导思想的基本出发点。

第二,与俄罗斯经济衰退的严重性有关。普京充分意识到,不振兴经济,就体现不了"俄罗斯思想"中的一个重要内容——树立起强国意识。对此,普京说:"应保证在比较短的历史时期里消除持续已久的危机,为国家经济和社会快速和稳定发展创造条件。我想强调,必须尽快快速发展,因为俄罗斯已经没有时间晃来晃去了。""达到应有的增长速度,不仅是一个经济问题,也是一个政治问题;我不怕讲这个词,从某种意义上来说,这是意识形态问题。更准确地说,它是一个思想问题、精神问题和道德问题。而最后一点,从团结俄罗斯社会来说,在现阶段意义尤其重大。"③ 这就是普京执政以来一直不断地、反复地强调要快速发展经济的根由。

第三,与普京本人有关。根据俄罗斯国内一些人物对普京这个人与其思想的评述,通过普京对一些重要问题发表的言论,再通过他执政多年来推行的政策,笔者认为,普京的所作所为,都体现了他提出的作为治国思想的"俄罗斯思想"。这里可以看到,把俄罗斯建设成为一个"强国",是普京步入政坛以来最为重要的政治理想,这也集中体现了他的爱国主

---

① [俄]罗伊·麦德维杰夫:《普京时代——世经之交的俄罗斯》,王桂香等译,张达楠校,世界知识出版社 2001 年版,第 14 页。

② 《普京文集》,中国社会科学出版社 2002 年版,第 8 页。

③ 《普京文集》,中国社会科学出版社 2002 年版,第 6—7 页。

义。为了实现这个理想，他首先要做的是建立强有力的国家政权，反映其强权治国的思想，以此来保证社会的稳定、团结与和睦。其次是把经济搞上去，在此基础上提高人民生活水平。这是强国的基础。

第四，在对外政策方面，一切都要服从俄罗斯国家利益，并积极争取融入世界经济体系。

至于普京总统在第二任期内有关其政治、经济体制模式或走向问题，也曾有各种说法和表达的公式。有人（主要是西方学者）说，普京时代的俄罗斯＝马克思主义＋市场经济。有人认为，"可控民主"＋"国家主义"＝俄罗斯的未来。有人对此解释说，普京第一任期结束时，特别是2003年12月的杜马选举，已确定了国家主义在膨胀和扩充，而自由主义则出现了衰退的趋势。在笔者看来，普京在第二个任期内仍坚持实施以体现"俄罗斯思想"为基本指导思想的治国方略和政策，他的治国方略或基本政策仍是两条——政治上集权化与经济上自由化。

二 普京为实现其政治理想采取的主要措施

普京在第一任期，在政治治理与社会整顿方面实行的主要政策措施如下。

强化了中央权力，调整了中央与地方的关系，成立了7个大联邦区，由总统任命联邦区的全权代表。建立了国家权力垂直体系，叶利钦时期联邦主体通过的法规中有3500多项不符合俄罗斯宪法和联邦法律，到2001年有4/5得到修正。90％以上的总统令地方政府根本不执行，普京执政以来，基本上解决了这一问题。

打击车臣分裂势力和恐怖主义，维护国家统一。

推动政党制度建设，通过政党法，"统一俄罗斯"党成为政权党。2003年12月7日的杜马选举，"统一俄罗斯"一党独大，在杜马中超过半数。这些加强了普京总统的执政基础，形成了议会上院和下院与地方政府中亲总统力量的核心。

打击寡头势力。普京从2000年起，先后打击了古辛斯基、别列佐夫斯基和霍多尔科夫斯基等寡头，既赢得了民心，也提高了普京的个人威望。

加强对新闻媒体的控制，影响社会舆论的导向。

进行司法、行政改革，惩治腐败，提高国家机关的办事效率。

上述政策措施，使俄罗斯社会从无序混乱走向有序和政局相对稳定。

2004年4月普京连任后，继续在为建立强有力的国家政权体系、保证社会的稳定、团结与和睦作出努力。普京第二任期与第一任期在政治治理国家方面的政策既有连续性，亦有其特点，这就是把重点放在强化中央（联邦）权力上。普京之所以这样做，是因为俄罗斯虽经过普京总统第一任期的治理，社会不断走向稳定，经济连年增长，但是仍然存在一系列严重的社会经济问题。例如，犯罪案件不断增加，恶性杀人案、政治谋杀案层出不穷。普京也说过，40%的犯罪活动甚至都没有得到报告；恐怖事件连续不断，两架客机同时坠毁，莫斯科地铁车站自杀性爆炸与别斯兰人质事件等，使俄罗斯人越发感到恐惧和缺乏安全感；政府管理部门效率低下，腐败严重；车臣问题的最后政治解决也非易事；还有相当一部分人生活在贫困线以下，贫富差距不断扩大；如何处理好与寡头的关系也是个复杂的问题。

在上述背景下，需要通过加强国家权力、强化中央垂直领导等手段，来提高人民解决以上种种社会经济问题的信心。

普京为了强化中央权力采取的重要措施如下。

第一，进行强有力的行政改革。普京在2004年3月15日凌晨当选连任后，同媒体见面时就强调："对俄罗斯这样一个复杂、处于发展转折关头的国家，没有最高国家权力和管理机关是不可想象的。这将导致混乱。所有的人都将受害。这是不允许的。"普京连任后，之所以一再强调首要任务是进行行政改革，并且很快着手进行，对政府进行大改组，主要是为了解决官员素质低下、行政管理难以适应社会发展的要求与官员腐败严重等问题。行政改革的主要内容如下：简化政府职能与缩小行政审批权限；精简机构与裁减冗员；提高管理效率；严厉打击官员腐败现象。改革的最终目标是组建一个精明强干的政府，使这个政府的"任何官员不能以国家利益为掩护而中饱私囊"。在行政改革过程中，普京首先进行了各级领导班子的调整工作。其重要目的是建立一个与他高度一致的最高执行权力机构，使总统班子与政府班子在政治上高度合一，消除政府与总统的分歧，以便顺利推行他的治国方略。

另外，普京反复强调，通过行政改革来打击官员严重的腐败现象，他公开指出："人们都在用贿赂来克服种种行政障碍。障碍越大，贿赂数额就越大，收受贿赂的人的级别就越高。"在俄罗斯电视征询的近50万居民的意见中，有 3/4 的人控告的是行政管理部门的肆意妄为。为此，俄罗斯成立了直属总统的反腐败委员会，决心向腐败宣战。因为，这种情况不改变，必然引起广大民众对政府的不满，并且使任何一项社会经济改革政策都难以顺利推行，任何一项社会发展计划都会流于空谈。

第二，调整好中央与地方的关系，加强对地方的控制。在建立了以强势总统为特征的垂直政权体系的同时，要克服地方做大和分裂主义倾向。普京要强化中央权力，必须根本改变这种局面。在他第一任期已做了大量工作的基础上，他在第二任期内继续进行调整工作，如进一步明确划分各级政府机关之间的职权与财权。普京在 2004 年的总统国情咨文中强调："无论联邦主体还是各地区都应当清楚，各自应履行哪些职责，应提供哪些公共服务，有哪些资金来源。"改革 89 个联邦主体最高行政长官的选举制度，一个重要目的是使高素质的、坚决主张改革的人担任地方长官。

第三，政权非寡头化。普京执政以来，一直在打击寡头势力，改变寡头参政、垄断国家经济命脉的局面。普京打击寡头势力，从政治上讲，主要是剥离寡头与政权的关系。从经济上讲，一方面是为了削弱寡头对战略资源的控制，另一方面是为了使俄罗斯经济快速增长。因为，控制经济命脉的垄断集团已成为经济快速增长的主要障碍。从发展道路上讲，普京要建立的是强有力的国家调控机制，尽快使规范的市场经济体制建立起来。而垄断集团主张的是自由放任的发展模式，对内任凭资本自由发展，包括形成对经济的垄断；对外则要求国家提供保护，提供各种优惠条件。以上两种发展道路是相对立的，必然会生产种种矛盾，使普京的"强国"政治理想与政策难以实现。

第四，加强法治建设。强化中央权力、提高官员素质与办事效率，以及惩治腐败，都离不开法治建设。普京强调，俄罗斯宪法和联邦法律是至高无上的，这应成为俄罗斯联邦所有地区的生活准则，这样才能从法律上实现国家的统一，国家机器变得可控。从经济领域上讲，要实现"可控市场"的方针政策，也需要有各种法律加以保证，这样才能做到普京所要求的，既能实现国家对宏观经济的调控，又能做到杜绝国家对经济没有根据的干预。从调整中央与地方关系上讲，今后应严格依照联邦有关法律规定的程序进行，改变地方机关职权不明等情况。

第五，积极推动政党建设，促使成熟的政党体制形成。在政党建设过程中，"政权党"的力量逐步扩大，并使拥护与支持总统和政府的政治派别在议会中占据多数地位。

第三节　俄罗斯转向民主政治进程的分析

从政治体制来讲，俄罗斯通过转型要实现的一个根本性目标是构建民主政治体制，保证俄罗斯国内健康、稳定发展。国内外学术界对俄罗斯政治民主进程有着不同的看法。

中国有关俄罗斯问题研究的学术界，对苏联解体后俄罗斯通过政治体制转型，其政治是不是实现了民主政治，或者说形成了什么样的"民主政治"，一直有不同的看法。俞可平教授总结有三种观点：第一种观点认为，俄罗斯已经是"自由民主"国家；第二种观点认为，俄罗斯政治是一种"威权主义"；第三种观点则认为，俄罗斯选择了一种"俄式民主"。他指出：更多的中国学者认为，俄罗斯已经越过了民主政治的最低门槛，进入了民主国家的行列，但俄罗斯的民主不是西方模式的民主，而是一种具有俄罗斯自身特色的"俄式民主"。持这些观点的学者首先反对把俄罗斯列入"不民主的国家"，他们认为，俄罗斯的政治经过从叶利钦到普京的艰难转型，已经具备了民主政治的基本要素。即使根据熊彼特的定义，"俄罗斯似乎没有疑义地可以归为民主国家了"，但俄罗斯"又不是西方意义上的民主政体，仍是一个不发达的民主国家"。

许多学者进而认为，俄罗斯民主形式不仅异于西方民主，而且具有明显的俄国特色。这些专家对普京倡导的"主权民主"给予高度评价，认为俄罗斯在经过叶利钦时代的"激进民主"和"自由民主"、普京执政早期的"可控民主"后，终于找到了一种适合自己民族文化特质和国情的民主形式，这就是普京所倡导的"主权民主"。也有不少中国学者不同意上述看法，认为俄罗斯转型后的政治体制，既不是西方意义上的民主政治，也不是普遍意义上的民主政治，实际上是一种特殊形态的"威权政治"或"专权政治"。[①]

下面谈谈笔者的一些看法。普京从 2000 年起担任四任总统期间，为了建立一个强有力的国家政权体系，强化国家权威，在政治上不断加强中央权力。

[①] 俞可平：《俄罗斯民主：中国学者的视角》，《国际政治研究》2016 年第 2 期。

随着普京加强国家权力机关的权威与强化中央的权力，产生了"主权民主"问题。这是俄罗斯在集权政治体制转向民主政治体制过程中出现的问题。

2005年4月28日，在《俄罗斯报》发表的题为"主权民主：普京的政治哲学"一文中，第一次提出了"主权民主"的概念。这时提出"主权民主"的主要背景是为了应对西方国家的"颜色革命"，即要防止西方国家主要是美国，利用民主化的旗号达到颠覆、控制别国的目的。另外，针对西方国家对俄罗斯国内非政府组织提供资金支持其活动，俄罗斯为了对这些非政府组织加强管理，制定《非政府组织法》。在此过程中，俄罗斯与西方国家之间产生不同看法并发生争论。在此情况下，普京开始宣传"主权民主"的思想与概念。"主权民主"最重要、最核心的内容是推进民主不能影响国家主权。也就是说，俄罗斯推进民主政治应服从维护与加强国家主权的要求，并把维护国家主权放在首位。为了维护国家主权，俄罗斯决定要自主地决定向何处去，走什么样的发展道路，建立什么样的民主体制模式，不允许别国干涉，也不能容忍别国利用推进民主而谋取利益。在强调主权的同时，俄罗斯也一再表示，要积极推进民主政治进程，在俄罗斯不存在所谓专制的民主，民主是建立在法治化基础上的，俄罗斯已走上了民主化之路，绝不会回头。

笔者认为，有关"主权民主"的一些论述，实际上在1999年普京发表的《千年之交的俄罗斯》一文中有所提及，如提出："每个国家，包括俄罗斯，都必须寻找自己的改革之路。"普京说："俄罗斯需要一个强有力的国家政权体系，也应该拥有这样一个政权体系。"普京认为，为了使俄罗斯成为强国，"需要有一个强有力的国家政权体系。历史已雄辩地证明，任何专制和独裁都是短暂的，只有民主制度才能长久不衰。尽管民主制度也存在着种种不足，但人类还没有想出比这更好的制度。在俄罗斯建立强大的国家政权，即是指建立一个民主、法制、有行为能力的联邦国家"。

根据笔者的研究，从普京2000年开始执政一直到目前为止，他的治国理念都没有离开过"俄罗斯思想"基本内涵，不同的则是在具体条件下，体现"俄罗斯思想"的具体政策、侧重点不同而已。

有学者提出，普京治国理念的形成与发展在总体上可以划分为两个阶段。1999年12月至2005年4月为"俄罗斯新思想"时期，形成了普京前八年执政的思想基础，并在此基础上提出强国战略，也逐渐形成了普京特色的发展模式。2005年4月至2008年5月为"主权民主"思想时期，概括了普京执政八年的政治模式及发展道路，并在"主权民主"思想的基础上提出"普京计划"。2012年普京再次就任总统后发表国情咨文，重申了"主权民主"的核心理念。笔者认为，"俄罗斯思想"与"主权民主"提出的历史背景虽有不同，但不能把两者视为普京在不同时期的两种治国理念。"主权民主"提出前，在2000年先提出"可控民主"这个概念，甚至有人把"可控民主"与"可控市场"说成普京的发展道路，即俄罗斯社会的发展道路。实际上"可控民主"是针对叶利钦时期的无政府主义造成的社会无序而言的。如果这种状况不克服，就不可能使政局稳定，建立起必要的社会秩序。

需要指出的是，在俄罗斯国内如何发展政治民主和民主政治，在认识上也并不一致。2008年5月7日，梅德韦杰夫在宣誓总统就职的演讲中说："人权和自由在我们的社会被认为是最高的价值，正是这两点决定着所有国家活动的意义和内容。"他认为，"自己的最重要任务是继续发展公民自由，为自由和责任感的公民实现自我价值和国家繁荣创造宽泛的条件"。2008年11月5日，梅德韦杰夫所作的首个总统国情咨文中，又特别强调，宪法所保障的个人自由和民主体制的成熟程度是俄罗斯今后发展的源泉。2010年9月9日至10日，召开了俄罗斯雅罗斯拉夫尔国际政治论坛。该论坛由梅德韦杰夫倡导并于2009年创立。这次论坛的主题是"现代国家：民主标准与效率准则"。俄罗斯现代化与民主标准问题是会议主题。梅德韦杰夫在会上发表了题为"现代国家：民主标准和效率准则"的讲话（以下简称《讲话》），在会议期间梅德韦杰夫与国际著名政治学者进行了对话（以下简称《对话》）。[1] 在此论坛上，他较集中地论述了有关现代化与民主及自由问题。他在《讲话》中说："我不仅坚信作为管理形式的民主，不仅坚信作为政治制度形式的民主，而且坚信民主在实际应用中能够使俄罗斯数以百万计的人和世界上数以亿万计的人摆脱屈辱和贫困。"他还强调："与人权一样，民主标准（实际上民主标准包括人权在内）也应该是国际公认的。只有这样，它才能成为有效的。"接着，梅德韦杰夫提出以下五条民主的普遍标准。

---

[1] 相关材料见俄罗斯总统府网站（http//：www.icremlin.ru）。

一是从法律上体现人道主义价值和理想。要使这些价值具有法律的实际力量，从而引导所有社会关系的发展，并以此来确定社会发展的主要方向。

二是国家拥有保障和继续保持科技高水平发展的能力，促进科学活动，促进创新，最终生产充足的社会财富，使公民能够获得体面的生活水平。贫困是民主的主要威胁之一。不久之前，在改革第一阶段所导致的大规模贫困期间，"民主"这个词本身在俄罗斯获得了消极的意义。

三是民主国家有能力保卫本国公民不受犯罪集团侵犯。

四是高水平文化、教育、交流手段和信息沟通工具。自由民主社会，这毕竟总是受过良好教育、有教养、有文化人的社会。21世纪是有教养的、聪明的，也可以说"复杂的"人的时代，他们自己掌握自己的才能，他们不需要那些代替他们作出决定的领袖、保护人。由"领袖们"指示"普通老百姓"应当如何生活和为什么生活的时代已经结束了。

五是公民确信自己生活在民主社会。这也许是主观的，却是极端重要的事情。每个人应该独立地对民主作出自己的判断。假如人们自己感觉不自由、不公正，那就是没有民主，或者是民主出了问题。政府可以不断地对自己的公民说，你们是自由的；但是，只有当公民本身认为自己是自由的，那时才开始有民主。梅德韦杰夫在强调民主的普适性的同时，对普京"主权民主"的概念并不认同，他执政期间，没有公开使用过"主权民主"的说法。梅德韦杰夫在《对话》中强调，民主是发展俄罗斯这个国家、这个庞大经济和政治系统的必要条件。他与学者谈到在俄罗斯推行民主进程中遇到的困难如下。其一，在俄罗斯国家转型初期，由于复杂与困难的政治及经济形势，当时大多数公民又不具有在市场条件下生活的素养，不得不集中精力于谋求个人生存之术，因此，当时的民主仅限于参加选举时投票。其二，正是在那种形势下，新的统治精英很快学会了操纵选举程序，建立保障他们一直掌握政权的机制。而西方国家当时所关心的是制止在俄罗斯复辟共产主义制度，因此，并没有对俄罗斯推行民主化施加更多的压力。这样，就使得俄罗斯国家转型初期在民主化进程中出现很多缺陷，并且使威权主义抬头。其三，广大民众还未做好准备。正如梅德韦杰夫在《对话》中讲的，推行民主最大的困难是，广大民众总体上还没有准备好接受完整意义上的民主，没有准备好去亲身经历民主、去共同参与政治进程，并感觉到自己的责任。其四，历史传统的影响。梅德韦杰夫在《对话》中指出，俄罗斯千年历史上从来没有过民主。当我们国家是沙皇和皇帝执政的时候，没有任何民主，苏联时期也没有任何民主。也就是说，这是有千年威权史的国家。人们习惯主要寄望于沙皇老爷，寄望于高层力量。

按当时（2010年）梅德韦杰夫的说法，俄罗斯经历了20年的转型，民主政治有了进展。俄罗斯虽已经是个民主国家，存在着民主，但应该看到，这种民主是年轻的、不成熟的、不完善的，还处于民主发展道路上的起点。因此，俄罗斯在这方面还有很多事情要做。

第四节　普京强化中央权力的发展趋势

从普京来说，他一再强调，他绝不会回到斯大林时期的那种体制轨道上去。普京早在1999年12月发表的《千年之交的俄罗斯》一文中强调："现今俄罗斯社会不会把强有力的和有效的国家与极权主义国家混为一谈。"俄罗斯在建立强有力的国家政权体系的同时，并"不呼吁建立极权制度"。[①] 他在回答对昔日俄罗斯帝国的强盛是否有"怀旧感"问题时，说："没有，因为我认为，帝国治理形式不会长久，是错误的。它导致垮台。"[②] 在谈到成立7个联邦区与任命总统驻各区全权代表会不会恢复过去的那种中央集权制度时，普京回答说："我们不应该倒退到苏联式的过度的中央集权体制。我认为，这是一种效率不高的管理体制。"[③]

有关俄罗斯强化中央权力发展趋势问题，笔者提出以下一些看法，供讨论。

第一，普京实行加强中央权力的政策，是在俄罗斯特定条件下采取的一种措施。当俄罗斯社会经济有了较为稳定的基础与国际环境大大改善后，不排除有条件的逐步推进民主进程的可能性。但要特别强调的是，对俄罗斯来讲，这个转化不会在短期内实现。

第二，普京提出的治国思想——"俄罗斯思想"，"是一个合成体，它把全人类共同的价值观与经过时间考验的俄罗斯传统价值观，尤其是与

[①]《普京文集》，中国社会科学出版社2002年版，第9—10页。
[②]《普京文集》，中国社会科学出版社2002年版，第184页。
[③]《普京文集》，中国社会科学出版社2002年版，第399页。

经过20世纪波澜壮阔的100年考验的价值观有机地结合在一起"。① 政治民主是全人类共同文明与价值观中最为重要的内容。因此，今后俄罗斯社会的发展，排除政治民主，或者说一味地强化中央权力，时间长了，在国内国际环境发生重大变化之后，广大俄罗斯民众也不会认同。

第三，虽然俄罗斯的政治体制还远不能说已完全定型，但大致形成了三权分立的政治体制的框架，今后发生根本性变化的可能性不大。

第四，从国际背景来看，当前的俄罗斯与20世纪二三十年代斯大林执政时期的苏联根本不同。俄罗斯通过威权主义走向集权体制，将会遭到国际社会的反对，影响融入世界经济与对外经济合作。

对普京来讲，今后如何推进他的政治体制改革，是一个非常重要的问题，又是十分困难的问题。所以，普京在推行民主政治改革时又特别强调：一是不能一蹴而就，要谨慎行事；二是不能简单地复制别的国家的民主政治模式。

总的来说，30多年来，俄罗斯国内政治基本上是稳定的。与此同时，俄罗斯社会对普京本人一直保持着很高的支持率。

2014年3月15日开启的俄罗斯总统大选，据中央选举委员会公布的信息，普京以87.2%的得票率胜选连任，继续执政六年。

---

① 《普京文集》，中国社会科学出版社2002年版，第10页。

第二章 俄罗斯经济状况分析

从 30 年来中俄各个阶段经贸关系发展情况来看，两国经济发展状况对其各自对外经贸合作都会产生影响。本章主要论述俄罗斯经济的现状与发展前景，以便更好地分析与把握中俄两国经贸关系的发展趋势。

第一节 经济概况

一 苏联经济的基本特点

俄罗斯作为苏联继承国，它的经济与苏联经济有着千丝万缕的联系。因此，要认识俄罗斯经济，对苏联经济的特点应有所了解。

从十月革命胜利后到苏联解体，其经济发展经历了各个不同历史阶段。综合考察，苏联时期的经济具有以下一些重要的特点。

（一）经济上具有很强的自立能力

苏联是世界上自立能力很强的少数几个国家之一。这突出表现为以下三个方面。

第一，苏联经过 70 多年的努力，在国内已形成了部门齐全的国民经济体系。从大的方面讲，苏联国民经济包括工业、农业、交通运输、邮电、商业和服务行业。各部门又形成了较完整的若干分支部门，如工业中建立了采掘工业和加工工业，加工工业中又有机械、冶金、能源、轻工业和食品工业等部门；农业中形成了物质技术基础较好的种植业和畜牧业；交通运输中建立了铁路、公路、海运、航空及管道等运输网。因此，完整的经济体系，对保证苏联经济发展的稳定性起了不小的作用。

第二，苏联与经济上发达的大国相比，具有优越的资源条件。不仅资源储量丰富，而且品种齐全，经过几十年的开发，资源储量仍很充足。苏联资源自给程度很高。

第三，苏联对国外市场依赖程度要比西方一些经济发达的大国低得多。它虽早已成为世界性的经济大国，但长期以来基本上属于内向型国家，经济发展主要靠国内市场。对外经济关系的发展水平大大低于西方一些国家。例如，1988年，苏联对外贸易出口额占其国内生产总值的7.7%，而1980年，世界贸易出口额已占国内生产总值的21%以上。如果从苏联在国外的投资、国外在苏联的投资来看，那更无法与西方一些国家相比。

苏联的上述经济特点说明，虽然按人均计算的国民收入水平来分析，它远远落后于西方一些发达国家，但从综合国力来讲，特别是考虑到军事实力这一因素，只有苏联才能与美国相提并论。

苏联经济自立能力强这一特点，一方面使苏联经济的发展较少受外界影响，能保持较为稳定的局面；另一方面，也严重影响其竞争能力的提高，竞争机制难以起作用，使质量与效率长期处于落后状态，难以适应世界科技革命的挑战。

（二）经济增长速度快但效率低

纵观苏联经济发展70多年的历史，尽管在某些时期出现经济增长速度下降甚至停滞的情况，但总的来说，发展速度还是比较快的。第二次世界大战到20世纪50年代末，增长速度一般在10%左右，例如1946—1950年，社会总产值年均增长速度为14.2%，1951—1960年为10%。从20世纪60年代起，增长速度开始下降，但如与美国相比，大多数经济指标的增长还是快于美国。只是到了勃列日涅夫执政时期，出现了经济停滞，并到1990年出现负增长。

苏联经济增长速度虽高，但其经济效率低。长期以来，苏联是用大量消耗原材料、投入大量资金和劳力来保持其计划规定的增长速度的，是一种粗放型经济。反映经济效率的一些指标日趋恶化，如1961—1966年，社会劳动生产率年均增长速度为6.1%，1981—1985年降为3.1%。1965—1985年的20年间，农业中职工人均占有的农业固定生产基金提高了4倍，而同期劳动生产率仅提高1倍。基金产值率也大幅度下降，1960年每卢布的生产性固定基金生产的国民收入为72戈比，1980年下降为40戈比，1986年又下降为37戈比，这比1960年下降49%。苏联生产每单位的国民收入所需投资要比美国多50%，用钢量多90%，耗电量多20%，耗油量多100%，水泥用量多80%。

（三）国民经济结构严重畸形

优先发展重工业，是苏联长期贯彻的一项基本经济政策。这项政策始于20世纪二三十年代工业化时期。后来，在第二次世界大战前，又考虑到当时面临战争威胁的国际环境，再次加快了与军事工业密切相关的重工业的发展速度。在战后和平时期，重工业的发展速度仍一直领先。据西方估计，全苏电子工业产品的大部分、机器制造业和金属加工工业产品的1/3、冶金产品的1/5以及化工产品和能源的1/6是用于国防的。苏联片面发展重工业的政策，导致国民经济其他部门，特别是农业、轻工业、食品工业的严重落后，市场供应长期处于紧张状态，影响着人民生活水平的提高。

（四）资源丰富但分布不平衡

可以说，苏联资源的主要特点是储量丰富、种类齐全、自给程度高，但分布极不平衡，产地与消费地之间的矛盾突出。

如果把苏联的领土和经济区划分为两大部分的话，即可分欧洲地区和东部地区。苏联的生产能力主要集中在欧洲地区，而资源主要集中在东部地区。以能源资源为例，过去很长一个时期，占工农业产值和能源消耗量4/5的欧洲地区，只拥有能源资源的1/10，而占工农业产值1/10的东部地区，却拥有能源储量的9/10。不少其他资源的分布情况亦类同。资源分布不均，必然影响生产力合理布局。很长一段时间以来，苏联一直在调整生产力的配置，使经济逐步向东部地区转移，并为此采取了一些措施。例如苏联规定，耗能、耗原材料大的工业企业，只允许建在东部地区；为了东部与西部地区运输的畅通，新建了长达3145千米的贝阿铁路，并在铁路沿线建设40—50个工业中心和新城市；增加对东部地区的投资等。由于采取这些措施，东部地区的作用大大提高，苏联解体前，其工业产值占全苏工业产值的20%左右。

（五）长期以来实行高度集中的经济管理体制

苏联自斯大林时期形成和发展起来高度集中的经济体制后，虽然经历了多次改革，但长期以来保持着传统的体制模式。苏联各个历史时期，发展经济的战略、政策虽有不同，但都是在高度集中的指令性计划经济体制条件下运行的。

二 俄罗斯所继承的苏联经济力量

俄罗斯在苏联解体时，继承了苏联大部分经济力量。俄罗斯领土面积为1707.54万平方千米，占地球陆地总面积的11.4%，是苏联总面积的76.3%。苏联解体前的1991年1月1日，俄罗斯人口为1.4854亿人（2019年1月1日俄罗斯人口为1.4678亿人，据联合国预测到2035年俄罗斯人口将下降到1.411亿人。它是世界上民族最多的国家，境内大小民族多达160个，其中超过40万人口的民族有23个。俄罗斯族是其中最大的民族，占全俄总人口的一半）。苏联的经济实力主要集中在俄境内。1990年俄罗斯在苏联国民财富（不包括土地、森林和矿藏）总量中占64%。1989年俄拥有的生产固定基金约占全苏的63%，社会总产值与工业产值均占60%。苏联解体时，拥有科技人员约150万人，而留在俄罗斯境内的为96万人，占苏联科技人员总数的64%。特别要指出的是，为军工服务的高科技力量主要集中在俄罗斯。俄拥有的军事力量约占苏联的2/3。一些主要工农业产品也占全苏很大的比重，如石油占90.4%，天然气占78.6%，煤占56.2%，钢占58.0%，经济木材占91.6%，纸占85.2%，全部生活用品占53.3%，粮食占53.5%，肉占50.6%，奶占51.4%。

第二节 叶利钦时期出现严重经济转型危机

在叶利钦执政的8年（1992—1999年）间的经济转型，从制度建设来看，取得了一定进展，形成了市场经济体制基本框架；但从经济发展来看，改革是不成功的。叶利钦时期的经济转型，不仅没有达到振兴经济的目的，还使经济出现了严重的转型危机。对此，俄罗斯学者博戈莫洛夫说，在叶利钦时期的转型，"在政治方面，这个时代推动了我们前进；但是，在经济方面，我们走的是一条通向灾难的道路"。[1]

在这8年间，俄罗斯经济除了1997年和1999年分别增长0.9%和5.4%以外，其他6年都是负增长，1992年GDP下降14.5%，1993年下

---

[1] ［俄］O.T.博戈莫洛夫：《俄罗斯的过渡年代》，张弛译，程伟校汀，辽宁大学出版社2002年版，第113—114页。

降8.7%，1994年下降12.7%，1995年下降4.1%，1996年下降3.6%，1998年下降4.6%。经济转型以来，俄罗斯GDP累计下降超过40%。

这8年间，由于是俄罗斯体制转型的起始阶段，要解决制度性的根本转型，面临一系列的复杂问题。这里只分析一个问题，这8年出现严重经济转型危机的原因是什么？这个问题，在俄罗斯国内和国际社会一直存在不同的看法，在中国看法也是不一致的。有人把俄罗斯出现严重经济危机和经济大幅度下降的原因，仅归咎于"休克疗法"激进改革。例如，有人说："俄罗斯经济形势和经济转轨出现的问题，原因不在别处，而在'休克疗法'本身。""'休克疗法'把国民经济搞休克了，把国家搞休克了，把人民搞休克了。"有人还说，"休克疗法"是"醒不过来的噩梦"。另一些学者认为，叶利钦时期出现经济转型危机的原因非常复杂，绝不能只归结为"休克疗法"激进改革一个因素。它既有历史性原因，也有在转型过程中政策失误的影响。笔者持后一种看法。普京在1999年12月30日发表的《千年之交的俄罗斯》一文中，在回答这个问题时写道："目前我国经济和社会所遇到的困境，在很大程度上是由于继承了苏联式的经济所付出的代价。要知道，在改革开始之前我们没有其他经济。我们不得不在完全不同的基础上，在有着笨重和畸形结构的体制中实施市场机制。这不能不对改革进程产生影响。""我们不得不为苏联经济体制所固有的过分依赖原料工业和国防工业而损害日用消费品生产的发展付出代价；我们不得不为轻视现代经济的关键部门付出代价，如信息、电子和通信；我们不得不为不允许产品生产者的竞争付出代价，这妨碍了科学技术的进步，使俄罗斯经济在国际市场丧失竞争力；我们不得不为限制甚至压制企业和个人的创造性和进取精神付出代价。今天我们在饱尝这几十年的苦果，既有物质上的，也有精神上的苦果。""苏维埃政权没有使国家繁荣，社会昌盛，人民自由。用意识形态化的方式搞经济导致我国远远地落后于发达国家。无论承认这一点有多么痛苦，但是我们将近70年都在一条死胡同里发展，这条道路偏离了人类文明的康庄大道。"与此同时，普京也写道："毫无疑问，改革中的某些缺点不是不可避免的。它们是我们自己的失误和错误以及经验不足造成的。"[①] 应该说，普京对叶利钦时期出现严重经济转型危机原因的论述，是符合实情的。笔者认为，应从以下几个方

[①] 《普京文集》，中国社会科学出版社2002年版，第4—5页。

面去研究叶利钦时期经济转型危机如此严重、时间如此之长的原因。

下面我们从历史因素作些分析。俄罗斯是苏联的继承国。俄罗斯经济继承了苏联经济,导致俄经济转型危机的因素中,不少是苏联时期留下来的。首先,由于苏联时期历次改革未取得成功,这样,经济问题越积越多,潜在的危机因素越来越多。到了20世纪70年代,苏联经济已处于停滞状态。戈尔巴乔夫改革的失败使苏联经济状况进一步恶化。苏联经济的负增长在1990年已出现,到1991年GDP下降13%,预算赤字占GDP的20%,黄金与外汇储备基本用尽。我们再看看,俄罗斯著名学者罗伊·麦德维杰夫对1990年苏联经济情况的描述:"国内几乎所有的地方对肉、糖、油、米,甚至牛奶,都实行凭票限额供应制。肉类罐头、香肠、便宜的糖果和葵花油,在商店早已脱销。从1996年秋天开始,对最高苏维埃的代表也实行每周食品定额。""商店里的货架空空荡荡。"① 上述经济情况,发生在"休克疗法"之前。这是不争的历史事实。而实行"休克疗法"的第一年(1992年),GDP下降幅度是14.5%,而联邦预算赤字占GDP的比重是5%,这比没有实行"休克疗法"的1991年低得多。其次,苏联经济结构严重畸形,军工部门过于庞大,80%的工业与军工有关。这严重制约了俄罗斯经济的发展,突出表现在两个方面:一是冷战结束后,世界军火市场大大萎缩,军工生产处于减产和停产状态;二是庞大的军工企业进行所有制改造与向市场经济转型,要比民用企业难得多,因为军工产品的买主是单一的,即政府。在这种情况下,市场机制难以起作用,政府订货一减少,军工企业便陷入困境,从而对整个工业企业产生重大影响。这里,我们不妨列举一些资料具体分析一下这个问题。普里马科夫指出,苏联解体前军工领域各部门创造的产值占国内生产总值的70%。② 如此庞大、占GDP比重如此高的军工企业,在俄罗斯经济转型起始阶段由于受上面指出的因素制约,1992—1993年,武器生产几乎下降了5/6,军工企业生产总规模下降6/7。③ 上面几个数字告诉我们,占

---

① [俄]罗伊·麦德维杰夫:《苏联的最后一年》,王晓玉等译,社会科学文献出版社2013年版,第5页。
② [俄]叶夫根尼·普里马科夫:《临危受命》,高增川等译,东方出版社2002年版,第62页。
③ 刘美珣、[俄]列乌斯基·亚历山大·伊万诺维奇主编:《中国与俄罗斯:两种改革道路》,清华大学出版社2004年版,第350页。

GDP 70%的军工生产下降了6/7，这对俄罗斯在经济转型初期经济增长率大幅度下降起很大的作用。还告诉我们，军工生产急剧下降，主要是国际形势的变化与军工企业转型的特殊性造成的。最后，苏联时期的经济处于半封闭状态，60%左右的对外经贸是与经济互助委员会（以下简称"经互会"）成员国进行的。1991年经互会解散，导致俄罗斯与经互会国家的贸易锐减。与此同时，俄罗斯的产品在国际市场上缺乏竞争力，难以扩大与西方国家的经济关系，这必然给俄罗斯经济的发展带来严重的消极影响。据有关材料分析，在经互会解散的1991年，苏联GDP下降的50%以上是由经互会方面经济联系遭到破坏造成的。这里还要考虑到苏联解体后，原各共和国之间地区合作和部门分工的破裂对经济产生的严重影响。另外，还应该看到，长达75年的苏联历史留在人们头脑中的"印迹"，一时难以抹去的陈旧的、习以为常的东西，它们与新体制难以很快合拍，难以按新规则行事。

再从经济转型过程中出现的失误进行分析。在这方面，存在两类问题。一类是理论认识上的问题。例如，前面已经提到的，俄罗斯在转型起步阶段，其经济处于深刻危机状态，原来的经济结构严重畸形，市场供求关系极不平衡。这种情况下，客观上要求政府加强对经济的干预，有时还需要采取一定的行政手段。但快速地、大范围地放开价格，实行经济自由化，一般会使政府间接调控和行政干预的作用大大减弱，甚至根本不起作用。这样，不仅达不到稳定经济的目标，反而使经济更加混乱和动荡不安。又如，稳定经济与紧缩财政和信贷政策之间有矛盾。俄罗斯在转型头几年，经济危机与财政危机并存。从客观上讲，要遏制生产下降，稳定经济，就要求增加投资，放松银根。而解决财政赤字问题和控制通胀，又必须压缩支出，减少国家投资和紧缩信贷，这又与稳定经济、促进生产的发展相矛盾。还有，大幅度地减少财政赤字，除了压支出还要增收，而增收的主要办法是增加对企业的课税。增加对企业课税的结果实际上把企业掠夺一空，刺激生产发展的机制就形成不了。另一类是政策失误，主要表现如下。一是放弃了国家对经济的调控。当时俄经济转型在新自由主义影响下，强调国家放弃对经济的干预，强调市场的神奇力量，没有摆正政府与市场的关系。二是过度的、无区别的紧缩政策导致投资大幅下降，1995年俄罗斯投资总额仅为1990年的25%，使企业由于缺乏必要的资金而难以进行正常生产经营活动。三是由于行政调控经济软弱无力，俄罗斯长期财政状况失控。俄罗斯联邦政府对各地区各部门和企业的行政控制瓦解了。1998年"8·17"的一场金融危机说明了这一点。结果是每年的税收计划往往只能完成50%左右,而大量的财政支出压不下来,有一半以上的预算支出没有资金来源,财政危机不断加深。四是在改造国有企业过程中,没有考虑如何保护国有企业已经形成的潜力,并使其继续发挥,而是在条件不具备的情况下,匆匆把国营企业推向市场。在改革国有企业的同时,也并没有去研究和解决如何改变国有企业的经营管理机制问题。这些因素也是俄罗斯在转轨初期产生经济危机的一个重要原因。

从上述俄罗斯出现经济转型危机原因的有关论述,以下几点是值得我们思考的。第一,俄罗斯出现经济转型危机原因十分复杂,对复杂的问题不能作简单化的分析,不能忽视历史性因素。第二,对作为苏联继承国的俄罗斯来讲,旧体制、不合理的经济结构与落后的经济增长方式等惯性作用在短期内不可能消除。在转型过程中新旧体制的摩擦、矛盾与冲突,俄罗斯比任何一个从计划经济体制向市场经济体制过渡的国家要尖锐和严重。笔者认为,从过渡速度来划分渐进与激进也是相对而言的。有不少激进的改革措施具有局部性与临时性的特点。从一些采取激进改革国家的转型过程看,也很难认为全部变革都是采取激进的方式。俄罗斯政府也在不断调整政策,逐步放弃"休克疗法"初期的一些做法。中国采取渐进方式进行经济体制改革,是从这40多年来的整个改革过程来讲的,而在各个领域、各个时期,改革的速度也是不一样的,有时慢一些,有时快一些。应该认识到,"即使是激进的改革也有渐进的性质"。[①] 第三,不能把中国改革取得的成就,简单地归结为因实行渐进改革方式所取得的。吴敬琏教授在分析中国改革战略问题时指出:"不能用'渐进论'概括中国的改革战略。"他认为,渐进改革论并不符合邓小平同志经济体制改革的战略思想。他解释说:"从中国改革的实际情况看,在国有经济(包括工商企业、国家银行和国家财政)的范围内,改革的确是渐进进行的,15年来基本上只做了一些小的修补,而没有根本性变革。……直到1993年党的十三届三中全会以后,都没有采取实际步骤对国有经济进行全面改革。""从1981年开始,中国改革在国有经济领域中实际上是停顿了。"因此,"中国改革举世公认的成就,并不是因为国有经济采用了渐进改革

---

① [美]杰里·霍夫:《丢失的巨人》,徐葵等译,新华出版社2003年版,第324页。

的方法才取得的"。中国改革取得的成就主要是由于，在"1980年秋到1982年秋短短两年时间内，就实现了农村改革，家庭联产承包责任制取代了人民公社三级所有制的体制。1982年以后，乡镇企业大发展，进而带动了城市非国有经济的发展。加上搞了两个特区和沿海对外开放政策，使中国一部分地区和国际市场对接，而且建立了一批'三资企业'。……一个农村改革，一个对外开放，构成了1980年以后中国改革的特点。1980—1984年所取得的成就在很大程度上与这一特点有关"。① 而搞农村改革、特区和对外开放，其速度都是快的，也并不是时间拖得很长的渐进式进行的。杰弗里·萨克斯也说："我并不认为中国的成功是渐进主义发挥了特别的作用，真正起作用的是开放农村、开放沿海地区、鼓励劳动密集型生产、允许外资与技术的输入，等等。一句话，允许足够的经济自由，从而最好地利用了中国的结构。"②

第三节 普京任前两届总统时期经济快速增长的原因

可以说，这8年（2000—2007年）是俄罗斯转型以来经济发展最好的时期。8年间GDP年均增长率为6.9%。普京在2007年的总统国情咨文中说："目前俄罗斯不仅彻底度过了漫长的生产衰退期，而且还进入了世界十大经济体的行列。"另外，这8年，俄罗斯GDP的增长速度超过了世界经济平均增长速度。下面分别分析一下普京前两任期经济发展的情况。

从经济发展来讲，普京执政的第一任期，使俄罗斯经济从严重的危机状态摆脱出来，走向复苏，进入了经济增长期。经济成果主要表现如下。

第一，在普京第一任期的4年内，GDP累计增长近30%。由于经济摆脱了危机并出现连续增长，俄罗斯过去丧失的经济潜力已弥补了40%，

---

① 吴敬琏等：《渐进与激进——中国改革道路的选择》，经济科学出版社1996年版，第1—3页。
② 吴敬琏等：《渐进与激进——中国改革道路的选择》，经济科学出版社1996年版，第166页。

但还没有达到1989年的水平。2003年俄罗斯GDP总量（按卢布汇率计算）为4315亿美元。

第二，人民生活水平有了明显提高。1999年职工月均工资为64美元，养老金仅为16美元，并且经常不能按时发放。而到2003年，这两项指标分别增加到180美元和60美元。这4年居民的实际收入增加了50%。生活在贫困线以下的居民从1999年占总人口的29.1%下降到2003年的22.5%。失业率从1999年的12.66%下降到2003年的8.4%。

第三，一些重要的宏观经济指标有所改善。在普京的第一任期内，偿还外债500多亿美元，而并未引起财政紧张。连续几年出现预算盈余，2003年预算盈余占GDP的2.5%。通胀率得到控制，2003年未超过12%。1998年金融危机后，几乎枯竭的外汇储备，到2003年达到了历史最高水平，为790亿美元，仅2003年一年就增加300亿美元。2004年外汇储备为1200亿美元。

普京在第二任期经济继续保持较快的增长速度。2004年GDP增长率为7.2%，2005年为6.4%（GDP为21.67万亿卢布，合7658亿美元，人均GDP超过5300美元）。职工月均名义工资约为320美元，增长25%左右，月均实际工资增长9.3%。到2005年贫困人口下降为2670万—2900万人，约占全国人口的1/5。2006年GDP增长6.9%。按购买力平价计算，俄罗斯人均GDP已超过1万亿美元。2006年通胀率已降为1位数（为9%）。居民实际可支配收入增长11.5%，失业率下降为7.4%。俄罗斯政府外债大量减少。在2005年偿还了巴黎俱乐部150亿美元之后，2006年偿还外债337亿美元，外债余额占GDP的5%。2007年GDP增长8.1%，工业增长6.3%，农业增长3.35%，固定资产投资增长21.1%。

普京前两任期8年间，经济不断回升，出现了较快的发展态势，这是不争的事实，其原因是什么？笔者认为，是多种因素合力作用的结果。

从普京治国的主导思想来看，他在2000年5月就任俄罗斯第一任总统时，面对国内极其严峻的经济形势，提出了富民强国的纲领，大声疾呼：战胜贫困，改善民众生活，要洗刷掉国家贫穷的耻辱，还国家以经济尊严。普京针对叶利钦时期转型中存在的问题，在政治、经济转型的具体政策等方面提出新思路与新方针，把转型的重点由过去主要摧毁旧制度转向主要建设新制度。他一再强调：俄罗斯唯一的选择是做强国，做强大而自信的国家，做一个不反对国际社会，不反对别的强国，而是与其共存的强国。① 因此，普京提出今后国家的主要任务是发展经济。

从经济体制转型来看，普京强调，为了使俄罗斯成为强大的国家，应使其经济有效。要形成有效的经济，其主要途径是保证俄罗斯实现市场经济的改革。他还指出，应该取消国家对经济没有根据的干预。只是杜绝没有根据的干预，不是完全取消国家的调节职能。②

从经济体制转型政策的调整与改革措施来看，应该说，其对这8年的经济发展有积极的影响。这些政策措施主要有以下几点。（1）加强国家对经济的调控。这是针对叶利钦时期采取国家最大限度地离开市场经济政策提出来的。普京指出："俄罗斯必须在经济和社会领域建立完整的国家调控体系。这并不是说要重新实行指令性计划和管理体系，让无所不包的国家从上至下为每个企业制定出工作细则，而是让俄罗斯国家成为国家经济和社会力量的有效协调员，使它们的利益保持平衡，确立社会发展最佳目标和合理参数，为达到这一目的创造条件和建立各种机制。"他还强调："在确定国家调控体系的规模和机制时，我们应遵循这一个原则：'需要国家调控的地方，就要有国家调控；需要自由的地方，就要有自由。'"③（2）在经济转型的方法上，今后"只能采用渐进的、逐步的和审慎的方法"，切忌20世纪90年代机械搬用西方经验的错误做法，强调俄罗斯必须寻觅符合本国国情的改革之路。（3）重视社会政策。针对俄罗斯国内出现的十分普遍的贫困现象，普京提出，俄罗斯政府应制定新的收入政策，新政策的目的是在增加居民实际收入的基础上，确保居民的富裕程度稳步提高。（4）反对重新国有化。（5）要有经济发展战略。在过去实行经济自由化、自由市场经济的条件下，没有切实可行的长期的经济发展战略。对此，普京强调，为了使俄罗斯有信心走出危机，走向振兴之路，增强国内凝聚力，需要制定15—20年的经济发展战略。（6）实现俄罗斯经济与世界经济的一体化。国家积极支持俄罗斯企业与公司的对外经贸活动，成立联邦出口支持署，为俄罗斯生产厂家的出口合同提供担保；抵制国际商品、服务及资本市场对俄罗斯的歧视行为，要制定和通过反倾销法；使俄罗斯加入国际对外经济活动调节体系，积极争取加入WTO。

---

① 《普京文集》，中国社会科学出版社2002年版，第77页。
② 《普京文集》，中国社会科学出版社2002年版，第373、382页。
③ 《普京文集》，中国社会科学出版社2002年版，第13页。

(7) 积极推进农业制度的改革，推行现代化的农业政策。在普京积极推动下，2001年10月通过了《俄罗斯联邦新土地法典》。普京在发展农业政策方面也作出了重大调整，决定搞大农业，即发展大型的农业综合体。

(8) 改革与完善宏观体制。在税制方面，2000年普京执政后，税制改革的基本思路是在减轻税负的同时，不能减少国家财政收入；简化税制、减少税种的同时，要扩大税基、强化税收征管，以提高税收征缴率；税制改革与预算体制改革结合起来，相互促进。主要措施是降低企业所得税率；自然人所得税由原来的累进税率改为13%的统一税率。在银行体制方面，普京执政后，实际上主要做了两件事。一是整治工作。主要的措施如下：对银行进行清理，救助无望不能继续运转的清盘退出，有250家银行的经营许可证被吊销。二是完善银行体制。通过整治，解决小银行数量过多、资本金严重不足、金融秩序混乱、银行参与投机和洗钱、国有商业银行在金融市场上的垄断地位与银行信誉差等问题。

此外，为了排除在叶利钦时期形成的寡头对社会经济的干扰，2000年7月28日，普京在克里姆林宫召集了30多位寡头开会，与其约法三章：守法经营、依法纳税与不得涉足政治。

以上是从政策层面分析普京任前两届总统8年间经济增长的因素。但必须看到的是，这一时期的经济增长，一个十分重要的因素是与能源等原材料产品价格大幅度上涨有关。"9·11"事件后，国际市场原油等原材料价格急剧上扬，对俄罗斯经济起了很大作用。国际市场原油价格从1999年的每桶15.9美元上涨到2006年的每桶65.15美元，2008年油价虽出现过暴涨暴跌，但年均价格仍高达每桶90.68美元。国际市场原油价格上涨对俄罗斯GDP增长保持很高的贡献率。例如，2000年俄罗斯出口石油1.45亿吨，比1999年增长7.1%，但石油出口收入比1999年增长78.8%，为253.3亿美元。对此，普京明确指出，2000年的经济增长"在很大程度上是良好的国际市场行情造成的"。[①] 俄罗斯国家杜马信贷政策委员会主席曾指出，2000年俄罗斯经济增长中有70%是外部因素作用的结果，内需的贡献率为30%。而2001年出现了相反情况，内需的扩大对经济的增长率为70%，而出口贡献率下降为30%。2002年出口贡献率又上升为60%，2003年为75%，2004年

[①] 《普京文集》，中国社会科学出版社2002年版，第80页。

70%。普京执政8年间,仅油气出口带来的收入达万亿美元。俄罗斯政府认为,普京执政8年间,经济增长的外部因素与内部因素各占一半,而经济学界普遍持不同意见。俄科学院院士阿甘别基扬于2004年10月17日在中国社会科学院俄罗斯东欧中亚研究所的一次报告中提供的材料显示,1999—2004年,俄罗斯GDP的增长率中70%是国际市场能源及其他原材料价格上涨的结果。

无论是学者还是俄罗斯官方都普遍认为,普京执政前8年的经济增长50%是能源产品特别是油气价格上涨带来的。这也充分反映了俄罗斯过度依赖能源的经济结构所存在的问题。

另外,这里还需要指出的是,这个时期俄罗斯经济的高速增长,是在叶利钦时期经济大幅度萎缩基础上的增长,是恢复性的增长。

第四节 "梅普""普梅"交替组合时期俄经济不断衰退的根由

2008年3月2日,俄罗斯举行总统大选,5月7日梅德韦杰夫宣誓就职正式成为总统,5月8日国家杜马以高票通过对普京的总理任命,"梅普"组合形成。2012年,当了4年总理的普京重返克里姆林宫任总统,梅德韦杰夫任总理。2018年普京又连任总统,梅德韦杰夫还继续当总理。2008—2019年,俄罗斯经历了"梅普""普梅"交替组合的时期。

这12年,俄罗斯经济发展经历了曲折的过程,有4年是负增长,另外8年增长速度也很慢(见表2-1)。

表2-1　　　2008—2019年俄罗斯GDP增长情况　　　(单位:%)

	GDP增长率
2008年	5.6
2009年	-7.9
2010年	4.3
2011年	4.3
2012年	3.4
2013年	1.3

续表

	GDP 增长率
2014 年	0.7
2015 年	-3.7
2016 年	-0.3
2017 年	1.5
2018 年	2.3
2019 年	1.3
2020 年	-3.1

资料来源：根据俄罗斯历年发表的经济统计公报编制。

这个时期，俄罗斯经济出现明显的衰退态势，是多种因素造成的。

从面临的国际经济环境来讲，2008年梅德韦杰夫一上台后就遇到由美国次贷危机引发的国际金融危机，它对俄罗斯经济产生了巨大的冲击。虽然对俄罗斯2008年的经济影响还没有充分体现出来，这一年GDP同比还增长5.6%，但到2009年俄罗斯自2000年以来首次出现经济负增长，而且是大滑坡，GDP同比下降7.9%。在2009年下降7.9%后，2010年与2011年经济增长率均为4.3%，2012年又降为3.4%，2013年为1.3%，经济仍处于低迷状态。另外，这一时期，全球经济仍处于低迷状态，这对已融入世界经济很深的俄罗斯来说，不可能不产生消极的影响。

从面临的政治环境来讲，由于2014年发生乌克兰克里米亚问题，受到美国为首的西方国家的经济制裁，当年俄罗斯GDP的增长率为0.7%。2015年12月3日，普京总统向俄罗斯联邦会议发表国情咨文时指出，2015年俄罗斯经济"情况非常复杂"。2016年1月13日，梅德韦杰夫总理在盖达尔论坛上指出："俄罗斯经济正遭遇十年来最严峻的挑战，经济形势复杂。"2015年俄罗斯经济又陷入严重困境，GDP增长-3.7%。2016年再次出现-0.3%的增长之后，2017年开始回升，GDP增长1.5%，2018年经济增长率为2.3%，2019年为1.3%。

由于这十多年来俄罗斯经济处于低增长和负增长时期，2009—2018年，俄罗斯GDP年均增长率仅为0.9%，大大低于世界经济3.2%的年均增长率。俄罗斯经济总量从2013年峰值时的2.289万亿美元，缩水至2018年的1.58万亿美元，在全球经济中占比为1.67%，排名已从第6位降至第 12 位。①

前文从外部条件分析了其对俄罗斯经济产生的影响。2019 年 8 月，国际货币基金组织发布的《俄罗斯经济报告》指出，自 2014 年以来的西方制裁和全球油价下跌，分别使俄罗斯经济年均下降 0.2% 与 0.65%。②我们在分析这一时期俄罗斯经济出现衰退、低增长乃至负增长的原因时，应该看到俄罗斯自身的经济结构问题。实际上，油价的波动对俄罗斯经济的影响本身也反映了经济结构问题。

如何保证俄罗斯经济稳定可持续的增长、提高经济效益和质量，无论是普京还是梅德韦杰夫都一再强调，必须让俄罗斯经济从当前的资源型向创新型转变。普京在其离任前的 2008 年 2 月 8 日提出的《关于俄罗斯到 2020 年的发展战略》明确指出如下几点。③

第一，经济实行创新型发展。普京强调，这是俄罗斯"唯一的选择"，"创新发展的速度必须从根本上超过我们今天所有的速度"。

第二，增加人力资本投入。普京提出："要过渡到创新发展道路上去，首先就要大规模地对人的资本进行投资。""俄罗斯的未来，我们的成就，都取决于人的教育和身体素质，取决于人对自我完善的追求，取决于人发挥自己的素养和才能。""因此，发展国家教育体系就成了进行全球竞争的一个要素，也是最重要的生活价值之一。"为此，俄罗斯计划用于教育与医疗卫生的预算支出占 GDP 的比重分别由 2006 年的 4.6%、3% 增加到 2020 年的 5.5%—6%、6.5%—7%。同时，普京强调科研的重要性，要为科研活动创造良好的环境。另外要着力解决住房问题，提高医疗卫生水平。

第三，积极发展高新技术，因为其是"知识经济"的领航员。普京认为，俄罗斯今后重点发展的高新技术主要是航空航天领域、造船业和能源动力领域，以及信息、医疗和其他高新技术领域。

第四，调整经济结构。普京指出，尽管最近几年俄罗斯取得了一些成绩，但经济并未摆脱惯性地依赖能源原料的发展版本。俄罗斯也只是局部地抓住经济的现代化。这种状况将不可避免地导致俄罗斯不断依赖商品和

---

① 李建民：《普京治下的俄罗斯经济：发展路径与趋势》，《俄罗斯研究》2019 年第 6 期。
② 李建民：《普京治下的俄罗斯经济：发展路径与趋势》，《俄罗斯研究》2019 年第 6 期。
③ 《普京文集》，中国社会科学出版社 2008 年版，第 677—678 页。

技术的进口，导致俄罗斯担当世界经济原料附庸国的角色，从而在将来使俄罗斯落后于世界主导经济体，把俄罗斯从世界领头人的行列中挤出去。

梅德韦杰夫任总统后，更加强调俄罗斯经济由资源型向创新型转变的迫切性。他在2009年9月发表的《前进，俄罗斯！》一文中说："除了少数例外，我们的民族企业没有创新，不能为人们提供必需的物质产品和技术。他们进行买卖的，不是自己生产的，而是天然原料或者进口商品。俄罗斯生产的产品，目前大部分都属于竞争力非常低的产品。"俄罗斯"依靠石油天然气是不可能占据领先地位的"。"再经过数十年，俄罗斯应该成为一个富强的国家，其富强靠的不是原料，而是智力资源，靠的是用独特的知识创造的'聪明的'经济，靠的是最新技术和创新产品的出口。"

第五，要为实现现代化调整外交政策。2010年7月召开的俄驻外使节会议的主题是"保护国家利益与促进国家全面现代化"。强调俄外交要突出寻求能为俄罗斯提供相应技术发展和为国产高科技产品走向地区与国际市场作出更大贡献的国家。首先要与主要国际伙伴德法意等欧盟国家和美国建立专门的现代化同盟。

实现上述转变的必要性十分明显，但将是一个缓慢的过程。之所以缓慢，是多种原因造成的。

第一，俄罗斯企业缺乏创新的积极性。目前只有10%的企业有创新积极性，只有5%的企业属于创新型企业，只有5%的产品属于创新型产品。产生上述问题的原因是，俄罗斯现在的经济"还没有创新需求。倘若企业家投资原材料贸易可获得50%的年利润，而创新收益仅有2%—3%，起初甚至会赔钱，你会选择哪个？"①

第二，俄罗斯在实行由资源型向创新型转变时，面临着难以解决的矛盾：一方面反复强调要从出口原料为主导的发展经济模式过渡到创新导向型经济发展模式；另一方面，发展能源等原材料部门对俄罗斯有着极大的诱惑力与现实需要。要知道，在俄罗斯国家预算中几乎90%依赖能源等原材料产品，燃料能源系统产值占全国GDP的30%以上，占上缴税收的50%与外汇收入的65%。而俄罗斯高新技术产品的出口在全世界同类产品出口总额中占比0.2%都不到。

第三，设备陈旧，经济粗放型发展，竞争力差。这些是老问题，又是

---

① 陆南泉：《俄罗斯经济转型30年评析》，《探索与争鸣》2020年第3期。

需要较长时间才能解决的问题。设备不更新，技术落后，已成为制约俄罗斯向创新型经济转变的一个重要因素。十多年来这一状况并没有改变，俄罗斯机电产品出口的大幅度减少，就是一个明显的例证。俄罗斯与中国的机电产品在双边贸易总量中所占的比重从2001年的24.9%下降到2009年的7.2%。

第四，投资不足。为了优化经济结构，就需要大量增加在国际市场上有竞争能力的经济部门和高新技术部门的投资。梅德韦杰夫总统成立了俄罗斯经济现代化和技术发展委员会，并确定了国家经济现代化与技术革新的优先方向，这涉及医疗、信息、航天、电信、节能等领域。发展这些领域都要求有大量的投资。解决这些问题，俄罗斯学者认为有三种选择：一是优化预算支出；二是让以石油、天然气企业为代表的国家自然资源垄断企业增加对科技创新的投入；三是调整税收政策，减轻高新产业区的税负。

创新型经济发展缓慢，经济发展摆脱不了能源等原材料部门，这必然使俄罗斯经济难以在短期内实现稳定可持续发展，也难以提高经济效益和质量。

难以使俄罗斯经济实现稳定可持续发展，除长期来，没有解决经济从资源型向创新型转变这一问题外，再从发展经济的基础性条件来看，还有以下几个重要问题，将在较长时间阻遏俄罗斯经济的发展。

第一，经济垄断阻遏市场经济的竞争。

普京执政后，在摆脱寡头干预政治经济的情况下，借助市场和司法途径，通过拆分私人寡头企业的手段，促进国企强强联合，组建超大型的国家公司，强化国家对战略性行业的掌控，从而在俄罗斯实现了由寡头资本主义转向国家资本主义。

无论是寡头资本主义还是国家资本主义，都是垄断性很强的经济，这必然影响市场经济所具有的竞争机制发挥作用。当今，俄罗斯经济垄断具有以下三种形式。

（1）承袭苏联时期经济垄断的特点，以国家公司（Государственная корпорация）为表现形式的国家垄断。

（2）自然垄断，是指在某一产品市场上，生产技术特性决定了由独立厂家提供产品时才会最有效，而且产品具有不可替代性。

（3）行政壁垒，属于非经济性进入壁垒，指行业政策法规构成的阻止新企业进入的策略行为。合理的行政调节可保证资源的有效配置和必要的市场秩序，但不适当的行政壁垒会阻碍行业内合理竞争。

第二，制造业与加工工业严重衰退。

在苏联解体前的 1990 年，在整个工业中能源与原材料工业占 33.5%，制造业占 66.5%，而到 2014 年，这两者的比例倒过来了，前者占 67.2%，后者降至 32.8%。这导致了这一领域进出口结构的重大变化。在苏联时期的 20 世纪 70 年代，机器设备与运输工具占出口总额的 24.81%，2014 年下降到 5%。俄罗斯工业部门的绝大部分产品依赖进口：机床制造业超过 90%，重型机器制造业达 60%—80%，轻工业为 70%—80%，无线电工业为 80%—90%，制药和医疗行业为 70%—80%。[①] 由于加工工业的落后，俄罗斯一方面大量出口粮食（2014 年出口 2980 万吨），另一方面又大量进口食品与食品原料。

以上情况说明，当今俄罗斯不是一个工业体，而是资源经济体。一个大国没有了强大的制造业和加工工业，很难保证经济稳定和可持续发展，难以应对国际市场的变化。

第三，中小企业发展缓慢。

从世界各国的情况来看，中小企业的发展，不仅对经济的发展和对变革中所有制结构有着重要的作用，而且对技术创新实现经济现代化也有着不可忽视的意义。中小企业的产值一般占 GDP 总量的 50% 以上，但目前俄罗斯中小企业的产值占 GDP 总量的 21%，这远远低于西方发达国家。中小企业发展缓慢的主要原因如下：转型过程中有关支持中小企业的一些机制法规在现实中往往不能执行，即各种制度起不到制约作用；中小企业一直存在融资难的问题；官僚主义的行政审批手续，经营环境不佳，从而提高了企业开业成本。2008 年俄罗斯的企业经营环境排在世界的第 120 位；俄罗斯经济垄断程度高，很多重要经济领域如能源、矿产、交通基础设施等，中小企业很难进入。

第四，未能改变落后的、低效的经济增长方式。

苏联时期一直是实行粗放型经济增长方式。俄罗斯在近 30 年向市场经济转型过程中，并没有同时改变经济增长方式，粗放型经济增长方式并未发生实质性变化。俄罗斯的经济仍是一种落后的、低效的经济增长方

---

① 李建民：《卢布暴跌成因、影响及中俄合作机遇》，《经济社会体制比较》2015 年第 1 期。

式。梅德韦杰夫在文章中指出："我们大部分企业的能源有效利用率和劳动生产率低得可耻。这还不是很糟糕。最糟糕的是，企业经理、工程师和官员们对这些问题漠不关心。""低效的经济，半苏联式的社会环境……所有这些对于像俄罗斯这样的国家来说，都是很大的问题。"2010年1月13日，俄罗斯联邦工商会会长叶夫根尼·普里马科夫在一次会上讲道："俄罗斯每生产一吨钢，要比比利时、法国、意大利多消耗两倍的电力，每生产1吨化肥要比阿拉伯国家多耗费5倍的电力。"俄罗斯自苏联时期起就在各项社会经济指标上与世界先进国家有所差距，如今这一差距正越来越大。

十分明显，无论是现在还是未来，俄罗斯不可能靠大量投入人力与物力来保证经济稳定与可持续发展。落后的、低效的经济增长方式，必将成为俄罗斯经济陷入低速增长期的一个重要因素。

第五，忽视了基础设施建设。

2016年1月13日，《俄罗斯商业咨询日报》发表B.伊诺泽姆采夫的题为"普京十六年的总结"的一文，批评普京在这一领域的失误时指出：十六年来，俄没有铺1千米的现代化高速铁路，2014—2015年修公路1200千米，相当于2000年的1/4，20世纪90年代便开始开工的莫斯科至圣彼得堡的公路，至今还未完成。居民天然气覆盖率一年内提升0.1%，达到65.4%，按此速度，国家实现完全的天然气化要等到22世纪初了。十六年来俄港口的吞吐量的增长相当于上海1个港口的50%。2014年通过北方海上航道运输的物资仅有13万吨，较1999年的46万吨更少了。基础设施建设跟不上，长期处于落后状态，必然阻遏经济的发展。

从近30年俄罗斯经济发展情况来看，呈现以下三个特点：一是极不稳定，跌宕起伏；二是呈现不断下滑的趋势；三是多年出现负增长，有些年份负增长的幅度很大。这就使当今和今后一个时期，经济问题成为普京在国内面临的主要难题。

第五节　始于2020年的经济发展前景

本书以2020年1月梅德韦杰夫辞职、由米哈伊尔·米舒斯京出任总理为新时期，也可以称为新冠疫情后时期。

进入2020年，在经济情况还没有明显好转的情况下，俄罗斯经济又面临新冠疫情和油价暴跌的双重夹击。

面对疫情对经济的严重冲击，俄罗斯采取的主要政策有：一方面实行积极的防疫措施，控制疫情的发展；另一方面实行宽松的财政政策，对经济的恢复和发展提供资金支持，同时实行稳定国内金融市场、卢布汇率的政策，以制止资本外逃与限制投机资本跨境流动。俄罗斯围绕以上的主要政策，采取了一系列具体措施。俄罗斯总理米舒斯京表示，财政部总共预留了1.4万亿卢布用于扶持救助受疫情影响的俄罗斯企业，俄罗斯目前确定用于支持经济以应对危机的资金总额已超过2019年国内生产总值的5%。俄罗斯政府将采取措施首先扶持受疫情打击最严重的行业，包括汽车及航空制造、非食品贸易、展览会务、文化休闲娱乐、体育健身、旅游酒店、餐饮、辅导培训、美容、维修和其他生活服务业等。为此，俄政府准备从国家福利基金中提取约6000亿卢布（约合83亿美元）以完成预算拨款。另外，确定把中小企业作为扶持的重点。采取的措施包括将中小企业应缴纳的社会保险费率由30%降至15%，暂缓6个月征收中小企业应交税收，向中小企业提供优惠贷款。考虑到俄罗斯有较充足的外汇储备（2019年年底为5540亿美元），必要时俄罗斯还可动用一定的外汇储备来弥补国家财政支出的不足。为了稳定卢布汇率，俄央行采取了在国内市场出售外汇、向俄银行系统注入5000亿卢布，以及停止在国内市场购买外汇等措施。俄罗斯还通过降息来刺激经济。2020年4月24日，俄罗斯央行大幅降息50个基点，将基准利率从6%下调至5.5%，这是俄罗斯利率2012年以来的最低水平。

由于疫情逐步好转和采取一系列支持经济发展的政策，加上油价上涨的因素（2020年4月每桶石油为16.3美元，7月上涨为每桶42.1美元），俄罗斯经济形势也有所好转。

今后一个时期，俄罗斯在不放松对疫情控制的同时，要采取一系列政策来保证经济的发展。2020年7月21日，俄罗斯总统普京签署《关于2030年前俄罗斯联邦国家发展目标》的总统令。这个总统令为俄罗斯未来十年发展制订以下五个方面的目标。一是保持人口数量，维护人民健康和福祉，应在增加人口数量、提高公民身体素质与延长寿命等方面作出努力。二是保障公民实现自我价值，获得施展才能的机会。目的是提高人力资本的质量，建立高效的教育体制，使俄罗斯科研水平跻身世界十大领先国家。三是为人民提供舒适、安全的生活环境。这主要是通过增加住房等基础建设的投资来实现。通过住房等基础设施建设投资拉动增长。四是提高经济效率，明确今后十年，俄要在保持宏观经济稳定的同时，保证实现具体的目标：GDP 增速要超过世界平均水平，居民收入和养老金增速不低于通胀率，到 2030 年固定资产投资实际增长不低于 70%，要使非能源和非原料类产品出口成为促进经济增长的重要举措。该目标还提出，与 2020 年相比，2030 年非能源和非原料产品出口实际增长不低于 70%，中小企业就业人数 2030 年增至 2500 万人。五是发展数字经济，使经济和社会领域主要行业实现数字化。

在 2020 年 7 月 21 日普京签署总统令之后，俄总理米舒斯京于 7 月 22 日在俄国家杜马作 2019 年政府工作报告。米舒斯京在报告中指出，俄罗斯今后将继续努力发展医疗保健领域，以提高其有效性，在未来五年内，政府将拨款 5000 亿卢布。在谈到经济复苏问题时，米舒斯京认为，俄罗斯政府采取了分步走战略，以确保恢复工业增长和进口替代等。与此同时，有必要使用先进技术，推进快速优质的建设，发展教育和劳动力市场，并提高医疗保健体系的可持续性。米舒斯京还特别强调对汽车工业、进口替代和农业的支持。无论是普京的总统令，还是总理米舒斯京的政府工作报告，都比较务实，没有像 2018 年 5 月 17 日，普京签署的《关于俄罗斯到 2024 年前的国家战略发展任务和目标》总统令那样，要求在 2024 年前俄罗斯要成为全球第五大经济体，而 2017 年俄在全球排在第 14 位。

关于疫情后俄罗斯经济发展前景问题的分析，在尚有很多不确定因素的情况下，存在很大的差异。2020 年 5 月，俄罗斯国际审计和咨询公司董事会成员米卡耶良认为，2020 年经济实际缩水幅度或将达 7%—8%。俄高等经济学院发展中心（HSE）对 19 名俄经济学家的调查结果显示，2020 年俄经济预计将萎缩约 2%。俄高等经济学院发展中心的 28 位经济学家调研显示，2020 年第二季度，也就是俄经济受疫情与低油价两面夹击之际，GDP 至少总体下滑 10%。此前，HSE 的报告显示，如按照最悲观预测，新冠疫情无法在全球范围内（包括俄罗斯）得以快速遏制，则俄经济衰退只有到 2022 年才能停止。2021 年俄罗斯经济恢复增长，经济增长率约为 4.7%。俄罗斯联邦统计局 2024 年 2 月 8 日发布的数据显示，2023 年俄罗斯 GDP 增长 3.6%，2022 年 GDP 由原来公布的下降 2.1% 现修正为下降 1.2%。2023 年，俄罗斯经济的增长主要与俄乌冲突后军工产品大量增加有关。

笔者认为，对俄罗斯经济发展前景问题的分析，一是要看到美欧制裁对俄罗斯经济产生的影响，从今后一个时期的国际大环境来看，对俄罗斯经济发展不利的因素并没有减少，这可以从三方面来分析。（1）俄罗斯与西方特别是与美国的关系会进一步恶化，美欧对俄的经济制裁将持久化与扩大化。（2）这次俄乌冲突将使本来复苏乏力的世界经济变得更加困难，据预测2023年全球GDP增长不会超过3%，2024年为3.6%。（3）国际经济关系日趋政治化，贸易保护主义、竞争性的货币政策与汇率政策在发展。今后俄罗斯资金短缺可能更趋严重，这一方面由于美欧对俄罗斯的经济制裁将会继续下去，掐断了俄罗斯融资的资金链；另一方面俄罗斯通胀居高不下，投资环境恶化，资本外流将继续。二是还必须考虑到俄罗斯经济本身存在的问题，即其经济发展的基础性条件。俄经济转型30多年来，保证其经济稳定增长的一些基础性因素没有很好地解决，如依赖资源型经济结构难以调整，制造业、加工业严重衰退，中小企业发展缓慢，经济效益低下与高新技术发展缓慢等问题，而阻碍俄罗斯经济发展的基础性因素难以很快改善。

还应该指出，在谈到俄罗斯经济发展前景问题时，前文谈到的俄罗斯应对疫情所采取的措施，大多属于临时性的应急措施，并不能成为支撑经济发展的基础性条件。正如前文所指出的，难以使俄罗斯经济实现稳定可持续发展，除了长期以来没有解决经济从资源型向创新型转变这一问题，俄罗斯经济的主要问题是结构性问题。

另外，资金短缺更趋严重。这有很多方面的原因。由于以美国为首的西方国家对俄罗斯的经济制裁将继续下去，这一方面掐断了融资的资金链；另一方面通胀居高不下，投资环境恶化，资本将继续外流。再加上国际市场油价下跌，导致出口收入减少，从而使财政收入减少。

由于以上一些因素，今后一个时期，俄罗斯经济形势是严峻的，不存在经济持续稳定快速增长的基础性条件。但从普京2024年2月29日在议会两院发表的年度国情咨文来看，他对俄罗斯经济发展前景充满信心，指出："今天，俄罗斯是按购买力平价计算的欧洲最大经济体。""可以确切地说，在不久的将来，我们可以向前迈进一步，加入世界四大经济体行列。"

第三章　俄罗斯经济结构与调整趋势

经济结构问题，无论是在苏联时期还是在当今的俄罗斯，始终是影响其经济发展的重要因素，在很大程度上体现其经济发展模式。第二章提到的普京离任前提出的《关于俄罗斯到2020年的发展战略》，论述的很多经济社会问题都涉及经济结构的调整，如实行经济创新型发展、增加人力资本的投入、积极发展高新技术产业、加快中小企业的发展、强调要从出口原材料为主导的发展模式过渡到创新导向型经济发展模式等，都是为了尽快改变目前俄罗斯存在的严重不合理的经济结构与落后的经济发展模式。如果严重不合理的经济结构长期不能改变，不排除俄罗斯经济在今后发展过程中出现结构性下降的可能性。对此，国际货币基金组织在2003年的一份报告中指出："俄罗斯应该加大力度推进经济结构改革，只有结构改革才能保证经济的持续发展，并且减轻对能源领域的依赖。"这些都说明，研究俄罗斯经济结构具有十分重要的意义。

2009年2月20日，时任总统梅德韦杰夫在伊尔库茨克市举行的国务委员会主席团会议上说，俄罗斯经济结构"陈旧、不符合现代要求，应对其进行调整"。据俄罗斯《公报》2009年8月27日的报道，梅德韦杰夫总统向联邦会议演讲的第二篇国情咨文，主题是俄罗斯现代化问题。他又进一步强调说："俄罗斯需要前进，但令人遗憾的是，目前尚在原地踏步。金融危机使俄罗斯经济陷入困境，我们应当作出调整经济结构的决定，否则俄罗斯经济将没有前途。"

从研究一个国家对外经济关系来说，分析其经济结构的特点与发展趋势具有重要意义。

国与国之间经贸合作互补性的强或弱，一个国家参与国际劳动分工的程度，它受很多因素的影响，但与经济结构的特点有直接的关系。中俄经贸关系有很强的互补性，但同时又有其脆弱的一面。这是由俄罗斯传承的苏联时期形成的重型经济结构决定的。因此，在分析中俄经贸合作大环境或宏观经济条件时，需要研究俄罗斯经济结构与其调整趋势。

国民经济结构可以包括很多方面的内容，如所有制结构、国民经济部门结构、第一部类与第二部类的比例关系、工业与农业的比例关系、生产与基本建设的比例关系、积累与消费的比例关系以及三次产业结构等。本章主要围绕国民经济部门结构有关问题进行论述。

第一节　苏联时期经济结构的特点

在苏联时期，一直存在严重的经济结构问题。由于苏联工业化是完全按照斯大林的思想进行的，工业化的三大政策如下：重工业化，即集中一切力量片面优先发展重工业；超高速，即把高速发展视为工业化的灵魂；高积累，即主要通过剥夺农民的办法来保证工业化所需的资金来源。据估计，苏联"一五"计划时期，从农业吸收的资金占用于发展工业所需资金的1/3以上。这样也导致了经济结构的严重畸形：重工业过重，轻工业过轻，农业长期落后，到1953年，苏联的粮食产量还没达到1913年的水平。苏联食品工业80%以上、轻工业2/3以上的原料来自农业，而农业长期落后，不仅使得在苏联时期主要农产品不能满足广大居民的生活需求，还导致轻工业、食品工业的严重落后。苏联时期不得不花大量外汇进口食品与食品原料，这项费用在勃列日涅夫时期要占每年外贸进口总额的20%，成了苏联仅次于机器设备进口的第二项大宗商品。

面对严重的畸形经济结构，赫鲁晓夫上台后，尽管在执政初期出于政治需要，一度反对马林科夫1953年8月8日在最高苏维埃会议上提出的以加强消费资料生产为中心的广泛的国民经济调整计划，但执政不久，不得不实行全力以赴地加强农业的经济结构调整政策。因为当时苏联不少人认识到，如再不抓农业，再有两三年，就可能发生灾难性的粮食生产危机与全国性的饥荒。勃列日涅夫上台后，他与赫鲁晓夫一样，首先也是抓农业，力图推行以加强农业为主要内容的经济结构调整政策，并为此采取了一系列的政策。与此同时，调整工业内部结构。他一再强调，制订五年计划要有"充分科学依据"，要选择"最优比例"，使整个国民经济协调与平衡发展。

在勃列日涅夫时期，阻碍经济结构调整的原因甚多。一个直接的最重要的原因是，长期坚持扩充争霸实力，争夺军事优势的战略方针。当时苏联一再强调，"国防问题处于一切工作的首位"，"为保障军队具有现代化技术和武器，需要有高度发展的工业水平，首先是重工业的先进部门，即冶金工业、机器和机床制造业、造船工业、原子能工业、无线电电子工业、航空火箭工业、化学工业和专门的军事工业"。

苏联不惜花费巨额资金，把最好的原料、设备，最优秀的科技人员和熟练劳动力用于发展军事科研和军工生产，来建立庞大的军事工业。勃列日涅夫时期的苏联，在实行打破美国军事优势并夺取全面军事优势的方针条件下，要调整经济结构是不可能的。勃列日涅夫执政18年，农业虽有进展，但并没有从根本上解决农业问题。投资大、效益低，生产稳定性差、波动幅度大，仍是苏联农业的基本特点。粮食连年减产，导致在勃列日涅夫执政的1973年，苏联历史上第一次成为粮食净进口国。农业的连续多年歉收，直接影响市场供应和人民生活水平的提高，使得一部分有支付能力的需求不能实现，从而使储蓄迅速增长。在勃列日涅夫执政时期，零售商品流转额与储蓄的增长速度很不协调，如1970—1981年，零售商品流转额增长了82.7%，其中食品商品零售流转额增长了56%，而同期居民的储蓄存款则增长了2.56倍。这显然是今后通货膨胀的重要潜在因素，并给以后的改革造成障碍。为此，勃列日涅夫在1982年的多次讲话中谈到，食品问题已成为苏联"最紧迫的政治和经济问题"。

在分析苏联时期经济结构问题时，需要指出的是，在勃列日涅夫时经济结构不仅表现在农业轻重关系问题上，过多地依赖能源问题也已经很明显了。到20世纪80年代初，经济增长速度已下降到使苏联"几乎临近停顿的程度"。[①] 勃列日涅夫逝世的1982年，国民收入比1981年仅增长2.6%。戈尔巴乔夫在苏共中央二月全会（1988年）上的报告中指出：20世纪80年代初苏联经济缓慢的增长速度，在很大程度上也是在不正常的基础上，靠一些临时性的因素达到的。这指的是靠当时国际市场上的高价出售石油、大量生产和出售对人体健康有害的酒精饮料达到的，如排除这些因素，差不多有4个五年计划的期间，国民收入的绝对额没有增加。人所共知，1973年爆发了中东战争。之后，阿拉伯石油输出国组织"欧佩

---

① [苏] 米·谢·戈尔巴乔夫：《改革与新思维》，苏群译，新华出版社1987年版，第14页。

克"为对付西方国家,把石油价格提高了15倍。苏联当时作为世界主要石油输出国之一,借机大量出口石油。据统计,1974—1984年苏联仅从销售石油与石油产品获得的收入,最保守的估计也达到1760亿外汇卢布,折合2700亿—3200亿美元。

这笔巨额"石油美元"对当时苏联渡过经济难关起着重要的作用,在很大程度上掩盖了经济停滞和下滑的严重性,缓解了种种矛盾。对此问题,俄罗斯科学院院士阿尔巴托夫分析说:当时苏联应该把这种赚取的石油外汇视为一个喘息时机,并充分有效地利用这个时机推进改革,使国民经济走上正轨,但苏联并没有这样做,这"主要是由于石油财富突然从天上落到了我们手里,于是我们就冻结了把经济改革推向前进的尝试,取消了研究科技革命的中央全会"。他接着又指出:"在20世纪70年代末至80年代初,无论是我还是我的许多同事都不止一次地想到,西西伯利亚石油挽救了我国经济。而后来开始得出结论,这个财富同时又严重破坏了我国经济,它使我们不可饶恕地丢失了许多时间,长久地推迟了已经成熟甚至过分成熟的改革。"[①] 他还说:"那时我们把载能体出口无限度地增长,从这里找到了摆脱一切灾难的灵丹妙药。那时没有一个人(包括我自己)懂得不是挣来的财富最容易使人腐败这句古老的谚语,不但适合于个人,而且也适用于国家。"[②]

上述材料与分析说明,在判断苏联20世纪70年代初以来的经济情况时,应该看到,1973年以来因石油飞速涨价而获得的巨额"石油美元"并不能反映当时苏联经济的正常发展状况,而是明显地体现了苏联经济对石油等能源部门的严重依赖。

戈尔巴乔夫上台后提出了"加速战略",而实现这一战略的一个重要途径是加速科技进步。在他执政的头几年,在加速科技进步方面采取了多项政策,其中一项是优先发展重工业。当时他提出,苏联要在六七年内使重要的机器、设备和仪表的参数达到世界最高水平。实行"加速战略"的消极后果如下。一是加速战略的主要目标是增强综合国力,而并不是调

---

① [俄]格·阿·阿尔巴托夫:《苏联政治内幕:知情者的见证》,徐葵等译,新华出版社1998年版,第300—301页。

② [俄]格·阿·阿尔巴托夫:《苏联政治内幕:知情者的见证》,徐葵等译,新华出版社1998年版,第299页。

整经济结构，缓解紧张的市场，满足人民生活的需要。二是从当时经济的发展情况来看，"加速战略"与经济结构的调整政策存在尖锐的矛盾。由于加速的重点仍放在重工业方面，结果是国民经济比例关系更加失调，经济更加不合理，从而使整个经济增长速度上不去。三是加速战略的直接后果是消费品市场更加紧张，基本消费品在苏联市场上出现了全面短缺，加上价格上涨卢布贬值的情况，有点风吹草动，就引起抢购风潮。市场经济供应状况日益恶化，从而大大削弱了广大俄罗斯民众对戈尔巴乔夫改革的支持。

由于畸形的经济结构未能得到调整，苏联到解体前的1991年，在1990年经济出现负增长后，经济状况进一步恶化，国民收入下降11%，GDP下降13%，工业与农业生产分别下降2.8%和4.5%，石油和煤炭开采下降11%，生铁下降17%，食品生产下降10%以上，粮食产量下降24%，国家收购量下降34%，对外贸易额下降37%。1991年，国家预算赤字比计划数字增加了5倍，占GDP的20%。财政状况与货币流通已完全失调。消费品价格上涨了1倍多（101.2%），而在1990年价格还只上涨5%。经济状况严重恶化，使得市场供应变得十分尖锐。

俄罗斯转型30年来，之所以经济发展起起落落，最后步入一个衰退、危机与较长的停滞或低速增长时期，一个主要原因就是经济结构问题。

由于长期处于紧张状态，排长队、抢购是苏联社会经济生活中的一个重要特征。苏联经济一直被称为"短缺经济"，这也严重影响着人民生活水平的提高。

第二节 俄罗斯经济结构调整趋势

俄罗斯独立执政后，在推行经济转型的过程中，同时亦力图改善经济结构。但在经济转型初期，这一调整过程的一个重要特点是，经济结构的变化并不是通过实行某种特定的调整政策使有关部门增速与降速途径来实现的，而是在经济转型危机过程中，由于各部门下降程度的不同而自发地、被动地进行的。俄罗斯经济转轨的头8年工业产值累计下降46%，但各部门下降幅度不相同。从军工部门来看，由于国家订货与出口急剧减少，军工产值在GDP中的比重从1991年的8.7%下降到1992年的1.6%，而军工部门转产生产民用产品的比重在1994年已达到78.3%。

从原材料部门来看，由于俄罗斯在经济转型头几年，其经济困难不只表现在生产大幅度下滑，还表现在与人民生活密切相关的大量消费品短缺上，而解决的办法是靠大量进口消费品，这就需要大量外汇，而俄罗斯只能主要依赖大量出口原材料产品换取外汇。俄罗斯原材料部门在转轨头几年虽然也出现下降的情况，但与整个工业相比要低，如石油产量1995年与1991年相比下降了33.5%，天然气下降了7.5%，煤下降了25.8%；从整个能源部门来看，1995—1998年下降的幅度不大，而到1999年开始回升，增长2.5%，之后增长率不断提高，到2003年增长率为9.3%。这样，导致俄罗斯工业中能源部门的比重提高。1992年燃料工业占俄罗斯工业总产值的比重为14%，到1995年上升到16.9%。而轻工业产值1995年与1991年相比下降了82.4%，轻工业基本上被冲垮，到1995年它在整个工业中的比重下降为2.3%，同期食品工业下降51.2%。农业在1992—1999年累计下降40%。

由于苏联时期一直存在重生产轻流通，把服务部门视为非生产领域，从而忽视第三产业，结果第三产业严重落后。俄罗斯继承了这一不合理的三产结构。苏联解体的1991年，服务性产值占GDP的24%，而商品产值占76%。随着向市场经济过渡，服务性产值的比重逐步提高，1992年为32.6%，1994年为50%。根据俄官方公布的材料，1995年GDP的生产结构如下：商品产值为40.7%，服务性产值为51.5%，净税收为7.8%。如果从三产关系来看，第一产业（农业）的比重从1990年的15.3%下降到1994年的6.5%；第二产业（工业与建筑业）相应年份从44%下降到36%；第三产业（服务业）相应年份从32.5%提高到48.9%。第三产业上升主要是市场型服务扩大的结果。

随着市场经济的发展、转型的深化，特别是为了使经济持续稳定地增长，产品在国际市场有竞争力，客观上要求俄罗斯经济的发展须从资源型向发展型转变，而实现这一转变，重要的一条是调整与优化经济结构。因此，在普京执政后，在稳定经济发展的同时，特别重视经济结构的调整和与此相关的经济发展模式的转变。在制定的一系列社会经济发展纲要、政策等文件中，都强调了产业结构调整政策与具体措施。2003年12月18日，普京与选民的一次直接对话中讲道："俄罗斯经济发展到了一个特殊的阶段，需要进行结构改革的阶段。"2006年5月10日，普京在总统国情咨文中说："我们已经着手采取具体措施来改变我国经济结构，就像人们过去大谈特谈的那样，要让我国经济具备到新的素质。""我们目前需要一个能够产生新知识的创新环境。"① 俄罗斯在调整与优化经济结构方面的主要设想与措施如下。第一要控制石油、天然气等采掘部门的生产规模，且要大幅度提高非原材料与加工工业产品的生产和出口。第二，加速发展高附加值的高新技术产业与产品，即发展新经济。俄罗斯强调，要把发展新经济作为一项具有战略意义的国策加以实行。第三，积极发展中小企业，这是俄罗斯经济中的一个薄弱环节。第四，加快农业发展，促使农业现代化，提高农业生产技术水平。第五，改革与加强国防工业，加快国防工业的技术向民用工业部门转移，并继续扩大军工产品的出口。俄罗斯军工产品的出口由 1994 年的 17 亿、18 亿美元增加到 2006 年的 61 亿美元，2007 年约为 75 亿美元。另外，还应看到，国防工业生产的民用产品份额 2005 年为 45%，到 2015 年已达到 60%。这说明俄罗斯军转民取得了进展。② 在新形势下，俄罗斯把巩固与发展国防工业视为促进经济增长与提高民族经济竞争力的重要因素。上述政策措施，既是为了调整与优化经济结构，也将成为俄罗斯经济新的增长点。

为了调整与优化经济结构，俄罗斯政府还在投资政策方面进行调整，即增加在国际市场上有竞争能力的经济部门和高新技术部门的投资。这里税收发挥了重要的调节作用，使税负从加工部门向采掘部门转移。为此，开征石油税，2000 年每开采一吨石油须缴纳 46.5 美元，2003—2005 年则分别上升至 69 美元、106.4 美元与 188.5 美元；2000 年石油纯收入税率为 57%，2003—2005 年分别上升到 80%、81% 和 91%。对石油开采加重税收，从而为国家财政扩大对新技术部门的投资创造条件。

另外，俄罗斯政府还在加快科技发展与创新活动方面实行一些积极支持的政策，如组织实施一些与世界科技发展潜力相适应的高水平科技与工艺研制大项目；完善拨款机制；在防止科技人才流失等方面，采取一些鼓励性措施（如提高工资、改善住房条件、增加科研津贴等）。与此相关，近年来俄罗斯十分重视对教育与科研的投入，争取达到发达国家的水平。对教育与科研经费占 GDP 的比重分别要达到 5.4% 与 2%—3%。

---

① 《普京文集》（2002—2008），中国社会科学出版社 2008 年版，第 286 页。
② 参见俄罗斯 T. A. 谢里晓夫在 2007 年 11 月上海财经大学召开的"地缘经济视角下的特型国家：制度变迁与经济发展"国际研讨会提交的论文。

从普京执政8年来看，尽管在调整经济结构方面谈得很多，制定的纲领与政策不少，但总的来说，主要还是两条：一是要发展创新型经济；二是要尽快改变俄罗斯在世界经济中为原料附庸国的地位。

应该说，这几年来俄罗斯经济结构的调整取得了一定的积极进展。第一，最为突出的一点是三产比例关系有了大的变化。到2004年服务业在GDP中的比重已达到60%，第一产业已由1990年的16.5%下降到2004年的5.5%，而第二产业为40%左右。俄罗斯三产的比例关系已接近发达国家的水平，2006年为49.7%。第二，工业内部结构亦有改善。如果从价值指标来看，工业内部原材料产业（电力、燃料与冶金工业）在工业总产值中的比重由1992年的36%提高到2004年的43%，这主要是国际市场价格上涨造成的。而机器制造与金属加工业在工业总产值中的比重，在苏联时期一般要占30%左右，俄经济转型后从1992年至今，基本上占20%左右。

再从俄罗斯固定资产投资的部门结构变化趋势来看，亦在朝着利于经济结构完善的方面变化。1992—2004年，整个工业的投资在全俄罗斯固定资产投资中的比重为35%—40%，而用于基础设施的投资呈上升趋势，如对交通、通信部门的投资由1995年的14.6%提高到2004年的26.7%。用于高新技术领域的投资也逐步增加，从1995年的0.4%提高到2004年的0.8%。与此同时，对采掘工业的投资从所占比重来看，基本上保持稳定，但绝对额是大幅度增加的。

1995年对石油开采业的投资占14.2%，2000年为18.1%，2001年为19.0%，2002年为16.9%，2003年为15.9%，2004年为15.4%，2005年为13.9%，2006年为15.3%。从投资的绝对额来讲，如果2000年为2114亿卢布的话，那么2006年为7003亿卢布。

另外，还应看到，2006年俄罗斯在调整经济结构方面还采取了一些具体措施，以便使经济具备崭新的素质。2006年俄罗斯在这方面的思路与主要政策措施如下。

第一，国家要增加为改变经济结构的投资，并正确选择国家投资的项目，即重点用于对调整国家经济结构有重要作用的项目上。

第二，从主导思想来看，俄罗斯经济的发展要摆脱过多依赖能源的局面，而要加快制造业的发展，并提高其质量与竞争能力。

第三，制订《2006—2008年轻工业发展措施计划草案》。该草案已由俄罗斯工业与能源部等十多个部门联合提交给俄联邦政府。草案强调了以下问题：提高轻工业投资吸引力，防止非法商品在俄国内市场的流通，更新轻工业企业技术设备，创造条件为行业原材料的供应提供保障，利用部门专项纲要实现行业发展措施。据工业与能源部副部长估计，轻工业行业有能力在5—7年内使产量至少翻番。2006年俄罗斯轻工业品市场总价值为1.25万亿卢布，但俄罗斯国内生产的比重仅占17.7%。草案还规定，要在先进技术发展的基础上，制定2008—2010年轻工业发展的部门目标规划，以促进俄罗斯轻工业的快速发展。

第四，大力扶持高新技术产品出口，以带动制造业的发展。俄罗斯经济素质的提高与摆脱过分依赖能源产品的局面，必须加快发展高新技术产业，生产与出口更多的高新技术产品。

根据2005年的计算结果，俄罗斯高新技术产品出口额大约比菲律宾少67%，比泰国少78%，比墨西哥少90%，比马来西亚和中国少92%，比韩国少94%。针对上述情况，俄罗斯通过实施大力扶植高新技术产业的政策，争取在十年内，高新技术产品的出口所占世界的份额由目前的0.13%提高到10%。

俄罗斯联邦经济发展与贸易部公布《2020年前俄罗斯长期经济社会发展增订草案》，按新的构想，俄罗斯经济发展设计了三种发展方式：创新发展方式、偏重能源与原材料发展方式、惯性发展方式。按第一种发展方式，到2020年对知识与高新技术的经济投资额将占投资总额的16.5%，这一经济在GDP中的比重将达到17.2%。这意味着俄罗斯正在为发展创新型经济作出努力。

第三节 俄罗斯经济结构调整面临的难题

尽管俄罗斯经济结构在某些方面出现了改善的趋势，特别是三次产业比例关系有了大的变化，第三产业所占比重大大提高，但是，俄罗斯这几年来一直在着力解决的一个主要问题并未得到实质性进展，即通过经济实行新型发展，快速发展高新技术与新兴产业，以促使俄罗斯从目前的资源出口型向以高新技术、人力资本为基础的创新型经济发展模式转变。到目前为止，经济的发展仍以能源等原材料产业出口为支撑。

制约俄罗斯经济结构调整的因素甚多，除俄罗斯作为苏联的继承国，它继承了苏联时期留下的在世界大国中最为畸形的经济结构这些历史因素外，还有以下原因。

第一，在相当长的一段时间内，俄罗斯摆脱不了对能源等原材料产品的依赖。普京执政20年来，在经济体制转型与经济发展过程中，并没有改变过度依赖能源的经济结构局面，而且在经济发展进程中"三化"更加明显：一是经济原材料化，即经济发展依赖能源等原材料部门；二是出口原材料化，俄罗斯出口产品按所占比重的排序，能源等原材料产品占首位，一般要占出口总额的80%；三是投资原材料化，即俄罗斯投资相当一部分用于采掘工业。这里特别要指出的是，俄过度地依赖能源的情况在普京执政20年间是呈进一步发展的态势，1999年俄原油、石油产品与天然气出口所占出口总额为39.7%，而2014年上升到69.5%。对此，2008年时任总统梅德韦杰夫在《前进，俄罗斯！》一文中指出："20年来激烈的改革也没有让我们的国家从熟悉的原料依赖中摆脱出来。""简单地依靠原料出口来换取成品的习惯导致经济长期的落后。"2018年"资源型产品"的出口占出口总额的83%，2019年能源产品出口占俄罗斯出口总额的62.3%。普京在2020年9月23日的一次讲话中说，石油、天然气仍是俄罗斯财政预算收入的一项来源，但到2021年，油气收入占财政预算收入的比重将降至1/3，为现代俄罗斯历史上的最低点。届时，非石油、天然气收入占财政预算收入的比重将增至70%，较十年前（2011年）的状况大为改善，彼时这一比重仅为一半。普京把这一变化视为俄罗斯经济摆脱对石油依赖的标志。圣彼得堡国立经济大学的经济学家安德烈·扎奥斯特罗夫采夫指出，俄罗斯财政预算收入中的油气收入所占比重由50%—60%降至40%，但这并不是俄罗斯政府有意为之，而是需求下降、原油价格下降、OPEC+减产协议等客观原因引起的。因此，他认为这不能被视作俄罗斯经济摆脱对石油依赖的标志。长期以来，俄罗斯难以调整以能源产品为主的经济结构，受较多因素制约。（1）惯性地迷恋于资源的红利。作为苏联继承国的俄罗斯，是世界上资源极为丰富的国家，它的自然资源占世界自然资源的40%。1990年俄罗斯联邦共和国石油产量占全苏联的90.4%，天然气占78%。这在客观上，在经济落后与其他经济部门遭受重创的情况下，它不得不依赖丰富的自然资源，经济发展难以摆脱资源开发型的特点。（2）在能源等原材料产品在国际市场保持高价位的情况下，对俄罗斯来说有着极大的诱惑力。在实际生活中，俄罗斯不可能去控制能源等原材料部门的发展，而是通过这一部门产品的出口，既要赚取大量外汇，用来进口大量先进的机器设备，为改变经济结构与发展模式创造条件。(3) 用出口大量能源产品赚取的大量外汇，进口大量消费品来满足国内市场的需要，提高人民生活水平，从而稳定国内政局。(4) 能源产品大量出口，为增加财政收入、建立稳定基金与增加外汇储备提供了可能。(5) 还有一个不能忽视的因素，在国际关系中，石油等能源的作用不只是具有重要经济意义，并且是重要的外交资本。俄罗斯一直利用油气资源在国际关系中发挥重要作用。至于俄罗斯农业部提出，由于近几年来农业的发展，经济的发展可以借助粮食等农产品出口收入大幅度增加，从而摆脱对能源部门的依赖。这个设想并不符合实际。2019 年俄罗斯农产品出口收入为 255 亿美元，而能源产品出口收入为 2660 亿美元，农产品出口的收入不到能源产品出口收入的 10%。从第一、第二、第三产业结构来看，其占比分别为 4%、36.3%、59.7%。农业占比很低，仅为 4%。俄罗斯联邦建设和住房公用事业部提出的另一个设想是，通过发展建筑业替代能源行业，计划在未来 10 年内政府投资 50 万亿卢布，用于改善住房建设行业现状。具体政策是，通过增加抵押贷款规模和降低抵押贷款利率的办法，推进房地产行业的发展。但目前，在俄贫困人口超过 2000 万人、60% 的居民没有银行存款与实际收入不断下降的情况下，估计很难使房地产行业快速发展。因此，它在相当长的一段时间内，也难以起到替代能源行业的地位。

以上情况说明，无论是从苏联经济发展历史上所留下的经济结构，还是从俄罗斯资源禀赋的比较优势确定其经济发展模式来看，经济结构一直是困扰苏联、俄罗斯经济发展的一个重要因素。

第二，高新技术产业发展困难甚多。从 2009 年开始，俄罗斯经济日益出现明显的衰退态势。2009—2018 年，俄罗斯 GDP 年均增长仅为 0.9%，大大低于世界经济 3.2% 的年均增长率。如何保证俄罗斯经济稳定可持续的增长，提高经济效益和质量，无论是普京还是梅德韦杰夫，都一再强调，必须实现俄罗斯经济从当前的资源型向创新型转变，即从资源型向以高新技术、人力资本为基础的创新型经济转变。为了实现这个转变，俄罗斯也采取了一些措施，如要把发展创新型经济作为一项具有战略意义的国策，加速发展高附加值的高新技术产业与产品；对石油、天然气等采掘部门的生产规模加以控制，而要大幅度提高非原材料与加工工业产品的生产与出口；积极发展中小企业；提高农业生产技术水平，加快农业现代化的进程；增加对高新技术部门的投资；加快国防工业的技术向民用工业部门转移。

俄罗斯在调整经济结构方面虽取得了一定的进展，但从原料经济向创新型经济发展的过程缓慢，其主要原因如下。

（1）俄罗斯企业缺乏创新的积极性。2017年在工业生产中，进行技术创新的企业占比不到10%，在电信和信息技术企业中占8%，在农业中仅占3.1%。

（2）为了优化经济结构，需要大量增加对在国际市场上有竞争能力的经济部门和高新技术部门的投资，而投资不足是阻遏创新经济发展的一个重要因素。

（3）创新经济发展的基础条件差，这表现在苏联时期技术落后。据有关材料估计，在20世纪80年代中期，苏联与西方发达国家相比，科技水平要相差15—20年。据苏联电子工业部部长科列斯尼科夫估计，苏联一直重点加速发展的计算技术，要落后西方8—12年。[①] 技术落后，已成为制约俄罗斯向创新型经济转变的一个重要因素。

（4）中小企业的发展缓慢。从世界各国的情况来看，中小企业在技术创新实现经济现代化方面也有着重要的作用。当今在西方发达国家，中小企业对GDP的贡献率可达50%，美国近50年来GDP的增长靠科技创新，而主力是企业，特别是中小企业。在很多国家，中小企业的产值占GDP总量的50%以上。普京执政后，曾委托政府制定中小企业发展战略，目标是要使中小企业产值达到国内生产总值的50%以上。他提出，不仅要使中小企业成为纳税的主体，而且还希望通过发展中小企业改善经济结构，优化产业结构，调节市场需求结构，扩大就业，提高居民收入，提高企业的国际竞争力，维护社会的稳定。但根据2015年4月普京的一次讲话中提供的数据，俄罗斯中小企业的产值占GDP总量的21%，而近几年来一直在20%左右。这说明，俄罗斯中小企业在经济现代化中的作用十分有限。俄中小企业发展缓慢有多方面的原因，如俄罗斯经济垄断程度高，很多重要经济领域如能源、矿产、交通基础设施等，中小企业很难进

[①] 陆南泉：《苏联经济体制改革史论——从列宁到普京》，人民出版社2007年版，第476页。

入。因此，中小企业主要集中于商业和餐饮、旅馆业，这些企业要占45%以上，而从事工业生产和科研创新的中小企业仅略高于10%。另外，中小企业一直存在融资难与官僚主义的行政审批手续等问题。

第三，工业本身的再工业化问题。要摆脱能源产品的依赖，就需要加快工业的发展。苏联解体后，俄罗斯经历了大规模被动去工业化的过程，这突出体现在以下几个方面。

（1）制造业与加工工业严重衰退。苏联解体前的1990年，制造业在工业产业中占66.5%，到2014年下降到32.8%。根据联合国工业发展组织数据，2017年俄制造业增加值为1880亿美元，分别相当于中国（3.5931万亿美元）、美国（2.2494万亿美元）、日本（1.0255万亿美元）和德国（7599亿美元）的5.2%、8.3%、18.3%和24.7%。按制造业增加值排名，俄罗斯在世界制造业50强国家排行榜中居第13位，在世界制造业中占比为15%。[①] 由于制造业严重衰退，俄罗斯工业部门的绝大部分产品依赖进口：机床制造业超过90%，重型机器制造业达60%—80%，轻工业为70%—80%，无线电工业为80%—90%，制药和医疗行业为70%—80%。从出口结构来讲，在20世纪最后十年，机器设备与运输工具类产品出口还占其出口总额的10%左右，但到了21世纪出现了明显下降的局面，2019年占出口总额的5.32%。由于加工工业的落后，食品工业、轻工业产品进口所占的比重虽逐步下降，但到2019年进口的食品与农业原料还占进口总额的12.24%。这就是在近几年来，俄罗斯既大量出口粮食，还要大量进口食品和农业原料的原因所在。

（2）制造业中的高新技术产品占比过低。代表高新技术水平的机器设备制造仅约20%，而西方发达国家一般要占50%左右。高新技术产品在俄罗斯出口总额中所占的比重很低，2016年仅占2.35%，在世界高新技术产品出口中的比重可以忽略不计，近20年占比一直在0.3%左右。

（3）设备老化，技术落后。不少学者认为，俄罗斯自2000年以来，虽然经济一直在快速增长，但令人担忧的是，俄罗斯经济仍是"粗糙化"即初级的经济，工艺技术发展缓慢。俄罗斯科学院经济研究所第一副所长索罗金指出："俄罗斯主要工业设施严重老化，到目前至少落后发达国家20年，生产出的产品在国际上不具有竞争力。机器制造业投资比重为

---

① 李建民：《俄罗斯产业政策演化及新冠疫情下的选择》，《欧亚经济》2020年第5期。

2%—3%，同发达国家相比明显存在技术差距。原料出口国对原料产业先进设备供应国的依赖令人担忧。"早在 2003—2004 年，已有 60%—80% 的生产设备老化。2018 年，高新技术生产部门的固定资产老化率为 48.2%，在中低技术生产部门为 51%。另外，还应看到，目前俄罗斯工业企业中生产设备不足的占 18%，很多企业需要投资更新设备。至于消费品工业的设备老化更为严重，如轻工业部门固定资产更新率仅为 0.5%。① 设备更新非常缓慢，从而导致俄罗斯消费品产品质量与档次都处于低位，在国内外市场都缺乏竞争力。

（4）由于制造业特别是高新技术的落后，俄罗斯经济效益低下。普京在 2012 年竞选总统时发表的《我们的经济任务》一文中说："俄罗斯的劳动生产率也就是发达国家的 1/3 或 1/4。"俄学者对经济效率的评价更低，拉季科夫认为："俄罗斯的能源效率是日本的 1/18，各经济领域的劳动生产率是先进国家的 1/20—1/4。农业出产率则比遍地石头且缺少阳光的芬兰还要低一半。"②

经历了大规模的去工业化后，俄罗斯不再是一个工业体，而是一个资源经济体。为此，普京在 2017 年的总统国情咨文报告中提出，要积极推进"再工业化"政策。为此，俄罗斯采取了以下一些主要政策。

积极发展实体经济，特别要加快制造业与加工工业的发展，重点发展国防、机械制造、石油化工、轻工、信息产业、航空航天、原子能产业、生物技术、食品工业、医药等行业。为了发展制造业，2020 年 11 月 5 日，俄总理米舒斯京签署《2035 年前机床工具工业发展战略》的政府令，要求作为机器制造业核心的机床工具工业产品到 2035 年要比 2019 年增加 2.4 倍。

继续推进进口替代政策，减少机器设备的进口，以促进本国重要工业部门的发展。自 2014 年实行这项政策以来，取得了一些进展，如制造业中已有 15 个部门进口替代率超过了 50%；努力发展创新经济。为此，普京强调："俄罗斯须扶持高新技术企业，并为初创企业以及科研成果转化成生产力创造有利环境。"考虑到中小企业在创新经济中的作用，要为其

---

① 陆南泉：《论苏联、俄罗斯经济》，中国社会科学出版社 2013 年版，第 116 页。
② ［俄］伊·弗·拉季科夫：《俄罗斯社会怀疑心态对现代化进程的阻碍》，李铁军译，《当代世界与社会主义》2012 年第 2 期。

发展创造条件。面对这次新冠疫情，俄罗斯政府一再强调，要加大对中小企业的支持。

另外，加强交通基础设施的发展。俄罗斯独立执政30年来，在这个领域的建设没有取得大的进展。交通基础设施建设的水平，不仅对经济发展与实现经济现代化有重大影响，其本身也是代表一个国家经济现代化水平的重要标志。

在谈到俄罗斯经济结构变化趋势时，有一个新情况值得关注，那就是俄乌冲突后，俄罗斯加速军工产品生产，普京在2024年2月29日向议会两院发表的2024年度国情咨文中说："在生产中，根据前线需要，工人以三班制工作。"军工生产的快速发展，将带动其他工业部门的发展，从而给今后俄罗斯经济结构带来重大影响。

从俄罗斯不同时期对经济现代化的历史考察表明，经济结构对俄罗斯经济现代化进程有着重大影响。可以清楚地看到，无论是十月革命前的俄国与此后的苏联，还是当今的俄罗斯，经济现代化是一个十分曲折的过程。要实现"以现代化告别过去"，还有很长的一段路要走。

第四章　俄罗斯对外经贸政策与发展趋势

俄罗斯制定对外经济战略目标并以此为基础形成对外经贸政策，对中俄经贸关系的发展有着重要的影响。本章将从历史发展进程、变化和较广的领域来考察俄罗斯的对外经贸政策。这样有助于更好地把握作为中国重要经贸合作伙伴之一的俄罗斯，对两国经贸合作中存在的和今后可能出现的问题，有个较为清醒的认识与恰当的应对。

第一节　苏联时期对外经贸关系概况

在苏联时期，较为重视对外经贸关系，把它视为发展本国经济、增强经济实力的一项重要政策。1921年苏联开始与其他国家进行贸易往来，当年的贸易额为1.81亿卢布。[①]

20世纪20—30年代，苏联先后与美国、法国、德国和意大利签订了贸易协定。由于当时苏联所处的国际环境极其复杂，对外贸易规模小，发展速度亦很缓慢。第二次世界大战后，随着东欧与亚洲出现了一批社会主义国家，苏联与这些国家的经贸关系得到了很大发展。之后又出现了不少新独立的发展中国家。这样，苏联与三种不同类型的国家（即发达资本主义国家、社会主义国家和发展中民族主义国家）建立了不同性质、不同形式的经贸关系。到1985年，苏联已同世界上145个国家与地区有了贸易关系，其中同116个国家签订了政府间的贸易协定，与84个国家签订了政府间经济技术协定。但要指出的是，由于苏联在发展对外经贸关系方面的指导思想、政策缺乏一贯性，特别是后来受到经贸管理体制和产品结构等因素的制约，其对外经贸关

[①] 陆南泉等编：《对苏贸易指南》，中国财政经济出版社1991年版，第43页。

系水平大大低于西方资本主义国家。从苏联历史上看，1983年是它的对外贸易在世界贸易中所占比重最高的一年，占3.4%。但后来逐步呈下降趋势，到1990年下降为1.8%。该年苏联出口贸易额为1030亿美元，在世界贸易额中居第10位，而进口贸易额为1210亿美元，居世界第8位。[①] 而1991年美国出口额已占世界贸易额的11.7%，联邦德国为8.95%、日本为7.7%。[②]

纵观苏联对外经贸关系70多年的发展历史，有以下四个特点。

一 从地区结构来看，由第二次世界大战前的西方到第二次世界大战后转向东方

第二次世界大战前，苏联作为唯一的社会主义国家，它主要与西方资本主义国家发展经贸关系。在这期间，苏联通过工业化与农业集体化建立社会主义经济基础。因此，其对外经贸关系的主要任务是大力引进西方国家的先进设备与农业机械，以加速工业化与农业集体化进程。苏联在第一个五年计划时期（1928—1932年），利用资本主义世界发生经济大危机的时机，从西方国家引进了大批的成套设备，使进口商品中生产资料的比重进一步提高到90%以上，其中机器设备占一半以上。到"一五"计划结束时，苏联进口的机器设备占世界机器设备出口总量的一半，居世界第一。在大量引进技术设备时，还大量引进技术人才。1932年，在苏联工作的外国专家与技术人员分别为1910人和10655人，这比1928年分别增加了4倍多与20多倍。[③]

第二次世界大战后，在对外经贸关系取得大发展的同时，与战前相比，地区结构发生了根本性的变化，即由西方转向东方。

从表4-1可以看出，在战后初期，与社会主义国家贸易在苏联外贸易总额中占有很大的比重，在1950占81.1%。后来，苏联同上述三类国家的贸易发展速度出现了差异。1950—1989年，苏联与社会主义国家的贸易额增长了35.6倍，与发达资本主义国家的贸易额增长了82.8倍，与发展中民族主义国家的贸易额增长了150.4倍。从而导致这三类国家对苏

---

① 邢书纲主编：《苏联是怎样引进和利用西方的资金与技术的》，上海三联书店1988年版，第4页。
② 刘美珣等主编：《中国与俄罗斯两种改革道路》，清华大学出版社2004年版，第520页。
③ 陆南泉主编：《苏联经济简明教程》，中国财政经济出版社1991年版，第168页。

联对外贸易总额中的比重也发生了变化,到 1989 年,社会主义国家的比重由 1950 年的 81.1% 下降到 61.6%,而同期发达资本主义国家与发展中民族主义国家的比重分别由 15.0% 提高到 26.2% 与由 3.9% 提高到 12.2%。尽管社会主义国家所占比重下降了,但一直保持在 60% 以上。

表 4-1　　　　第二次世界大战后苏联对外贸易地区结构　　　　（单位：%）

	1950 年	1960 年	1970 年	1980 年	1985 年	1989 年
外贸总额	100	100	100	100	100	100
其中						
社会主义国家	81.1	73.2	65.2	53.7	61.2	61.6
发达资本主义国家	15.0	19.0	21.3	33.6	26.7	26.2
发展中民族主义国家	3.9	7.8	13.5	12.7	12.1	12.2

资料来源：根据对应年份的《苏联国民经济年鉴》编制。

苏联对外经贸关系地区结构的变化有多方面的原因。从客观上来讲,第二次世界大战后苏联与西方国家的政治关系十分复杂,西方国家采取了一些歧视性政策,如 1947 年起西方国家对苏联的禁运,尤其是巴黎统筹委员会的成立,对苏联的贸易与贷款政策实行了限制性措施;苏联的产品结构在国际市场上适应能力差,机电产品只能向社会主义国家与发展中国家出口,东欧社会主义国家在地理上与苏联接近,进行贸易有其方便的交通运输条件。从主观上来讲,这与斯大林发展对外经贸关系的指导思想有关。他往往把发展对外经贸关系视为解决苏联遇到暂时经济困难的手段,并没有从生产国际化的战略高度去认识。另外,过高地估计苏联的经济与科技力量。斯大林认为:"两个对立阵营的存在所造成的经济结果,就是统一的无所不包的世界市场瓦解了,因而现在就有两个平行的也是互相对立的世界市场。"他还进一步指出:"可以满怀信心地说,在这样的工业发展速度下（指社会主义国家工业发展速度——笔者注）,很快就会使得这些国家不仅不需要从资本主义国家输入商品,而且它们自己还会感到必须把自己生产的多余商品输往他国。"[①] 他还认为,苏联的"出口和进口

[①]《斯大林选集》下卷,人民出版社 1979 年版,第 561—562 页。

愈发展，我们也就愈依赖于资本主义西方，愈容易受到敌人的打击"。[①]还应指出，1949年成立经济互助委员会，这对苏联与社会主义国家贸易的发展起了推动作用。

二 从进出口商品结构来看，苏联类同于发展中国家

苏联虽然是个工业大国，但机器设备及其他深加工产品在出口中所占的比重不高，在20世纪80年代占15%左右，而燃料、电力和原材料的出口要占一半以上。在进口产品中，占第一位的是机器和设备，在20世纪80年代要占40%左右，其次是食品与食品原料，要占17%左右（见表4-2、表4-3）。

表4-2　　　　　　　　苏联出口商品结构　　　　　（单位：亿卢布，%）

商品种类	1950年		1960年		1970年		1980年		1986年	
出口总额	16.15	100	50.07	100	115.2	100	496.3	100	683.4	100
其中										
机器设备和运输工具	1.99	12.3	10.38	20.7	24.81	21.5	78.44	15.8	102.39	15
燃料和电力	0.64	3.9	8.12	16.2	17.94	15.6	232.84	46.9	322.89	47.3
矿石和精矿石、金属及其制品	1.74	10.8	10.11	20.2	22.53	19.6	43.84	8.8	57.41	8.8
木材和纸浆造纸产品	0.5	3.1	2.75	5.5	7.49	6.5	20.09	4.1	23.16	3.4
纺织原料和半成品	1.81	11.2	3.23	6.5	3.94	3.4	9.32	1.9	9.51	1.4
食品及食品原料	3.4	21.1	6.55	13.1	9.19	8.14	9.36	1.9	11.18	1.6
民用工业品	0.79	4.9	1.43	2.9	3.19	2.7	12.54	2.5	16.18	2.4

资料来源：根据对应年份的《苏联对外贸易统计年鉴》编制。

表4-3　　　　　　　　苏联进口商品结构　　　　　（单位：亿卢布，%）

商品种类	1950年		1960年		1990年		1980年		1986年	
进口总额	13.1	100	50.66	100	105.59	100	444.61	100	625.87	100
其中										
机器设备和运输工具	2.95	22.4	15.78	31.1	37.56	35.6	150.64	33.9	254.55	40.7
燃料和电力	1.54	11.8	2.15	4.2	2.09	2	13.21	3	28.5	4.6

---

① 《斯大林全集》第七卷，人民出版社1955年版，第249页。

续表

商品种类	1950年		1960年		1990年		1980年		1986年	
化工产品、肥料和橡胶	0.91	6.9	3.05	6	5.98	5.7	23.88	5.3	32.09	5.1
矿石和精矿石、金属及其制品	1.85	14.1	7.87	15.6	10.13	9.6	47.96	10.8	51.95	8.3
木材和纸浆造纸产品	0.51	3.8	0.94	1.9	2.24	2.1	8.89	2	7.83	1.3
纺织原料和半成品	1.02	7.8	3.28	6.5	5.05	4.8	9.7	2.2	8.43	1.3
食品及食品原料	2.58	19.7	6.64	13.1	16.71	15.8	107.46	24.2	106.94	17.1
民用工业品	0.97	7.4	8.58	16.9	19.32	18.3	54.07	12.1	83.98	13.4

资料来源：根据对应年份的《苏联对外贸易统计年鉴》编制。

三 从战后苏联对外贸易发展情况来看，外贸在社会总产值中的比重不断提高

1949年苏联对外贸易总额第一次超过十月革命前的水平。随着苏联经济的恢复与发展，对外经贸关系也快速发展。

1950—1988年，外贸总额由29.25亿卢布增长到1320亿卢布，增长了44倍；年均增长速度为10.5%，而此时社会总产值的年均增长率为6.65%，前者比后者发展速度快58%。

表4-4　　战后苏联对外贸易和社会总产值的年均增长速度　　（单位：%）

	1951—1960年	1961—1970年	1971—1980年	1981—1983年
对外贸易额	13.2	8.2	15.6	4.6
对外贸易量	11.6	8.6	6.4	3.5
社会总产值	9.8	6.9	5.2	4.3

资料来源：根据对应年份的《苏联国民经济统计年鉴》编制。

苏联在对外贸易中较为重视平衡并尽可能保持一定的顺差。1946—1988年，只有8年出现过少量逆差，累计差额为42.09亿卢布；而其余的35年均为顺差，累计差额为726.63亿卢布。因此，战后以来苏联对外贸易中的净顺差额为684.54亿卢布，为同期对外贸易总额17993.18亿卢布的3.8%。但在1989—1990年，苏联国内生产下降，食品和日用消费品严重短缺，致使外贸状况急剧恶化，出口增长缓慢乃至大幅度下降，食

品、消费品及其原料的进口持续增加。这两年贸易逆差累计额达 140 亿卢布左右。① 对外贸易的快速增长使外贸在社会总产值中的比重不断提高，从 1950 年的 2.5% 提高到 1985 年的 10.3%。

四　从外贸管理体制来看，苏联很长一个时期坚持实行对外经贸活动的国家垄断制

苏联的对外经贸体制与整个国民经济管理体制一样，实行中央高度集权，以行政管理方法为主的管理原则。它与其他经济部门不同的是完全由国家垄断，具体由外贸部与对外经济联络委员会垄断经营，而其他经济部门，特别是生产企业与组织均无权从事对外经贸活动。这种管理体制，既不能调动各经济部门与企业从事对外经贸活动的积极性，也不能适应世界市场的变化，更不能使各部门与企业走向国际市场和参与竞争。这样使得苏联企业失去对采用新技术的兴趣，难以提高产品质量。在斯大林逝世后，虽然对对外经贸体制做过一些改革，但实际上未从根本上触动对外经贸活动的国家垄断制。到了戈尔巴乔夫时期，才着手积极推动这一领域的改革。

第二节　戈尔巴乔夫时期对外经贸体制改革

到了戈尔巴乔夫执政时期，苏联为了实现从粗放经营向集约经营的经济发展战略的转变，缩短与西方发达国家的经济、技术差距，在充分发展经济的基础上，提高生产技术水平与产品的国际竞争力，积极参与国际经济合作，已成为发展苏联经济的一项战略性任务，亦是一种客观的必然趋势。

在戈尔巴乔夫执政时期，对外经济体制的改革，一方面是实现根本经济体制改革的一个重要内容，也是向市场经济过渡的要求；另一方面是为了实现加大开放力度、使苏联经济日益国际化与融入世界经济的目的。戈尔巴乔夫在 1987 年苏共中央六月全会上讲："在当今世界上，任何一个国家都不认为自己在经济方面能够与其他国家隔绝。我国在这方面也不例外。苏联经济是世界经济的一部分。各个国家的国际贸易和外汇财政相互

---

① 陆南泉主编：《苏联经济简明教程》，中国财政经济出版社 1991 年版，第 189 页。

关系，以及最新科学技术改造，都不可避免地以某种形式影响我国的经济状况。"①

时任苏联部长会议主席的雷日科夫在苏共二十七大上也强调指出："在当今世界上，积极发展经济和科学技术联系，参加国际分工，都是极其必要的。"② 这次会议通过的《苏联1986年至1990年和至2000年经济和社会发展基本方针草案》规定，要扩大对外经济联系。苏联还强调，对外经济体制的彻底改革，可成为科技与经济发展的强大加速器。到了1990年7月的苏共二十八大，由于经济形势的恶化，戈尔巴乔夫在谈到改善经济状况时指出："苏联经济的健康化，在不小程度上取决于它纳入国际分工体系的状况。"③

戈尔巴乔夫执政时期，为了使苏联经济能更快地融入世界经济，使其经济适应开放与国际化这一总趋势的要求，在对外经济体制领域采取一系列改革政策与措施。

一 对外政策日趋经济化

戈尔巴乔夫对外政策新思维的一个重要内容：尽管当今世界矛盾重重，存在着多种多样的社会经济制度，各国人民在不同时期作出的选择也各不相同，但世界只有一个。它是相互联系、相互依赖和相互需要的统一整体，而且各国之间的相互联系和相互依赖越来越紧密。当今世界的统一性和完整性，从社会经济角度来讲，主要由以下因素决定。第一，科技革命的迅速发展大大加速了各国经济国际化的发展。现代科技的发展，一方面促进了生产力的大发展，从而要求世界开放，加强各国之间的经济联系和合作；另一方面又为经济国际化创造了必要的物质基础和技术条件，如提供现代化的交通工具，从而使地球大大缩小了。第二，世界各国面临着涉及全人类命运的一系列全球性问题，如保护和合理利用自然资源、保护生态平衡、消除各种可怕的新老疾病，以及世界广大地区的饥饿和贫困、开发宇宙和海洋以造福全人类。而当今世界，没有一个国家有能力单独解

---

① 《戈尔巴乔夫关于改革的讲话》，苏群译，人民出版社1987年版，第381页。
② 《苏联共产党第二十七次代表大会主要文件资料汇编》，人民出版社1987年版，第221页。
③ 《苏联共产党第二十八次代表大会主要文件资料汇编》，人民出版社1991年版，第15页。

决这些问题。因此,必须加强国际合作,建立起有效的国际秩序和协调机制。这些都有力地推动着各国经济国际化的进程。

戈尔巴乔夫执政期间,在全力推行国内改革政策的同时,一直积极地调整对外政策。从发展对外经济关系角度来看,苏联调整对外政策的主要目的如下。

一是要改变苏联在世界上的形象。为此,戈尔巴乔夫强调:在这个世界上,每个人都可以保留自己的哲学、政治、意识形态观点和自己的生活方式。在外交活动中,要实行灵活的政策,要进行理智的妥协。苏联认识到,只有其形象改变之后,才能为其国内改革和经济发展创造宽松的国际环境,才能顺利地发展对外经济关系。

二是要在处理国际关系时,强调求同存异,不把意识形态的分歧搬到国际关系中来;承认各国人民有权选择自己的社会发展道路,更多地着眼于同其他国家发展经济关系。

三是要使对外政策直接为苏联经济国际化服务,拓宽苏联与世界各国的经济联系和合作领域,使苏联经济成为世界经济的一部分,冲破过去传统的自我封闭的思想。[1] 正如时任苏联外长的谢瓦尔德纳泽指出的,目前苏联外交正处于一个非常重要的和不平常的时期,如今使苏联对外政策"更经济化"的时候到了。[2]

十分明显,苏联在发展对外关系方面的指导思想是"国际关系经济化、国际关系非意识形态化"。这种"更经济化"的外交政策,无疑是苏联经济国际化的催化剂。

戈尔巴乔夫执政期间,苏联在对外经济关系问题上提出的设想,还与以下几个因素密切有关。一是不再像过去那样用简单化的方法去看待资本主义经济的发展。戈尔巴乔夫认为,随着科技革命的迅速发展,资本主义的经济发展还有很大的余地。二是认识到,在当代资本主义经济已进入科技革命阶段,加强与西方发达国家的经济与技术合作,是实现苏联科技进步的一项战略性任务。对此,苏联科学院院士普里马科夫在分析苏共二十七大与世界经济及国际关系问题时指出:"必须以现实主义的态度注意到

---

[1] [苏]米·谢·戈尔巴乔夫:《改革与新思维》,苏群译,新华出版社1987版。
[2] 陆南泉:《俄罗斯转型与国家现代化问题研究》,中国社会科学出版社2017年版,第328页。

资本主义经济已进入科技革命的新阶段。发达资本主义国家加速科技革命的过程已经出现。这种加速过程的主要领域是微电子学、信息学、新科技的生产、生物工程等"。因此，"对资本主义条件下的科技革命的研究非常重要"。[1] 这就要求，在资本主义经济进入科技革命阶段之际，苏联必须通过经济体制改革，加快新技术的引进与开发，促进科技的发展，使本国科技的进步能跟上世界新科技革命的浪潮。三是戈尔巴乔夫上台执政时，中国与东欧一些国家改革与开放出现了新的浪潮。这些国家特别是中国，对外开放已取得了不少进展。应该说，这对当时苏联推行开放政策是个促进因素。

二 赋予各部门、企业直接进入国外市场的权利

对外贸易的发展水平是反映一个国家经济国际化程度的综合性标志，也是推行经济国际化政策普遍的、基本的形式。

苏联建国以来，苏联对外经贸关系虽有了较大发展，但总体来说，对外经贸水平远不能与世界经济国际化发展进程相适应。

戈尔巴乔夫执政时期，外贸体制改革的一个重要趋势是通过外贸渠道，各部门、地区和企业有可能直接进入国际市场，并为此注入各种刺激机制，以此来加速苏联经济国际化的进展。其采取的措施如下。

（一）从理论上重新认识外贸垄断制原则

过去苏联在谈到外贸垄断时，常常引用1918年4月22日列宁签署的人民委员会《关于对外贸易国有化法令》中的一段话："对外贸易全部实行国有化，向外国政府以及国外一些贸易企业买卖各种产品（采掘工业、加工业和农业的产品等）的交易，由特别授权的机关代表俄罗斯共和国进行之。除这些机构外，禁止同外国进行任何进出口交易。"[2] 列宁的这一指示，并没有把外贸垄断说成只能由一个部门或一个主管机关来垄断。当时有权进入国际市场的，不仅有对外贸易人民委员部及全国消费合作总社，还有其他一些组织。例如，20世纪20年代初就有对外贸易人民委员部，最高国民经济委员会和全苏联消费合作社同私人企业家共同建立的"皮革原

---

[1] 陆南泉：《俄罗斯转型与国家现代化问题研究》，中国社会科学出版社2017年版，第329页。
[2] 苏联科学院经济研究所编：《苏联社会主义经济史（第一卷）：1917—1920年苏维埃经济》，复旦大学经济系和外文系俄语教研组部分教员译，生活·读书·新知三联书店1979年版，第282页。

料内外销股份公司"。这些都说明，在当时，对外贸易垄断也不应该理解为由一个主管部门来垄断，更不能理解为独家经营。

（二）实行对外贸易管理权与经营权分离的原则

1986年8月19日，苏联通过的《关于完善对外经济管理措施的决议》中规定："在保持和发展对外经济活动国家垄断的同时，迫切需要扩大各部、主管部门、联合公司、企业和组织在这个领域的权力和加强它们的责任性，保证它们走向国外市场，加强对发展国际合作和加速采用最新科技成果的兴趣，从而提高对外经济联系的效率。"外贸管理权仍然是实行垄断原则，目的是使国家有效地控制对外经济关系，使国家利益不受损害。为此，新成立的对外经济委员会（它取代了原来的对外经济联络委员会）的主要职能是负责全面领导，制订远景计划，监督与协调外经外贸工作，实现外经外贸归口管理，统一对外，防止政出多门。与此同时，下放外贸经营权，逐步改变外贸部门垄断外贸的局面。

1987年，苏联授权22个部门，77家生产联合公司、企业和组织，可以面向世界市场，直接经营进出口业务。

后来，苏联还赋予各加盟共和国与地区的外贸经营权，授权它们开展地方贸易和边境贸易。

（三）注入刺激机制，从多方面增强企业冲向国际市场的内在动力

从苏联在这方面采取的一些措施来看，当时苏联要着力解决的问题有以下几点。一是使有外贸经营权的企业具有真正的自主权。也就是说，使这些企业的对外经济活动建立在自主经营、自筹资金和自负盈亏的基础上。自主经营指外贸企业成为决定对外经济活动的主体，外贸计划由其自身制订；自筹资金和自负盈亏的原则，主要是指要从根本上改变外贸企业与国家财政的关系。使这些企业的用汇和创汇紧密结合，企业进口设备等所需外汇应靠自己产品出口所获的外汇来支付。同时，企业对其对外经济活动的效益和外汇的使用承担全部责任。企业为了扩大出口商的生产，如外汇不足，可向银行获得外汇贷款，并用出口商品获得外汇贷款。一旦发生因完不成出口任务而引起外汇短缺的情况，不能靠国家财政拨款来解决。二是实行外汇留成制度，以刺激企业出口积极性。苏联根据出口产品的不同种类，规定不同的外汇留成制度。三是对一些地区制定特殊的优惠政策，为其走向世界市场创造更方便的条件。比如为了西伯利亚和远东地区更快地发展对外经济联系，规定一些优惠待遇：这些地区的企业可以利用外汇

留成在国外直接买消费品；可以利用它们所节约下来的全部材料加工出口，职工工资由经理和工会酌情决定，而不受一般企业工资制度的限制；等等。

三 摆脱传统理论束缚开拓非传统的对外经济合作形式

苏联在20世纪30年代中期以前的一个较长时期，与西方国家经济联系和合作的形式还是多种多样的，其中合营企业得到了相当程度的发展。但自30年代中期开始，苏联对西方国家的经济联系形式，基本上是通过对外贸易轨道实现的，即主要集中在流通领域。这种情况之所以出现，与当时的苏联领导错误地对待新经济政策，把它看作暂时的，是向资本主义不得已的退却有关。新经济政策不存在了，从这一政策中产生出来的租让制和合营公司自然也就被取消了。

在这以后的很长历史时期里，特别是在苏联完成了生产资料所有制的社会主义改造以后，从理论到实践，不再允许在苏联国土上出现任何形式的生产资料私有制，更不允许外国资本在苏联国土上出现。

戈尔巴乔夫执政后，在分析国内经济停滞原因时，也分析了长期以来苏联对外经济关系方面存在的保守主义、教条主义对经济发展所产生的影响，并认识到要使苏联经济走向世界，只靠单一的传统的贸易形式是远远不能适应世界经济形势发展需要的，这只会导致苏联经济的继续落后。要改变这一局面，就必须用其他一些社会主义国家，如中国、匈牙利、罗马尼亚、保加利亚等早已采用的一些非传统的对外经济关系合作形式，如建立合资企业、自由经济区和免税区等。

随着改革的发展，苏联在发展对外经济关系方面，特别注意了如何从单一的贸易方式转向生产合作方式。其做法如下。（1）在同社会主义国家的经济合作中，苏联已明确规定，要从以贸易为主的联系方式向深层次的生产专业化合作过渡。在各部门、联合公司和企业一级进行直接的国际生产联系和科技联系，共同解决科研、生产、供货、销售、售后服务等问题。苏联把这种方式作为重点加以推广。当时，苏联已有1700多家企业与经互会成员国的企业建立了直接联系。（2）1987年1月，苏联通过决议，决定在苏联境内同外国建立合资企业，以便利用这种方式来发展国际生产合作和开拓新的经济联系形式，并通过这种形式来吸收和利用外资，引进国外先进技术、工艺和管理方法，发展出口基地，提高产品在国际市场上的竞争力，减少不合理的进口，最后达到加速经济发展和使经济转向集约化经营的目的。1988年，苏联为了加快合资企业的建立，改善国内投资条件，提高合资参加者的兴趣，修改了合资法。主要内容包括取消了合资企业中外国参加者的比例不得超过49%的规定，而规定这个比例由合作者之间的合同确定；取消了合资企业管理委员会主席和经理必须由苏方人员担任的规定，而规定可以由外国公民担任，合资企业的管委会有权独立决定雇工、解雇、劳动报酬的形式和数量，以及对工作人员采取的奖励制度；对合资企业为发展生产而运进苏联的商品，将征收最低的进口税或完全免除关税；外国伙伴的利润可以汇回本国；大大简化建立合资企业的手续；等等。.

关于自由经济区的问题，在戈尔巴乔夫上台执政的初期，苏联还是持怀疑态度，在思维观念上是有阻力的，更多地认为它只具有为资本主义复辟的本质属性。经过一段时间的研究，特别是对中国特区的多次考察和多方了解之后，在认识上发生了变化。后来苏联开始讨论自由经济区的问题，把它看作推动本国经济发展和同西方经济联系的一种重要形式。从1988年开始，苏联对建立自由经济区的问题已从讨论转入落实，并决定首先建立两个自由经济区，一个是苏芬边境的赛马运河区，另一个是远东的海参崴。

苏联创建自由经济区，当时仅处于起步阶段，但确实曾下了决心。据苏联国家对外经济委员会副主席伊万诺夫讲，1989年夏季前，准备制订出一些地区建立自由经济区的计划。苏联世界社会主义体系经济研究所还成立了一个专门研究自由经济区的科研小组。

在推动苏联经济国际化进程中，另一个不可忽视的问题是，必须重新认识当今世界上存在的一些重要国际经济组织，特别是像国际货币基金组织和关税及贸易总协定那样的。长期以来，苏联对这些组织持批判、否定的态度，其原因如下。首先，苏联一直把东西方关系的经济内容看成两种制度对立关系的一个重要方面，从而忽视了东西方互利和合作的可能性和重要性。其次，苏联认为，在第二次世界大战后相继出现的国际经济组织，都是在以美国为首的资本主义国家倡议和支持下成立的，是由资本主义国家特别是美国等国所控制和操纵的。推行经济体制改革以来，苏联逐步改变了上述看法，认识到在世界经济国际化迅速发展的今天，任何一个国家如不参加国际经济组织，不仅给本国参加国际经济活动带来诸多不便，并且难以使自己在国际经济活动中发挥作用。另外，苏联还认识到，有关重大的国际货币金融和贸易问题，一般是通过这些国际经济组织成员国进行讨论、协商和决策的。因此，如不参加这些组织，在经济上难以受益，不能在国际贸易中取得最优惠国待遇和获得国际货币基金组织的低利率贷款。后来，苏联主动要求以观察员身份出席关税与贸易总协定的协商会议，并关注国际货币基金组织的活动，设法与其接触。

四　积极调整对外经济关系的地区战略

总的来说，苏联建国以来，特别是在第二次世界大战后，在其理论及实践中，一直把发展与东欧国家间的经贸关系视为战略重点。这一地区战略与当时苏联推进其经济国际化方针不相适应。从经互会成员国民用技术水平来看，各国虽在某些领域各有其特点，但总的来说，处在同一水平线上。如果长期主要集中在这些国家范围内进行贸易和经济合作，不可避免地会出现低水平的重复，这对提高各国的技术水平和产品质量有着明显的消极作用。从经互会成员国的经贸体制来看，长期实行的是一种"统包统揽"的做法，进出口基本上由政府统一包下来，这样，竞争机制不起作用。在这种体制下，经互会成员国家采取把高质量产品出口西方以换自由外汇，而把质次产品进行互相交换，这种做法必然影响各国经济的发展和技术水平的提高。为了改变上述情况，戈尔巴乔夫执政后，在调整对外政策的同时，对对外经济关系的地区战略也作了相应调整。调整的总趋势是，把战略重点逐步由东欧移向西方。其采取的措施如下。

（一）调整与东欧国家的经济关系

从1986年起，苏联不再增加向东欧国家供应燃料和其他原材料，明确表示，今后不能再成为东欧各国廉价能源和原材料的供应国。另外，在对外贸易体制上，苏联主张在经济核算制的基础上同东欧各国建立部门间、企业间的直接经济联系，自行协商和解决经济合作中的有关问题。这样做的目的是十分清楚的，使苏联政府尽可能地摆脱对东欧国家"统包统揽"的局面，而让各部门、企业根据自己的需要和利益来发展与东欧各国的经济关系。

（二）积极发展与西欧的经济关系

在对外经济关系调整过程中，苏联把西欧作为发展经济关系的战略重点。其出发点是，在西方世界的美、日、西欧三足鼎立中，苏与美长期形成的对抗、紧张局面不可能一下子完全消除，同日本的领土麻烦也难以解决，而同西欧各国有传统的经济联系，在地理上又是近邻，可作为苏联同整个西方国家发展经济关系的前沿阵地。应该说，戈尔巴乔夫执政以来，对西欧的上述战略思想取得了很大进展,如当时的联邦德国对苏联的贷款,与苏联创办的合资企业都名列前茅。

(三)在缓和与美、日政治关系的同时,积极发展经济关系

苏美之间由于受政治关系的影响,经济关系一直处于低水平状态。后来,随着苏美关系的缓和,两国贸易额出现了上升的势头。

苏联对日本,积极推行"政经分离"的政策,加快发展经济关系的步伐。后来,苏日贸易发展较快。1988年,苏联向日本的出口额为27.7亿美元,比1987年增长17.8%;从日本的进口额达31.1亿美元,比1987年增长22.1%。

(四)以加速开发与开放远东地区为契机,推动苏联与亚太地区国家的经济合作

戈尔巴乔夫上台后,在对外关系方面特别重视亚太地区,这也是苏联调整对外经济地区结构的一个重要内容,又是作为推动整个苏联经济国际化的重要一环。苏联加速开发与开放远东地区,是经过深思熟虑的:一是考虑到亚太地区将成为世界经济贸易中心;二是亚太地区市场容量大;三是苏联东部的发展需要吸收亚太地区国家的资金、技术与劳动力。

从以上的简单分析可以看到,戈尔巴乔夫执政时期,苏联调整对经济关系地区战略的意图如下:首先,总的来说,向西方倾斜,目的在于更多地引进外资和先进技术,提高经济效益和竞争力,为苏联今后进入世界市场创造条件;其次,重点面向西欧,是为了促进苏联西部地区的发展,以西部地区来带动东部地区;最后,面向亚太地区,是为了开发远东和西伯利亚地区,逐步使东部地区成为今后整个苏联经济的坚实基地,也为今后深化与亚太地区各国经济关系打下基础。

苏联决心把自己的经济与世界经济紧密联系起来,沿着国际化的道路前进,这是无疑的。但在这条道路上,对当时的苏联来说,也面临着很多困难。

第一,人们的旧思想仍然是一大障碍。不少人仍把合资企业、自由经济区等新的对外经济合作形式看作资本主义性质的。用苏联一些学者的话来说,"停滞的卫士们"怕外国资本把苏联淹死,怕苏联工人遭受剥削。还有一些人,仍在过分强调社会主义国家技术经济独立性,充满着保守主义,这样就很难适应当今世界各国经济互相依赖性日益加强的客观要求。

第二，长期形成的官僚主义、行政命令作风，严重影响着对外经济关系的重大革新。苏联报刊不断披露这方面的问题：由于官僚主义者的"努力"，在创建合资企业中制造不少麻烦，有时竟到了滑稽可笑的地步。例如，在决定一家合资企业制作图章问题上，苏联官员竟用了一整年的时间，另一家企业的方案经过了15个不同单位的审查，而其中的多数单位"一点都不懂行"。一些领导人总是表现出强烈的行政愿望，显示其指示的威力，以弥补自己知识方面的不足。一家生产女鞋的列宁格勒合资企业，因为行政领导一个指示，把价格一下子提高了50%，结果女鞋失去了消费市场上的竞争力。

第三，缺少从事外经外贸的专业干部，成了当时苏联经济走向国际化道路上的一个突出障碍。苏联对外经济委员会的一些领导人认为，第一个问题是确保有一批懂得对外经济活动的干部，因为，无论是搞合资企业还是建立自由经济区，如果弄不清楚西方的经营方法是不行的。当务之急，是加强对这类干部的培训。

第四，随着苏联非传统的对外经济关系的发展，卢布的不可兑换性问题日益尖锐起来，它在各个方面影响着苏联对外经济关系的发展。正如阿甘别基扬院士说的："没有自由兑换的卢布，苏联就不能平等地参与世界经济活动。"[1] 这个问题的解决，取决于很多因素，国内有丰富的消费品市场，生产资料实行批发贸易，提高产品的质量和竞争力，保证有价证券的自由流通，建立自由外汇市场，国内价格与世界市场价格接近等。

第五，苏联经济国际化的速度和深度，取决于国内经济体制改革的进程。例如，苏联国内市场机制因素作用的局限性，就是苏联经济向国际化方向发展的一个重要阻碍因素。具体来说，由于苏联批发贸易不发达，加上合资企业的物资技术供应不列入国家计划，因此，物资技术供应往往得不到保证。不少苏联学者指出，这已是挫伤外商在苏联投资积极性的一个不可忽视的因素。

（五）苏联时期对外经贸关系的主要特点

第一，从外贸管理体制来看，虽然戈尔巴乔夫时期力图打破国家垄断外贸的局面，但总的来讲，苏联很长一个时期坚持实行对外经贸活动的国家垄断制。

---

[1] 陆南泉：《对苏联推行经济国际化政策的分析》，《苏联东欧问题》1989年第4期。

第二，从地区结构来看，虽然在20世纪80年代末，苏联对外贸易地区结构发生了较大的变化，但与社会主义国家的贸易一直占主导地位。

第三，从进出口商品结构来看，类同于发展中国家。苏联虽然是个工业大国，但机器设备及其他深加工产品在出口中所占的比重不高，而燃料、电力和原材料的出口要占一半以上。1984年，苏联能源出口收入占国家外汇收入的54.4%。在进口产品中，占第一位的是机器和设备，其次是食品与食品原料。

第四，从战后苏联对外贸易发展情况来看，一个重要特点是发展速度超社会总产值的增长速度，如1971—1980年，对外贸易额年均增长15.6%，社会总产值年均增长5.2%。苏联外贸一般保持顺差，1946—1988年，只有8年出现少量的逆差，而其余的35年均为顺差。

第三节 俄罗斯对外经贸关系概况

一 对外经贸关系对俄罗斯经济的作用

俄罗斯独立执政后，在对外商品贸易方面，除了1992年、1998年、1999年三年比前一年下降外，其余各年均是上升的。从2000年普京执政开始，对外贸易额除了2009年、2014年、2015年、2016年、2019年、2020年与2023年出现下降外，其余年份都是增长的，但各年的贸易水平相差较大。到目前为止，俄罗斯对外贸易最高的年份是2022年，为8505亿美元。俄罗斯外贸水平的波动受世界经济变化的影响较大，如2008年因受国际金融危机与能源价格下滑的影响，2009年其对外贸易额下降到4952亿美元（见表4-5）。

表4-5 1992—2023年俄罗斯的对外贸易情况 （单位：亿美元，%）

	贸易额	同比增速	出口额	同比增速	进口额	同比增速	贸易差额
1992年	966	—	536	—	430	—	+106
1993年	1039	8.6	596	11.2	443	3.0	+153

续表

	贸易额	同比增速	其中				贸易差额
			出口额	同比增速	进口额	同比增速	
1994年	1181	13.7	676	13.4	505	14.0	+171
1995年	1450	22.8	824	21.9	626	24.0	+198
1996年	1574	8.6	886	7.5	688	9.9	+198
1997年	1619	2.9	883	-0.3	736	7.0	+147
1998年	1334	-17.6	739	-16.3	595	-19.2	+144
1999年	1152	-13.6	757	2.4	395	-33.6	+362
2000年	1504	30.6	1055	39.4	449	13.7	+606
2001年	1557	3.5	1019	-3.4	538	19.8	+481
2002年	1683	8.1	1073	5.3	610	13.4	+463
2003年	2120	26.0	1359	26.7	761	24.8	+598
2004年	2806	32.4	1832	34.8	974	28.0	+858
2005年	3689	31.5	2436	33.0	1253	28.6	+1183
2006年	4684	27.0	3045	25.0	1639	30.8	+1406
2007年	5779	23.4	3544	16.4	2235	36.4	+1309
2008年	7623	31.9	4708	32.8	2915	30.4	+1793
2009年	4952	-35.0	3034	-35.6	1918	-34.2	+1116
2010年	6491.57	31.1	4004.19	32.0	2487.38	29.7	+1516.81
2011年	6574	1.3	3787	-5.4	2787	12.0	+1000
2012年	6429	-2.2	3525	-6.9	2904	4.2	+621
2013年	8413	30.9	5260	49.2	3153	8.6	+2107
2014年	7844	-6.8	4973	-5.5	2871	-8.9	+2102
2015年	5262	-32.9	3435	-30.9	1827	-36.4	+1608
2016年	4677	-11.1	2854	-16.9	1823	-0.2	+1031
2017年	5909	26.3	3531	23.7	2378	30.4	+1153
2018年	6875	16.3	4493	27.2	2382	0.2	+2111
2019年	6666	-3.0	4228	-5.9	2438	2.4	+1790
2020年	5715	-14.3	3318	-21.5	2397	-1.7	+921
2021年	7984	39.7	4933	48.7	2961	23.5	+1972
2022年	8505	6.5	5914	19.9	2591	-12.5	+3323
2023年	7102	-16.5	4251	-28.1	2851	10.0	+1400

注：所列的数字都以亿为单位，亿以下的数字采取四舍五入法处理。增减的百分比是按俄罗斯原公布的数字列出的，这样可能会与按实际列出的数字计算的结果有细微的差别。

资料来源：根据俄罗斯联邦统计委员会编辑出版的历年统计年鉴资料编制。

俄罗斯外贸额增速一般要比 GDP 的增速快得多,如 2000—2006 年俄罗斯 GDP 年均增长率为 6%—7%,而同期对外贸易额的年均增长率为 22.6%。2007 年与 2008 年,俄罗斯对外贸易额分别增长 23.4%与 31.9%,而同期 GDP 分别增长 8.1%与 5.6%。无疑对外贸易对推动俄罗斯经济起着重要作用。从出口对俄罗斯经济增长的贡献率来看,2001 年为 36.7%,2002 年为 35.2%,2003 年为 35%。对外贸易对俄罗斯经济发展的作用还表现在不断增长的外贸顺差上。1992—2020 年,外贸年年顺差,并且增长幅度很大,从 1992 年的 106 亿美元增加到 2018 年的 2111 亿美元,外贸顺差增加了近 20 倍。叶利钦执政时期,1992—1999 年的累计外贸顺差为 1479 亿美元,2000—2019 年的累计外贸顺差为 24316 亿美元。大量的顺差对发展俄罗斯经济的作用体现在:一是使外汇储备大量增加;二是保证了联邦预算的稳定,预算盈余不断增加;三是提高了偿还外债的能力,从而减轻了俄罗斯外债的负担。这些因素对保证俄罗斯经济的稳定发展都有着重要的作用。另外,俄罗斯通过外贸大量进口国外先进技术设备和消费品特别是食品,这对改善其经济结构、产业升级与稳定国内消费市场都起了不小的作用。

二 对外贸易的地区结构的变化

随着经互会的解散,苏联与东欧各国先后发生剧变,俄罗斯对外贸易的地区结构也发生了重大变化,对外贸易的地区中欧盟居首位,其次是独联体国家、亚太地区与中东欧国家。与欧盟国家的贸易占俄罗斯外贸总额的比重不仅最大,而且呈不断提高的趋势,由 1997 年的 34.5%提高到 2006 年的 52.7%。这是因为俄罗斯出口主要依赖欧盟市场,而欧盟的能源主要靠俄罗斯供应。另外,中东欧一些国家先后参加了欧盟。近年来,俄罗斯与欧盟国家的贸易额比重虽有下降,但仍占有重要的地位。与欧盟国家的贸易占俄罗斯外贸总额的比重:2010 年为 49.2%,2014 年为 48.2%,2019 年为 41.7%,2020 年下降。俄罗斯与独联体国家的贸易也明显呈下降趋势,从 1997 年的 22.2%下降到 2014 年的 12.2%。2018 年俄罗斯与亚太合作国家(包括中国)贸易的比重逐步提高,从 2010 年的 23.2%上升到 2019 年的 31.8%,在相应年份由 19.5%上升到 16.6%。但俄乌冲突后,俄罗斯对美欧贸易大幅度下降,2023 年,俄对欧洲出口 849 亿美元,比 2022 年下降 68%;但对亚洲出口达 3066 亿美元,增加 5.6%。

三 进出口商品结构与苏联时期类同，但出口更加原材料化

从总体来看，俄罗斯也继承了苏联时期的经济结构，因此，其进出口商品结构大体上与苏联时期类同。

俄罗斯自经济转型以来，其经济结构的调整未能取得进展。因此，其出口商品的结构有以下特点。一是能源等原材料产品在对外出口产品中一直占主要地位，2014年在俄罗斯出口产品中占83.2%，2019年能源产品出口占出口总额的63.3%，至今仍要占到2/3。要指出的是，俄罗斯一直在努力增加非原料类非能源产品的出口，2020年此类产品出口额达1613亿美元，高于2018年的1543亿美元和2019年的1551美元。二是机器设备与运输工具类产品出口不断下降。在20世纪最后十年这类产品出口还占其出口总额的10%左右，而到了21世纪出现了明显下降的局面，2019年占出口总额的5.32%。分析俄罗斯出口商品结构时，值得一提的是军技产品出口问题。苏联时期军技产品在其出口中占有重要地位；苏联解体后，俄罗斯在经济转型初期军技产品大幅度下滑。普京执政后，对军事工业采取扶持的政策，并不断开发新武器与发展军工综合体，以便研制更新、更有战斗力的武器，从而军技产品出口不断增加。2019年，俄罗斯出口武器152亿美元，是仅低于美国的第二大武器出口国。特别要指出的是，近几年来，俄罗斯粮食出口大大增加，2018年小麦出口量达4400万吨，占世界小麦出口总量的11%。2019年，俄罗斯农产品出口额达到248亿美元。2020年俄罗斯出口农产品7900万吨，为307亿美元，比2019年增加了20%，其中粮食出口4170万吨。

俄罗斯进口商品中，机器设备与运输工具一直占主要地位。在20世纪最后十年，一般要占进口总额的32%—35%，2019年占43.9%。另一个大项是化工产品，占到了19.5%。食品与农业原料在2000年以前一直占俄罗斯进口总额的20%以上。随着俄罗斯经济好转，特别是食品工业、轻工业与农业的发展，这类产品进口所占的比重逐步下降，2019年食品与农业原料占进口总额的12.24%。

在谈及俄罗斯调整进口政策问题时，还应该提及2014年乌克兰危机受西方制裁后，俄罗斯全面实施的进口替代政策，并把实施该政策作为经济工作的优先方向，为此在2015年8月4日，俄罗斯成立联邦政府进口替代委员会，时任俄总理的梅德韦杰夫亲自任主席，下设民用经济与国防

工业委员会。俄面对西方制裁,下决心实施进口替代政策的一个直接因素是,要在工业领域逐步摆脱西方的依赖。俄罗斯工业贸易部的数据显示,到 2014 年西方对俄罗斯进行经济制裁时,俄罗斯一半的工业部门中,进口产品占同类产品销售总量的 50% 以上。其中,重型机器制造业达 70%—80%,制药业为 80%—90%,民用飞机制造业为 80%,石油、天然气设备为 60%,农业机器制造业为 50%—90%。根据进口替代计划,到 2020 年,俄罗斯总体进口依存度将从 80% 降至 40%,其中机器制造业将从 40% 降至 29.5%。① 俄罗斯实施进口替代政策的另一个目的是调整经济结构,加强制造业的发展,特别是高新技术产业的发展,也可能成为俄罗斯推进再工业化与经济现代化的一个步骤。但要指出的是,这个政策的实施将会遇到不少困难:其一,在相当一个时期,俄罗斯缺乏资金是个重要的制约因素,再加上创新能力差、缺乏技术力量等因素,都将阻遏进口替代政策的实施;其二,俄罗斯短期内很难生产出与西方国家同类质量的产品,这使很多企业不愿意放弃从国外采购机器设备等技术产品。2018年,俄罗斯部分工业部门进口依存度仍高达 60%—80%,机床制造业甚至上升到 92%—93%。② 这说明,进口替代政策在短期内尚不可能对俄罗斯进口结构与经济结构的调整产生大的作用。

四 积极推行融入世界经济体系的对外经贸政策

在戈尔巴乔夫执政时期,就苏联经济如何融入世界经济体系提出了一些设想并采取了一些措施,但真正采取实际行动是在 1992 年俄罗斯推行经济转型之后。俄罗斯经济转型目标已不再像戈尔巴乔夫执政后期处于争论不休的状态那样,而是十分明确,即由传统的计划经济体制转向市场经济体制。这一转型目标与经济全球化、全球经济一体化有着密切的联系。就是说,俄罗斯经济要融入世界经济体系,参与全球化过程,必须使其经济适应世界经济变化了的环境,跟上经济全球化的步伐。因此,改变对外经贸体制与政策成为俄罗斯经济转型的一个重要组成部分。为此,俄罗斯实施了下列政策措施。

---

① 李建民:《普京治下的俄罗斯经济:发展路径与趋势》,《俄罗斯研究》2019 年第 6 期。
② 李建民:《普京治下的俄罗斯经济:发展路径与趋势》,《俄罗斯研究》2019 年第 6 期。

(一) 积极参加国际经济组织

俄罗斯在向市场经济转型过程中，对国际经济组织持积极合作的态度。俄罗斯于 1992 年 6 月加入国际货币基金组织（IMF）。俄罗斯除了参与世界性金融组织，还与一些地区性的国际金融机构，如欧洲复兴开发银行与欧洲投资银行等都有合作关系。另外，俄罗斯与由其主导或创建的地区性国际金融机构进行合作，这些机构包括国际经济合作银行、国际投资银行、独联体跨国银行、黑海贸易与发展银行等。俄罗斯为了更好地参与经济全球化进程，加强与世界各经济区域的合作，还参加了如西方"八国集团"（2014 年因乌克兰危机被西方国家排除）、亚太经济合作组织、上海合作组织等国际经济组织。

(二) 加入世界贸易组织（WTO）

与 WTO 的关系，从一个重要侧面反映了俄罗斯对外贸易政策的指导思想。1990 年苏联成为 WTO 前身关贸总协定的观察员。1991 年苏联解体后，俄罗斯于 1992 年继承了苏联的观察员地位。1993 年，俄罗斯向关贸总协定递交了加入该组织的正式申请。经过不断的努力，2006 年 11 月 19 日，在亚太经合组织领导人非正式会议期间，俄美签署了俄罗斯入世双边谈判议定书，美国成为俄罗斯达成商品市场准入协议的第 56 个、完成双边服务市场准入谈判的第 27 个 WTO 成员。经过 18 年的努力，俄罗斯于 2011 年 12 月 16 日跑完了"入世"马拉松，世贸组织第八次部长级会议期间签署了俄罗斯入世协议。2012 年 8 月 22 日，俄罗斯正式成为世贸组织第 156 个成员，也成为最后一个加入世贸组织的主要经济体。

第四节　改革对外经贸体制

一　废除国家对对外经贸的垄断制，实行对外经贸活动自由化

1991 年 11 月 15 日，俄罗斯通过了《对外经济活动自由化法令》。该法令明确规定，废除国家在对外贸易中的垄断制，放开对外经营活动。还规定，凡是在俄罗斯境内注册的企业，不论其是何种所有制，均有权从事对外经贸活动，包括中介业务。1992 年俄罗斯向市场经济过渡之后，围绕废除国家垄断制与实行对外经贸活动自由化，采取了一些具体措施，包括取消对外贸易的各种限制，逐步减少按许可证和配额进出口的商品数量。1993 年 8 月 1 日，俄联邦通过的《海关税法》生效，对进口商品采

用国际上通用的从价税、从量税和综合税，按国际价格课税。在商品出口方面，也实行取消出口限制的政策。

俄罗斯自 1993 年之后，在对外经贸活动实行以自由化为方向改革的同时，考虑到保护本国经济需要等因素，也加强了国家的宏观调控，其主要手段是利率和关税，并不断注意规范关税制度，使其逐步朝着与国际接轨的方向发展。

二 实行全面的开放政策

前文谈到的废除外贸垄断制，对外经贸活动自由化，这为俄罗斯经济开放创造了基础性条件。俄罗斯在推进全面开放方面，采取了一些具体政策与措施。

强调用新的思维对待国际经济关系。1992 年 2 月，叶利钦总统在会见驻莫斯科外交使团团长时就说，俄罗斯准备与世界各国、各地区进行广泛合作，将执行开放政策。叶利钦执政后，其对外政策的特点是推行不受意识形态束缚的外交政策；推行全方位外交政策（除 1992 年实行"一边倒"的对外政策外），既面向西方，也面向东方，既同北方，也同南方进行广泛合作；实行重视国家利益的经济优先外交政策，把对外开放视为俄罗斯的一项基本政策。当然，俄罗斯对各地区与国家发展经济合作时有其不同的侧重点，对美国与欧洲发达国家，主要是吸引资金与技术，争取获得更多的经济援助；对独联体国家，主要是通过经济一体化，实现多层次的经济合作，并达到在政治上扩大影响；对亚太地区特别是东北亚地区加强经济合作，一方面可以促进俄罗斯参与多边合作和世界经济一体化进程，另一方面使俄罗斯西伯利亚与远东地区适应世界经贸的重点向亚太地区转移的总趋势，同时也促进西伯利亚与远东的开放。对俄罗斯来讲，开发与开放东部地区（西伯利亚与远东）是其重要经济社会发展战略。

第五节 值得思考的几个问题

从十月革命后的苏联到 1991 年苏联解体后的俄罗斯，在 100 多年的发展历程中，随着国内经济政策、体制与国际环境的变化，其对外经贸政策和体制也不断发生变革。从这个变革过程中，可以得出以下几点看法。

一 走闭关锁国发展经济道路必然导致经济的长期落后

苏联、俄罗斯外贸政策与体制的变革，总趋势是日益朝着强化对外经济合作的方向发展的。这也证明，任何一个国家的经济发展不能关起门来孤立地进行。1848年，马克思、恩格斯在《共产党宣言》中就指出："资产阶级，由于开拓了世界市场，使一切国家的生产和消费都成为世界性的了。""过去那种地方的和民族的自给自足和闭关自守状态，被各民族的各方面的互相往来和各方面的互相依赖所代替了。"① 170多年以后的现今世界各国之间，相互往来、相互依赖的经济关系大大发展了。生产的社会化早已超越了国界，迅速向国际化发展，越来越多的商品、资本、劳动力、科技信息等进入了国际市场。一国的生产不单单要以世界市场为背景，而且要与国际交流和合作为条件。就拿作为发展国际经济关系最普遍的形式——国际贸易来讲，已经成为很多国家发展经济甚至是生存的必要条件。20世纪50年代，世界出口总额占世界产值的比例为5%，而到21世纪初，这一比例已超过20%，2018年为22.7%。如果按进出口总值计算，2018年，它要占全球经济总量的46%。可见，对外贸易在世界经济中的地位在快速提高。世界各国经济发展的历史实践证明，走闭关锁国发展经济的道路是行不通的，它必然导致经济的长期落后。同样也表明，那种逆经济全球化、贸易自由化的政策也是行不通的。

二 要改革必须开放

改革和开放两者是不可分的，应同时进行。二者是相辅相成的关系。改革是开放的条件，开放是改革的外部推动力。所以，中国自邓小平提出改革开放以来，一直把改革和开放放在一起提。中国的开放是向全世界开放的。苏联在第二次世界大战后，由于受斯大林"两个平行市场"理论的束缚，在发展对外经济关系方面主要限于经互会国家范围内。在这个范围内的经贸合作，市场机制是不起作用的，产品质量不可能提高，没有竞争能力。这就是为什么苏联解体后，在实行开放时，不仅食品、轻纺工业等部门几乎全部被西方国家商品击垮，而且连苏联重点发展重工业部门的产品在世界市场上也失去了立足点。应该说，这是斯大林执政后，提出的

---

① 《马克思恩格斯选集》第一卷，人民出版社1995年版，第276页。

"两个平行市场"理论在对外经贸政策中的一个最大失误。中国的开放则注意摆脱意识形态的影响,一开始把重点放在与西方经济发达国家的合作上,从这些国家引进资金、技术和先进的管理。这也是中国改革开放政策取得重大成效的一个主要原因。

三 对外经贸体制改革与整个经济体制改革密不可分

对外经贸体制是整个经济体制的一个重要组成部分。因此,对外经贸政策与体制的变革,在很大程度上受整个经济体制改革的影响。苏联时期一直实行高度集中的指令性计划经济体制,在对外经贸体制方面,戈尔巴乔夫企图打破国家对外贸易垄断的局面,但没有根本解决这个问题。只是到了俄罗斯实行向市场经济体制转型的时候,才取消了国家垄断外贸的体制。这也说明,对外经贸体制变革的速度和深度,取决于国内经济体制改革的进程。

四 提高产品质量与改善经济结构是提高对外竞争力的重要条件

为提高对外经济合作的竞争力,必须不断提高出口产品质量和改善经济结构。俄罗斯在这方面的教训应引以为戒。苏联、俄罗斯有两个方面的问题值得我们思考:一是出口单一化,长期主要出口能源等原材料产品,这受国际市场价格的影响大,这是对外贸易水平和国内经济发展不稳定的一个重要因素;二是工业产品特别是机器设备和交通工具产品质量差,导致这类产品在国际市场上缺乏竞争能力。这几年来,这类产品的出口额占俄罗斯出口总额的5%左右,至于高新技术产品的出口,几乎可以忽略不计。而同时,这类产品需要大量依赖进口。前文已提及,俄罗斯目前一半工业部门中,进口产品占同类产品销售总量的一半以上,这使俄罗斯经济发展受制于西方国家。中国在这方面也有深刻的教训。特朗普上台后,在推行贸易保护主义的同时,美国对高新技术产品向中国的出口采取限制措施,企图掐断中国与国外的产业链,阻遏中国经济的发展。中国必须强化高新技术的发展,打破西方在一些高新技术产品领域的垄断。

第五章 不断向高层次发展的中俄政治关系

良好的中俄政治关系，对促进两国经贸关系的发展有着重要的意义，而经贸关系的发展对巩固与发展政治关系又有很大的影响。因此，对中俄政治关系的发展进程进行深入分析，是把握两国经贸关系发展前景的一个重要因素。

1991年苏联解体，新独立的俄罗斯成了苏联的继承国。当时国际舆论纷纷，一个坚持社会主义道路的中国与一个放弃共产主义的俄罗斯，意识形态与社会制度的不同，会导致两国关系的停滞、倒退与曲折。但实践证明，两国关系不仅没有出现倒退，而且在各个方面都得到了很大的进展。30年来，中俄两国政治关系不断升级。两国政治关系大体上经历了五个发展阶段。叶利钦执政时期经历了从互视对方为友好国家、建设性伙伴关系与战略协作伙伴关系三个发展阶段。进入21世纪形成全面战略协作伙伴关系与新时代全面战略协作伙伴关系。中俄双方都认为，目前的两国关系正处于两国关系史中的最好时期。

第一节 叶利钦执政时期两国政治关系的发展进程

第一阶段（1992—1993年）：实现中苏关系向中俄关系的平稳过渡，并发展到相互视对方为友好国家。

20世纪80年代末，无论是国际形势还是中苏两国国内形势，都发生了重大变化。在此背景下，两国都希望结束长期对抗的不正常局面，着手改善两国关系。1989年5月戈尔巴乔夫访华，在北京与邓小平举行的两国最高级会晤，标志着中苏关系正常化。邓小平与戈尔巴乔夫会谈时提出:"结束过去,开辟未来",从而两国关系翻开了新的一页。这次戈尔巴乔夫访问中国,发表了《中苏联合公报》。公报指出,中苏两国关系正常化,"这符合两国人民的利益和愿望,有助于维护世界的和平与稳定。中苏关系正常化不针对第三国,不损害第三国利益"。两国"将在互相尊重主权和领土完整、互不侵犯、互不干涉内政、平等互利、和平共处的国与国之间关系的普遍原则基础上发展相互关系"。1991年5月,江泽民访问苏联,在发表的《中苏联合公报》中重申,将继续遵循北京会晤时两国领导人所达成的协议和1989年5月18日《中苏联合公报》中所阐明的各项原则,同时还签订了《中华人民共和国和苏维埃社会主义共和国关于中苏国界东段的协定》。可以说,上述两次高级互访和发表的两个联合公报,不仅结束了长达20多年之久的对抗,实现了两国关系的正常化,也为今后向中俄关系的平稳过渡奠定了良好的基础。

1991年苏联解体后,中国派出政府代表团访问俄罗斯,并就中俄两国关系达成协议:中国承认俄罗斯是苏联的继承国,是联合国安理会的常务理事国;双方确认和平共处五项原则为两国关系的基础,1989年与1991年两国签署的《中苏联合公报》中的基本原则仍是中俄关系的指导原则;过去签署的条约与外交文件继续有效;中苏之间进行的边境地区相互裁减军事力量与加强军事领域信任措施的谈判和边界谈判继续进行下去。1992年1月31日,中国总理李鹏与俄罗斯总统叶利钦在纽约参加联合国安理会最高级会议期间举行了会晤,双方就发展两国之间的睦邻与合作关系达成一致意见。

苏联解体后的短时间内,实现了中苏关系到中俄关系的平稳过渡,是以下一些因素作用的结果。首先,双方在吸取过去中苏两国两党关系方面的教训的基础上,都力求摆脱意识形态与社会制度的差异对国家关系的影响,都把和平共处五项原则作为指导国家关系的基础与原则。其次,在俄罗斯独立执政一开始,尽管推行主要倒向西方的外交政策,但俄罗斯为了改善其国际环境,特别要保持其东部地区周边的稳定,同样需要发展同中国的关系。最后,在苏联解体前夕的1989年9月,邓小平谈到对东欧、苏联动乱的态度问题时说:"概括起来就是三句话:第一句话,冷静观察;第二句话,稳住阵脚;第三句话,沉着应付。不要急,也急不得。要冷静、冷静、再冷静，埋头实干，做好一件事，我们自己的事。"① 到1990年3月，在谈国际形势时又指出："不管苏联怎么变化，我们都要同它在和平共处五项原则的基础上从容地发展关系，包括政治关系，不搞意识形态的争论。"② 这些重要指示，对处理中国对俄关系起着指导性作用，中国政府一直坚持尊重苏联人民自己的选择与不干涉内政的原则立场。

俄罗斯独立执政之初推行的亲西方政策并不成功也不现实。1992年10月，叶利钦在外交部部务会议上的讲话，发出了俄罗斯外交政策需要进行调整的信号，意识到俄罗斯为了改革、振兴经济与安全利益，决定了它不只需要西方，也需要东方，俄罗斯的外交政策应是丰富多彩与全方位的。在此背景下，1992年12月，叶利钦总统出访中国。这是中俄两国首脑在北京举行首次会晤，发表了关于《中华人民共和国和俄罗斯联邦相互关系基础的联合声明》（以下简称《声明》）。《声明》明确提出，要把两国关系提高到一个新的水平，并首次提出中俄两国互视对方为友好国家；双方以和平共处等原则及其他公认的国际法准则发展睦邻友好和互利合作关系；双方强调，各国人民自由选择其国内发展道路的权利应得到尊重，社会制度和意识形态的差异不应妨碍国家关系的正常发展；双方确认，以和平方式解决两国之间的一切争端，不以任何方式使用武力或以武力相威胁；双方不同第三国联合反对对方或损害对方的利益；等等。双方还签订了有关经贸、科技与文化等领域进行合作的24个协定与文件。李鹏指出："此次访问把两国关系推向更高的水平。"叶利钦认为："访问使双边关系迈出了最重要的一步，并开辟了两国友好关系的新纪元。"十分明显，叶利钦这次对中国的访问，是从双边友好关系的角度来考虑对华政策的。关于这一点，在1993年3月出台的《俄罗斯联邦对华政策构想》中有所体现："现实主义地改变同中国关系的性质应当考虑到两国意识形态和社会政治制度的区别，同时还应当从除了同它建立积极和充实的睦邻关系外俄罗斯别无选择这一点出发。"从1993年俄罗斯外交政策来看，在建立对华睦邻友好关系方面加大了力度。

第二阶段（1994—1995年）：从面向21世纪的战略高度出发，着手构建新型的建设性伙伴关系。

---

① 《邓小平文选》第三卷，人民出版社1993年版，第321页。
② 《邓小平文选》第三卷，人民出版社1993年版，第321页。

1993年年末，北约就开始酝酿东扩的计划。俄罗斯意识到，这样会使苏联解体后独立的俄罗斯已恶化的战略环境进一步恶化。同时，俄罗斯在调整外交战略时的一个重要目标是"恢复大国地位，确保势力范围"。在此情况下，俄罗斯必须在继续发展与西方关系的同时，努力与世界其他地区性大国构建伙伴关系。俄罗斯不少人士提出，同欧洲、美国和亚洲这三个主要地区的关系保持战略上的平衡符合俄罗斯的利益，要求把俄罗斯与中国的关系提高到与西方关系同等的水平上。在上述情况下，1994年1月，叶利钦总统致函江泽民主席，提出了俄中两国建立"面向21世纪的建设性伙伴关系"的建议。这一建议得到了中方的积极响应。同年5月27日，江泽民主席在会见来访的俄总理切尔诺梅尔金时说："今年年初叶利钦总统在给我的信中，主张把我们两国的关系提高到面向21世纪的建设性伙伴关系的水平，这同中国方面关于建立两国长期稳定的睦邻友好、互利合作关系的思想是完全一致的。我也认为，应当着眼于21世纪，从战略的高度来考虑和处理中俄关系。"1994年9月，江泽民主席正式访俄，同叶利钦总统签署了旨在进一步发展两国长期稳定的睦邻友好、互利合作的《中俄联合声明》，指出两国已具有新型的建设性伙伴关系。这种关系是一种既不对抗，又不结盟，也不针对第三国的关系。双方还签署了《中俄两国首脑关于不将本国战略核武器瞄准对方的联合声明》《中俄国界西段协定》。这样，把中俄两国关系提高了一个新的水平，从一般的友好关系发展到具有特殊内容的友好关系。当时俄罗斯外长科济列夫把中俄之间的建设性伙伴关系概括为三方面的内容：一是加强两国之间的相互信任和安全，即相互承诺不首先使用核武器，而且在相互关系中不使用任何形式的武力；二是从质量上增强经贸合作；三是在国际舞台上更加密切地协调行为。因为，无论是俄罗斯还是中国，都不希望建立单极世界。[①]1995年5月，江泽民主席赴俄罗斯参加反法西斯战争胜利50周年纪念活动，再次与叶利钦总统会晤。江泽民主席强调，"中俄间新型的国家关系具有强大和持久的生命力"。叶利钦总统强调，"两国之间不存在什么问题"。

　　第三阶段（1996—2011年）：发展平等与信任和面向21世纪的战略协作伙伴关系。

[①] 参见科济列夫《转折》，俄罗斯国际关系出版社1994年俄文版，第241页。

1996年4月，叶利钦第二次访问中国，标志着中俄关系又得到进一步发展，登上了一个新的台阶。在签署的《中俄联合声明》一开头就是，双方"决心发展平等信任的、面向21世纪的战略协作伙伴关系"。这里的"战略协作伙伴关系"大致包括以下内容。

一是这种关系从作用的时间来讲，具有长期性和稳定性的特点；从作用范围来讲，具有全局性与全球性的特点。

二是在两国保持各自外交独立性的同时，在双方看法一致的问题与领域要进行外交合作。

三是在两国的对外战略中，把对方的价值不只局限于双边关系的范围内，而是从国际格局的大范围来看待对方，把这种关系视为构建合理的国际新秩序和世界多极化发展的推动力。

为了使这一战略协作伙伴关系赋予实质内容并能转向实际运作，叶利钦在这次访问期间，两国还在运作机制方面也作了一些准备，这主要包括两国元首每年分别在莫斯科与北京会晤一次；成立两国总理委员会，每年分别在双方首都会晤一次；建立双方外长随时会晤机制；在两国领导人之间建立电话热线，就重大问题随时进行会晤磋商。1996年12月，中国总理李鹏对俄进行工作访问，标志着中俄两国总理定期会晤机制的正式启动。

还要指出的是，叶利钦总统这次访问的另一重大成果是，中俄以及哈萨克斯坦、吉尔吉斯斯坦与塔吉克斯坦五国元首在上海签署了在五国边境地区加强军事领域信任的协定。这是一份具有十分重要意义的历史性文件，这是五国决心成为好邻居、好朋友、好伙伴这一共同愿望的生动表现。

1997年4月，江泽民访问俄罗斯。这次中俄两国领导人最高会晤，为战略协作伙伴关系的进一步发展作出了努力，特别是在理论与具体内容方面都作了进一步的阐述。江泽民于1997年4月23日在俄罗斯联邦国家杜马作了题为"为建立公正合理的国际新秩序而共同努力"的演讲。他指出："经过中俄双方的努力，这种战略协作伙伴关系正在全面向前发展。"在中俄两国首脑签署的《中俄关于世界多极化和建立国际新秩序的联合声明》中明确指出：双方将本着伙伴关系的精神努力推动世界多极化的发展和国际新秩序的建立；双方主张和平共处五项原则和其他公认的国际法原则应成为处理国与国之间关系的基本准则和建立国际新秩序的基础；双方主张确立新的具有普遍意义的安全观，认为必须摒弃"冷战思维",反对集团政治,必须以和平方式解决国家之间的分歧或争端,不诉诸武力或以武力相威胁,以对话协商促进相互了解和信任,通过双边、多边协调合作寻求和平与安全。

1997年11月,叶利钦第三次访问中国,讨论了双边关系的现状与重大国际问题。从这次两国元首签署的《中俄联合声明》来看,其突出的意义有以下几点。

第一,宣布中俄国界东段勘界的所有问题已解决;双方愿在商定的期限内完成中俄边界西段(约55千米)的勘界工作;双方继续谈判公正合理地解决遗留的个别边界问题,以便将共同边界全部确定下来。

第二,对6年来两国元首签署的四个联合声明作出评价,指出4个声明确定的原则对发展双边关系在以下三个方面具有特别意义。(1)加强信任、彼此尊重、平等互利、互不干涉内政。相互尊重两国人民选择的发展道路。双方尊重和理解对方为捍卫国家统一、主权、领土完整和政治独立所作的努力。(2)建立两国元首互访、总理定期会晤、外交磋商机制,促进相互沟通与理解。(3)彼此在重大国际问题上加强协调,共同努力维护世界和平,扩大与深化国际合作。

第三,这次访问,双方都提高到战略高度来认识发展两国间经贸关系的重要性。在这次联合声明中,还列出了在以下几个经贸领域加强双边合作。

(1)天然气、石油、核能、能源设备生产和更新换代领域的大型合作项目,民用航空、机械制造、和平利用宇宙空间、化学、冶金、森林工业、矿产资源开采及加工、轻纺、家电、电子、食品工业、生产技术和设备等领域的合作。

(2)银行、保险、仲裁领域的合作,提高相互提供商品的质量,有效保护知识产权与两国法人和自然人的其他合法权益,发展有关中俄两国市场多层次的、可靠的双边信息系统,采取步骤合理调整居民的劳务输出,建立为经贸领域服务的其他机制。

(3)促进将高新技术投入生产领域和基础研究领域的科技合作。

(4)在运输和通信领域落实具有双边意义以及地区与全球意义的大型长期合作项目。

(5)鼓励相互投资,建立合资企业,根据各自国家有关法律和两国现行规章制度兴办经济技术开发和边民互市贸易区,促进地区特别是边境地区之间在长期协调基础上发展经贸合作。

（6）发展军技领域的关系是双边合作的一个重要方面，2000 年将双边贸易额提高到 200 亿美元是完全可能的。①

20 世纪 90 年代后半期（叶利钦执政时期），中俄关系上了三个台阶：从"互视为友好国家"上升为"建设性伙伴关系"，一直到建立"平等与信任的、面向 21 世纪的战略协作伙伴关系"。在这期间，中俄双方遵循战略协作伙伴关系的原则与精神，在各个领域的合作都取得了重大进展：实现了两国最高层交往的制度化、机制化；解决了历史遗留下来的大部分边界问题；在边境地区建立信任措施与实行裁军；联合打击国际恐怖主义、民族分裂主义与宗教极端主义三股势力；加强国际事务中的协调；扩大经贸合作等。这些都有利于政治互信的增强。

2006 年 10 月，在日本北海道大学举行的国际会上，俄罗斯科学院远东学部历史、考古、民族学研究所所长拉林教授对叶利钦时期中俄关系所取得的成就作了分析，他认为在这一时期，俄罗斯与中国建立了广泛的联系，发展了多层次和多样化的政治、经济和社会关系，涉及国家间关系、政府间的合作与交流、地区（边界）关系、双边贸易以及人文交流等。其中主要包括：(1) 多层结构的俄中关系；(2) 多层面支撑的政府间关系，包括法律和惯例等基本层面以及政府机构框架；(3) 战略伙伴关系；(4) 地区和边界关系的多边体系；(5) 针对诸多全球、地区及安全问题的相同策略；(6) 俄中边界已经划定；(7) 扩大双边贸易（1999 年达到 57.2 亿美元）和建立现代经济结构关系（包括合作投资、技术和金融合作等）；(8) 大规模的人文交流。而这一时期存在的主要问题包括：第一，由于俄罗斯在外交和国内政治战略上没有形成对中国的清晰定位，这导致它在制定对华政策上缺乏连贯一致的战略和战术；第二，在最高领导人和高层官员之外，两国民间相互理解和相互信任的水平较低；第三，相对于政治关系而言，两国之间的经济关系还有很大差距。

第二节 升级为"面向 21 世纪的全面战略协作伙伴关系"

2011 年升级为"面向 21 世纪的全面战略协作伙伴关系"，标志着中

---

① 陆南泉：《中俄经贸关系现状与前景》，中国社会科学出版社 2011 年版，第 96—97 页。

俄政治关进入第四阶段。这是在多年来战略协作伙伴关系不断充实与新发展基础上形成的。

21世纪初，中俄两国都进行了最高领导人的更替，但两国政治关系并没有因此受到不利影响，而是20世纪90年代后半期建立起来的战略协作伙伴关系得到了进一步的充实与新的发展。2001年7月，普京以俄罗斯联邦总统身份第一次访华。2003年5月，胡锦涛以中国国家主席身份首次访问俄罗斯。两国新领导人，一致高度评价中俄战略协作伙伴关系的重要意义。在《中华人民共和国与俄罗斯联邦联合声明》中指出："双方愿承前启后，继往开来，共同努力开创中俄关系发展的新局面。"

从中国来说，大国关系、周边关系、发展中国家关系与多国关系，构成了中国国际战略态势的全局。俄罗斯既是大国又是中国的最大周边邻国，因此发展对俄关系，不是权宜之计，而是基本国策，对中国具有十分重要的战略意义。从俄罗斯来说，普京执政时期，从言论到实际，都强调俄中两国在国际政治中的重大问题以及两国在国际事务的合作方面观点一致，中国在俄罗斯对外政策中的地位不断提升。在上述背景下，进入21世纪以来，中俄两国在充实与发展战略协作伙伴关系方面采取了一系列重大举措。

第一，在中俄两国推动下，1996年4月，中国、俄罗斯、哈萨克斯坦、吉尔吉斯斯坦与塔吉克斯坦五国元首在中国上海会晤，创建了五国"会晤机制"。之后，五国元首每年举行一次会晤。2000年7月，五国元首在塔吉克斯坦首都杜尚别举行第五次会晤，会上经讨论决定发展五国全面合作，这样"上海五国"由元首会晤机制转变为地区性的全面合作机制，会晤内容也由加强边境地区信任逐步扩大到五国在政治、安全、外交与经贸等各个领域的全面互利合作。这样形成了"上海合作组织"。该组织已成为欧亚地区最大的国际组织，它覆盖近3000万平方千米的区域（约占欧亚大陆的3/5），拥有15亿人口（约占全球人口的1/4）。中俄两国都把该组织作为推动本国对外关系的一个重要环节。2009年10月，上合组织在北京召开了成员国政府首脑（总理）理事会，总理们分析了当前国际政治经济形势及其带来的机遇与挑战，就深化本组织各领域务实合作、共同应对国际金融危机等问题深入交换意见，达成广泛共识。这次会议对成员国之间加强经贸合作重要性的认识有了进一步提高。

第二，2001年7月16日，江泽民主席与普京总统签订了《中华人民共和国和俄罗斯联邦睦邻友好合作条约》。同日在发表的《中俄元首莫斯科联合声明》中,谈到该条约的意义时指出:它"是两国关系史上的一个重要里程碑,标志着双方关系进入一个新阶段。条约作为指导新世纪中俄关系的纲领性文件,在总结历史经验的基础上,概括了中俄关系的主要原则、精神和成果,将两国和两国人民'世代友好、永不为敌'的和平思想用法律形式确立下来"。"中俄元首坚信,以条约为坚实基础,中俄关系在本世纪里必将达到新的更高水平。"

第三,2004年10月14日,中俄两国签署了《中华人民共和国和俄罗斯联邦关于国界东段的补充协定》,从而使长达4300多千米的边界线走向全部确定下来。这无疑为两国睦邻友好关系奠定了稳固的基础。普京在评价这一协定时指出:"俄罗斯和中国都显示了智慧,做出兼顾双方利益的平衡决策。在俄中关系的历史上,这是第一次以法律形式划分边界。""边界的确定为两国航运、生态治理、保护环境和农业耕作等领域进行更为密切的合作提出了广阔的机会。这还将有利于促进两国间的国际关系,造福于边界地区人民的生活。"①

第四,2005年7月,胡锦涛主席与普京总统发表了《中华人民共和国和俄罗斯联邦关于21世纪国际秩序的联合声明》。中俄在国际关系中的各种重大问题上有着广泛的共识与共同的利益。这一联合声明的发表,对进一步深化两国在国际领域的合作和协调有着重要意义。

第五,2005年8月,中国与俄罗斯首次举行代号为"和平使命2005"的联合军事演习。这种联合军事演习在历史上是前所未有的。它有利于两国在军事领域合作的信任度的提高,标志着中俄两国关系的新发展。

第六,2005年中俄两国领导人决定在2006年和2007年互办"国家年"。应该说,这项活动无论在国际关系中还是在中俄两国国家关系中,都是具有特色的重要事件,它具有十分深远的重大意义。对此,胡锦涛主席指出,这项活动"是我们双方为推动两国关系不断发展和两国人民世代友好而采取的重大步骤,目的是深化友谊、密切合作,推动中俄战略协作伙伴关系迈上新台阶"。普京总统指出:"这是一项具有里程碑意义的重大活动。这项活动充分体现了两国合作健康、快速发展的主旋律。"有关材料显示,中方在俄罗斯举办的"中国年"期间,双方共签署价值43亿

---

① 陆南泉:《中俄经贸关系现状与前景》,中国社会科学出版社2011年版,第99页。

美元的 21 项合作协议，举行 300 多项活动，涉及政治、经济、军事、科技、教育文化等诸多领域。可见，中俄互办"国家年"对推进中俄经贸合作也具有重要的作用。

第七，进入 21 世纪以来，中俄经贸关系不仅增长速度快，而且日益朝着规范化的方向发展。有关经贸合作发展情况，在本书第七章作专门论述。

第八，2008 年 7 月 21 日，中俄两国外长签署了两国东段国界的补充叙述议定书，接着 2008 年 10 月 14 日在黑瞎子岛举行了"中华人民共和国与俄罗斯联邦国界东段界桩揭幕仪式"，从而中俄之间的边界问题彻底解决，两国间不再存在悬而未决的问题，这对巩固与发展两国睦邻友好关系具有十分重要的意义。

谈到中俄关系的发展进程与取得的重大进步时，不能不提及 2009 年 10 月普京的这次访华。他这次访华直接的动因是进行两国政府总理第十四次定期会晤，也是为庆祝中俄建交 60 周年与上合组织成员国总理第八次会议，但普京这次访华的重点是讨论如何进一步发展中俄两国关系问题。应该说，普京这次访华，全面提升了中俄关系，中俄之间将展开更广泛的合作。这从两国总理的联合公报中得到充分体现。在会晤期间签署了 13 个文件。

——《中俄总理第十四次定期会晤联合公报》
——《中俄总理定期会晤委员会第十三次会议纪要》
——《中俄人文合作委员会第十次会议纪要》
——《落实 2009 年 6 月 24 日签署的〈关于天然气领域合作的谅解备忘录〉路线图》
——《中华人民共和国政府和俄罗斯联邦政府关于相互通报弹道导弹和航天运载火箭发射的协定》
——《中华人民共和国政府和俄罗斯联邦政府关于互设文化中心的协定》
——《中华人民共和国铁道部、俄罗斯联邦运输部和俄罗斯铁路股份公司关于在俄罗斯联邦境内组织和发展快速及高速铁路运输的谅解备忘录》
——《中华人民共和国海关总署和俄罗斯联邦海关署关于规范通关监管秩序的合作备忘录》

——《2010—2012年中俄航天合作大纲》

——《关于俄罗斯向中国出口天然气的框架协议》

——《中国石油天然气集团公司与俄罗斯石油股份公司关于推进上下游项目合作的谅解备忘录》

——《中国核工业集团公司与俄罗斯原子能公司关于田湾核电站有关问题的谅解备忘录》

——《中俄合作建设中国示范快堆预先设计研究合同》

这里要特别指出的是，在这13个文件中有关相互通报和航天运载火箭发射的协定，这反映中俄两国政治互信的提高，它引起了国际社会的关注。

这次两国总理会晤，对1996年建立的战略协作伙伴所取得的进展，给予了高度评价。温家宝总理说："中俄战略协作伙伴关系堪称睦邻友好的典范、大国关系的楷模。"普京总统说："在双方共同努力下，俄中已建立起真正、全面的战略协作伙伴关系。"

由于中俄战略协作伙伴关系取得了重大新进展，目前的中俄关系具有以下明显的特点。

第一，中俄战略协作伙伴具有了法律与政治基础。两国政府与领导人签署了一系列条约与声明，高层会晤实现了制度化、机制化。现已建立两国元首、议长、总理的定期会晤机制。需要指出的是，通过双方这几年的努力，总理定期会晤委员会不断完善与发展，委员会下已设能源、经贸、科技、核能、银委、航天、通信、环保与民用航空等十个合作分委会。两国教育科学文化卫生委员会除了下设教育、文化、卫生、体育与旅游5个合作委员会，还设立媒体、电影和档案合作工作小组。截至2004年年底，两国之间先后有65对省（市）建立了友好省州与姊妹城市关系。

第二，两国关系日趋成熟。由于中俄双方已建立一整套必要的谈判机制与双边关系发展的条约，出了任何问题都可以知道在何时何地、依据什么条约来解决。

第三，战略意义的提高。中俄双方都从长远的战略协作伙伴关系来处理问题。1996年建立的战略协作伙伴关系并不限于眼前利益的需要，而是强调面向21世纪。这一关系的建立，目的在于促进政治上的互信和经贸关系的发展，而在国际领域是为了在一些重大问题上进行协调与合作。2005年7月，两国元首在签署的《中华人民共和国和俄罗斯联邦关于21

世纪国际秩序的联合声明》（以下简称《秩序声明》）中强调，两国为建立国际新秩序承担历史责任。《秩序声明》指出，"中俄新型国家关系为国际秩序作出重大贡献"，"两国决心与其他有关国家共同不懈努力，建设发展与和谐的世界，成为安全的世界体系中重要的建设力量"。应该说，进入21世纪以来，中俄两国在不少重大问题上进行了有效的战略协调与合作，为世界建立一个公正、合理的新秩序作出了贡献。

第四，在发展战略协作伙伴关系过程中日渐形成新型国家关系。这种关系与苏联时期是根本不同的。一是中苏关系受党的关系、意识形态与社会制度的制约。这三个方面协调一致，关系就好，出现差异与矛盾，关系就不协调，并发展到对抗甚至发生武装冲突。两国领导人在总结了中苏关系的历史经验教训基础上，确立了指导处理两国关系的新思想，从而建立起一种新型的国家关系。指导这种新型关系的主要思想如下。（1）正如前文分析中俄两国关系发展过程中多次提到的，两国关系是建立在和平共处五项原则基础上的。江泽民在一次讲话中指出："全世界的人民都可以相信，中俄在和平共处五项原则基础上建立和发展的睦邻友好关系是一种新型、健康的关系。历史充分证明，结盟或对抗都不是正确的选择，只有建立在和平共处五项原则基础上的两国睦邻友好、互利合作关系才是最富有生命力的关系，有利于中俄两国，有利于全世界。"（2）在处理两国关系时，特别注意排除意识形态的影响。（3）两国友好与互利关系立足于长远，面向21世纪，以保证两国关系的稳定性。维持这种关系还依赖双方遵循平等与相互尊重的原则。十分明显，处理中俄两国关系的这些指导思想，完全符合两国的国家利益，也反映当代文明社会的要求。二是中俄两国的战略合作伙伴关系，不是结盟关系，也不针对任何第三国。三是在外交关系中，强调的是双方在政策的战略层面上进行协调与合作，但并不是强迫对方的政策服从于自己的政策。四是中俄战略协作的重点，从20世纪重心集中在全球性与地区性问题转移到更多关注双边合作。这一变化在2004年之后表现得更为明显。2004年10月，中俄两国制定了《中俄睦邻友好合作条约实施纲要（2005—2008年）》。该纲要实际上起到了两国合作的中期规划作用。此后，中俄两国采取了前文已提到的一系列重大举措，使中俄在双边层次上，战略协作关系进入强力推进的轨道，并解决了双边关系中一系列重大问题。

第三节 "中俄新时代全面战略协作伙伴关系"

第五阶段以2019年6月习近平主席访问俄罗斯期间，确立了中俄两国关系进入了一个新的阶段，即"中俄新时代全面战略协作伙伴关系"。

（一）对"中俄新时代全面战略协作伙伴关系"的理解

笔者认为，把两国关系提升为"中俄新时代全面战略协作伙伴关系"，从其背景来看，出于两个方面的因素：一是当今全球面临百年未有之大变局，这种大变局的本身就意味着世界进入一个新的时代，为此，中俄关系也面临如何应对这个大变局的问题，这在客观上要求中俄关系有新的定位；二是中俄都是大国，又是联合国安全理事会常任理事国，对世界格局的变化都会产生重大影响，因此，强化中俄关系不仅是为了解决两国国内的问题（包括共同发展经济、国内社会稳定与防止颜色革命的需要等），还担负着国际社会的稳定、建立新的秩序与和平的责任。对此，习近平指出，宣誓共同维护全球战略稳定，体现中国的担当精神和战略协作的积极效应，这对当前具有特殊的重要意义。这就是说，中俄关系新的定位在国际方面具有不可忽视的重要性。

从中俄关系新的定位使两国关系达到更高水平的要求来看，两国应该在4个方面作出努力。

第一，始终以互信为基石，筑牢彼此战略依托，加大在涉及彼此核心利益问题上相互支持的力度，牢牢把握中俄关系向前发展的战略方向。

第二，着力深化利益交融，拉紧共同利益纽带，继续开展共建"一带一路"同欧亚经济联盟对接，构建中俄互利合作新格局。

第三，大力促进民心相通，夯实世代友好的民意基础，鼓励两国社会各界、各地方加强交流互鉴，共同传递中俄世代友好的接力棒。

第四，更加担当有为，携手维护世界和平安宁，同国际社会一道，坚定维护以联合国为核心的国际体系，坚定维护以联合国宪章宗旨和原则为基础的国际秩序，推动世界多极化和国际关系民主化，共同建设更加繁荣稳定、公平公正的世界，携手构建新型国际关系和人类命运共同体。

（二）推进"中俄新时代全面战略协作伙伴关系"的基础性因素

第一，从当今与今后一个时期国际关系的变化趋势来看，中俄两国都面临着日趋复杂的国际环境，使中俄合作日趋强化。这是因为，美国以

"美国第一""美国优先"为基本原则的对外政策不会改变。白宫《国家安全战略报告》公然将中国定性为"战略竞争对手",宣告美既往对华战略彻底失败;五角大楼《国防战略报告》声称,美国安全的首要关切不再是恐怖主义,而是大国间的战略竞争,中俄首当其冲;《核态势评估》报告则将中国同俄罗斯等并列,视为美国核安全的主要威胁。美国商务部时隔 20 多年首次发起"自上而下"的对华"双反"调查,还签署了《台湾旅行法》。这些明确地表示将中国列为主要挑战,甚至威胁。美国转向对中国从政治、军事、经济各方面进行全面围堵,其目的是遏制中国的发展,不允许其影响美国世界第一的地位。当前中美关系的状况在相当一个时期内难以改变,这是因为从结构性层面讲,两国的社会制度与价值观是完全不同的;从政策层面讲,在南海、台湾与贸易等问题上存在很大分歧。在这种背景下,美国不可能让"一带一路"倡议顺利推进,再加上在美国看来,随着中国崛起与"一带一路"已推进到中东与美国周边国家,将会影响到美国的经济利益与国家安全,所以美国必将明里暗里遏制中国"一带一路"倡议的推进。

俄美之间的矛盾是结构性的,涉及各自的根本利益,妥协余地很小。在对外一些大的战略利益上,俄美双方很难有大的退让,在克里米亚、反导部署、网络攻击、北约东扩与核裁军等问题上相互都表示强硬,两国都存在不同意见。美国"反俄、抑俄、弱俄"的力量一直高于对俄友好的力量。美俄之间缺乏广泛与深厚的经贸合作点。两国贸易额在 2018 年为 250.63 亿美元,互补性差,在能源领域两国是竞争者,不是合作者。

在上述国际格局大背景下,为了应对美国的挑战,这在客观上促进了中俄关系的深化。

第二,从经济视角来看,当今中俄关系处于历史上最好时期,并呈日益强化态势,这对两国发展经贸合作提供了有利的政治条件。

(三)巩固与发展"中俄新时代全面战略协作伙伴关系"应遵循的基本原则

当今与今后一个时期,中俄关系将进一步加强,更加密切。双方在总结两国关系历史的经验教训基础上,都深刻认识到,中俄关系只能搞好不能搞坏。为了使"中俄新时代全面战略协作伙伴关系"保持稳定与持续发展的态势,不断增强发展两国关系的内生动力与对外战略协作关系的相互依存度,笔者认为,今后在处理两国关系过程中,应遵循以下基本原则。

第一，从历史层面来讲，应遵循"结束过去，开辟未来"的原则。前文已经提到，这是1989年5月戈尔巴乔夫访问中国，邓小平与戈尔巴乔夫谈中苏关系历史时说的，这使中苏关系进入一个新的时期。当时确定新时期两国关系的重要原则如下：（1）在和平共处五项原则的基础上，发展两国持久、稳定的睦邻友好关系，并以此作为指导今后两国关系的总方针；（2）新型的国家关系，既不是20世纪50年代的结盟关系，也不是六七十年代的僵持、对抗关系；（3）新型的国家关系，不针对任何第三国或军事集团；（4）国家关系非意识形态化是新型国家关系的一个重要内容，也是使中苏两国关系正常化的客观要求；（5）淡化党的关系对国家关系的影响；（6）两国关系更加经济化，加强双方的经济合作。

笔者认为，"结束过去，开辟未来"，对中国人来说，在处理两个关系问题时，不要纠缠历史问题，历史问题已经是过去的事，重点是要向前看。对俄罗斯人来讲，对中国人一时难以忘却两国历史上的问题应该持理解的态度。正是由于双方有了正确对待历史问题的态度，所以划定了4300千米的共同边界。还应该指出的是，"结束过去，开辟未来"原则的相关内容，虽然是针对当时还是社会主义的苏联提出来的，但是基本原则和精神，同样是当今巩固与发展"中俄新时代全面战略协作伙伴关系"应遵循的基本原则。这也是笔者把1989年邓小平谈中苏关系要"结束过去，开辟未来"，重新提出并加以阐述的原因。

第二，从政治层面来讲，坚持"不结盟、不对抗，不针对第三国"原则，在此原则条件下体现两国在对外关系中的战略协作伙伴关系。笔者认为，"不结盟、不对抗，不针对第三方"原则，使"中俄新时代全面战略协作伙伴关系"保持稳定与持续发展，具有特别重要的意义。"不结盟"是中俄两国的一个重要共识。历史证明，中俄坚持"不结盟、不对抗，不针对第三国"原则，才能使两国关系的发展具有牢固可靠的基础与巨大的发展潜力。

第三，从经济层面来讲，应本着平等互利、合作共赢的原则，积极推动经贸合作。有关中俄经贸合作的问题，将在本书第二、第三编专门论述。

第四节　对中俄政治关系发展趋势的几点看法

（一）关于中俄是不是应该结盟的问题

尽管这个问题，在2019年6月发表的《中华人民共和国和俄罗斯联邦关于发展新时代全面战略协作伙伴关系的联合声明》中明确指出，两国关系的基本原则之一是"不结盟、不对抗、不针对第三国"。但在国内学术界一直有不同的声音，有人认为，当今中美关系、俄美关系矛盾对抗日益尖锐并持长期化态势，加上中俄关系处于历史上最好的时期，经贸与军事合作也有了相当的基础。在上述情况下，这似乎是为两国结盟提供了客观的条件。在国际上对中俄两国是否会结盟的问题，也存有很多疑虑。但从各个角度来分析，中俄不可能也不需要建立结盟关系。中俄都是大国，都坚持实行独立自主的外交政策。现已经建立了战略协作伙伴关系，已经提供了足够的合作空间。举例来说，2001年两国签订的《中俄睦邻友好合作条约》（以下简称《条约》）第九条规定："如出现缔约一方认为会威胁和平、破坏和平或涉及其安全利益和针对缔约一方的侵略威胁的情况，缔约双方为消除所出现的威胁，将立即进行接触和磋商。"在《条约》签订至今的20多年里，中俄两国都面临过各种军事威胁，但这第九条规定从未启用过。一般来说，结盟主要是军事联盟，它要求两国在发生战争时相互支援。笔者认为，无论是中国还是俄罗斯，都没有做好以下思想准备，即一旦一方发生战争，另一方为其提供军事支持。从俄罗斯来讲，也是一直不主张与中国建立结盟关系。2019年6月3—4日，在俄罗斯举办的第23届圣彼得堡国际经济论坛期间，普京在记者招待会上，当记者问他中美经贸摩擦支持哪一方时，普京表示，对中美经贸摩擦不站边。这反映了俄罗斯对两国关系遵循的基本原则。过后不久，俄总统新闻秘书佩斯科夫作了很好的注释，他说中国和俄罗斯伙伴关系的一个显著特征是不针对第三方国家或群体。普京总统在2019年12月召开的大型记者招待会上也明确表示："俄罗斯与中国没有组成军事联盟，不打算与中国建立军事同盟，因为这种联盟形式已经过时。"30多年来，中俄一直保持稳定良好的政治关系。这是因为中俄关系一直遵循了不结盟、不对抗、不针对第三方的"三不"基本原则。

无论从当今中国如何应对由于乌克兰危机出现的十分复杂的国际关系

考虑，还是从中国的长远国家利益出发，中俄关系仍遵循"三不"原则。2024年3月7日，中国国务委员兼外交部部长王毅在十四届全国人大二次会议举行的记者会上，回答中外记者提问时指出："中俄双方打造了一种完全不同于冷战旧时代的大国关系新范式，在不结盟、不对抗、不针对第三方的基础上，坚持永久睦邻友好，深化全面战略协作。"2023年3月，习近平主席在访俄时发表的两个联合声明中再次强调，中俄关系具有不结盟、不对抗、不针对第三方的性质，中俄双方都将保持战略定力，将新时代全面战略协作伙伴关系不断推向前进。坚持"三不"原则，才能使两国关系的发展具有牢固可靠的基础与发展潜力。历史证明，中俄坚持遵循"三不"原则，使中国在错综复杂的国际环境中，在处理国际事务中取得了主动权，并且在推进世界和平与公正国际秩序中起到了积极作用，也使中俄两国关系的发展具有牢固可靠的基础与巨大的发展潜力。总的来说，如果在国际形势没有突发性的重大变化的情况下，目前和可见的未来，两国建立的战略协作伙伴关系是中俄关系适宜的形式，是得到国内外接受和支持的。

（二）如何判断中美俄三国关系变化对中俄关系的影响

中俄建立的新时代全面战略协作伙伴关系，会对国际社会产生影响，同时它也受国际条件变化的影响。不论在中俄战略协作伙伴关系前冠以什么定语，"全面"还是"新时代"，最后都落实到"战略协作"上。虽"战略协作"有其长期性和稳定性的特点，但这种关系不具有结盟性，双方不必履行约束性、规定性的义务，只有在重大国际战略方面的问题达成共识时才采取战略协作，从而成为协作伙伴关系。因此，战略协作伙伴关系受国际条件变化的影响较大，如美对华对俄的压力大大增大时，这一关系将会强化；如美对中俄双方或其中一方压力大大减小或关系大大改善，这一关系将会弱化。无论是强化还是弱化，都会在中俄关系中得到反映。需要指出的是，随着中俄两国关系的成熟与不断提升，对美国对外政策本质的认识日益深化，中俄关系中美国因素的作用日趋减弱。但在当前世界大变局的条件下，中俄关系中的美国因素是不能忽视的。中俄两国在某个特定国际问题上或在某个特定时期，联合对美抗争的力度会强化，但两国由于不是战略结盟关系，对美关系都是本着"斗而不破，抗而不僵"的原则，坚持与美对话，中俄两国都力图搞好对美关系，因美国、欧洲等发达国家和地区对中俄两国都有着重要的经济利益。在这世界大格局的现实情况下，在把握中俄关系未来发展前景时，一方面要看到中俄新时代全面战略协作伙伴关系有其牢靠与稳定的基础，另一方面也应看到国际格局的变化对其可能产生的影响。对此，我们应有清醒的认识。当然，我们也应该认识到，在当今与可见的未来，俄美关系不可能出现突发性的变化，会继续处于深刻矛盾和对抗性的状态，更不太可能俄美联合对抗中国。关于这个问题，俄罗斯中国问题学者亚历山大·卢金认为，"联俄抗华"和俄罗斯有可能转向美国一边，这绝对不可能。他分析说，美国2014年支持乌克兰反政府政变并对莫斯科实施制裁后，俄罗斯领导层对美国的幻想就已然破灭。任何形式的信任都已不再存在。美国从此被视为不可靠的合作伙伴，俄罗斯只可能与其达成一些战术性或务实性的协议。如果要让俄罗斯站到美国一边，后者必须废除整个制裁体系，并承认俄罗斯在本国周边地区的利益。但华盛顿永远不会这么做，它不准备作出任何让步，它的经典逻辑是："我的东西是我的，你的东西让我们来谈谈吧。"在这种情况下，在俄罗斯只有一些非常边缘化的亲西方圈子仍主张莫斯科应支持美国反对中国。当然，俄罗斯也有人担心中国外交政策日益强硬，但这种担忧最多只会促使莫斯科实施更加中立的外交政策，不会让莫斯科与华盛顿结盟。①俄罗斯世界政治经济学院院长谢尔盖·卡里加诺夫在谈及大三角关系未来问题时强调两点。一是不要指望俄美关系能很快实现正常化，俄罗斯"几乎没有人对在未来几年与美国关系正常化抱有希望"。二是明确说："如果美中竞争进一步加强，俄罗斯不会'倒向'中国。""不认为俄罗斯会冒险在战略上依赖中国。对俄罗斯来说，任何对外部中心的依赖以及俄罗斯主权的垂涎，都是不能接受的。它不可能成为别人的'小兄弟'。"②应该说，俄罗斯学者的上述分析还是比较客观的，反映了俄罗斯对中美俄三角关系的基本看法。但也要指出的是，"俄罗斯一部分人不失时机地在炒作中美发生两极对抗的前景及俄在其中发挥平衡作用的话题。例如，莫斯科卡内基中心主任德米特里·特列宁（Дмитрий Тренин）认为，疫情的走势会导致中国及东亚模式的优势被进一步强化，中美之间的两极化对抗会进一步加剧。在这种情况下，俄罗斯必须减少对中国的依

---

① ［俄］卢金：《俄美冲突的经验教训，中国可借鉴》，《环球时报》2020年9月2日。
② ［俄］谢尔盖·卡里加诺夫：《大三角关系的未来》，《全球政治中的俄罗斯》2020年第5期。

赖，更不能做中国的附庸，俄罗斯绝不能接受被纳入中国主导的阵营；相反，俄应强化与欧（德、法、意）、日、印等重要经济体的关系，从西、东、南三个方向达到平衡，以抵消中国崛起和民族主义膨胀给俄带来的影响"。①

（三）在俄罗斯维护自身的大国地位和国际影响力中的中国因素

当今，俄罗斯是个军事大国，但经济是它的软肋。2019 年，它的 GDP 总量为 1.69 万亿美元，美国为 21.43 万亿美元，中国为 14.36 万亿美元。中国经济总量相当于俄罗斯的 8.5 倍，美国相当于俄罗斯的 12.7 倍。另外，还应该看到，俄罗斯经济在较长时间内处于低速增长期。因此，俄罗斯要发挥它在多极世界中的作用，体现其大国地位，受到了很大的制约。从俄罗斯所处的国际环境来讲，也很严峻。在这种背景下，加强与中国的沟通和合作显得十分重要。长期以来，中俄两国一直在相互支持与帮衬，在国际多极世界中作为大国发挥作用。

（四）在认识俄罗斯战略强化亚太与对华关系问题上，需要厘清以下几个问题

第一，由于俄罗斯在地理上横跨欧亚，从某种意义上来说，它既是欧洲国家也是亚洲国家，但从俄罗斯民族属性、俄罗斯人心理上的归属感来讲，俄罗斯一直认为自己是欧洲国家。正如俄罗斯学者所强调的："地理上俄罗斯以前从来都是，现在是，看来将来也仍是欧洲国家。……俄罗斯是欧洲文明的一部分。所以谈及俄罗斯的'欧洲选择'总的说来是没有意义的。这不是选择，这是命运，众所周知，命运是无法选择的。"从彼得大帝提出融入欧洲 300 多年来，除了个别时间段，俄罗斯一直没有停止过这方面的努力。正如俄罗斯外长谢尔盖·拉夫罗夫强调说："无论是从地理、历史、经济还是文化角度而言，俄罗斯曾经、现在以及未来，都是欧洲不可分割的组成部分。我们拥有自身的国家认同感，有资格引以为傲，但同时也是欧洲文明空间的组成部分。数个世纪以来，俄罗斯为该文明空间的扩张作出贡献，令其一直延伸到太平洋。"②

---

① 关贵海：《从新冠疫情背景下俄罗斯立场看中俄关系的走向》，《国际政治研究》2020 年第 3 期。

② ［俄］谢尔盖·拉夫罗夫：《欧洲邻居——俄罗斯与欧盟 30 年关系总结》，《俄罗斯报》2019 年 12 月 18 日。

第二，俄罗斯战略强化东移亚太，这并不是忽视欧洲。欧洲一直是俄合作的重点。从俄罗斯学术界到其政府，在提出转向东方的同时，也明确反对有关向东转是其将战略重心转向亚洲的说法。俄罗斯前总理梅德韦杰夫就强调指出："向东转"只是其在地理位置和地缘政治条件许可下的合作方向之一，不应将俄罗斯与东方的积极合作诠释为俄方意图"重新定向"，不管从经济上、政治上还是精神上，俄罗斯都不会脱离欧洲大陆。关系未来可能会变，但战略方向无可避免。

第三，强化战略东移亚太发展速度与到什么程度，还取决于俄罗斯存在的西方派、斯拉夫派和欧亚派之间有关国家定位认知和发展战略的争论，很大程度上取决于欧亚派地位的日益强化并占主导地位，在俄罗斯精英层得到更广泛的认同。应该看到，西方派、斯拉夫派在俄罗斯仍有其不可忽视的影响。从俄罗斯发展历史来看，究竟是"向东还是向西"，自彼得大帝以来就是苦恼的、摇摆不定的难题。就是在近几年俄罗斯提"大欧亚伙伴关系"时，也提出欧盟可以纳入其中，但"大欧亚伙伴关系"并没有得到欧盟的认可。在俄罗斯的相当一部分政治精英，一直坚定地秉持欧洲主义，希望俄罗斯能够融入欧洲，因此，他们对战略东移亚太并不完全认同。不少人一直看不上包括中国在内的亚洲，这些人对中国"一带一路"倡议的认同，仅出于当前俄罗斯面临严峻的国际环境与国内经济状况，是存有戒备心理的，对中国的崛起存有一些疑虑，在心理上也不平衡。

第二编
中俄经贸关系发展历史

简要地阐明中国与俄罗斯经贸关系的发展进程,可以使我们对两国经贸关系有个总体了解。考虑到俄罗斯是苏联继承国,所以,在论述中俄经贸关系发展进程时,应该回忆一下中苏经贸关系的情况。为此,本编就中苏与中俄经贸关系进行分析。

第六章　曲折的中苏经贸关系

从1949年中华人民共和国成立到1991年苏联解体，中苏政治关系经历了从结盟到对抗，再到实现关系正常化的曲折过程。伴随两国政治关系的变化，两国经贸关系也经历了高速发展、大幅度下降、逐步回升三个阶段。回顾与总结历史，有利于我们更好地思考与把握未来。人们常说，历史是一面镜子，研究它可解惑、可益智。

中苏经贸合作，实际上在1949年中华人民共和国成立之前就已开始。1949年6月，刘少奇率领中共代表团启程赴莫斯科进行秘密访问。在访问期间，中共代表团提出以下9个方面的问题：（1）苏联向中国贷款数额及贷款利息；（2）向中国派遣各方面（主要是经济建设方面）的专家；（3）向上海派遣专家及大城市的管理问题；（4）清除上海等港口水雷，恢复港口航行的措施；（5）解放新疆的策略及将来对少数民族地区的管理；（6）中国海军舰队的组建及军港的保卫；（7）建立莫斯科与北京之间的航线，在中国建设飞机装配修理厂；（8）决定在三四天以后召开苏共主席团会议，听取中共代表团关于中国政治、军事及经济形势的报告，并就一系列重要问题交换看法；（9）国家机构设置、工商企业管理等。[①]很明显，会谈的主要内容是中国争取苏联的经济援助。经过会谈，双方就苏联向中国提供3亿美元的贷款达成初步协议，刘少奇同马林科夫在克里姆林宫签署了贷款协定。该项贷款苏方以机器设备、各种原料与其他商品形式提供，每年平均6000万美元，分5年贷完，利息为年息一厘。考虑中央人民政府还未建立，刘少奇又是秘密访问莫斯科，所以，贷款协定是以东北人民政府的名义与苏联签订的，但中苏两国正式的政府间经贸关系是在中华人民共和国成立以后。

[①] 何明等编著：《中苏关系重大事件述实》，人民出版社2007年版，第35页。

第一节 历史回顾

1949年中华人民共和国成立之后，于1950年中苏两国就签订了第一个政府间的贸易协定和支付协定，从而正式建立了两国贸易关系。1958年，两国签订了通商航海条约，奠定和巩固了两国贸易关系的法律基础。中苏两国的贸易，是以每年一次的国家间谈判达成的政府协议为依据的双边易货贸易，采用划拨清算的记账和结算方式，缔约国双方不用支付自由外汇，统称为政府协定记账贸易。关于计价问题，根据1950年中苏两国签订的第一个政府贸易协定和支付协定，它是以国际价格确定大类商品价格的。由于在这个时期国际市场上原材料价格波动小，因此后来就把合同价格固定下来，称为固定价格。在1970年以前，两国是以卢布为计价和结算单位的。从1970年起，经两国政府商定，相互贸易改用瑞士法郎进行结算。从1975年起，两国贸易的作价以国际市场价格为基价来确定。

中苏经贸关系由于政治关系的影响，经历了各个不同的阶段：20世纪50年代的大发展、60年代的大滑坡、70年代的缓慢回升和80年代的全面恢复与发展。

一　20世纪50年代的大发展时期

从中华人民共和国成立到20世纪60年代，是中苏经济贸易关系大发展的时期。这一时期的特点是贸易额增长速度快；经济合作领域较为广泛。

中国在20世纪50年代初顺利地完成了国民经济的恢复工作。之后，从1953年起，开始实行第一个五年计划，集中进行经济建设，建立中国工业化的基础。为了实现这一目标，中国把经济建设的主要力量放在由苏联帮助设计的156项援建工程上。[①] 这种大规模地从苏联引进机器设备和其他物资的做法，极大地带动了两国贸易的发展。1950年，两国进出口

[①] 1953年5月，中苏两国政府在莫斯科签订了《关于苏维埃社会主义共和国联盟政府援助中华人民共和国中央人民政府发展中国国民经济的协定》。根据这个协定，苏联帮助中国兴建和改建91项工程，到1959年为止，连同过去3年由苏联帮助中国设计的50个企业在内，共计141项；1954年10月赫鲁晓夫访华，又答应帮助中国兴建15个项目，合计起来，即是我们通常所说的苏联援建156项工程。

贸易总额为3.38亿美元，到1959年增加到20.97亿美元，分别约占中国和苏联当年进出口总额的50%和20%。当时苏联是中国的最大贸易伙伴。

这一时期，中国从苏联主要进口大批机械设备特别是成套设备，主要包括冶金、机械、汽车、煤炭、石油、电力、化工等项目的设备。1950年，苏联的机械设备在中国进口总额中占10.6%，其中成套设备仅占0.2%；但到1959年，苏联的机械设备占中国进口总额的比重已上升到62.6%，其中成套设备占41.9%（见表6-1）。中国向苏联主要出口生活消费品，如大豆、大米、茶叶、花生、食用植物油、肉类、服装等生活必需品。另外还向苏联提供了重要的战略物资，如制造尖端武器必不可少的矿石原料和稀有金属等。

表6-1　　　　　　1950—1960年中国从苏联进口机械设备情况

（单位：百万卢布，%）

	进口额	占中国进口总额比重	其中成套设备占中国进口比重
1950年	37.2	10.6	0.2
1951年	98.8	22.6	0.7
1952年	140.9	27.7	7.3
1953年	145.2	23.1	7.5
1954年	179.0	26.2	12.3
1955年	206.6	30.7	18.8
1956年	274.3	41.6	29.9
1957年	244.4	49.9	38.4
1958年	256.2	51.2	26.2
1959年	537.8	62.6	41.9
1960年	453.6	61.8	45.8

资料来源：陆南泉等编：《对苏贸易指南》，中国财政经济出版社1991年版，第76页。

这一时期，两国的科技合作也有不少进展，如苏联向中国提供了生产某些有关金属的工艺，用天然石料制造耐火材料的工艺等。中国政府派专家向苏联介绍电机和探测仪的生产工艺和某些化工产品方面的科研工作。

应该指出，中国从苏联进口的156项工程的成套设备，对促进中国的社会主义经济建设、顺利完成第一个五年计划，打下了工业化基础，起到了重要作用。

在这一时期，中俄经贸关系的主要特点如下。

其一，保持了稳定与快速增长的态势。1950—1959年中苏贸易额年均增长率为22.5%，其中出口为24.7%，进口为20.3%（见表6-2）。

表6-2　　　　　　1950—1960年的中苏进出口贸易情况　　（单位：万美元,%）

	进出口总额	其中 出口	其中 进口	差额	占中国对外贸易额的比重
1950年	33844	15325	18519	-3194	29.8
1951年	80860	31129	49731	-18602	41.4
1952年	106421	41204	65217	-24013	54.8
1953年	125823	48061	77762	-29701	53.1
1954年	129124	58663	70461	-11798	53.1
1955年	178985	67021	111964	-44943	56.9
1956年	152377	76168	76209	-41	47.5
1957年	136470	74697	61773	+12924	44
1958年	153857	89887	63970	+25917	39.8
1959年	209700	111794	97906	+13888	47.9
1960年	166394	81878	84516	-2638	43.7

资料来源：《中国对外经济贸易年鉴》。

其二，这一时期除了发展贸易关系，经济合作也有发展，如1950年3月中苏两国政府签订协议，中国与苏联兴办合营企业：中苏金属公司共同在新疆开采有色金属和稀有金属；中苏石油公司，两国在新疆共同开采和提炼石油和天然气；中苏造船公司共同在大连建造船只。

在这期间，中苏民航公司，共同组织开辟了3条航线。

（1）北京—沈阳—哈尔滨—齐齐哈尔—赤塔。

（2）北京—太原—西安—兰州—哈密—乌鲁木齐—伊宁—阿拉木图。

（3）北京—张家口—乌兰巴托—伊尔库茨克。

应该说，在这一时期，赫鲁晓夫在加强中苏关系中包括经贸合作方面还是做了不少促进工作的。1954年他在访问中国时，把斯大林时期建立的4家中苏合营公司的苏联股份，就1955年1月1日起全部移交给中国达成了协议，规定苏方所占的股份"将由中华人民共和国以供应苏联通常出口货物的办法,在数年之内偿还"。对赫鲁晓夫的做法,毛泽东表示:"我们感谢他。"赫鲁晓夫在这个问题上多次批评斯大林,认为其损害了中国的主权,"甚至可以说是对中国人的一种侮辱"。① 但回过头来看,中苏办合营公司,对中国来说,在开发矿产资源,发展冶金工业、民航与造船工业,培养技术人才与学习先进技术等方面,都是有利的;对苏联来说,在获得当时在国际市场难以买到的稀有金属与战略物资方面,也起到十分有利的作用。还应指出的是,当时毛泽东对签订斯大林提出的创办4家合营企业协议时,对某些条款是不满意的。例如规定合营公司的"全部产品都运到苏联",莫斯科还要求中国不得将开采出来的原料卖给第三国等。对此,赫鲁晓夫认为,这是"对中国的一种压制"。② 从客观上来讲,当时中国领导人对与外国合办企业非常生疏,加上中国历史上长期受外国侵略,主权受到侵犯;另外,斯大林在与中国合办企业中确实存在不尊重中国主权的行为。因此,这也是毛泽东对中苏合办公司之事存在不满与产生疑虑的原因。赫鲁晓夫1954年访华,对推动中苏两国签订关于苏联政府给予中华人民共和国政府5.2亿卢布长期贷款协定起了重要作用。这对中国在实现第一个五年计划时期向苏联购进大量机器设备具有重要意义。这在当时中国的舆论给予了很高的评价。《人民日报》发表社论,赞扬苏联对中国给予慷慨无私的帮助。社论认为,在中华人民共和国成立后,苏联即以优惠的条件贷款给中国,使中国经济恢复和建设工作得到充裕的资金,并且派遣大批苏联专家到中国来帮助建设。"这样伟大的、全面的、长期的、无私的援助,是历史上的创举。"③ 另外,赫鲁晓夫访华时还在北京举办了苏联经济与文化建设成就展览会,参展商品有11500多件,展览结束后,苏联将包括机床和农业机器在内的83件展品送给了中国。对此,毛泽东两次致信赫鲁晓夫与苏联代表团,感谢苏联的这种"慷慨的赠礼"。

总之,中华人民共和国成立之后的前十年,是中苏政治关系十分友好

---

① 何明等编著:《中苏关系重大事件述实》,人民出版社2007年版,第148页。
② 何明等编著:《中苏关系重大事件述实》,人民出版社2007年版,第147页。
③ 有的学者指出:"中苏关系破裂后的很长时间里,国内曾出现一种传说,即称斯大林时期援华慷慨热情,赫鲁晓夫则扮演了撕毁合同和'逼债'的角色。其实,若是仔细研究历史档案和亲历者的回忆,在苏联历届领导人中,对华援助最多且质量最高者恰恰是赫鲁晓夫。"见徐焰《解放后苏联援华的历史真相》一文,《炎黄春秋》2008年第2期。徐焰系国防大学教授、少将。

的时期，也是两国经贸关系大发展的时期。

二 两国经贸关系大大萎缩的 20 世纪 60 年代

这一时期，由于两国政治关系的恶化，经贸关系基本上处于中断状态。两国贸易额迅速下降，1961 年为 8.28 亿美元，占中国外贸总额的 29.8%；而从 1968 年开始，两国贸易额已低于 1 亿美元；到 1970 年，下降为 4723 万美元，这仅为 1959 年的 2.25%；占中国当年外贸总额的 1.03%，而占苏联当年外贸总额的比重更是微不足道，仅为 0.2%。这是中苏两国建交 40 年内（1949—1989 年）贸易额最低的一年（见表 6-3）。这一时期除了两国贸易额大幅度下降，经济技术合作全部中断。1960 年 7 月 28 日到 9 月 1 日，苏联撤走了 1390 名全部在华专家，并终止派遣专家 900 多名。"苏联单方面撕毁 312 个协定与两国科学院签订的 1 个协定书，以及 343 个专家合同与合作补充书，废除了 257 个科技合作项目。苏联停止向中国提供新技术，不再供给中国钴、镍等矿产品。"[1]

表 6-3　　　　1961—1970 年中苏进出口贸易情况　　（单位：万美元,%）

	进出口总额	其中 出口	其中 进口	差额	占中国对外贸易额的比重
1961 年	82791	53626	29165	+24461	29.8
1962 年	70158	49066	21092	+27974	26.4
1963 年	60106	40678	19428	+21250	20.6
1964 年	44522	31164	13358	+17806	12.9
1965 年	50744	32167	18577	+13590	9.6
1966 年	30514	14041	16473	-2432	6.6
1967 年	11141	5547	5594	-47	2.7
1968 年	9214	3293	5921	-2628	2.3
1969 年	5422	2724	2698	+26	1.3
1970 年	4723	2317	2406	-89	1.03

资料来源：《中国对外经济贸易年鉴》。

---

[1]《中国对外贸易概论》，对外贸易教育出版社 1985 年版，第 317 页。

从两国进出口结构来看，也发生了某些变化，中国从苏联进口的商品虽仍以机械设备为主，但从1966年起，由于中国石油工业取得了重大发展，不再从苏联进口石油和石油制品。从中国向苏联出口的商品来看，仍然以农产品为主，但随着中国对苏联债务的基本还清，加上国内自然灾害等原因引起的供应困难，相继停止了对苏联大豆、大米等农产品的供应。

双边贸易的大大萎缩，加上苏联单方撕毁经济、科技合作协同与撤走专家，导致中国大量企业与事业单位的建设处于停顿与半停顿状态，给中国经济发展造成了巨大损失。还应指出的是，在中苏关系恶化之后，中国克服巨大困难，在1964年前分期偿还了20世纪50年代苏联向中国提供的贷款和利息。

20世纪50年代苏联向中国提供的贷款可以分为四类。

第一类，经济建设贷款（共四笔）。

（1）1950年2月14日　　贷款3亿美元，折合12亿旧卢布
（2）1952年9月15日　　橡胶贷款3800万旧卢布
（3）1954年1月23日　　有色金属公司贷款350万旧卢布
（4）1954年6月19日　　有色金属、石油贷款880万旧卢布
小计　　　　　　　　　　12.5亿旧卢布

第二类，抗美援朝贷款（共五笔）。

（1）1951年2月1日　　　购军用物资9.86亿旧卢布
（2）1952年11月9日　　 60个步兵师武器10.36亿旧卢布
（3）1953年6月4日　　　海军贷款6.10亿旧卢布
（4）1954年10月12日　　特种军事贷款5.46亿旧卢布
（5）1955年2月28日　　 转售安东（即今日的丹东）苏军物资2.47亿旧卢布
小计　　　　　　　　　　34.25亿旧卢布

第三类，苏军自旅大撤退时转售物资（一笔）。

1955年10月31日　　　　7.23亿旧卢布

第四类，移交中苏合营公司苏联股份贷款（一笔）。

1954年10月12日　　　　2.78亿旧卢布
合计　　　　　　　　　　56.76亿旧卢布（折合12.75亿新卢布，其中抗美援朝贷款占60%以上）
应付利息　　　　　　　　1.32亿新卢布

本、息合计　　　　　　　　14.07 亿新卢布

中国方面截至 1962 年已偿还本息 12.69 亿新卢布，1963 年、1964 年两年中国方面较原定时间提前一年还清了 20 世纪 50 年代苏联全部贷款和利息，只剩下 20 世纪 60 年代蔗糖贷款尚未偿还。[①]

从上述四类贷款来看，中国用于抗美援朝的贷款为 34.25 亿旧卢布，占贷款总额 56.76 亿旧卢布的 60.3%。

三　两国经贸关系逐步恢复与回升的 20 世纪 70 年代

从前文的材料可以看到，在 20 世纪 60 年代后期，中苏贸易关系实际已中断。1969 年两国实际上没有签订政府贸易协定，只是签订了某些商品的供货合同。到了 20 世纪 70 年代，中苏经贸关系与 60 年代后期相比，出现了缓慢的回升。1971 年双边贸易额为 1.5 亿美元，这比 1970 年增加两倍多，之后两国贸易继续增长，到 1980 年接近 5 亿美元（见表 6-4）。但这个数字，只等于 20 世纪 50 年代最高的 1959 年的 23.5%。这一时期，两国进出口商品结构基本上与过去相同，但在 60 年代相互停止供应的产品又重新恢复供应。

表 6-4　　　　　1971—1980 年中苏进出口贸易情况　　（单位：万美元,%）

	进出口总额	其中 出口	其中 进口	差额	占中国对外贸易额的比重
1971 年	14927	8093	6834	+1259	3.08
1972 年	25033	13350	11683	+1667	3.97
1973 年	26177	13343	12834	+509	2.39
1974 年	29999	15495	14504	+991	2.06
1975 年	29725	15130	14595	+535	2.01
1976 年	41473	16838	24635	-7797	3.09
1977 年	32904	17645	15259	+2386	2.22

---

① 王泰平主编：《中华人民共和国外交史》第二卷，世界知识出版社 1998 年版，第 257—258 页。关于蔗糖贷款的情况：1961 年 2 月赫鲁晓夫致函毛泽东，表示愿意借给中国 100 万吨粮食与 50 万吨蔗糖，以帮助中国渡过困难。后来周恩来答复赫鲁晓夫：先接受 50 万吨蔗糖。所借用的 50 万吨蔗糖贷款可在 1967 年前分期归还，不计利息。至于 100 万吨粮食，中国未借用。

续表

	进出口总额	其中 出口	其中 进口	差额	占中国对外贸易额的比重
1978 年	43653	22966	20687	+2279	2.12
1979 年	49262	24223	25039	-816	1.68
1980 年	49242	22830	26412	-3582	1.30

资料来源：《中国对外经济贸易年鉴》。

四　两国经贸关系稳定与迅速发展的 20 世纪 80 年代

20 世纪 80 年代初，一方面由于中国实行国民经济调整政策，减少了从苏联进口机械设备产品；另一方面由于苏联未能向中国供应较多的原材料产品，从而导致 1981 年、1982 年（分别为 2.25 亿美元与 2.76 亿美元）两国贸易额低于 20 世纪 70 年代。但除这两年外，20 世纪 80 年代的其他年份贸易额都有较大增长：1983 年为 6.74 亿美元；1984 年为 11.8 亿美元；1985 年为 18.8 亿美元；1986 年为 26.4 亿美元；1987 年为 23 亿美元；1988 年比 1987 年有较大幅度的增长，为 29 亿美元；1989 年两国贸易额为 36.8 亿美元，比 1988 年增长 26.7%；1990 年为 43.8 亿美元（见表 6-5）。

表 6-5　　　　　1981—1991 年中苏进出口贸易情况　　　（单位：万美元,%）

	进出口总额	其中 出口	其中 进口	差额	占中国对外贸易额的比重
1981 年	22490	11648	10842	+806	0.6
1982 年	27590	13889	13701	+188	0.7
1983 年	67386	32815	34571	-1756	1.7
1984 年	118307	61539	56768	+4771	2.4
1985 年	188140	96837	91303	+5534	3.1
1986 年	263766	120800	142966	-22166	4.4
1987 年	230339	117197	113142	+4055	3.4
1988 年	290151	149507	140644	+8863	3.6
1989 年	367725	176063	191662	-15599	4.5

续表

	进出口总额	其中		差额	占中国对外贸易额的比重
		出口	进口		
1990年	437911	223919	213992	+9927	3.8
1991年	390425	182338	208087	-25749	2.9

注：1991年的进出口总额80%由俄罗斯联邦实现，为31.23亿美元。

资料来源：陆南泉等编：《对苏贸易指南》，中国财政经济出版社1991年版，第81页；薛君度、陆南泉主编：《中俄经贸关系》，中国社会科学出版社1999年版，第98页。

这一时期，中苏经济贸易关系发展的特点如下。（1）增长速度快，并且幅度大。1990年比1981年增加了1.8倍。1979—1988年，中国对外贸易年均增长率为14.6%，而同期中苏贸易额年均增长率为19.4%。（2）经济合作的领域大大拓宽，不再限于商品贸易，如中苏两国已开始采用国际上通常使用的合作生产、来料、来样、来件加工和补偿贸易、技术转让、承包工程、劳务合作、兴办合营企业等方式。（3）经济合作有了可靠的基础。1984年12月，苏联部长会议副主席伊·阿尔希波夫访华及1985年7月中国副总理姚依林访苏期间，两国签订了经济技术合作协定，科技合作协定，关于成立中苏经济、贸易、科技合作委员会的协定，1986—1990年的长期贸易协定，关于在中国建设与改造工业项目的协定。可以说，这5项协定为中苏两国经济、技术、贸易合作稳定而又较快地发展奠定了良好的基础。（4）经贸关系日趋活跃，已由传统的政府贸易发展为多层次、多渠道、多种形式的经贸合作。两国的地方边境经贸关系开始迅速发展。

由于自20世纪80年代起，中苏经济贸易关系的迅速发展，这一时期苏联在中国外贸中的地位已进入仅次于中国港澳地区、日本、美国和联邦德国之后的第5位。

第二节　经贸关系稳定与迅速发展的原因分析

20世纪80年代中苏经贸关系之所以有较大发展，以下几个因素有着重要作用。

第一，两国新的国家关系的建立。

1989年5月，中苏两国领导人举行的高级会晤，标志着两国关系经历了历史的曲折之后实现了正常化，它还意味着"结束过去，开辟未来"，使中苏关系进入一个新的时期。如前文所述，此次会晤确定的六大原则为新型的中苏国家关系指明了方向。在把握中苏经济贸易关系发展前景时，这是首先应该考虑的重要因素。

第二，两国推行对外开放政策。

邓小平同志指出："现在的世界是开放的世界。"中国"三十几年来的经验教训告诉我们，关起门来搞建设是不行的，发展不起来"。[①] 因此，"必须改变闭关自守的状态，必须调动人民的积极性，这样才制订了开放和改革的政策"。[②] 为了拓宽对外开放的范围，邓小平同志强调全面开放的思想。他明确指出："开放是对世界所有国家开放，对各种类型的国家开放。"[③] 这里讲的各种类型的国家包括西方发达国家、原苏联东欧国家和发展中国家与地区。邓小平同志在谈对外开放时，还强调在发展对外经贸合作时，不要拘泥于意识形态和社会经济制度的差别。邓小平同志在1984年就指出："对苏联和东欧国家的开放，这也是一个方面。国家关系即使不能够正常化，但是可以交往，如做生意呀，搞技术合作呀，甚至于合资经营呀，技术改造呀，一百五十六个项目的技术改造，他们可以出力嘛。"[④] 在邓小平同志上述开放思想的指导下，一方面在发展与苏联经贸关系时排除了意识形态的影响，另一方面又对对外经贸体制进行了改革。

中国自1978年以来，随着整个经济体制改革的推行，经济转入了全面开放的新时期。与此同时，在对外经贸体制方面，也进行了一系列的改革。1988年以前，对外经贸体制改革的基本思路与整个经济体制改革思路相同，即"扩权让利"。围绕"扩权让利"的基本思路，改革着重在以下几个方面进行：（1）外贸活动不再是过去由外贸部门独家垄断经营，经营权逐步分散、下放，以调动各地方、部门和企业从事外贸活动的积极性，形成对外贸易经营活动多层次、多渠道的局面；（2）在外贸的管理

---

① 《邓小平文选》第三卷，人民出版社1993年版，第64页。
② 《邓小平文选》第三卷，人民出版社1993年版，第224页。
③ 《邓小平文选》第三卷，人民出版社1993年版，第237页。
④ 《邓小平文选》第三卷，人民出版社1993年版，第99页。

上，采取分级管理进出口商品的制度，逐渐扩大了地方自营出口的商品种类，减少了指令性计划商品的品种数量，另外，对进出口许可证也实行分级管理和发放制度；（3）为外贸逐步向自负盈亏过渡创造一些条件，在寻觅工（农）贸结合、技贸结合和进出口结合方面，也作了一些探索。以上一些改革措施，无疑对调动各方面的积极性、扩大外贸渠道和使外贸方式更加灵活上都起了促进作用。

为了发展对苏联的贸易，中国1988年规定，全国各省、自治区和单列市，都有权从事对外贸易。另外，还逐步开设了不少边境口岸，以促进对苏联的边境贸易。

在戈尔巴乔夫执政时期，苏联也一直在努力冲破过去传统的自我封闭思想，实行对外开放政策，以加速苏联经济国际化，发展对外经济关系，使苏联经济成为世界经济的一部分。为此，在对外经贸体制方面，中国采取了不少改革措施。其一，在重新认识外贸垄断原则的基础上，让各部门、企业有进入国外市场的权力。其二，在调动企业从事外贸活动的积极性方面，让企业具有真正从事外贸的自主权，并实行外汇留成制度，目的是鼓励企业增加出口。其三，积极拓展对外经济合作形式。

第三，苏联加速开发东部地区。

到了20世纪80年代，加速开发资源丰富的东部地区，既可改善苏联不合理的生产力布局，也可使这一地区成为出口基地与促进苏联的对外开放。而东部地区的开发，存在缺乏技术、资金、劳力和食品供应紧张等困难，这在客观上要求通过与邻国发展经贸关系来解决。因此，苏联加速远东地区的开发与开放。对中国来说，这是发展中苏经贸关系的一个良好机遇，扩大了经济合作的可能性。例如，据有关材料分析，在20世纪80年代末，远东地区采掘工业和工业部门劳动力缺乏30%以上，农牧业部门缺乏40%以上。苏联计划在住宅建设方面自己只承担60%的建筑能力，其余部分要求国外提供。再考虑到，远东地区开伐森林还需劳动力。这些情况，对劳动力资源丰富的中国来说，在对苏联承包工程、出口劳务方面，也提供了可能性。

还应指出，苏联东部地区轻工业和食品工业很不发达。大部分轻工业产品按人均计算都大大低于全苏水平，20世纪80年代以棉布为例，按人均计算，西西伯利亚为14.4米，东西伯利亚为7.6米，远东为2.1米，而全苏是30.6米。西伯利亚和远东农副产品的自给率很低：目前粮食自给率为 50%，白菜为 50%，胡萝卜为 8%，食用甜菜为 5%，西红柿为 2.5%，洋葱为 1.2%，水果为 30%，植物油为 25%，糖为 15%。这里是畜牧业较为发达的地区，畜牧业产值要占该地区农业产值的 50% 以上，但畜牧产品远远满足不了需要，如该地区奶产品的年需要量约为 1190 万吨，而本身最高生产量为 680 万吨。

东部地区轻纺工业和食品工业的上述情况，为两国地方边境贸易的发展创造了条件。1988 年，黑龙江省的对苏边境贸易额近 2 亿瑞士法郎，比 1987 年增长 4.7 倍，这相当于过去十几年（1957—1968 年，1983—1987 年）边境贸易的总和。内蒙古自治区的对苏边境贸易，1988 年为 1.26 亿瑞士法郎，1983—1988 年增长了 87 倍。边境贸易的增长速度，大大超过中苏两国政府间的贸易，成为当时两国贸易增长的一个重要因素。地方边境贸易几乎占中苏两国贸易总额的 30%。

第四，两国经济合作领域日益拓宽。

中苏经贸关系的发展，还由于这一时期两国经济合作领域的拓宽。

中苏合营企业有了良好的开端。1988 年 6 月 8 日，两国政府签订了《关于建立合资企业及其活动原则的协定》（以下简称《协定》），有效期为 10 年。《协定》规定："缔约双方为了引进技术、工艺和管理经验，促进两国自然资源的开发利用，满足两国对某些工业产品及原料的需求，将鼓励两国的公司、联合公司、企业及其他经济组织在两国境内建立合资企业。"这一协定为发展中苏合资企业奠定了法律基础，从而也为两国经济合作增加了新的内容。经过双方的努力，就在苏联境内建立合资企业签订了一些协议。在中苏合资企业中，双方还为解决自由外汇如何平衡和利润如何汇划（是以货物还是以现汇）这两个问题作出努力。合资企业这一经济合作形式，虽然当时只是刚刚开始，但它毕竟是个重要开端。

两国在建筑施工、森林采伐、生产装配、蔬菜种植等方面的合作，也进行了探索。

更应重视的是，这一时期两国政府间在一些大型项目方面恢复了合作，诸如在能源、黑色冶金、机器制造、纺织、化工、运输等国民经济重要部门的合作方面，都先后签订了合作协议。根据 1985 年 7 月 10 日两国政府间的协议，苏联将与中国一些单位，就 50 多个大型项目的兴建和改造问题达成协议。兴建项目中，电站（火电和水电）占有重要位置。

第三节　中苏经贸合作的主要问题

纵观 40 多年（1949—1991 年）中苏经贸合作的发展历史，两国之间存在的主要问题有如下几个方面。

第一，两国经贸关系直接受制于两国政治关系。

经贸关系受制于政治关系，政治关系受两国党的关系的影响，党的关系受意识形态的影响。意识形态的分歧直接影响党的关系，党的关系直接影响国家间的政治关系，政治关系直接影响两国经贸关系。40 多年来的中苏关系，在这方面可以说表现得非常明显。

第二，记账易货贸易的局限性。

自中苏两国进行贸易以来，一直采用划拨清算的记账易货贸易方式，即不用硬通货的现汇支付。这种方式，对外汇短缺的中苏两国来说，在当时起过积极作用。但应该看到，记账易货贸易方式并不是一种先进的、方便的方式，也不是唯一的、不可替代的方式，要看到其局限性。特别是到 20 世纪 80 年代后期，在中苏两国间的经济贸易关系进一步发展，经济合作渠道增多，具有外贸经营权的部门、企业越来越多，两国经济体制改革不断深化、经济核算加强、商品货币关系发展的情况下，单一的记账易货贸易方式存在的矛盾就更加突出了。一是记账易货贸易方式严重地影响两国进出口潜力的发挥，使贸易额不能根据双方进出口需要与能力来增加。这是因为，在这种贸易方式下，严格要求双方每年的进出口额保持平衡，即每一方的出口额取决于从对方的进口额。这就是说，如果任何一方在出口方面出现障碍，就要影响到对方的出口，而不管对方出口的能力如何和进口的需要。虽也能在发生一方不履行出口义务时，对方仍继续履行自己的出口义务，从而在年终造成一方顺差。但这一顺差，在制定下年度的贸易协定时，往往造成顺差一方要减少出口，这些都限制了贸易规模的扩大。二是在记账易货贸易方式下，竞争机制难以发挥作用，在相当程度上影响了双方商品质量的提高。这种贸易方式的基本特点是不用现汇，因此，贸易双方的任何一方得不到现汇。但在中苏两国在采取措施，加速本国经济国际化的进程，积极发展与所有国家的经济联系特别是与西方国家的经济关系的情况下，中苏两国的经济部门和企业，必然出现以下趋势：尽可能地把有竞争能力的优质产品向能获得现汇的国家出口，以便用获得的硬通货来购买西方的先进技术和设备。还要看到，不少出口企业是利用外资从国外购进设备的，需要用生产的产品，通过出口换取外汇偿还债务。因此，如果以记账易货贸易方式进行，很多企业就没有积极性。长期使用这种贸易方式，必然产生下列消极后果：两国之间交换的商品质量往往长期难以提高，商品品种也是年复一年地重复，很少更新，从而影响出口企业提高商品质量和改进技术的积极性，在客观上起了保护落后企业的作用。三是记账易货贸易方式阻碍经济合作领域和形式多样化的发展。不论搞任何形式的经贸关系，也不论在哪个领域实行合作，都不可避免地会遇到结算问题。如果用现汇贸易办法，当然事情就简单得多了，双方进行任何形式的经贸往来也方便得多。由于记账易货交易的局限性，中苏双方决定，从1991年起，两国由易货贸易改为现汇贸易，边贸仍实行易货贸易。

第三，进出口商品结构的单一性不利于扩大贸易规模。

中苏进出口商品结构有明显的互补性，这是对发展双边经贸关系有利的一面。但是，也要看到，两国进出口商品结构的单一性。从总体来看，在经贸关系有较大发展的20世纪80年代，中苏双方相互供应的原材料和初级产品约占70%，制成品约占30%。1981—1987年，中国向苏联出口了4.7万吨棉纱、112万吨硼石和硼石粉、41万吨肉和肉罐头、42万吨水果、约21.6亿瑞郎的大豆及玉米和花生仁，还有大量轻纺、土特产品。苏联向中国出口了545万吨钢材和生铁、1240万立方米锯材原木和造纸林、255万吨尿素、9.6万辆各种类型的汽车和50多架不同型号的飞机。[1]

单一的进出口商品结构影响着两国贸易的扩大，并限制两国经济合作的水平。1987年两国贸易比前两年有所下降，除了受世界市场价格下跌影响，还受到两国供货品种单一的制约。中国向苏联提出的订货单上的某些商品，苏联不能供应，而苏联能供应的一些商品，首先是机械设备，中国方面的订货又减少。这类情况，不只是1987年发生，后来还不断出现。[2] 两国进出口商品品种单一，主要受两国经济结构的影响。另外，还存在其他方面的因素，如很长一个时期双方对对方新产品了解不够，经济

---

[1] 陆南泉主编：《苏联经济简明教程》，中国财政经济出版社1991年版，第250页。
[2] 在中俄经贸合作过程中同样出现这类问题。

技术信息不通。两国互派的经济贸易代表团和其他形式的访问，往往立足于某个具体项目达成协议，而认真考察对方的经济情况、挖掘新的产品不够，双方学者的共同研究和讨论不够，对各自新产品的宣传远不如西方。

这里还应指出，双方缺乏了解或形成了某些偏见，特别是中国的一些用户对苏联产品了解不够，往往造成"进口难"的问题。而在两国记账易货贸易方式下，中国向苏联的出口额又取决于从苏联的进口额。因此，"进口难"就必然造成"出口难"，最后影响两国贸易的规模。特别要指出的是，随着苏联出口战略的调整，苏联出口企业制定了严格的审批手续，并采取了限制原材料产品出口的措施，如在外汇留成制度方面规定：对出口原料商品留成比例为0.6%—2%，机电产品为15%（如创现汇为20%），零配件为30%（如创现汇为50%）。而超计划的出口创汇，全部留成为企业支配。十分明显，这些不同的外汇留成比例，一个重要的目的是限制原料产品的出口。这些因素都制约了两国贸易规模的扩大。

第四，运输不畅和口岸基础设施差是影响两国经贸关系发展的重要因素。

运输条件远远不能适应中苏两国经贸关系发展的需要。从中国方面来说，在20世纪80年代中苏经贸关系较快发展时期，对苏联的货运能力已处于饱和状态，压车现象十分严重。据有关材料分析，当时中国对苏联地方边境贸易，履约率仅为30%左右。究其原因，除了一小部分因签订协议时考虑不周难以履约，主要是同运输问题有关。中国对苏联的贸易主要是依赖铁路，而铁路运输当时又集中在三大铁路口岸（满洲里、二连和绥芬河），它们承担着政府贸易、地方边境贸易的大部分进出口货物的运输。长期的超负荷运转，装卸能力不足，车皮短缺，必然形成大量货物的滞留。加上有些口岸的基础设施差，如缺乏仓库、港口、码头和其他设施薄弱，更制约了两国经贸关系的发展。

第七章　中俄经贸关系发展进程

作为苏联继承国的俄罗斯独立执政后，一方面面临着国内严重的经济困难；另一方面由于长期以来对外经贸关系主要限于经互会范围内进行，随着东欧国家先后剧变，经互会随之解散，原来的经济分工与经贸合作关系也基本上不复存在，从而更增加了经济的困难。而在这个历史时期，从全球范围来讲，世界经济一体化已是不可逆转的大趋势。在这一大趋势下，国与国之间的经济联系日益紧密，使得各国之间的经济利益不可分割，从而共同发展与繁荣成了世界关心和着力解决的世界性课题。中俄两国是大国，又是互为最大的邻国，它们之间的经贸关系有很大的潜力。因此，加强两国经贸合作，既有利于两国经济的发展，巩固与发展两国的政治关系，也有利于促进两国参与经济全球化的进程。在上述情况下，30年来，中俄两国的经贸关系虽出现了一些曲折，但总的来说，发展较为顺利，保持了较快的增长速度。

表 7-1 显示中俄贸易的发展进程：1992—2001 年贸易额达到了669.1 亿美元，2002—2004 年贸易额为 389.2 亿美元，2008 年中俄贸易额为 568.3 亿美元，同比增长 17.9%，中国对俄贸易顺差为 91.8 亿美元。目前，中国是俄罗斯的第三大贸易伙伴，俄罗斯是中国的第七大贸易伙伴。

表 7-1　　　　　1992—2023 年中俄贸易情况　　　（单位：亿美元，%）

| | 进出口 | 出口 | 进口 | 与前一年相比增减速度 ||| 进出口差额 |
				进出口	出口	进口	
1992 年	58.7	23.4	35.3	—	—	—	-11.9
1993 年	76.8	26.9	49.9	31	15	41	-23.0

续表

	进出口	出口	进口	与前一年相比增减速度 进出口	与前一年相比增减速度 出口	与前一年相比增减速度 进口	进出口差额
1994年	50.8	15.8	35.0	-34	-41	-30	-19.2
1995年	54.6	16.6	38.0	7.5	5	8.6	-21.4
1996年	68.4	16.9	51.5	25	2	35.5	-34.6
1997年	61.1	20.3	40.8	-11	20	-21	-20.5
1998年	54.8	18.4	36.4	-10.3	-9.4	-10.8	-18.0
1999年	57.2	15.0	42.2	4.4	-18.5	15.9	-27.2
2000年	80.0	22.3	57.7	39.9	48.7	36.7	-35.4
2001年	106.7	27.1	79.6	33.4	21.5	38.0	-52.5
2002年	119.3	35.2	84.1	11.8	29.9	5.7	-48.9
2003年	157.6	60.3	97.3	32.1	71.3	15.7	-37.0
2004年	112.3	91.0	21.3	-28.7	50.9	-78.1	69.7
2005年	291.0	132.0	159.0	159.1	45.1	646.5	-27.0
2006年	333.9	158.3	175.6	14.7	19.9	10.4	-17.3
2007年	482.0	321.0	161.0	44.4	102.8	-8.3	160.0
2008年	568.3	330.05	238.25	17.9	2.8	48.0	91.8
2009年	387.9	175.1	212.8	-31.7	-46.9	-10.7	-37.7
2010年	554.5	296.1	258.4	42.9	69.1	21.4	37.7
2011年	792.5	389.0	403.5	42.9	31.4	56.2	-14.5
2012年	881.6	440.6	441	11.2	13.3	9.3	-0.4
2013年	892.1	495.9	396.2	1.2	12.6	-10.2	99.7
2014年	952.8	536.8	416	6.8	8.2	5.0	120.8
2015年	680.7	348.1	332.6	-28.6	-35.2	-20.0	15.5
2016年	695.25	372.97	322.28	2.1	7.1	-3.1	50.7
2017年	840.66	428.76	411.9	20.9	15.0	27.8	16.9
2018年	1082.84	560.66	522.18	28.8	30.8	26.8	38.5
2019年	1107.57	497.05	610.52	2.3	-11.3	16.9	-113.5
2020年	1077.66	505.85	571.81	-2.7	1.8	-6.3	-66.0
2021年	1468.87	675.65	793.22	36.3	33.6	38.7	-117.57
2022年	1902.71	761.23	1141.48	29.5	12.7	43.9	-380.25
2023年	2401.1	1109.7	1291.4	26.2	45.8	13.1	-181.7

注：1992年增速是根据1991年中国与苏联贸易额得出的。

资料来源：根据中国海关历年资料整理。

从 1992 年至今，中俄经贸合作大致可分为三个阶段。①

第一节　1992—1993 年的快速发展阶段

在这两年，中俄两国经贸合作得到了快速发展。1992 年贸易额达到 58.7 亿美元，比 1991 年中国与苏联贸易额增长 50%。1993 年贸易额进一步增长，达到了 76.8 亿美元，比 1992 年增长 31%，这是 1999 年之前（叶利钦执政时期）贸易增长率最高的年份。这一时期不仅贸易额增长快，在其他领域的合作，如在工程承包、劳务合作、建立合营企业、来料加工、开办商店、租赁、军技、地方边境贸易等，都有进展。

在这一时期中俄经贸合作之所以能快速发展，是多种因素共同作用的结果。

第一，从当时经贸合作的两国政治关系环境来看，一个十分重要的原因是，苏联解体后不久，中俄双方经过谈判，达成了一系列协议，顺利实现了从中苏关系向中俄关系的过渡。在经贸关系方面，俄方表示承认与继承苏联时期同中国签署的各项经贸协议与合同，并表示在原有的基础上进一步扩大与中国的经贸关系。1991 年 12 月 27 日，中国对外经济贸易部部长李岚清访问俄罗斯，就两国开展多渠道的经贸合作关系与俄罗斯对外经济联络部部长彼得·阿文交换了意见，并就两国经贸协定条文原则达成了协议，建立中俄政府间经济、贸易和科技合作委员会。1992 年 1 月 31 日，叶利钦总统与李鹏总理在纽约会晤后，要求俄罗斯对外经济部门立即投入实际工作，完成苏联时期与中国所签订的各项经贸协定，要求各企业积极参与同中国的经贸合作，双方建立合资企业，在俄罗斯境内开辟经济特区，在投资与税收上给予优惠并积极开展地方边境贸易。1992 年 3 月 5—10 日，俄罗斯联邦对外经济联络部部长彼得·阿文访问中国。其间，与李岚清部长就进一步发展两国经贸关系的有关问题交换意

---

① 在中国学者以往的一些论著中，一般把中俄经贸关系的发展进程分为四个阶段：1992—1993 年为快速发展阶段，1994—1995 年为大幅度滑坡阶段，1997—1998 年为持续下滑（或称为调整与提高）阶段，2000 年至今结束磨合期进入快速发展阶段。笔者在这里把第二和第三阶段作为一个阶段来分析，因为 1994—1999 年，两国贸易总的来说，处于下降与徘徊不前的状态。较为详细论述见本章第二节。这样，本书把中俄经贸关系分为三个阶段。

见并达成了广泛共识，双方还签署了《中华人民共和国政府和俄罗斯联邦政府关于经济贸易关系的协定》（以下简称《经贸协定》）。《经贸协定》规定，中俄两国相互提供最惠国待遇，提供免除关税和其他的课税条件。此外，还就双方的相互支付手段问题达成协议：俄方可采取非现金结算支付手段，中方可部分用外汇，部分用消费品支付。双方还一致同意，在中俄毗邻边境地区俄方境内建立合作开发区，努力发展边境贸易。阿文还同中国中央军委副主席刘华清讨论了军事技术合作问题，并签订了合同。1992年12月叶利钦访华，在与杨尚昆签署的《关于中华人民共和国和俄罗斯联邦相互关系基础的联合声明》中指出：

  双方愿在平等互利原则基础上保持和发展双边贸易领域中的合作。

  双方应为国家间协定和议定书范围内的贸易联系，包括边境地区在内的地区间以及企业、组织及企业家之间直接联系基础上的贸易联系创造有利条件。

  双方将促进彼此在经济和金融领域的合作，大力加强双方的经济关系，上述合作将包括下列对两国有重要意义的领域，即农业；生物技术；能源；和平利用核能，包括核能安全；交通，基础设施；通讯；和平利用宇宙空间；军转民；零售贸易等。

  双方将鼓励新的经济合作形式，尤其是在投资和兴办合资企业领域的合作，并为其创造良好条件。双方将促进各自经济组织的高效经营活动，并为此尽可能广泛地交流经济信息，使之向两国实业界人士和学者开放。

  双方将加强科技领域的合作，包括基础和应用科研及其成果推广，扩大科技信息交流，增加双方优先发展领域的合作项目，促进实施有第三国参加的共同计划。双方应促进中国和俄罗斯组织、科研所、高等院校、科研生产联合和公司间建立直接的科技联系。

  双方愿在环境保护领域加强合作，并在多边合作范围内加强协调一致的行动。

叶利钦访华期间，中俄双方签署了24个涉及经贸、科技、文化与军技领域的重要文件，主要如下。（1）《中华人民共和国政府和俄罗斯联邦政府1993年经济贸易合作议定书》（以下简称《经贸议定书》）。《经贸议定书》规定，俄罗斯为中国的5个项目，即装机容量为60万千瓦的"苏州"火力发电站、100万千瓦的"伊敏"火力发电站和100万千瓦的"蓟县"火力发电站、佳木斯造纸厂的改造和上海干式熄焦装置提供成套设备。此外，俄方还承接中方航空技术设备的大修工作，并提供航空器材和零配件等。按照《经贸议定书》的规定，中国方面向俄罗斯提供食品、消费品和机械设备等产品。(2)《中华人民共和国政府和俄罗斯联邦政府关于在中国兴建核电站合作及俄罗斯联邦向中国提供国家贷款的协定》（以下简称《贷款协定》）。根据《贷款协定》，俄罗斯向中国提供国家贷款，以支付俄方提供设备和材料、制定文件、完成勘测设计工作和承包工程的费用，其总额约25亿美元，其中10%是由中国以预付款的方式按照设备的供应及劳务的提供情况支付的现金，其余90%为提供期限为15年、年利率为4%的贷款。中方以向俄罗斯提供商品和劳务偿还之。(3)《中华人民共和国政府和俄罗斯联邦政府关于中国向俄罗斯联邦提供商品和国家贷款的协定》。这笔贷款为1亿元人民币（约合2400万瑞士法郎），贷款期限为3年，年利率为4%。中方从1993年开始向俄罗斯提供玉米和花生米。从1994年开始，俄方向中国提供黑色金属轧材和经济用材。(4)《中华人民共和国政府和俄罗斯联邦政府关于中国向俄罗斯联邦提供商品的国家贷款的协定》，此项贷款为2亿元人民币（约合4800万瑞士法郎）。此外，还有关于汽车运输和宇航合作等文件。总之，叶利钦访华期间所签的协议涉及面很广，包含了中俄两国经济、贸易和科技合作的各个方面，如建设核电站、火电站和界河水电站，太空宇航，飞机制造，军事装备和武器贸易以及建立合资企业、劳务合作、资金合作和相互提供优惠的国家贷款，等等。协议还涉及文化、教育领域的交流与合作、边界及实业界的合作，特别是在西伯利亚与远东地区的合作等各个领域。应该指出，叶利钦总统访华期间还特别邀请中国参加西伯利亚和远东地区的资源开发。俄方还建议互相保护贸易伙伴和投资者利益，鼓励建立合资企业，特别是建立食品、服装、鞋和家用电器生产及建筑方面的合资企业，等等。[1] 这次访问所签署的文件为中俄两国经贸和科技领域的合作奠定了政

---

[1] 1992年12月叶利钦访华期间，所谈及的中俄经贸合作情况的有关材料，转引自薛君度、陆南泉主编的《中俄经贸关系》，中国社会科学出版社1999年版，第102—104页。

治和法律基础，这对这一时期中俄经贸关系快速发展有着重要意义。

第二，中俄经贸关系快速发展的另一个重要的直接原因是，当时俄罗斯出现了严重的经济转轨危机，市场供应极度紧张，特别是与人民生活密切相关的食品、服装等消费品短缺情况尤为突出。1992年、1993年，俄罗斯GDP分别比前一年下降19%、12%，工业产值下降18%、14%，农业产值下降9%、4%，消费品产量下降15%、11%，所有拨款来源的投资额下降40%、12%，零售商品流转额下降3.5%、1.9%，对居民的服务量下降12%、30%，对外贸易额下降23%、12%。在上述经济情况下，俄罗斯需要进口大量消费品，以缓解市场供应状况，稳定国内政局。1992—1993年，俄罗斯全国约50%的食品依赖进口，一些大城市70%—80%的食品是进口的。食品进口占俄罗斯进口总额的30%。由于农业衰退，俄罗斯不得不大量进口粮食，1992年进口2887万吨，1993年进口1112万吨。而在这一时期，中国经济快速发展，轻工产品与食品等大量向俄罗斯出口。1992—1993年，中国向俄罗斯出口的主要产品是粮食、食品、轻工产品、纺织品、日用消费品和家用电器等。大众民用消费品约占中国对俄罗斯出口总额的45%，化工产品占4%，矿物原料占7%，机械设备约占10%。俄罗斯在经济转轨初始阶段虽然出现了严重的危机，但其原材料产品仍有很大的出口潜力，而中国基建规模正在不断扩大，因此，中国从俄罗斯进口的钢材、化肥、木材、电站设备、车辆机械设备和军工产品等占很大比重，约为38%，生产用的原材料和半成品约占40%。以上中俄进出口结构表明，其互补性十分明显。

第三，两国政府采取了一些特殊的优惠政策与开放政策，鼓励与支持地方边境贸易的发展，这对中俄贸易在1992—1993年得到快速发展有着重要作用。1993年黑龙江省对俄贸易额达到18.9亿美元，约占全国对俄罗斯进出口总额的1/4。

第四，实行易货贸易方式，在当时条件下对发展俄经贸关系仍有积极作用。苏联时期，中苏双方考虑到易货贸易的局限性，决定从1991年起向现汇贸易方式转变。但在苏联解体后，由于经济困难，俄罗斯缺少外汇，中国也同样是外汇紧缺的国家，因此，1992—1993年，两国贸易仍以易货贸易为主，现汇贸易的数量很少。易货贸易是由企业签订易货合同，相互供货，进出口自主平衡。易货贸易方式一直延续到1995年。

这一时期中俄贸易关系有以下特点：一是两国贸易的快速发展并不是

以良好的经济为基础的,很大程度上是俄罗斯经济特别困难所起的作用,加上其他国家尚未大规模进入俄罗斯市场,因此,这种快速发展并没有稳定的基础;二是对双边贸易调控不力,参与双边贸易的主体良莠不齐,使得不少假冒伪劣产品进入俄罗斯市场,破坏了中国商品与中国商人的形象,这给以后的中国商品进入俄罗斯造成了困难;三是贸易不规范,贸易秩序混乱。

第二节 1994—1999 年的滑坡与徘徊不前阶段

这 6 年,中俄贸易虽然并不是逐年递减,有些年份比前一年有一定增长,如 1996 年比 1995 年增长 25%,1999 年比 1998 年增长 4%,但总的情况是,呈现滑坡与徘徊不前的状态。1994 年两国贸易额为 50.8 亿美元,比 1993 年的 76.8 亿美元下降了 34%,1997 年与 1998 年分别比前一年下降 11% 与 10%,1999 年虽比前一年有所增长,但贸易总额仅达到 57.2 亿美元,很明显,这个数字比 1993 年的 76.8 亿美元减少了 26%。

这个时期双边贸易额下降并一直在 50 亿—60 亿美元徘徊,这并不是两国政府和最高领导忽视经贸合作关系的重要性所致。实际上,中俄双方高层领导都十分重视经贸合作的发展,在这 6 年间,两国领导人举行会晤时都把经贸合作作为讨论的一个重要问题。笔者认为,对这一期间两国领导人有关加强经贸合作的论述、看法与提出的对策建议进行回顾,对于总结两国经贸关系发展进程中的经验教训,正确认识与把握中俄经贸关系的发展趋势是十分重要和有益的。鉴于上述考虑,有必要对这 6 年间中俄官方正式公布的有关材料加以整理,并摘录如下,以供我们思考。

1994 年 5 月 26—29 日,俄罗斯总理切尔诺梅尔金访华,访问期间发表了新闻公报。公报指出,进一步发展中俄经贸和科技合作是会谈的主要议题。双方对近年来两国在上述领域的互利合作取得的成果给予积极评价。双方认为,中俄经贸关系有着巨大的发展潜力,双方愿意充分利用两国作为邻国的地缘优势和经济的互补性,在平等互利的基础上大力发展和扩大这些领域中的合作,使之达到同中俄睦邻友好关系和两国经济潜力相适应的更高水平。为此,双方对发展合作的新领域、新形式的前景以及进一步提高合作效率,完善基础设施等问题进行了认真的探讨，达成了广泛共识。双方表示，愿意参加包括建设欧亚大陆桥在内的双边和多边的合作项目。双方重申，将在遵守两国国际义务的条件下继续加强两国军事技术合作关系。

双方认为，边境和地区间经济合作是中俄经贸关系的重要组成部分。双方表示，将进一步完善有关法律基础，促进边境和地区间的贸易往来；加强共同经营、投资合作和其他形式的联系。

1994年9月2—6日，江泽民主席对俄罗斯进行正式访问，与叶利钦总统举行最高级会晤，并签署了《中俄联合声明》，在《中俄联合声明》中谈到经贸与科技合作问题时指出：

——最大限度地利用地缘优势和经济的互补性的优势，坚持平等互利的原则，逐步实现向符合国际规范的经济关系形式的过渡，优先考虑发展法律、财政信贷、交通和信息方面的合作。

——积极探讨经贸合作有前景的新领域，制定并实施科技领域的长期合作规划。

——提高合作档次和质量，根据需要和可能，增加重大项目合作比重。

——完善对外经济立法，实现商业活动规范化。

——采取措施更积极地发展中俄两国地区之间的合作。

1995年6月25—28日，李鹏总理应邀对俄罗斯进行正式访问。其间与俄罗斯总理切尔诺梅尔金发表了《中俄联合公报》。双方还签署了《中华人民共和国和俄罗斯联邦引渡条约》《中华人民共和国政府和俄罗斯联邦政府关于共同建设黑河—布拉戈维申斯克黑龙江（阿穆尔河）界河大桥协定》《中华人民共和国政府和俄罗斯联邦政府关于森林防火联防协定》《中华人民共和国政府和俄罗斯联邦政府关于相互承认学历、学位证书的协定》《中华人民共和国政府和俄罗斯联邦政府关于植物检疫保护协定》《中华人民共和国政府和俄罗斯联邦政府关于在信息化领域合作的协定》《中华人民共和国机械工业部和俄罗斯联邦机械工业委员会建立和发展合作关系协定》等8个重要文件。

在会谈时，切尔诺梅尔金总理高度评价了两国的经贸和其他领域的合作关系。他说，俄方同意加强两国有信誉的大公司和大企业间的直接联系与合作，包括在建设辽宁核电站方面的合作。

李鹏总理指出，为了开创两国经贸关系的新局面，两国政府应支持和协助双方有实力的大公司和大企业之间建立稳固和直接的联系体制，减少中间环节，而且可采用现汇贸易方式，这对双方都是有益的。中方欢迎俄罗斯具有法人资格的大公司参与中国三峡工程的建设。两国总理还同意两国的公司就建设辽宁核电站进行直接的谈判。

两国总理还指出，中俄两国在石油、天然气、电力、军工等领域具有很好的合作前景，希望双方公司选择一些重大项目开展合作，进行实质性的谈判。两国总理还就中俄两国银行、保险机构和仲裁机构之间的合作交换了意见。

1996年4月24—26日，俄罗斯总统叶利钦访华。江泽民与叶利钦在会见记者时，都表示中俄关系进入全面发展的新时期。在发表的《中俄联合声明》中，在谈及经贸关系时指出："双方对1994年出现的两国贸易额减少的情况得以克服并正在逐步增加表示满意，并将采取有力措施，利用两国地缘相近和经济互补的独特优势，进一步扩大和发展双边经贸合作。随着两国经济体制和外贸体制改革的深入，双方将在平等互利、符合国际贸易惯例的基础上进一步发展以现汇贸易为主、多种形式并举的贸易和经济技术合作。两国政府将为经贸合作的主体，首先是信誉良好的、经济实力强大的中型企业和公司，开展相互合作创造有利条件，提供必要的支持。双方将注重生产和科技领域重大项目的合作，认为这是提高双边合作水平和档次的重要途径之一。双方认为，能源、机器制造、航空、航天、农业、交通、高科技应成为重大项目合作的优先领域。双方将根据自己的潜力，在开发保障各个领域科技进步中有所突破的新技术方面相互协作，以造福于两国人民并利于国际社会。"

在叶利钦访华期间，中俄双方还表示要采取措施，把中俄贸易额从1995年的54.6亿美元提高到2000年的200亿美元。

1996年12月26—28日，李鹏总理访问俄罗斯。中俄"双方讨论了进一步加强经贸合作的措施，商定争取在1997年把两国贸易额提高到100亿美元，并认为经过共同努力，在本世纪末达到两国国家元首提出的200亿美元的目标是可能的"。访问期间发表了《中俄联合公报》。双方还签署了《建设连云港核电站框架合同原则协议》《中国人民银行与俄罗斯联邦中央银行合作协议》。《中俄联合公报》指出："两国政府首脑确认了不久前在北京举行的经贸和科技合作委员会会议达成的协议，商谈了两国军技交流问题，指出进一步加强两国在能源、机械制造业、航空和航天工业、运输业、农业和高科技等领域重大项目的合作具有重要意义，认为在双方的共同努力下，未来几年内将中俄贸易总额提高到 200 亿美元是适宜的。"

1997 年 4 月 22—26 日，江泽民主席对俄罗斯进行国事访问。在与叶利钦会谈时江泽民说："不久前，双方共同确定了本世纪使中俄贸易额达到 200 亿美元的目标。我相信，只要不断发挥两国合作的巨大潜力，这一目标是完全可以实现的。""中俄两国完全有能力进行一些大、中型合作项目。我相信，在我们两国领导人的直接推动下，中俄经关系一定能同政治关系一样不断向前发展。"这次访问，中俄两国国家元首签署了《中俄关于世界多极化和建立国际新秩序的联合声明》。在联合声明中，两国在国际经济关系中所持的基本政策强调："要排除经济关系中的歧视性政策和做法，在平等互利基础上加强和扩大经贸、科技、人文的交流与合作，促进共同发展和繁荣。"

1997 年 6 月 26—28 日，俄罗斯总理切尔诺梅尔金对中国进行正式访问。李鹏总理与切尔诺梅尔金总理会谈时说："进一步拓宽和深化经贸、科技等方面的合作，是建设和发展两国面向 21 世纪的战略协作伙伴关系的物质基础。为此，各个分委会需要继续作出不懈的努力，扎扎实实地、高效率地开展工作。"切尔诺梅尔金还指出："两国经济互补性很强，发展经贸合作符合两国的利益和需要。要充分利用合作的有利条件，不断拓宽合作领域，取得实际成果。"在切尔诺梅尔金访华期间，两国总理签署了《中华人民共和国政府和俄罗斯联邦政府关于建立中俄总理定期会晤机制及其组织原则的协定》，两国有关部门签署了《中华人民共和国政府和俄罗斯联邦政府 1997—2000 年贸易协定》《中华人民共和国政府和俄罗斯联邦政府 1997 年贸易议定书》，还签署了两国铁路合作、两国关于组织实施石油、天然气领域合作项目的协议。李岚清副总理和涅姆佐夫第一副总理签署了《关于中俄边境和地方合作协调委员会的谅解备忘录》《关于在俄罗斯建立经济技术开发区问题的谅解备忘录》《关于成立中俄机械制造企业工商联合会的合作协议》等。

1997 年 11 月 9—11 日，叶利钦总统访华。江泽民主席与叶利钦总统会谈期间都十分强调要加强两国的经贸关系，江泽民说："中俄经贸关系已经具备了良好基础。我们要下大力气充分发挥两国各自的巨大潜力和优势，开拓合作的新领域、新途径，特别是需要在大中型长期合作项目上取得突破。在石油、天然气、电力、航空航天、机械制造以及高技术等领域，我们完全有能力进行大规模的合作。中方将以积极的态度作出自己的努力。在合作过程中，两国总理定期会晤委员会可以对促进经贸等各领域的合作发挥很好的作用，两国企业界应在加强接触中找到自己的合作伙伴。"叶利钦表示，俄中经济互补性强，两国在扩大经贸合作方面已经有许多很好的项目和建议，应加强合作，尽快落实。

在访问期间，两国国家元首签署了《中俄联合声明》，声明的第四部分用了很大的篇幅论述两国经贸关系，具体内容如下：

> 两国领导人认为，经过共同努力，中俄经贸、投资、科技和人文各领域互利合作的条约法律基础和组织机构业已建立。鉴于此，两国元首指示中俄各部委、企业和单位采取有效措施，以实际内容充实已达成的协议。
>
> 双方认为，在平等互利和谋求实现进出口平衡的基础上，根据两国目前的市场状况，加强下列各领域的双边合作具有巨大潜力：
>
> 1. 天然气、石油、核能、能源设备生产和更新换代领域的大型合作项目。民用航空、机械制造、和平利用宇宙空间、化学、冶金、森林工业、矿产资源开采及加工、轻纺、家电、电子、食品工业、生产技术和设备等领域的合作。
>
> 2. 银行、保险、仲裁领域的合作；提高相互提供商品的质量；有效保护知识产权和两国法人和自然人的其他合法权益；发展有关中俄两国市场多层次的、可靠的双边信息系统；采取步骤合理调整居民的劳务输出，建立其他为经贸领域服务的机制。
>
> 3. 促进将高新技术投入生产领域和基础研究领域的科技合作。
>
> 4. 在运输和通信领域落实具有双边意义以及地区和全球意义的大型长期合作项目。
>
> 5. 鼓励相互投资，建立合资企业，根据各自国家有关法律和两国现行规章制度兴办经济技术开发区和边境互市贸易区，促进地区特别是边境地区之间在长期协调基础上发展经贸合作。

6. 发挥军技领域的关系是双边合作的一个重要组成部分。在这方面双方严格遵循联合国宪章和各自承担的国际义务，促进维护地区及全球安全与稳定。中俄军技合作不针对第三国。

7. 扩大文化、教育领域的人文交流与联系，这对加深中俄两国人民之间的友谊和相互了解具有重要意义。

8. 在保护和改善环境状况、共同防止跨界污染、合理和节约利用自然资源（包括跨界水资源）方面的合作。

9. 加强司法机关的合作，包括共同努力打击跨国犯罪。

1998年2月17—19日，李鹏总理对俄罗斯进行正式访问。在访问期间发表的《中俄联合公报》中指出：

中俄领导人强调，经贸合作的发展在中俄关系中占有至关重要的地位。双方满意地指出，最近一段时间在该领域取得了以下成果：

——1996年12月29日签署了关于在中国江苏省建设连云港核电站的总合同。

——1997年下半年，中国石油天然气总公司与俄有关油气企业积极开展合作，签署了若干个协议。

双方高度评价中俄总理定期会晤机制对推动两国关系发展的积极作用，决心认真落实在大中型长期项目上的合作，使双边经贸合作达到与两国经济潜力完全相符的新水平。

访问期间，双方签署了下列文件：

——《中华人民共和国政府和俄罗斯联邦政府关于在高速船建造领域进行合作的协议》

——《中华人民共和国政府和俄罗斯联邦政府关于解决政府贷款债务的协定》

——《中华人民共和国政府和俄罗斯联邦政府1988年经贸合作议定书》

——《中华人民共和国政府和俄罗斯联邦政府关于简化俄罗斯公民进入中俄边境互市贸易区中方一侧手续的换文》

——《中华人民共和国政府和俄罗斯联邦政府关于开设中俄边界珲春（中国）—马哈林诺（俄罗斯）的国际铁路客货运输口岸的换文》

在这次访问期间，两国总理会谈时，李鹏在谈及中俄经贸时强调，应加强大中型长期项目的合作，除了核电与天然气，还应加强科技合作。另外，还强调积极开展相互投资、合作生产、支持两国企业和地区直接开展合作与实现贸易平衡等问题。

1998年11月22—25日，江泽民主席访问俄罗斯与叶利钦总统举行非正式会晤。在访问期间，江泽民在会见俄罗斯总理普里马科夫时说：中俄两国扩大经贸合作的潜力是巨大的。重要的是，在两国都在向市场经济转变的新条件下，要遵循市场规律，政府要为两国企业加强合作创造良好的环境，鼓励双方省州间加强合作；中俄高新科技领域的合作也有较好前景。他相信，只要双方作出不懈努力，两国经贸合作水平将会逐步得到提高。他说，中国政府十分重视两国间的经贸合作。普里马科夫说，俄方对发展两国经贸关系持十分积极的态度。俄愿为此采取具体措施，进一步促进两国在经贸、能源、航空、军事技术等领域的合作和双方的人员交流。他希望在朱镕基总理访俄期间两国能就此达成协议。

1999年2月14—27日，朱镕基总理访问俄罗斯，中俄双方签署了经贸、科技、能源与交通及6个地区间合作的16项协议。

1999年12月9—10日，叶利钦总统访华与江泽民主席举行正式会晤，在发表的联合新闻公报中指出，双方商定将于2000年上半年在北京举行两国总理第五次定期会晤。两国总理谈判时将优先考虑加快油气等领域合作项目的工作，扩大两国在高新技术、运输、民用航空技术和通信领域的相互协作，探讨具体措施推动双方在机械制造、电子、轻工、纺织、森林资源开发和利用、家用电器生产方面的合作。

双方满意地指出，中俄合作的最大项目江苏田湾核电站已于1999年10月顺利开工。

双方重申，中华人民共和国地方和俄罗斯联邦主体之间建立直接经济联系具有重要意义，有助于更充分地发挥两国经贸合作的潜力。双方将鼓励更多的地区参与两国地区间，包括边境地区间的合作。

双方认为，必须在环境保护和利用跨界水体、林地、太平洋北部水域和黑龙江流域渔业资源，以及在保护稀有植物和动物种群领域加强合作，制订具体的共同行动计划。

双方同意，对中俄之间跨界水体，包括流经第三国的水体水资源的利用，应考虑水体流经国家的利益。

从上述摘引的两国领导人的讲话与文件来看，对发展双边经贸合作的基本观点，可归结为加速经贸发展，是巩固与发展两国关系的物质基础；要不断扩大合作领域；要上大项目；应重视区域间的合作，积极发展地方边境贸易；规范贸易秩序；等等。

1994—1999年，中俄两国领导对加强经贸关系问题重要性的认识，可以说作了较系统、全面的介绍。可以看到，在这期间两国经贸合作下滑与徘徊不前，并非两国政府的主观因素所致，而是有其深刻的、复杂的客观原因。这可以从以下几个方面加以分析。

第一，在这期间，中俄双方都在向市场经济过渡，因此，经贸关系必须遵循市场经济的规律。随着两国经贸体制的改革，从事对外贸易活动的主体是企业与贸易公司，它们直接进入国际市场。在这样的条件下，政府调控虽可以起一定作用，但已绝不可能像在计划经济条件下进行直接的行政干预。这在中苏经贸活动中表现得很明显。再者，由于在1992—1993年中俄经贸关系发展过程中，经营不规范，不只是出现无序状态，而且使中俄双方的不少企业与贸易公司受骗，导致一些公司经营效益下降，甚至破产倒闭。在这种情况下，中国的不少国营专业外贸公司逐步退出了俄罗斯市场。另外，还应看到，这一时期，俄罗斯国内政局不稳定，经济尚未出现好转。这影响了俄罗斯执行经贸合作协议的能力，同时势必影响中国大企业、大公司展开对俄罗斯贸易的积极性与信心。以上这些因素对两国经贸合作产生的消极影响是很大的。

第二，俄罗斯经济的阻碍作用。总的来说，1994—1999年，俄罗斯经济仍处于危机状态。一般来说，两国间的经贸与经济发展的关系是相辅相成的相互制约关系。俄罗斯经济大幅度下滑，经济规模大大缩小，这制约了它的对外经贸能力。这一时期的1997年是俄罗斯外贸水平最高的一年，达到1619亿美元，但也只有1991年对外贸易总额的69%。在俄罗斯对外贸易规模有限的情况下，对中国的贸易额不可能有大幅度的增长，也难以适应中国经济与外贸高速增长的要求。

第三，中国不能适时地跟上变化了的俄罗斯市场。俄罗斯在这一时期，实行了全方位的对外开放政策，对外经贸体制改革逐步深化。这使得其进口的渠道多元化，大批国家先后进入俄罗斯市场，使得俄罗斯国内消费市场的商品日益充裕，改变了消费品的进口过多依赖中国的局面。与此同时，中国向俄罗斯出口的传统商品，无论其结构还是质量，都没有根据俄罗斯市场的变化及时地进行更新,使得中国对俄罗斯出口受到制约。另外,俄罗斯外贸规模虽然大大萎缩,但在1994—1999年,其对外贸易保持了较高的增长速度。在这期间,除受金融危机的影响1998—1999年对外贸易下降外,其他各年都是增长的,1994—1997年,分别比前一年增长13.6%、20.3%、10.8%和2.9%。外贸的增长不仅对缓解俄罗斯国内经济起了重要作用,而且通过出口大量石油、天然气、化肥、原木及锯材、纸浆等产品获得了大量现汇,并且每年都是顺差。这样俄罗斯就可以在世界各地购买它所需要的产品,特别是消费品,这也就减少了从中国的进口。

第四,在这一时期,西方国家与俄罗斯的合作有了较大的发展,如通过提供贷款、大型项目的合作、对俄罗斯投资等途径,带动经贸关系的发展。而中国在这些方面尚未有大的动作。

第五,整顿贸易秩序在一定时期对两国经贸合作产生了不利影响。从1993年下半年开始,俄罗斯政府在对华贸易方面采取一些限制性措施,如限制易货贸易,减少易货贸易的许多税收优惠,对对华出口化肥和钢材等大宗商品实行专管与许可证管理。从1994年1月28日起,为了整顿边境秩序,改善出入境制度,中俄双方决定实行签证制度(持外交和公务护照者除外)。上述两项措施,都是针对当时两国经贸关系中出现的问题提出的,其出发点都是使双边贸易特别是地方边境贸易规范化与有序地进行。但在当时双方缺乏外汇与现代化通信手段的情况下,在客观上对发展经贸合作都会带来困难,而首先受影响的是地方边境贸易。1994年黑龙江省对俄罗斯贸易额骤减到8亿美元,比1993年下降了58%,1995年又下降为7亿美元。

第六,中国为了防止经济"过热",开始调整经济政策,这使中国从俄罗斯进口的钢材、化肥、汽车与一些机械设备大幅度减少。

第七,还存在一些非经济因素的影响。这主要是在这一时期,俄罗斯媒体乃至某些官员宣扬的"中国威胁论""商业移民"等较为盛行,这对中俄两国发展经贸关系不可能不产生消极影响。

在上述种种因素的影响下,两国领导人从1996年开始不断地反复强调双边贸易额要在2000年达到200亿美元的目标难以实现,这也就不足为怪了。

第三节　2000年至今逐步结束磨合期进入快速发展阶段

从2000年起，中俄贸易不仅停止下降，而且保持了快速增长的态势。2000—2008年，分别比前一年增长40%、33%、11.8%、32.1%、34.7%、37.1%、14.7%、44.3%和18%。2007年贸易额达到481.7亿美元，是1992年以来中俄贸易额最高的一年。2008年受国际金融危机的影响，两国贸易额的增幅才降了下来。从这9年的增速来看，除2002年、2006年与2008年没有达到30%外，其余6年均超过30%。

经贸合作大发展的前景。从当前与今后一个时期来看，存在不少有利于推进中俄经贸合作大发展的因素。从国际关系变化趋势来看，中俄两国都面临着日趋复杂的国际环境。因此，两国在对外关系中的战略依存度在提高，这使中俄合作日趋强化。从两国经济发展态势来看，加强经贸合作有利于两国经济发展。中国经济正处于高速增长阶段转向高质量发展阶段，处于经济结构调整的重要时期。这个时期经济增长速度将放慢，但仍保持了一定的增长速度，内需将日益增长，对能源和其他各种资源的需求也不会减少。俄罗斯经济已经开始好转，2018年经济增长2.3%，固定资产投资增长4.3%，对外贸易进出口总额约为6871.2亿美元，比前一年增长17.4%。另外，2018年3月普京胜选后，面临不少迫切需要解决的难题，主要是经济问题，而经济问题的解决需要大量的资金投入。普京在其2016年国情咨文中就指出，俄罗斯经济中的主要问题是"缺乏投资资金"。俄罗斯解决资金问题，从根本上来说要靠经济的发展，但当今与今后一个时期振兴经济又要依赖大量的投资，这是在短期内难以解决的矛盾。俄罗斯通过不断改善投资环境，积极参与"一带一路"建设，应该说，这为吸引中国投资在客观上增加了可能性。

下面分析一下，2020年中俄贸易达不到2000亿美元的原因。这个目标是2011年中俄两国领导人提出的，就当时来说两国领导人对达到这个目标还是满怀信心的。事实证明期望过高。前文已经提到，俄罗斯向中国的出口主要是能源原材料产品。2020年要达到2000亿美元，就意味着这两年内俄罗斯向中国出口的油气要翻番，另外价格也要大幅度上升。这是不太可能做到的。俄罗斯经济部门有关领导人在2016年就开始认识到，

2020年不太可能实现2000亿美元的目标。据2016年11月17日俄罗斯卫星网报道，俄罗斯经济发展部长乌柳卡耶夫表示，可能需要调整实现俄总统普京此前提出的2020年前让俄中贸易额达2000亿美元目标的时间，但这个目标仍然在双边日程中保留。乌柳卡耶夫对记者说："我们认为，目标可以实现，可能需要调整时间，到2020年只剩下4年，2000亿美元当然是个相当巨大的挑战，可能需要调整，但目标总体上仍然保留在日程中。"另据俄罗斯卫星网2018年1月18日消息，俄罗斯副总理阿尔卡季·德沃尔科维奇称，中俄贸易额无法在2020年达到2000亿美元，但双方不会放弃这一目标。他认为，"两国元首商定，双方贸易额应在2020年达到2000亿美元。我们知道目前无法达到，因为石油价格下跌，交易条件发生改变。但我们仍然以此为目标，我们需要达成这一目标"。以上说法是比较符合实际的。

近几年来，中俄贸易高速增长，2021年为1468.87亿美元，同比增长35.8%。在美欧对俄罗斯种种制裁背景下，2022年中俄在符合国际规范的条件下，在互利互惠的基础上，继续发展两国之间的经贸合作。这一年，中俄贸易额为1902.71亿美元，同比增长29.3%。根据中国海关总署公布的数据，2023年，中俄贸易额为2401.1亿美元，同比增长26.3%。中俄两国先前确定的2024年双边贸易额达到2000亿美元的目标，2023年就已实现。

这个时期，中俄经贸关系之所以得到了快速发展，是以下因素综合作用的结果。

一　两国良好的政治关系进一步发展

俄罗斯总统叶利钦于1999年12月31日突然宣布辞职后，由普京代任总统。普京上任后不久就强调中俄关系的重要性，他说："中国确实是我们的战略伙伴。因此，我绝对相信，我们两国间的这种关系状况、这种关系质量在已经来临的世纪将会保持下去。"[1] 他还表示，俄罗斯与东方邻国的关系中"占首位的是中国"。[2] 2000年7月17—19日，普京任总统后第一次访问中国，访问期间签署的《中俄北京宣言》中表示："中国和

---

[1] 《普京文集》，中国社会科学出版社2002年版，第110页。
[2] 《普京文集》，中国社会科学出版社2002年版，第117页。

俄罗斯签署和通过的所有政治文件是两国关系得以良好发展的牢固基础。中国和俄罗斯恪守其各项原则和精神，决心不断努力，将两国关系提高到新水平。"中国新一届国家主席胡锦涛上任后，于2003年5月末到6月上旬出访欧亚一些国家时，俄罗斯是其首访国家。他在5月27日莫斯科国际关系学院的讲演中论述了提升中俄关系的四项原则：相互支持和相互信任；合作与双赢；加强交往与友谊以及加强协作。在举行新闻发布会时，胡锦涛就如何保持中俄友好关系的连续性问题，强调指出以下因素的重要性：中俄发展战略协作伙伴关系符合两国根本利益，符合两国人民的共同意愿，符合时代发展潮流，这样的方针不会也不可能改变。中俄双方领导人还一再表达了承前启后、继往开来、开创两国睦邻友好互利合作新局面的愿望。双方都表示要履行好双方签署的各项协议，以保证两国关系的发展不受人事变动的影响。

中俄两国新领导上任后，都强调要继承与发展两国良好的国家关系。从2000年以来中俄关系发展的实际情况来看，可以说，两国在加强与发展中俄战略协作伙伴方面做了大量工作，采取了不少重大措施，应该说，对推动两国友好关系的发展起了重要的作用。2008年2月，俄罗斯舆论研究中心民意测验显示，俄罗斯人认为："中国是俄罗斯最伟大的朋友。"这对发展两国经贸关系创造了良好的政治环境。[①]

二 两国政府与领导人继续重视与支持经贸关系的发展

普京上台后，在对华关系继续沿着叶利钦时期的战略协作伙伴关系方向平稳发展的同时，考虑到为了尽快摆脱经济危机和恢复俄罗斯的强国地位，他的对华政策具有务实性和转向以经济利益为中心的特点。普京一再强调，俄罗斯对外政策要为国家经济利益服务。俄罗斯外交和国防政策委员会发表的题为"俄罗斯对外政策面临21世纪的挑战"的报告中更加明确指出，俄外交应当完全服从于复兴国家和经济、提高人民的福利这一主要任务。十分明显，叶利钦时期，中俄两国构建的战略协作伙伴关系，更多地体现在政治、军事和外交方面，经贸合作是个薄弱领域，而普京上台后，经贸合作成为战略协作伙伴关系中的重要一环，是充实这一关系的重要因素。2000年7月11日，俄罗斯公布的《俄罗斯外交政策构想》指

[①] 有关中俄政治关系前景问题，详见本书第五章。

出："俄罗斯与中国对国际政治的关键问题原则性态度是一致的，这是地区稳定和全球稳定在各方面的互利合作，主要任务仍是进行与政治水平相符合的大规模的经济合作。"俄学者也普遍认为："俄中不要过于渲染双方的政治和军事合作关系，现在应该努力提高双边的经济合作水平。"2000年7月13日，俄罗斯《独立报》指出，普京亚洲之行面临三大任务：一是如何处理好与北京在反对NMD计划方面的分歧；二是朝鲜问题；第三个问题不太引人注意，但可能是一个最为重要的问题，那就是中俄贸易。同年7月19日，美国《纽约时报》发表评论说："在冷战后时代，对中俄关系来说，贸易往来比对话更重要。"普京在分析支撑中俄关系的主要因素时指出："政治交往、经贸合作和双方在国际事务中的相互配合是俄中战略协作伙伴关系的三大支持。"2005年8月，普京在接见新任命的俄罗斯驻中国大使谢尔盖·拉佐夫时，要求他推进俄中关系，指出俄中经贸合作中"目前还有很多未加以利用的潜力。我指的是能源产业，其中包括电力工业，含向第三国出口的原料供应，俄罗斯能源部门直接在中国开展工作。我认为，既要扩大俄罗斯加工工业对中国的出口和中国加工工业对俄罗斯的出口，也要增加能够成为两国经济关系发展的火车头的大型项目"。2008年2月14日，普京在其任内举行的最后一次大型记者招待会上还强调，俄中两国关系要谋求达到新的合作水平，这"首先是在经济领域"。

2007年3月，胡锦涛主席赴俄罗斯参加在莫斯科举办的"中国年"活动，在会见俄罗斯总理弗拉德科夫时强调："双方应充分发挥中俄总理定期会晤机制的作用，统筹合作布局，制定长远规划，监督落实双方达成的各项协议和共识，推动两国经贸合作取得更多成果；协调两国经济发展战略和地方发展战略，实现两国发展优势互补；支持双方企业建立更紧密的合作关系，发挥各自优势，共同开拓市场，推进经济技术合作项目，相互照顾对方关切，提高合作质量和水平。"他还指出，中国政府引导中国企业向俄方感兴趣的基础设施建设、加工制造、高技术、木材深加工、能源资源开发等领域投资，也欢迎俄方扩大对华投资。建议双方制定投资合作的整体规划。

中俄两国领导人不仅在口头上支持扩大双边经贸合作，在实际活动中亦有充分的表现。例如，2004年9月中俄总理第九次定期会晤期间，两国领导人提出到2010年，双边贸易要达到600亿—800亿美元、2020年实现中国对俄罗斯投资120亿美元的目标。2004年10月两国元首会晤时，批准了上述目标。中俄总理定期会晤委员会委托经贸合作分委会研究实现上述目标的纲要。为此，中华人民共和国商务部和俄罗斯经济发展与贸易部共同成立联合课题组，研究《中俄经贸发展规划（2006—2010年）》。制定规划的主要目的是扩大中俄经贸合作规模，促进调整和优化两国的经济结构，以促进两国社会经济发展。规划论证实现两国领导人提出的目标的潜力与优势、可能性与困难，并提出政策建议与对策，以便实现双边经贸合作的可持续发展，造福两国人民。2005年6月30日至7月3日胡锦涛主席访问俄罗斯时，普京总统主动提及两国总理提出的双边经贸合作中期纲要制定情况。胡锦涛主席表示，相信经过双方共同努力完全能够实现。又如，2006年3月普京总统访华期间，两国签署了29个文件，其中绝大多数涉及两国经贸合作问题。俄罗斯媒体在评论普京这次访华时普遍认为，访华签署的许多文件都很务实，它不仅有利于加强政治关系，而且更具有经济意义。除了签署一系列能源合作文件，双方还在金融、铁路运输领域签署了一些协议，这些协议对改善两国经济合作环境都有重要作用。

至于两国总理的定期会晤，更是以经贸合作为中心议题。

2001年9月7—12日朱镕基总理访问俄罗斯，与俄罗斯总理卡西亚诺夫举行了第六次定期会晤，两国总理就加强经贸合作达成广泛的共识，并签署了7项经济协议。人们普遍认为，中俄经贸关系进入了一个新阶段。朱镕基总理在访问期间多次谈到，中俄两国的合作已度过了磨合期，开始驶入快车道。

2004年9月，中俄总理举行第九次定期会晤时发表的联合公报，很大篇幅是论述双边经贸合作问题的，有关内容摘录如下。

  双方决心采取切实措施，进一步加强在经济领域的互利合作，保持积极发展势头，力争在一系列重要方向上实现突破。为此，双方宣布：

  （一）中国重申，支持俄罗斯尽快加入世贸组织。俄方对中方的支持表示感谢。在本次总理会晤上，双方顺利结束关于俄罗斯加入世贸组织的中俄双边谈判。两国总理宣布，俄罗斯承认中国是完全市场经济国家，中国承认俄罗斯是完全市场经济国家。

（二）为保持双边贸易持续发展，有必要制订促进和加强中俄全面合作的中长期规划，大幅提高双边贸易额。双方将努力使双边贸易额到2010年达到并超过600亿美元。

（三）双方将采取共同措施，扩大机电产品贸易，提高机械、设备和高附加值产品的比重，改善双边贸易结构。中方支持本国企业引进俄能源设备、矿山机械、汽车和汽车发动机、机床和机械设备，俄方支持中国通信设备、家电、食品加工设备以及船舶产品进入俄市场。双方将积极扩大机电产品贸易促进活动，鼓励技术转让和相互投资。

（四）双方将完善敏感商品预警和磋商机制，有效预防和减少贸易争端，减少现有贸易壁垒。

（五）加大中俄规范贸易秩序联合工作组的工作力度，切实落实《中华人民共和国商务部与俄罗斯联邦经济发展和贸易部关于规范中俄贸易秩序的谅解备忘录》，采取共同措施，依照两国现行法律规范贸易秩序，不单方面采取有损对方利益的行动和限制性措施，切实保护对方经商人员在本国的合法权益。

（六）积极拓展在投资领域的合作，根据两国有关部门达成的共识，今后每年将召开中俄投资促进会议，以促进两国投资合作，特别是大项目的实施。双方将加快《中俄两国政府关于鼓励和保护相互投资协定》的商签工作。

中方将扩大对俄资源和能源开发、基础设施建设、加工制造业等领域的投资。俄方愿为此提供便利条件。

（七）双方表示将在制订各自地区发展计划方面加强协调，支持中国企业参与俄西伯利亚和远东地区开发，鼓励俄企业参与中国西部大开发和振兴东北老工业基地。通过开展贸易、经济技术、投资合作，全面提高两国地区间和边境地区合作水平。

（八）两国总理指出，促进双方在能源领域的合作取得现实进展是中俄进一步加强战略协作伙伴关系的重要因素之一。双方重申，愿继续推动落实中俄在石油天然气领域的合作项目，包括中俄原油管道建设项目，以及在两国境内共同开发油气田。两国总理责成中俄两国政府主管部门在双方政府审议《从俄罗斯联邦伊尔库茨克州科维克金凝析气田向中华人民共和国和韩国修建管道以及开发科维克金凝析气田的国际经济技术可行性论证报告》的基础上，对科维克金天然气项目的实施前景进行评估。双方表示，要在互利基础上支持通过铁路扩大从俄向中国运输原油。双方将研究有关签署支持扩大两国原油贸易的政府间协定。

（九）扩大在和平利用核能领域的合作，包括在核电站建设和核燃料循环方面的合作。

（十）不断完善双边科技合作项目遴选和监督实施机制，加强在航天、核能和其他能源、动力、新材料、化工、生物、信息和通信技术等优先发展领域的合作。

加强中国国家重点科研院所和俄国家级科研中心的协作，加大科技人才交流力度。支持建立和发展联合科研机构的实验室。

协助两国有关组织和公司解决好在科技成果商品化和技术产业化方面的问题。

大力扶持中俄"友谊"科技园和其他科技园的建设和运营，继续给予必要的财力、物力、法律方面的支持。

（十一）在全面及时落实中俄 2004—2006 年及以后数年的航天领域合作纲要的基础上，继续发展和加深两国在航天领域的合作。

从全面、深入发展中俄航天领域长期合作的利益出发，确定和进一步协商航天领域一个或多个大型航天合作项目，以便今后共同实施。这些项目符合两国利益及两国国家航天计划中所确定的任务。

（十二）在未来三年内，根据双方事先商定的项目，切实落实两国在研制、生产民用航材领域的合作计划，在民用航材制造领域交流新技术。

（十三）巩固和扩大在通信和信息技术领域的合作，包括产业合作、信息技术应用和知识产权保护等。双方将继续支持俄移动通信运营公司按照中国加入世贸组织承诺的水平，在中国法律规定的范围内进入中国通信服务市场。俄方将尽快提出具体方案。

（十四）扩大银行合作规模，将 2002 年 8 月 22 日中国人民银行与俄罗斯中央银行签署的《中俄边境地区贸易的银行结算协定》适用范围扩大至中俄所有边境地区，并确保全面准确地执行该协定的所有条款；继续在反洗钱和打击恐怖主义融资领域开展合作。

（十五）为满足发展贸易及公民往来的需要，扩大跨国汽车运输领域的合作，提高边境口岸的通关能力，调整通关时间。尽快研究签署《中华人民共和国政府和俄罗斯联邦政府关于中国外贸货物通过俄罗斯滨海边疆区过境运输的合作互助协定》的问题。

（十六）通过实施具体项目和计划，抓紧落实两国政府《关于共同开发森林资源合作协定》，尽快制订中俄森林资源开发利用长期合作规划，为在俄境内建立木材深加工的企业创造有利条件。

（十七）继续开展在检验检疫领域的合作，在现有政府间动植物检疫协定框架内就动物和植物检疫及保护问题继续进行合作。

上述内容既广泛也很具体。温家宝与弗拉德科夫在会谈过程中，谈到作为战略协作伙伴，中俄应对双边合作作出长期规划。他为此提出了两国合作的六项任务。一是进一步改善贸易结构，规范贸易秩序。二是扩大相互投资，将基础设施建设、能源、资源开发、加工制造、高科技作为相互投资的重点领域，为此中方计划到2020年对俄投资120亿美元。三是推动能源合作。能源合作是中俄战略合作的重要内容，是两国经贸关系的重要支撑，争取早日签署政府间的能源合作长期协议。四是加强高科技合作，将核能、航天、生物工程、化学、新材料、信息等作为合作重点。五是促进边境和地方交往，鼓励两国已建立经贸结对和友好关系的省州和城市开展互利合作。六是重视人文合作，加强教育、文化、卫生、体育、旅游等方面的交流。

在谈到2000年以后中俄两国政府与领导积极支持经贸关系发展问题时，不能不提及2009年10月普京访华所具有的重要意义。在两国总理第十四次会晤发表的联合公报中，第三部分是公报内容最多的部分，是论述两国经贸关系的。它内容广泛，为两国发展经贸关系的方向作了大体的规划。笔者认为，这对把握中俄经贸关系的发展趋势是十分重要的。为此，将其有关内容摘录如下：

> 双方对两国经贸合作现状给予客观评价，认为，在国际金融和经济危机带来的前所未有的困难条件下，通过双方共同努力，中俄经贸合作整体保持不断扩大和深化的势头，重点领域合作有所突破。尽管双边贸易受经济危机影响有所下降，但两国在各自对外贸易关系中的重要性上升，贸易结构逐步改善，俄机电产品对华出口增长。投资合

作取得进展，双方在俄境内木材深加工、资源开发、基础设施建设等领域合作项目增加，能源合作尤其是石油领域合作取得长足发展。

双方将采取有力措施，深化经贸、科技等领域务实合作，携手应对国际金融危机，促进本国经济发展，实现共同繁荣。为实现这一目标，双方商定：

（一）研究和制定拉动贸易额增长的新举措，及早扭转贸易额下滑局面，反对各种形式的贸易保护主义，努力实现双方确定的到2010年的贸易额增长目标。进一步为双方商品进入对方市场创造长期稳定的条件，减少贸易和技术壁垒，促进改善贸易结构，大力推动机电和高技术产品贸易。

中方启动设立促进中俄机电产品贸易专项资金。双方同意加强相关产业合作。

（二）双方积极评价两国投资合作取得的进展，表示将切实组织好两国元首批准的《中俄投资合作规划纲要》实施工作；进一步扶持正处于实施阶段的投资项目；加大力度鼓励中国企业向俄罗斯经济特区投资，以及俄罗斯企业向中国经济特区投资；加强中俄投资促进会议机制框架内的合作；在基础设施建设、加工制造、高技术、能源和资源开发等双方共同感兴趣的领域，进一步拓展新的投资合作项目与合作方式。

（三）规范双边贸易秩序，推动其健康持续发展。双方高度评价中俄海关合作分委会第一次会议取得的积极成果，认为积极开展规范通关秩序、提高海关监管效率、打击走私违法等方面的合作，是中俄海关部门当前和今后的主要任务。双方商定，尽快启动中俄海关信息交换试点工作，开展中俄海关价格信息交换合作，加强中俄海关执法合作，加大中俄海关贸易统计合作力度，互相交换与办理海关通关手续有关的单证样本。充分发挥两国海关院校的作用，为企业提供海关通关和监管方面的政策宣讲、通关知识培训等服务，使其遵守外贸和海关法规。推动使用先进检查设备，共同研究"经认证的报关企业"互认合作和向收货人签发进口货物"报关单证明联"制度等，有效维护进出口企业合法权益，进一步促进中俄贸易发展。

（四）双方指出，中俄地区间合作取得新突破，对两国关系发展具有重要意义。双方将全力落实两国元首2009年9月23日批准的

《中华人民共和国东北地区与俄罗斯联邦远东及东西伯利亚地区合作规划纲要（2009—2018）》，为此双方将确定协调落实纲要的办法。

（五）双方高度评价两国能源合作取得的重大突破。

双方认为，中俄原油管道开工建设标志着双方在石油领域进入长期战略合作的新阶段，并相信中俄两国企业将全面落实业已签署的一揽子协定。

双方指出，应积极推进天然气领域合作，将根据2009年6月签署的《关于天然气领域合作的谅解备忘录》，推进中国自俄罗斯进口天然气项目。

双方认为，修建电网、发电设施以及变电站，将有助于加快落实由俄罗斯向中国输电的项目。

双方将根据《中俄关于煤炭领域合作的谅解备忘录》，支持双方企业在煤炭资源开发及加工转化、煤炭及煤机贸易与服务、煤炭设计等优先领域开展合作。

（六）双方认为核能领域合作是两国经济合作的优先方向之一。

双方责成授权单位加快商签关于共同建设田湾核电站二期工程的文件。

双方对铀浓缩工厂建设项目的高水平合作表示满意。

双方将继续在核电、核科技、核安全等领域开展合作。

（七）双方对两国在民用航空领域的合作表示满意，将进一步促进民用航空技术领域的互利合作，为该领域合作创造有利条件。

（八）双方高度评价航天领域合作取得的成果。将推动落实中俄2010—2012年航天合作大纲，推动落实基础航天研究（月球及深空探测）、卫星对地观测、基础元器件及材料、导航设备元器件等项目。

（九）双方对中俄科技领域合作表示满意，将深化中俄高技术和创新领域合作，实施具有投资和市场潜力的联合创新项目，共同开展技术研发和产业化，大力推进纳米技术合作，加强尖端科技领域其他重点项目合作，推进两国地区间科技合作。

（十）双方积极评价两国在通信和信息技术领域开展的合作。双方将在实施一系列共同项目上深化合作，包括在边境地区开展通信业务合作，改造并铺设新的通信线路，加强两国信息技术领域相互协作。双方将继续努力，争取在2010年年底前完成"中俄两国频率清单"内列入的模拟电视和 FM 调频广播台站的频率指配协调工作。双方责成两国主管部门继续就协调卫星频率进行合作,包括联合测量信号。双方欢迎对在相关地区开设中俄边境光缆通道进行可行性研究和在两国边境地区建立新的邮政交换点。

(十一) 双方对中俄林业合作进展表示满意,愿在落实和总结中俄林业一期规划基础上,确定后续规划编制等下一步工作方向,包括在建设俄境内林业交通基础设施、开办原木采伐和深加工企业等领域加强投资合作。

(十二) 双方同意进一步推动交通运输及交通基础设施领域合作。

双方同意大力提高两国间铁路货运量,继续采取措施提高运输量。

双方对落实《中华人民共和国政府和俄罗斯联邦政府关于在黑龙江同江市(中华人民共和国)和犹太自治州下列宁斯阔耶(俄罗斯联邦)地区共同建设和运营跨黑龙江(阿穆尔河)界河铁路桥协定》的进展情况表示满意。

双方将采取切实措施,尽快落实中俄两国政府关于修建黑河—布拉戈维申斯克公路大桥的协定,继续研究在洛古河—波克罗夫卡地区建设跨黑龙江(阿穆尔河)界河公路桥的可能性。

本着中俄战略协作伙伴关系精神和互利合作的原则,双方将努力解决扩大两国特定航空企业在两国间及第三国飞越权的问题。

(十三) 双方认为,财政和金融合作是中俄经济合作的重要组成部分。双方将继续利用中俄财长对话机制,加强在宏观经济、财税与金融、重大国际经济问题上的政策沟通与协作,共同应对全球金融危机。

(十四) 双方满意地指出,两国商业银行间合作及边贸本币结算业务稳步发展,贸易融资继续拓展,项目融资成果丰硕,银行卡领域的合作不断加强。

双方将深化金融、投资和保险合作,研究进一步拓展双边本币结算业务。

(十五) 双方积极评价两国在知识产权保护领域的合作,将继续拓展和深化该领域有关合作。

(十六) 双方将继续不断推进反垄断及竞争政策领域的双边活动,

特别是在落实 1996 年 4 月 25 日签署的《中俄政府间反不正当竞争和反垄断领域交流合作协定》框架内，积极推动在广告竞争法律适用领域开展地方间合作。

（十七）双方将加强在标准、计量、认证、检验监管等方面的合作。双方认为有必要积极解决食品安全问题，并全面加强卫生检疫、动植物检验检疫和保护消费者权益方面的合作。

（十八）双方高度评价两国环保领域合作取得的成果，并指出环保合作发展迅速，已成为中俄战略协作伙伴关系的重要组成部分。双方共同建立了环保合作机制，为解决该领域存在的问题奠定了基础。双方将加强环保分委会与中俄合理利用和保护跨界水联委会在相关事项上的协调。

双方将继续联合监测跨界水体水质，充分利用两国跨界突发环境事件通报和信息交换机制，加强在应对跨界突发环境事件方面的合作。

双方将进一步加强在跨界自然保护区和生物多样性保护方面的合作，加快黑龙江流域跨界自然保护区网络建设战略草案的制订工作。双方有关部门将尽快就《中俄候鸟和栖息地保护协定》草案及其附件进行磋商。

从以上两国领导人有关中俄经贸合作的讲话与双边签署的文件可以看到，2000 年以来，双方对加强与扩大经贸合作更加重视与更加务实。

三　两国发展经贸关系的法律环境有所改善

两国发展经贸关系的法律环境有所改善，主要表现在以下几个方面。第一，两国积极努力解决经贸合作中出现的种种问题。例如，2001 年 9 月朱镕基总理访俄与卡西亚诺夫总理会晤，讨论的重点放在两国经贸关系中存在的问题及寻觅解决问题的方法与途径上。第二，双方对已建立的中俄规范贸易秩序磋商机制不断加以完善，使其积极发挥作用。第三，2006 年 11 月 15 日，弗拉德科夫总理签署了《俄罗斯联邦禁止外国人在售货摊位和市场从事零售工作政府令》。该政府令从 2007 年 4 月 1 日到 12 月 31 日执行，从而在俄罗斯全面禁止外国人从事零售贸易。采取这项措施的目的，一方面是整顿国内市场秩序，另一方面也是为迎接参加 WTO 检查作准备。这一措施，对解决包括在中俄之间存在"灰色清关"起一定作用，有利于两国地方边境贸易的规范化。第四，两国加大了解决移民问题的力度。2007年上半年杨洁篪外长访问俄罗斯期间，与俄罗斯外长拉夫罗夫就有关加强两国领事协调、打击非法移民问题达成共识，一致强调要加大政府间移民问题工作小组的工作力度。这里要指出的是，上面提到的全面禁止外国人从事零售贸易的政府令与俄罗斯实施的新移民法是配套的措施。现在俄罗斯的外国务工人员为1000万—1200万人，其中700万人没有办理合法登记，这些人中有20%从事贸易活动。第五，2003年4月25日俄罗斯国家杜马通过了《俄罗斯联邦海关法》这一新的法典。新法典不仅有利于俄罗斯加入WTO，也有利于从事外经贸活动的单位和个人维护自己的利益。第六，2001年中国加入WTO，这样在对外经贸活动中更加规范化，而俄罗斯正积极争取加入WTO，也在为对外经贸活动进一步规范化作出努力。这样对两国改善经贸活动的法律环境是十分重要的。

由于以上一些因素，2000年以来，中俄经贸关系呈稳定与快速增长的态势。中国在俄罗斯外贸中的地位，从2010年起已上升为第一，至今一直保持这个地位。2019年中俄两国领导人提出，到2024年将贸易额提升到2000亿美元。

本书后面各章对各个合作领域的问题要作专门论述，以便读者对中俄两国经贸合作各领域存在的潜力与问题有更深入的了解。

第三编
中俄经贸主要合作领域

本编较为详细地分析了中俄重要领域合作的进展和前景,主要涉及的领域有能源、科技、农业、金融以及区域合作和"一带一路"倡议与中俄经贸合作关系等问题。

第八章　俄罗斯能源概述

俄罗斯拥有极为丰富的能源资源和庞大的燃料动力综合体，能源资源产业在很大程度上构成了俄罗斯整体经济发展的基础和重要条件，也是其制定和实施对外政策的重要手段。研究中俄能源合作，有必要对俄罗斯的能源资源状况进行梳理和分析。

第一节　俄罗斯能源资源潜力

一　石油

根据前瞻数据库的资料，苏联时期大约有一半国土蕴藏石油，1980年的石油探明储量占世界总储量的9.8%。① 苏联解体后，俄罗斯不仅仍是世界上领土面积最大的国家，而且石油地质条件十分优越，石油储藏量依然位居世界前列，在世界石油市场上有着举足轻重的地位。根据2003年公布的《2020年前俄罗斯能源战略》的相关资料，俄罗斯石油储量占世界储量的1/10，② 石油远景储量为440亿吨。根据地质学家的评估，全世界地下蕴藏着1400亿—1700亿吨传统石油尚未被发现，其中大部分位于苏联地区。③ 另据有关材料，2011年俄罗斯的石油探明储量为120.73亿吨，占世界总储量的5.34%，居世界第8位。④ 2019年的剩余石油探明

---

① 《石油探明储量：前苏联：占比》，2020年1月22日，前瞻数据库，https://d.qianzhan.com/xdata/details/031e9f74b4760484.html。

② 2002年，伊戈尔·尤素福在八国集团能源部长会议上指出，俄罗斯拥有世界12%的石油储量。

③ [俄] C. З. 日兹宁:《俄罗斯能源外交》，王海运、石泽译审，人民出版社2006年版，第10页。俄罗斯有关专家指出，在俄罗斯1300万平方千米的土地和水域（560万平方千米大陆架）上都有找到石油和天然气的前景。见[俄] В. Ф. 杜纳耶夫、[俄] В. А. 什帕科夫、李奉孝《俄罗斯能源战略的重点——优先发展天然气工业》，《国际石油经济》1995年第2期。

④ 杨宇、刘毅、金凤君:《世界石油探明储量分布特征与空间格局演化》，《世界地理研究》2014年第1期。

储量为1062亿桶，占世界的6.1%，排名世界第6。2019年2月27日，俄罗斯能源部长亚历山大·诺瓦克在接受俄罗斯媒体采访时指出，截至目前俄罗斯的石油储量（B级和C级）达290亿吨。[1] 据报道，截至2021年年底，俄罗斯A+B1+C1级石油和凝析油储量增加了6.28亿吨，2022年石油总储量达1070亿桶，占世界石油总储量的6.2%。[2]

与此相关，石油工业在俄罗斯燃料动力综合体中占有十分重要的地位，其产油区主要集中在高加索、伏尔加—乌拉尔和西西伯利亚三个地区。但20世纪90年代国家整体经济形势恶化、石油开采设备老化、工人缺乏劳动热情、油田管理混乱等原因，导致俄罗斯石油工业几乎陷入毁灭状态，产量持续大幅下滑。此后，随着国营公司的私有化、美国等海外资本和先进技术的引进、油田管理和修复水平的提高、新油田的开发以及基础设施的重建等取得重大进展，加之整体经济形势逐步好转，俄罗斯的石油生产开始复苏并快速发展。2007年，俄原油产量达4.91亿吨，比2006年增长2.1%，首次超过沙特阿拉伯，排名世界第一（见表8-1）。

表8-1　　　　　　　　　　俄罗斯石油产量　　　　　　　　（单位：万吨，%）

	产量	与前一年相比		产量	与前一年相比
1970年	28475	—	1998年	30300	-1.0
1980年	54673	—	1999年	30500	+0.7
1990年	51618	—	2000年	32352	+6.1
1991年	46200	-10.5	2001年	34813	+7.6
1992年	39900	-13.6	2002年	37956	+9.0
1993年	35400	-11.3	2003年	42134	+11.0
1994年	31800	-10.2	2004年	45932	+9.0
1995年	30683	-3.5	2005年	47018	+2.4
1996年	30100	-1.9	2006年	48051	+2.2
1997年	30600	+1.7	2007年	49100	+2.2

资料来源：根据《2007年俄罗斯统计年鉴》（俄文版）等相关材料编制。

---

[1] 王能全：《俄罗斯油气政策的理想与理性》，2019年8月22日，中国能源网，https://www.china5e.com/energy/news-1067967-1.html；《俄罗斯天然气储量超过100年》，2019年3月4日，新浪财经网，https://finance.sina.com.cn/money/future/nyzx/2019-03-04/doc-ihsxncvf9562797.shtml。

[2] 《俄罗斯新增石油储量6.28亿吨》，2022年1月6日，全球地质矿产信息网，https://oil.in-en.com/html/oil-2934180.shtml。

2008年俄罗斯的石油产量为4.876亿吨，比2007年下降0.79%，是近十年内的首次下降。主要原因是现有油田开采质量变差，新油田开发复杂程度提高以及政府高税收导致石油公司缺少提高产量的动力，国际金融危机和2008年9—12月世界原油价格急剧下跌等。但在政府减税以及新油田投产等因素的影响下，从2009年3月开始俄罗斯的石油产量止跌回升，全年产量为4.94亿吨，同比增长1.2%，与2007年基本持平。2011年俄罗斯的石油产量为5.09亿吨，同比增长0.8%；2013年为5.23亿吨，同比增长1.2%，增产610万吨，其中约70%来自天然气凝析油。2014年，尽管受与乌克兰交恶、欧美经济制裁、国际油价暴跌等不利因素的影响，俄罗斯的石油生产仍表现不俗，年产5.26亿吨，比2013年增长0.7%。其间，俄罗斯第一个位于北极圈内的普里拉兹罗姆油田于2013年年底投产，2014年生产原油30万吨；2014年9月俄罗斯石油公司位于萨哈林岛的北恰伊沃油田一期工程投产，年产150万吨；2014年10月卢克石油公司位于西西伯利亚的伊米罗尔斯油田投产，年产300万吨。此外，克里米亚半岛的并入也为俄罗斯油气开发注入了新力量。2015年，俄罗斯继续加大对石油勘探与开发的投入，新投产10个油田，原油产量继续增长，达5.33亿吨，比2014年增长1.3%。2016年俄罗斯原油产量达到创纪录的5.48亿吨，比2015年增长2.7%，为近10年最大增幅。2017年俄罗斯原油产量略有下滑，为5.47亿吨，比2016年减少0.1%。2018年，俄罗斯新投产54个油田，原油产量恢复增长，达到5.56亿吨，比2017年增长1.7%。2019年，俄罗斯石油开采业发展平稳，原油产量为5.60亿吨，比2018年增长0.8%（见图8-1、图8-2）。[1]

---

[1] 岳小文：《2008年俄罗斯油气工业综述》，《国际石油经济》2009年第4期；岳小文：《2009年俄罗斯油气工业综述》，《国际石油经济》2010年第4期；岳小文：《2010年俄罗斯油气工业综述》，《国际石油经济》2011年第4期；岳小文：《2011年俄罗斯油气工业综述》，《国际石油经济》2012年第4期；岳小文：《2013年俄罗斯油气工业综述》，《国际石油经济》2014年第4期；岳小文：《2014年俄罗斯油气工业综述》，《国际石油经济》2015年第4期；岳小文：《2015年俄罗斯油气工业综述》，《国际石油经济》2016年第4期；岳小文：《2016年俄罗斯油气工业综述》，《国际石油经济》2017年第4期；岳小文：《2017年俄罗斯油气工业综述》，《国际石油经济》2018年第4期；岳小文：《俄罗斯油气工业发展平稳——2018年俄罗斯油气工业综述》，《国际石油经济》2019年第4期；岳小文：《油气产量略有增长 未来发展面临严峻挑战——2019年俄罗斯油气工业综述》，《国际石油经济》2020年第4期。

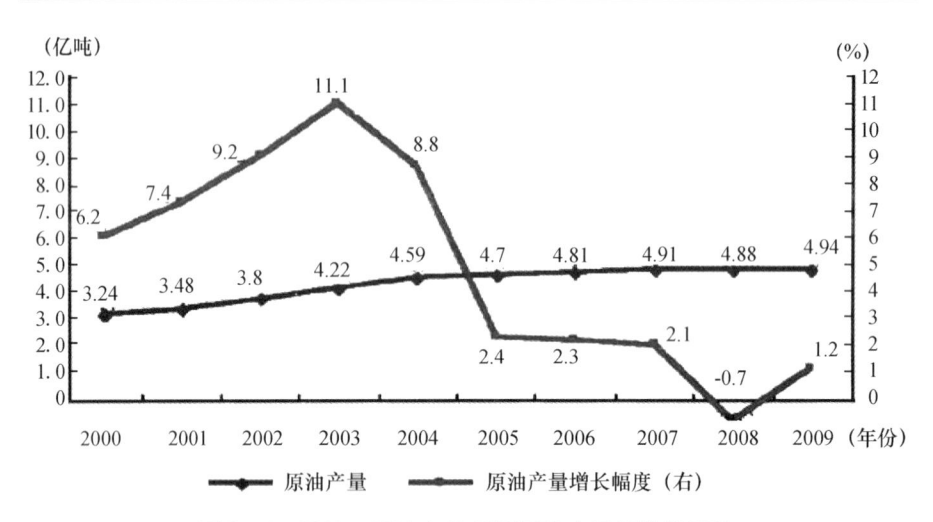

图 8-1　2000—2009 年俄罗斯原油产量及增长情况

资料来源：俄罗斯经济发展部。

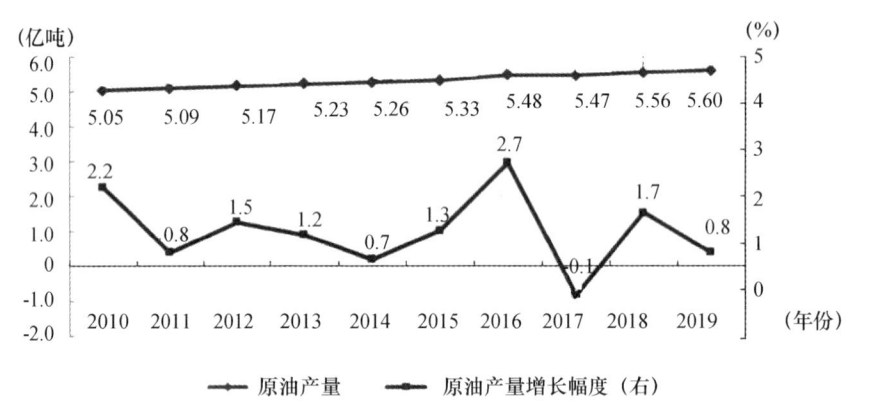

图 8-2　2010—2019 年俄罗斯原油产量及增长情况

资料来源：俄罗斯能源部。

受西方经济制裁、"欧佩克+"减产协议的达成和新冠疫情的影响，俄罗斯 2020 年的石油产量同比下降 8.6%，为 5.1268 亿吨。关于今后一个时期俄罗斯的石油产量，有关部门和专家有着不同的预测。俄经济发展部预计，其石油产量将在 2022 年 4 月"欧佩克+"减产协议结束后开始上升，将在未来三年内增至 5.6 亿吨。俄罗斯能源问题专家 А. Э. 康德罗维奇等预测，俄罗斯的石油产量到 2025 年将达到 6 亿吨，2030 年将达到 6.20 亿吨。① 国际能源署（IEA）预测，2020 年前俄罗斯的石油产量将日均下降 56 万桶，全年下降近 3000 万吨，2020—2025 年产量将持续下跌，2030 年后不会再有产量高峰，2031—2100 年石油年产量将进一步下降，每年新增储量要低于每年的开采量。②

二 天然气

长期以来，俄罗斯一直是全世界天然气资源最为丰富的国家之一，无论是储量还是产量，均居世界高位。根据英国石油公司（BP）的统计数据，2019 年俄罗斯天然气探明储量为 37.96 万亿立方米，占世界总储藏量的 19.10%。③ 值得注意的是，不同机构的不同统计数据差距较大。有学者认为，俄罗斯已探明的天然气储量为 47 万亿立方米，约占世界总储量的 33%。天然气预测储量约为 130 万亿立方米，占世界总储量的 40%。根据俄罗斯的官方资料，其天然气储量足够使用 80 年。④ 中国商务部的数据显示，截至 2019 年年底，俄罗斯已探明天然气储量为 1775.6 万亿立方英尺，占世界的 24.4%。⑤ 2019 年 2 月 27 日，俄罗斯能源部部长亚历山大·诺瓦克在接受俄罗斯媒体采访时指出，俄罗斯拥有超过 100 年的天然气储量。⑥ 就天然气产量来看，俄罗斯的天然气产量从苏联解体后逐年下降，一直到 2002 年才开始恢复增长（见表 8-2）。

---

① 《俄罗斯方面预计石油产量将在欧佩克+协议到期后上升》，2020 年 9 月 27 日，汇通财经网，https://www.fx678.com/C/20200927/202009270637112468.html。
② 张莹莹：《俄罗斯能源外交的新形势、新特点与新趋势》，《商业经济》2020 年第 1 期。
③ 《2020 年全球天然气行业储量现状分析 国内天然气明显供不应求》，2020 年 12 月 25 日，前瞻产业研究院网，https://bg.qianzhan.com/report/detail/300/201225-01e2d3a8.html。
④ ［俄］C. 3. 日兹宁：《俄罗斯能源外交》，王海运、石泽译审，人民出版社 2006 年版，第 76 页。
⑤ 《截至 2019 年底沙已探明天然气储量同比增长 4%》，2020 年 7 月 21 日，中国商务部网站，http://www.mofcom.gov.cn/article/i/jyjl/k/202007/20200702985015.shtml。
⑥ 《俄罗斯天然气储量超过 100 年》，2019 年 3 月 4 日，新浪财经网，https://finance.sina.com.cn/money/future/nyzx/2019-03-04/doc-ihsxncvf9562797.shtml。

表 8-2　　　　　　　　俄罗斯天然气产量　　　　（单位：亿立方米，%）

	产量	与前一年相比		产量	与前一年相比
1970 年	833	—	1998 年	5910	+3.50
1980 年	2540	—	1999 年	5920	+0.17
1990 年	6410	—	2000 年	5840	-1.35
1991 年	6430	+0.31	2001 年	5810	-0.51
1992 年	6410	-0.31	2002 年	5950	+2.41
1993 年	6180	-3.59	2003 年	6200	+4.20
1994 年	6070	-1.78	2004 年	6330	+2.10
1995 年	5950	-1.98	2005 年	6410	+1.26
1996 年	6010	+1.01	2006 年	6560	+2.34
1997 年	5710	-4.99	2007 年	6510	-0.76

资料来源：根据《2007 年俄罗斯统计年鉴》（俄文版）有关材料编制。

另有资料显示，俄罗斯 2008—2019 年的天然气产量总体呈上升趋势，虽然个别年份有所下降（见表 8-3）。

表 8-3　　　　　　　　俄罗斯天然气产量　　　　（单位：亿立方米，%）

	产量	与前一年相比		产量	与前一年相比
2008 年	6636	+1.61	2014 年	6402	-4.16
2009 年	5836	-12.06	2015 年	6334	-1.06
2010 年	6490	+11.21	2016 年	6402	+1.07
2011 年	6690	+3.08	2017 年	6911	+7.95
2012 年	6530	-2.39	2018 年	7254	+4.96
2013 年	6680	+2.30	2019 年	7376	+1.68

资料来源：岳小文：《2008 年俄罗斯油气工业综述》，《国际石油经济》2009 年第 4 期；岳小文：《2009 年俄罗斯油气工业综述》，《国际石油经济》2010 年第 4 期；岳小文：《2010 年俄罗斯油气工业综述》，《国际石油经济》2011 年第 4 期；岳小文：《2011 年俄罗斯油气工业综述》，《国际石油经济》2012 年第 4 期；岳小文：《2013 年俄罗斯油气工业综述》，《国际石油经济》2014 年第 4 期；岳小文：《2014 年俄罗斯油气工业综述》，《国际石油经济》2015 年第 4 期；岳小文：《2015 年俄罗斯油气工业综述》，《国际石油经济》2016 年第 4 期；《2016 年俄罗斯油气工业综述》，《国际石油经济》2017 年第 4 期；岳小文：《2017 年俄罗斯油气工业综述》，《国际石油经济》2018 年第 4 期；岳小文：《俄罗斯油气工业发展平稳——2018 年俄罗斯油气工业综述》，《国际石油经济》2019 年第 4 期；岳小文：《油气产量略有增长　未来发展面临严峻挑战——2019 年俄罗斯油气工业综述》，《国际石油经济》2020 年第 4 期。

2020年,俄罗斯天然气产量为6929亿立方米,比2019年减少6.1%;2021年为7623亿立方米,比2020年增长10.0%;2022年为6738亿立方米,较2021年下降11.6%。[1]

三 煤炭

俄罗斯拥有丰富的煤炭资源。截至2019年年底,俄罗斯煤炭蕴藏量超过2000亿吨,其中已探明储量为1625.85亿吨,占世界总储量的15.2%,仅次于美国,位居全球第二。在已探明的煤炭储量中,褐煤占53%,硬煤占44%,无烟煤占3%。大约40%的硬煤适合炼焦,炼焦煤不仅储量大,而且品种齐全,其中特优质煤为200亿吨。[2]

苏联时期,煤炭在燃料动力中一度占有最重要的地位。1917年,煤炭在燃料消费中的比重占52.1%,一直到1960年之前,煤炭占比均为50%—60%,其中1950年占77.2%,1952年占66.1%。20世纪70年代中期,俄罗斯开始实施优先发展石油和天然气的能源政策,煤炭在能源生产和消费中的比重不断下降,1990年已下降到19.2%。[3] 此后煤炭产量不断下降,由苏联解体前1990年的3.95亿吨降至1998年的2.32亿吨。进入21世纪以后,俄罗斯制定了能源强国战略并加大了对包括煤炭在内的能源产业的扶持,煤炭生产逐步回升,2007年的煤炭产量已超过3亿吨。(见表8-4)。

表8-4　　　　　　　　俄罗斯煤炭产量　　　　　　　　(单位:亿吨,%)

	产量	与前一年相比		产量	与前一年相比
1970年	3.45	—	1992年	3.38	-4.25
1980年	3.91	—	1993年	3.06	-9.47
1990年	3.95	—	1994年	2.77	-9.48
1991年	3.53	-10.63	1995年	2.63	-5.05

---

[1] 岳小文等:《2020年俄罗斯油气工业综述》,《国际石油经济》2021年第5期;岳小文等:《油气工业恢复性增长——2021年俄罗斯油气工业综述》,《国际石油经济》2022年第5期;岳小文等:《俄油气工业面临严峻考验——2022年俄罗斯油气工业综述》,《国际石油经济》2023年第7期。

[2] 徐鑫:《近30年来俄罗斯煤炭工业发展及未来趋势》,《中国煤炭》2021年第2期。

[3] 陆南泉等编:《苏联国民经济发展七十年》,机械工业出版社1998年版,第152页;《1990年苏联国民经济统计年鉴》(俄文版),第397页;李锡林:《世界煤炭工业发展报告》,煤炭工业出版社1999年版,第230页。

续表

	产量	与前一年相比		产量	与前一年相比
1996 年	2.57	-2.28	2002 年	2.56	-5.19
1997 年	2.45	-4.67	2003 年	2.77	+8.20
1998 年	2.32	-5.31	2004 年	2.82	+1.81
1999 年	2.50	+7.76	2005 年	2.99	+6.03
2000 年	2.58	+3.20	2006 年	3.10	+3.68
2001 年	2.70	+4.65	2007 年	3.15	+1.61

资料来源：根据《2007 年俄罗斯统计年鉴》（俄文版）有关材料编制。

2008 年，俄罗斯的煤炭产量为 3.261 亿吨，比 2007 年增长了 3.5%。数据显示，2019 年，俄罗斯的煤炭产量为 4.41 亿吨，约占世界煤炭产量的 5.5%，10 年内增长了 1.5%，排名世界第六。受新冠疫情等因素的影响，2020 年俄罗斯的煤炭产量下降了 8.2%，为 4.01 亿吨。进入 2021 年后，这一数据又开始强劲上升，1—2 月增长了 5.5%。[①] 2022 年，俄罗斯煤炭产量为 4.37 亿吨，比 2021 年增长 0.4%；2023 年为 4.3 亿吨，同比下降 1.0%。2020 年，俄总理米哈伊尔·米舒斯京批准了 2035 年前俄罗斯煤炭工业发展规划，计划在未来 15 年内将煤炭产量增加到每年 6.88 亿吨。[②]

四 电力

俄罗斯拥有世界第四和欧洲第一的电力系统，其特点是以火力发电为主、核电和水电为辅，三者的构成比例大致为火电 70%、核电 20%、水电 10%。火电集中在俄西北、中部、乌拉尔、远东等地区；核电集中在西北、中部和中伏尔加地区；水电主要集中在西伯利亚地区，该地区的水电占全俄水电一半以上，其中 90% 集中在乌拉尔以东。由于俄罗斯天然气、煤炭资源非常丰富，火力发电有其有利条件，发电成本较低。据国外一些专家

[①] 徐鑫：《近 30 年来俄罗斯煤炭工业发展及未来趋势》，《中国煤炭》2021 年第 2 期；《2020 年俄罗斯煤炭产量下降 8.2%》，2021 年 1 月 7 日，能源界网，http://www.nengyuanjie.net/article/44783.html；《2021 年 1—2 月俄罗斯煤炭产量增长 5.5% 出口增长 18.4%》，2021 年 3 月 16 日，新浪财经网，https://finance.sina.com.cn/money/future/nyzx/2021-03-16/doc-ikknscsi6076821.shtml。

[②] 《俄罗斯计划将煤炭产量提高 1.5 倍！增加到每年 6.88 亿吨》，2020 年 8 月 24 日，中国能源网，https://www.china5e.com/news/news-1098134-1.html。

测算，建设和运转一座天然气发电站，每千瓦电力的平均投资为400—600美元，煤炭电站为1000—1300美元，而核电站则为1800—2150美元。同时，核电站的建设周期要比一般电站长0.5—1倍。但核电站和一般火力发电站的优势是使用时间长，利润较高。① 由于俄罗斯水资源丰富，水力发电的潜力很大，估计有2万亿千瓦小时。②

苏联时期的电力工业发展迅速，从1970年到1990年的20年间发电量增加了两倍多。但从1991年开始，受激进式改革和苏联解体的影响，俄电力工业遭受重创，发电量、装机容量等逐年下降。1998的发电量为8272亿度，比1991年的10680亿度下降了22.55%。从1999年起，俄罗斯的发电量逐步回升。2008年，俄罗斯电力工业改革基本结束，原有的垂直一体化国有垄断结构被自由竞争机制取代，电力生产步入一个新的发展时期，装机容量和电力生产不断增加，至2017年发电量已基本恢复到1990年的水平。截至2018年年底，俄罗斯共运营805座发电站，装机总容量约为24.3万兆瓦。据INFOLine专家统计，截至2020年年初，俄罗斯发电站的装机总容量增加到了246342.45兆瓦。③

表8–5　　　　　　　1970—2007年的俄罗斯发电量　　　　（单位：亿度，%）

	发电产量	与前一年相比		发电产量	与前一年相比
1970年	4702	—	1998年	8272	-0.51
1980年	8049	—	1999年	8460	+2.27
1990年	10822	—	2000年	8778	+3.76
1991年	10680	-1.31	2001年	8913	+1.54
1992年	10080	-5.62	2002年	8913	0
1993年	9570	-5.06	2003年	9163	+2.80
1994年	8760	-8.46	2004年	9319	+1.70
1995年	8600	-1.83	2005年	9531	+2.27
1996年	8472	-1.49	2006年	9958	+4.48
1997年	8314	-1.86	2007年	10150	+1.93

资料来源：根据《2007年俄罗斯统计年鉴》（俄文版）有关材料编制。

---

① ［俄］С.З.日兹宁：《俄罗斯能源外交》，王海运、石泽译审，人民出版社2006年版，第62—63页。
② ［俄］德·С.利沃夫主编：《通向21世纪的道路——俄罗斯经济的战略问题与前景》，陈晓旭等译，经济科学出版社2003年版，第63页。
③ 马倩倩：《俄罗斯电力工业发展问题研究》，硕士学位论文，黑龙江大学，2019年；王新宇：《截至2020年初俄罗斯发电站总装机容量达24.6万兆瓦》，2020年5月9日，黑河市人民政府网，http：//www.heihe.gov.cn/info/1185/108991.htm。

2013—2018 年，俄罗斯的发电量依次为 10450 亿度、10474 亿度、10499 亿度、10718 亿度、10911 亿度、10920 亿度。① 2019 年，俄罗斯发电量为 1.118 万亿千瓦时左右。受疫情影响，2020 年俄罗斯全国的发电量为 1.063 万亿千瓦时，有所降低。2021 年上升到 1.157 万亿千瓦时，2022 年为 1.167 万亿千瓦时。②

为了促进电力工业的可持续发展，俄罗斯多次调整电力工业发展规划，先后颁布了《俄罗斯联邦电力能源设施 2020 年前（兼顾 2030 年前）发展前景总体布局方案》（2013 年）、《2035 年前俄罗斯能源战略》（2013 年）与《2018—2024 年俄罗斯统一电力系统发展规划》（2018 年）等战略文件。主要内容包括：首先，吸引多方投资，更新电力工业设备，开发和利用创新技术，完善电力工业管理体系，提高生产效率；其次，加大对可再生能源的利用，采用清洁能源技术，减少电力工业发展对生态环境的影响；最后，积极实施俄罗斯和其他国家电力系统联网工程，提高电力合作水平和俄罗斯电力工业在国际市场上的竞争力。

在发展电力工业方面，俄罗斯极为重视核能源的利用。尽管 1986 年的切尔诺贝利核电站事故重创苏联的核电生产，但随着新的核电技术的开发和安全措施的加强，从 20 世纪 90 年代末开始，俄罗斯逐步恢复核电站建设，核电生产逐年递增。统计资料显示，目前俄罗斯共有 11 座核电站，运行核电机组 37 台，总装机容量约 29.4 吉瓦。2020 年，俄罗斯核电站的发电量超过 2157 亿千瓦时，达到历史最高水平，核电在全国电力生产中的比重亦从 2019 年的 19.3% 增加到 20.58%（不包括比利比诺核电站和浮动核电站生产的电力）。③ 统计显示，2021 年俄罗斯的核发电量为 2224 亿千瓦时，2022 年为 2233.71 亿千瓦时。俄罗斯计划继续增建核电

---

① 马倩倩：《俄罗斯电力工业发展问题研究》，硕士学位论文，黑龙江大学，2019 年。
② 《发电量是俄罗斯的两倍，总占比却只四分之一！我国核电该如何走？》，2022 年 10 月 13 日，搜狐网，https：//mil.sohu.com/a/592420497_121064922；《2021 年发电量 10 强国家排名：中国位居第一，日本不敌俄罗斯》，2022 年 8 月 3 日，聚汇数据网，https：//www.gotohui.com/ndata/list/176886.html。
③ 《核电在俄罗斯能源结构中的比重超过 20%》，2021 年 1 月 19 日，国际电力网，https：//power.in-en.com/html/power-2382691.shtml。

站，到2040年使核发电量在俄全部电能中的比重提高到25%—28%。[1]

五 其他能源

除了丰富的石油、天然气、煤、电力等能源资源，俄罗斯还拥有十分丰富的铀资源，其储量占世界总储量的1/7。此外，还有诸多可再生能源，如太阳能、风能、水能（小型水电站，功率低于30兆瓦）、地热能、生物能和其他各种低品位热能。2003年，可再生能源在俄罗斯电力生产中所占比重为0.5%，约42亿度。截至2019年1月1日，俄罗斯可再生能源发电装机总量为49524.4兆瓦，占装机总量的20.4%，其中水电、太阳能光伏发电、风力发电的装机容量分别为48506.3兆瓦、834.2兆瓦、183.9兆瓦，分别占发电装机总容量的19.9%、0.3%、0.08%。2020年，俄罗斯可再生能源发电量大幅增长，其中太阳能发电量为13亿千瓦时，比2018年增加69.4%；风力发电量为3亿千瓦时，同比增长47.3%；水力发电量为1903亿千瓦时，增长3.6%。[2] 2021年，俄罗斯可再生能源发电量进一步增加到54亿度，同比增长54.6%。其中，风能同比增长127.8%，太阳能同比增长24.5%，其他可再生能源同比增长1.3%。2022年，俄罗斯可再生能源发电量达74亿度，同比增长30.2%。其中，风能同比增长62.5%，太阳能同比增长3.7%，其他可再生能源同比增长2.7%。[3]

2020年6月10日，俄罗斯总理米舒斯京批准了新版的《俄罗斯2035年前能源战略》，根据国内外形势的变化对2014年的能源战略进行了修改，提出了以加强改革与创新、提高竞争力与国际地位、"能源东移"等为主要特征的新战略，并针对不同能源领域提出了新发展目标。该能源战

---

[1] 《俄罗斯2021年核发电量创新高》，2022年1月5日，北极星核电网，https://news.bjx.com.cn/html/20220105/1197568.shtml；《发电量是俄罗斯的两倍，总占比却只四分之一！我国核电该如何走？》，2022年10月13日，搜狐网，https://mil.sohu.com/a/592420497_121064922。

[2] 《2020年俄罗斯可再生能源发电量预计创纪录》，2020年3月10日，北极星太阳能光伏网，http://guangfu.bjx.com.cn/news/20200310/1052540.shtml。

[3] 《2021年俄罗斯可再生能源发电量统计数据表》，2022年9月23日，国际新能源网，https://newenergy.in-en.com/html/newenergy-2431034.shtml；《2022年俄罗斯可再生能源发电量统计数据表》，2023年9月25日，国际能源网，https://newenergy.in-en.com/html/newenergy-2431387.shtml。

略共分三大部分，主要包括石油天然气、电力及煤炭领域。其中指出，俄罗斯能源工业的主要任务是促进俄社会经济发展，满足国内需求，扩大出口，巩固和保持俄罗斯在世界能源市场上的地位；要通过实现能源基础设施现代化、技术独立化、完善出口多元化及向数字化转型等措施，确保俄罗斯的能源安全。文件规定，2024 年前俄罗斯的石油和凝析油年开采量将达到 5.55 亿—5.6 亿吨，2035 年前达到 5.25 亿吨；2024 年前煤炭年开采量将达到 4.48 亿—5.30 亿吨，2035 年达到 4.85 亿—6.68 亿吨；2024 年前天然气年开采量将达到 7950 亿—8200 亿立方米，2035 年前达到 8500 亿—9240 亿立方米。2024 年，俄罗斯天然气化水平应从 68.6%提高到 74.7%，到 2035 年再提高到 82.9%；要大力发展液化天然气，计划在 2024 年前将液化气产量提高至 4600 万—6500 万吨，2035 年达到 7200 万—8200 万吨。

值得注意的是，与此前的能源战略不同，新版能源战略并未考虑发展清洁能源问题。俄综合战略研究所专家丘尔金娜指出，目前发达国家正在减少温室气体排放，但俄新版能源战略没有为低碳能源的发展设定明确目标，而是倾向于依赖矿物能源（主要是石油、天然气和煤炭）优先发展燃料和能源工业。未来碳密集型能源出口可能会面临来自国外的诸多限制，高碳项目融资将更加困难，而俄罗斯公司还可能面临引入碳排放税的可能。对此，相关人士表示，清洁能源问题将在新冠疫情后被提上更高层级会议议程。

第二节 俄罗斯能源分布与消费结构

一 能源分布

从能源资源的分布来看，无论是苏联时期还是目前的俄罗斯，其主要特点是储量丰富、种类齐全、自给程度高，但分布极不平衡，产地与消费地之间矛盾突出。

苏联的领土和经济区基本上可以划分为两大板块，即欧洲板块和东部板块（包括西伯利亚与远东）。苏联时期的生产能力主要集中在欧洲地区，而资源则集中在东部地区。以能源为例，苏联在一个很长时期内特别是 20 世纪 60 年代，对西伯利亚石油与天然气大规模开发后，占工农业产值和能源消耗量 4/5 的欧洲地区只拥有能源资源的 1/10，而占工农业产值1/10的东部地区却拥有能源储量的9/10。作为苏联继承国的俄罗斯，其能源布局在苏联解体后并未发生根本改变。

（一）石油

俄罗斯的主要含油区有三个：一是伏尔加—乌拉尔含油区，面积为78万平方千米，共发现900多个油气田，其中最大的罗什金油田含油面积达400平方千米；二是西西伯利亚含油区，面积为350万平方千米，共发现300多个油气田，其中以萨莫特洛尔油田规模最大；三是东西伯利亚含油区，面积为400万平方千米，已发现几十个油气田，预测石油资源为115亿吨。另外，在俄罗斯的蒂曼—伯朝拉盆地也发现了70多个油气田。俄罗斯原始石油资源的53%集中在西西伯利亚，14%在伏尔加—乌拉尔地区，13%在东西伯利亚（包括萨哈共和国），5%在欧洲部分的北部地区，12%在海上。全俄原始石油资源量的探明程度平均为33%，各区差异很大，其中海上仅为2%，老油区则高达79%—80%。剩余探明石油储量的分布状况如下：西西伯利亚约占72%，伏尔加—乌拉尔区占14%，欧洲部分的北部地区占7%，东西伯利亚占4%。近年来，老油区原始资源的探明程度不断加大，其中伏尔加—乌拉尔区达68.2%，西西伯利亚也超过37%。[1]

英国伍德麦肯锡咨询公司的一份专门报告估计，目前俄罗斯的剩余ABCI级石油储量为1160亿桶（约160亿吨），CI级约为300亿桶（约41亿吨）。[2] ABCI和C2级储量按地区分布的情况见表8-6和表8-7。

表8-6　　　　　　俄罗斯ABCI石油储量分布状况　　　　　（单位：%）

	比例		比例
西西伯利亚	74	东西伯利亚	4
伏尔加—乌拉尔	10	远东	2
蒂曼—伯朝拉	7	其他地区	3

资料来源：戚文海：《中俄能源合作战略与对策》，社会科学文献出版社2006年版，第5页。

---

[1] 戚文海：《中俄能源合作战略与对策》，社会科学文献出版社2006年版，第3页；张华、鹿爱莉：《俄罗斯能源政策及油气分布》，《天然气经济》2003年第6期。

[2] 戚文海：《中俄能源合作战略与对策》，社会科学文献出版社2006年版，第4页。

表 8-7　　　　　　　俄罗斯 C2 级石油储量分布状况　　　　　（单位：%）

	比例		比例
西西伯利亚	61	伏尔加—乌拉尔	5
东西伯利亚	14	远东	3
蒂曼—伯朝拉	14	其他地区	3

资料来源：戚文海：《中俄能源合作战略与对策》，社会科学文献出版社 2006 年版，第 5 页。

另据估计，截至 2004 年 1 月 1 日，俄罗斯待发现的石油资源量（YTE）为 900 亿桶（约 124 亿吨），其按地区分布状况见表 8-8。

表 8-8　　　　　　　　俄罗斯待发现的石油资源　　　　　　（单位：%）

	比例		比例
西西伯利亚	56	蒂曼—伯朝拉	5
东西伯利亚	15	北高加索	4
远东	10	其他地区	2
伏尔加—乌拉尔	8	—	—

资料来源：戚文海：《中俄能源合作战略与对策》，社会科学文献出版社 2006 年版，第 5 页。

俄罗斯的石油资源主要集中在西西伯利亚，其主要油田分布在鄂毕河中游地区，采油中心主要有秋明州的苏尔古特、尼日涅瓦托夫斯克、乌拉尔与托木斯克州的斯特列热沃依。这些地区的采油量占俄罗斯石油总产量的 70% 左右。

从全国范围来看，俄罗斯的石油生产主要集中在几个大公司，最大的 4 家石油公司是俄罗斯石油公司、卢克石油公司、TNK-BP 公司与苏尔古特石油公司。这 4 家石油公司的石油产量在 2008 年全俄罗斯石油产量中占 68.6%（见表 8-9）。

表 8-9　　　　2007—2008 年俄罗斯石油公司的石油产量　　（单位：万吨,%）

石油公司	2007 年	2008 年	2008年产量占全国产量的比重	2008年产量/2007年产量
俄罗斯石油公司	11040	11380	23.3	103.1
卢克石油公司	9140	9020	18.5	98.7
TNK-BP 公司	6940	6880	14.1	99.1
苏尔古特石油公司	6450	6170	12.7	95.7
天然气工业石油公司	3260	3070	6.3	94.2
鞑靼石油公司	2590	2610	5.4	100.8
斯拉夫石油公司	2090	1960	4.0	93.8
鲁斯石油公司	1410	1420	2.9	100.7
天然气工业股份公司	1320	1270	2.6	96.2
巴什石油公司	1180	1170	2.4	99.2
其他	3653	3810	7.8	104.3
全国合计	49073	48760	100	99.3

资料来源：俄罗斯经济发展部。

另据分析，8 大石油公司（俄罗斯石油公司、卢克石油公司、苏尔古特石油公司、天然气工业石油公司、鞑靼石油公司、斯拉夫石油公司、巴什石油公司、鲁斯石油公司）垄断了俄罗斯原油产量的 80% 以上。2013—2021 年，该 8 大公司的原油产量每年占俄罗斯原油总产量的比例分别为 84.3%、83.8%、82.7%、81.2%、80.7%、81.6%、79.7%、78.4%、76.1%。[1]

（二）天然气

俄罗斯天然气的主要产地是西西伯利亚。如果说西西伯利亚的石油产

---

[1] 岳小文：《2014 年俄罗斯油气工业综述》，《国际石油经济》2015 年第 4 期；岳小文：《2015 年俄罗斯油气工业综述》，《国际石油经济》2016 年第 4 期；岳小文：《2016 年俄罗斯油气工业综述》，《国际石油经济》2017 年第 4 期；岳小文：《2017 年俄罗斯油气工业综述》，《国际石油经济》2018 年第 4 期；岳小文：《俄罗斯油气工业发展平稳——2018 年俄罗斯油气工业综述》，《国际石油经济》2019 年第 4 期；岳小文：《油气产量略有增长未来发展面临严峻挑战——2019 年俄罗斯油气工业综述》，《国际石油经济》2020 年第 4 期；岳小文、朱新宇等：《2020 年俄罗斯油气工业综述》，《国际石油经济》2021 年第 5 期；岳小文、刘成浩等：《油气工业恢复性增长——2021 年俄罗斯油气工业综述》，《国际石油经济》2022 年第 5 期。

量占俄罗斯石油总产量的70%左右的话,天然气则高达90%。从俄罗斯天然气剩余探明量的分布来看,欧洲部分为4.8万亿立方米,占10.2%;西西伯利亚为36.1万亿立方米,占77%;东西伯利亚和远东为2.2万亿立方米,占4.7%;海上为3.8万亿立方米,占8.1%。[1] 西西伯利亚的天然气田主要集中分布在纳蒂姆、乌连戈伊、别列佐沃、扬堡等地。

俄罗斯的天然气田可分为天然气田(G)、石油天然气田(OG)、石油天然气凝析油田(OGC)和天然气凝析油田(GC)四大类,按规模可分为特大型(储量>3000亿立方米)、大型(300亿—3000亿立方米)、中等(50亿—300亿立方米)、小型(10亿—50亿立方米)和极小型(储量<10亿立方米)五种。目前,俄罗斯共有932个气田,其中特大型气田29个,集中了全俄罗斯72%的天然气储量,剩余的21%天然气储量主要汇集在81个大型气田中。从地域分布来看,西西伯利亚盆地拥有250多个气田,拥有俄罗斯天然气ABC1+C2级总储量的66.15%和潜在资源量(C3+D1+D2)的近2/3,其中21个是储量超过5000亿立方米的大型气田。亚马尔—涅涅茨自治区的天然气储量占全俄罗斯的55%以上,21个大型气田中有11个分布于此。东西伯利亚油气区的天然气储量约占全俄罗斯的12%,其中绝大多数位于莉娜—通古斯油气区(11%)。近里海地区油气区的天然气储量约占全俄罗斯的7%。伏尔加—乌拉尔油气区的天然气储量只占全俄罗斯的不到1%。周边海域的天然气储量约占全俄罗斯的14%—15%,主要位于巴伦支海、喀拉海和鄂霍茨克海。[2]

俄罗斯的天然气生产主要集中于俄罗斯天然气工业股份公司(Gazprom)、卢克石油公司、俄罗斯石油公司和Novatek公司,其产量占全俄罗斯天然气产量的85%左右。其中,俄罗斯天然气工业股份公司规模最大,被称为俄罗斯天然气工业的"航空母舰",其天然气产量一直占据全俄罗斯天然气生产的大半个江山,2007—2021年的占比分别为84.2%、82.9%、79.1%、78.4%、76.7%、74.6%、73.0%、67.5%、65.9%、

---

[1] 戚文海:《中俄能源合作战略与对策》,社会科学文献出版社2006年版,第10—11页。
[2] 阿依莎:《俄罗斯天然气工业前景分析》,硕士学位论文,中国石油大学,2018年,第7—8页。

65.5%、68.2%、68.6%、67.8%、65.3%、67.5%。①

（三）煤炭

与石油、天然气一样，俄罗斯的煤炭储量分布也极为不平衡，根据《2030年前俄罗斯能源战略》，其超过80%的煤炭储量集中在西伯利亚，而欧洲地区的煤炭储量只有10%。根据 C.3.日兹宁提供的材料，俄罗斯西部蕴藏着全国煤炭总量的20%，这里的煤炭薄且埋藏深，开采成本较高。俄罗斯共有22个煤田，主要有欧洲部分的顿涅茨克煤田、伯朝拉煤田，西伯利亚地区的库兹巴斯煤田、坎斯克—阿钦斯克煤田、伊尔库茨克煤田、米努辛斯克煤田，东部地区的南雅库特煤田等。这些煤田的储量占全俄罗斯煤炭总储量的约85%。目前，俄罗斯共有超过180家私营企业集团从事煤炭行业经营，主要由十几家大型煤炭和冶金控股公司主导。全俄罗斯50%以上的煤炭产量集中于西伯利亚能源股份公司、乌拉尔采矿冶金公司、西伯利亚实业联盟煤炭股份公司、欧洲钢铁工业集团和米切尔矿业公司五大公司，其中西伯利亚能源股份公司是俄罗斯最大的煤炭生产商，世界排名第十。②

按照2020年版《俄罗斯2035年前能源战略》的规划，未来俄罗斯将加大煤炭工业的投入和产出，2024年前煤炭年开采量将达到4.48亿—5.30亿吨，2035年达到4.85亿—6.68亿吨。

（四）电力

电力工业有三大特点：第一，电力与石油、天然气和煤炭等蕴藏在

---

① 岳小文：《2008年俄罗斯油气工业综述》，《国际石油经济》2009年第4期；岳小文：《2009年俄罗斯油气工业综述》，《国际石油经济》2010年第4期；岳小文：《2010俄罗斯油气工业综述》，《国际石油经济》2011年第4期；岳小文：《2011年俄罗斯油气工业综述》，《国际石油经济》2012年第4期；岳小文：《2013年俄罗斯油气工业综述》，《国际石油经济》2014年第4期；岳小文：《2014年俄罗斯油气工业综述》，《国际石油经济》2015年第4期；岳小文：《2015年俄罗斯油气工业综述》，《国际石油经济》2016年第4期；岳小文：《2016年俄罗斯油气工业综述》，《国际石油经济》2017年第4期；岳小文：《2017年俄罗斯油气工业综述》，《国际石油经济》2018年第4期；岳小文：《俄罗斯油气工业发展平稳——2018年俄罗斯油气工业综述》，《国际石油经济》2019年第4期；岳小文：《油气产量略有增长未来发展面临严峻挑战——2019年俄罗斯油气工业综述》，《国际石油经济》2020年第4期；岳小文等：《2020年俄罗斯油气工业综述》，《国际石油经济》2021年第5期；岳小文等：《油气工业恢复性增长——2021年俄罗斯油气工业综述》，《国际石油经济》2022年第5期。

② ［俄］C.3.日兹宁：《俄罗斯能源外交》，王海运、石泽译审，人民出版社2006年版，第80—81页；徐鑫：《近30年来俄罗斯煤炭工业发展及未来趋势》，《中国煤炭》2021年第2期。

地下的能源资源不同，其分布受自然条件的影响较小，易于实现生产地与消费区的就近布局；第二，电力工业具有极强的关联性和平衡性，电能具有不可大规模储存的性质，因此必须保证发电、输电、供电、用电等各个环节间的密切衔接与动态平衡；第三，电力工业是资金和技术密集型部门，必须运用大量先进的自动化生产设备和技术，以保证各个环节的稳定与平衡，电网的建设、运营和维护也需要大量技术设备和投资。另外，电力生产规模取决于电力设备的容量，这往往需要大量资金的投入。

2008年电力工业改革结束后，俄罗斯电力工业彻底摒弃了以往的垂直一体化垄断结构，在发电和售电环节实行了私有化，而在输电和配电环节继续坚持国家垄断，由新成立的独立公司进行管理。俄罗斯统一电力系统是俄电力工业的主体，其发电量占全国总发电量的96.5%，而且基本覆盖了俄罗斯所有区域。该系统由7个联合电网组成，分别是远东联合电网、西伯利亚联合电网、乌拉尔联合电网、中伏尔加联合电网、南方联合电网、中部联合电网和西北联合电网。俄罗斯的电力工业主要分布在三个地区，即欧洲地区、西伯利亚地区和远东地区，其中欧洲地区、西伯利亚地区和远东地区的装机容量分别占全国总装机容量的75%、21%和4%。

二　燃料结构

从燃料的开采结构来看，1955年前煤炭在苏联燃料结构中一直居主要地位，一般占60%以上（1950年与1955年分别占66.1%与64.8%），如果加上泥炭、油页岩和薪柴等低值燃料，则占80%左右，而石油与天然气的比重不大（分别只占17%—19%与2%）。20世纪50年代中期以后，随着石油、天然气产量的不断增加，其在燃料结构中的比重也逐步上升。从1970年开始，石油所占比重超过了40%（1970年为41.1%，1980年为45.5%），天然气所占比重超过了20%（1970年为19.1%，1980年为27.1%）。这意味着，1980年石油与天然气在苏联的燃料结构中已占到了72.6%，而煤炭的比重则下降到25.2%。此后这一结构进一步改变，石油的比重逐步下降，天然气的比重逐渐提升。1985年石油的比重已降至40%以下（为39.8%），天然气的比重则提升到35.5%（见表8-10）。

表 8-10　　　　　　　　苏联时期燃料开采结构　　　　　　　（单位：%）

	总计	石油（包括凝析油）	天然气	煤炭	其他燃料
1940 年	100	18.7	1.8	59.1	20.4
1950 年	100	17.4	2.3	66.1	14.2
1955 年	100	21.1	2.4	64.8	11.7
1960 年	100	30.5	7.9	53.9	7.7
1965 年	100	35.8	15.5	42.7	6.0
1970 年	100	41.1	19.1	35.4	4.4
1975 年	100	44.7	21.8	30.0	3.5
1980 年	100	45.5	27.1	25.2	2.2
1982 年	100	44.0	29.7	24.1	2.2
1985 年	100	39.8	35.5	22.8	1.9

注：按换算为标准燃料，即 7000 大卡计算。

资料来源：陆南泉等编：《苏联国民经济发展七十年》，机械工业出版社 1988 年版，第 152 页。

自 1992 年以来，在俄罗斯燃料开采结构中天然气的比重继续上升，1995 年达到了 48.8%。之后虽有所下降，但仍保持在 40% 以上。与此同时，煤炭的比重则大幅度下降，仅略高于 10%（见表 8-11）。

表 8-11　　　　　　　　俄罗斯燃料开采结构　　　　　　　　（单位：%）

	总计	石油（包括凝析油）	天然气	煤炭	其他燃料
1995 年	100	31.2	48.8	12.5	7.5
2000 年	100	32.9	47.7	11.5	7.9
2001 年	100	34.2	46.1	11.7	8.0
2002 年	100	36.1	45.6	10.8	7.5
2003 年	100	37.5	44.6	11.0	6.9
2004 年	100	38.9	43.3	10.8	7.0
2005 年	100	39.0	42.9	11.2	6.9
2006 年	100	38.9	42.9	11.3	6.9
2007 年	100	39.5	42.4	11.5	6.6

资料来源：根据《2008 年俄罗斯统计年鉴》（俄文版）编制。

燃料开采结构的变化与能源消费结构的变化密切相关。在俄罗斯1990年的能源消费结构中石油占29.1%，天然气占41.6%，煤炭占21.3%，火电核电占6.4%，但到2001年上述指标则分别为23.2%、47.8%、17.6%与59.3%。①

从能源消费结构来看，2008年俄罗斯一次能源消费结构中石油和天然气的比例分别为46.9%和36.3%。② 2018年，俄罗斯一次能源总消费量为720.7百万吨油当量。其中，煤炭消费量为88百万吨油当量，占俄罗斯一次能源消费量的12.2%；石油消费量为152.3百万吨油当量，占俄罗斯一次能源消费量的21.1%；天然气消费量为390.8百万吨油当量，占俄罗斯一次能源消费量的54.2%；核能消费量为46.3百万吨油当量，占俄罗斯一次能源消费量的6.4%；水能消费量为43百万吨油当量，占俄罗斯一次能源消费量的6.0%；太阳能、风能等消费量为0.3百万吨油当量，占俄罗斯一次能源消费量的比重忽略不计。③ 有关俄罗斯能源结构的变化趋势见表8-12。

表8-12　　　　1990—2020年俄罗斯一次能源结构变化　　　（单位：%）

	1990年	1998年	2010年	2020年
一次能源生产结构	100	100	100	100
天然气	39.8	50	51	48
石油	39.9	31.6	28.8	27.9
煤炭	14.1	11.1	12.4	14.8
核电、水电	5	6.6	6.8	7.9
其他	1.2	0.7	1	1.4
一次能源消费结构	100	100	100	100
天然气	43.5	50.3	49.4	44.6
石油	28.3	21.2	20.4	21.2
煤炭	20.3	17.5	18.1	20.8

① 戚文海：《中俄能源合作战略与对策》，社会科学文献出版社2006年版，第193—194页。
② 吕连宏、罗宏：《金砖四国的能源消费状况比较研究》，《中国能源》2009年第9期。
③ 《世界能源第三篇：全球15大国家一次能源消费结构》，2019年12月31日，个人图书馆，http://www.360doc.com/content/19/1231/08/9795028_883256413.shtml。

续表

	1990 年	1998 年	2010 年	2020 年
核电、水电	6.3	9.4	9.5	10.6
其他	1.6	1.6	2.6	2.8

资料来源：戚文海：《中俄能源合作战略与对策》，社会科学文献出版社2006年版，第198页。

2019年，俄罗斯天然气供应占比为54%，石油、煤炭分别占比19.3%和16.1%，化石能源在一次能源供应结构中的占比接近90%，风电和光伏在一次能源供应中占比不足0.1%。[1]

第三节 俄罗斯能源战略与政策

鉴于能源在俄罗斯经济发展和对外关系中的极端重要性，俄政府历来十分重视能源工业的发展，近30年来先后颁布了几十个有关能源发展的政策文件，制定了完整的能源战略。

一 能源工业的重要地位

19世纪末20世纪初，能源特别是石油已在俄国国民经济和外交中发挥了重要作用。在经历了西方短暂的封锁和围困后，20世纪20年代苏联石油部门重返世界市场。从50年代中期开始，苏联不仅向经互会成员国提供石油，而且大力开拓国际市场。其中影响最大的是60年代敷设的"友谊"输油管道，该管道总长5327千米，是当时世界上最长的输油管道之一。[2] 50年代后期，苏联提出了加速发展石油、天然气工业的方针，大大增加了对石油与天然气部门的投资，石油和天然气产量快速提升。1956—1960年，苏联石油产量的年均增长率为15.8%，天然气为38.2%，1961—1965年石油与天然气的年均增长率分别为10.4%与23%。特别是60年代初发现秋明

---

[1] 《俄罗斯能源电力概况及政策》，2021年12月9日，国际风力发电网，https://wind.in-en.com/html/wind-2413294.shtml。

[2] [俄] C.З.日兹宁：《俄罗斯能源外交》，王海运、石泽译审，人民出版社2006年版，第3页。

大油田①之后，苏联的油气产量大幅度增加。1960—1980 年，苏联的石油开采量年均增长 2200 万—2700 万吨，②是苏联石油开采量增长最快的时期。1963 年的石油产量为 2.06 亿吨，而到 1976 年已超过 5 亿吨（5.2 亿吨），1980 年更达到 6.032 亿吨。与此同时，天然气的产量亦由 898.32 亿立方米增加到 3209.53 亿立方米。这为苏联大量出口石油和天然气奠定了坚实的基础。据苏联国家计委所属全苏燃料动力综合问题科学研究所的分析，20 世纪 80 年代苏联燃料动力资源占出口外汇收入总额的比重为 40%—52%（1984 年高达 55%，为历年之最）。出口总收入中石油出口的比重，1980 年为 36.4%，1985 年为 38.8%，1987 年为 33.5%。③然而，大量石油和天然气出口给苏联带来巨额外汇收入的同时，也为其埋下了重大隐患。一方面，石油、天然气工业是苏联经济的支柱产业，对支撑苏联经济发展的作用越来越大；另一方面，其掩盖了苏联经济中的种种困难，大大迟滞了经济改革与产业结构的调整。正如俄罗斯学者所言："多年来石油美元一直在帮助国家领导层'艰难度日'。"④这在勃列日涅夫时期表现得尤为明显。戈尔巴乔夫在 1988 年苏共中央二月全会上指出，20 世纪 80 年代初苏联经济的缓速增长很大程度上是在不正常的基础上实现的，是依靠某些临时性因素达到的，即依靠在国际市场上高价出售石油、大量生产和出售对人体健康有害的酒精饮料等。如果排除这些因素，差不多有 4 个五年计划期间的国民收入绝对额没有增加。⑤阿尔巴托夫对此分析道："由于石油财富突然从天上落到了我们手里，于是我们就冻结了把经济改革推向前进的尝试，取消了研究科技革命的中央全会。""在 70 年代末 80 年代初，不论是我还是我的许多同事都不止一次地想到，西西伯利亚石油挽救了我国经济。而后来开始得出结论，这个财富同时又严重破坏了我国经济，它使我们不可饶恕地丢失了许多时间，长久地推迟了已经

---

① 秋明大油田于 1964 年 5 月正式出油，到 1974 年产量超 1 亿吨。
② 陆南泉主编：《苏联经济》，人民出版社 1991 年版，第 40 页。
③ 郭连成主编：《经济全球化与转轨国家经济发展及其互动效应》，经济科学出版社 2007 年版，第 205 页。
④ ［俄］C. 3. 日兹宁：《俄罗斯能源外交》，王海运、石泽译审，人民出版社 2006 年版，第 2 页。
⑤ 有关这一问题的分析，详见陆南泉《苏联经济体制改革史论（从列宁到普京）》，人民出版社 2007 年版，第 396—397 页。

成熟甚至过分成熟的改革","那时我们把载能体出口无限度地增长,从这里找到了摆脱一切灾难的灵丹妙药"。①

俄罗斯独立后,上述情况不仅没有发生根本性变化,反而其对能源的依赖度进一步提高。整个20世纪90年代,矿产资源在俄罗斯出口中的比重为42%—48%,2000年更是高达53.8%,其中燃料动力资源出口的占比近52%。② 2000年俄罗斯石油出口同比上升7.1%,受国际市场油价大幅上涨的影响,收入增加了78.8%。③ 俄罗斯杜马信贷政策委员会主席绍兴认为,国际原材料市场价格上涨对2000年、2001年、2002年俄罗斯经济增长的贡献率分别为70%、30%、70%。2003年的经济增长依然与国际能源市场价格大幅上涨有关。尽管十几年来,能源等原材料出口对俄罗斯经济增长的作用有所下降,但其经济对能源的依赖依然十分明显。2010—2014年,能源部门贡献了俄罗斯GDP的近33%、联邦财政收入的50%左右和总出口的65%左右,2014年甚至贡献了出口的69.5%。④ 据俄罗斯有关专家测算,从对GDP增长的作用来看,世界市场上每桶石油上涨或下跌1美元,会直接导致俄罗斯经济增长或下降0.3个百分点;能源部门的产值占俄罗斯工业产值的1/3,出口收入占GDP的1/4;能源产业提供的财政收入占俄罗斯预算收入的30%—40%,出口收入占外汇收入的45%左右。

以上分析表明,无论在苏联时期还是当代俄罗斯,能源工业始终是国民经济的支柱产业,发挥着举足轻重的作用。能源还是俄罗斯推行其对外政策的重要资源,在对外关系中产生了重大影响。

二 能源战略

苏联解体后,为了恢复和重建俄罗斯经济,稳定国内政局和联邦中央对全国的掌控,重构外交关系格局是俄罗斯政府面临的首要而重大的挑

---

① [俄]格·阿·阿尔巴托夫:《苏联政治内幕:知情者的见证》,徐葵等译,新华出版社1998年版,第299—301页。
② 郭连成主编:《经济全球化与转轨国家经济发展及其互动效应》,经济科学出版社2007年版,第205页。
③ 《普京文集》,中国社会科学出版社2002年版,第80页。
④ 徐坡岭、周才荃:《俄罗斯对能源化工行业的期望、政策扶持与发展前景》,《欧亚经济》2020年第3期。

战。为了实现上述目标，充分利用丰富的能源资源就成为决策者的必然考虑。为了统筹规划国家的能源发展，1992年9月，联邦政府批准了由俄罗斯国家燃料动力部、经济部、科技部和俄罗斯科学院共同起草的《新经济条件下的俄罗斯能源政策基本构想》，这是俄罗斯第一部能源战略报告。随后，1994年12月又公布了《2010年前俄罗斯能源战略纲要》，1995年颁布了《2010年前俄罗斯联邦能源战略基本方向》和《俄罗斯能源战略基本原则》，1998年通过了《俄罗斯能源安全学说》，2003年颁布了《2020年前俄罗斯能源战略》，2009年颁布了《2030年前俄罗斯能源战略》，2012年制定了《2030年前俄罗斯化学和石化综合体发展战略》和《俄罗斯能源安全论》，2014年颁布了《2035年前俄罗斯能源战略》，2019年通过了新版的《俄罗斯能源安全论》，2020年6月通过了新版的《俄罗斯2035年前能源战略》。与此同时，还针对某些具体能源部门制定了一系列政策文件，如2006年的《俄罗斯联邦天然气出口法》，2007年的《在东西伯利亚和远东地区建设天然气开采、运输、供应统一系统及向中国和亚太地区其他国家出口天然气的规划》，2009年的《俄罗斯2030年前天然气行业发展总体纲要》（天然气领域第一个全国性行业发展纲要），2011年的《俄罗斯2020年前石油行业发展总体纲要》、新版的《俄罗斯2030年前天然气行业发展总体纲要》和《2030年俄罗斯大陆架开发国家规划草案》，2019年的《俄罗斯油田开发与原油产量提升路线图（2019—2024年）》等。

其中，《俄罗斯2035年前能源战略》更具有全面指导意义，对能源工业的发展目标、任务与优先方向等一系列重要问题作出了明确规定。其从能源安全、能源效率、经济效率和能源可持续发展四个方面论述了俄罗斯能源战略的基本框架。该战略指出，俄罗斯能源战略的目标是通过最大限度地有效利用自然燃料动力资源和能源部门的潜力，实现国民经济增长和本国人民生活水平的提高；能源战略的主要任务是，在发挥现有潜力、制定燃料动力综合体优先发展方向、确立国家能源政策实施机制和具体措施并充分把握政策实施前景的基础上，明确根本改变燃料动力综合体现状、提升综合体产品和服务国际竞争力的有效途径，巩固和保持俄罗斯在世界能源市场上的地位。

俄罗斯能源战略的优先方向如下。

——以低廉且有利节能的价格为国民经济和居民提供全面与可靠的能

源保障，降低能源保障领域的风险并防止危机发生。

——通过对石油和天然气的合理利用及采用节能技术和设备，降低油气开采、加工及燃料动力综合体产品运输和销售过程中的损耗，减少能源生产和使用的单位成本。

——通过加强能源部门的资金保障和提高现有潜力的利用效率，保障国家社会经济的平稳发展。

——实现能源生产和消费结构的合理化。为此，要推进一系列项目的实施，包括在东部建立石油天然气综合体，开发北极地区和北部大陆架资源，发展工艺节能，发展国内能源基础设施等。

——通过经济刺激和完善生产结构，以及引进能源开采、加工、运输、销售和消费新技术，发挥节能潜力和提高能源效率，最大限度地减少环境污染。

——参与全球能源安全体系的建立，促进能源出口多元化；在稳定与能源传统出口对象之间关系的同时，积极开拓新的能源市场。

实现上述目标的主要手段是建立文明的能源市场，建立能源市场主体间及市场主体与国家间的非歧视性经济关系。为此，国家在对自身作为能源市场经营主体的作用进行约束的同时，要加强其作为市场调节者在培育市场要素方面的作用。

国家调节能源市场的主要途径如下。

——建立合理的市场环境（包括采取调节有关税、费、关税和反垄断等的措施及燃料动力综合体改制措施）。

——提高国有资产管理效率。

——制定先进的技术条例、国家标准和规范体系，以提高对能源部门管理的有效性并鼓励节能。

——鼓励和支持在能源投资、创新和节能等方面具有战略意义的提案。

随着能源在世界经济与政治中的作用日益提高，俄罗斯在对外关系中也更加强化能源战略，努力打造能源大国的地位。2005年12月，普京在俄罗斯国家安全会议上发表了题为"俄罗斯在保障国际能源安全中起着举足轻重的作用"的讲话。讲话的主要内容有以下几点。第一，强调能源对世界经济的作用。普京指出："能源无论如何是推动世界经济进步的最重要动力。过去一直如此，在今后很长一段时间内还将是如此。这就意味着它对地球上数十亿居民的福祉具有直接影响。"第二，强调俄罗斯能源在世界经济中的重要作用。普京指出，俄罗斯对保障全球和地区能源安全作出了有分量的贡献。"我们珍惜我们在能源资源市场上赢得的牢固的、可靠的和负责任的声誉。目前我国已在世界天然气出口方面占据第一的位置，在石油和石油产品出口中则占据了第二的位置。"未来俄罗斯要"在世界能源中占据魁首的地位"。第三，强调要加快能源工业的技术创新。普京指出："光是增加能源生产和出口规模是不够的。俄罗斯应该在能源创新中，在新技术方面以及在寻找节约资源和地下储藏的现代化形式方面成为'潮流引领者'。"为此，一是要在改善能源企业经营环境与提高管理质量的基础上，提高其投资吸引力，并采纳这一领域的最新科研成果；二是密切关注矿物原料基础的再生产与发展；三是加速对燃料动力综合体的技术基础和装备更新，并改善交通基础设施。第四，强调加强国际合作。普京指出，俄罗斯的"燃料能源公司现在有足够的、像样的条件可既参加国内的也参加国际的共同项目，加强自己的国际地位。国家在这方面应该相应地提供政策、法律、行政和组织上的支持"。第五，强调亚太地区的重要性。普京指出，要加强俄罗斯资源出口路线的多样化，"开辟新的有前景的市场，其中包括亚太地区"。"首先是石油管道，但是也不排除天然气管道。"俄罗斯政府已讨论了"我们的动力资源如何进入亚太地区市场的问题"。[①] 这表明，俄罗斯将更加积极地推行能源外交，为俄罗斯争取最大的政治、经济与外交利益。在2006年7月举行的圣彼得堡"八国集团"峰会上，俄罗斯将全球能源安全列为会议的主题之一，主张进一步加强与世界各国在能源领域的多边合作。会议通过的《圣彼得堡能源安全行动计划》指出：只有通过能源输出国和进口国的共同努力才能保障能源安全；应着力解决一些国家的能源短缺问题；应加大对能源部门的投资；应深化能源生产、消费与过境运输国之间和对话；要加强能源运输的反恐合作，保障能源基础设施的安全；探讨核能与新能源开发合作的新方式等。

在俄罗斯颁布的各类能源战略和政策报告中，促进能源和能源产品出口、加强国际能源合作，保障俄罗斯在国际能源市场上的优势地位，均是

---

① 这里所引用的普京的讲话内容，参见《普京文集（2002—2008）》，中国社会科学出版社2008年版，第235—239页。

俄罗斯能源战略的重要内容。《俄罗斯2035年前能源战略》明确指出，俄罗斯不能仅从追求短期收入最大化的角度理解对外能源战略，而应将其视为解决国家和世界问题的手段。欧洲和独联体将是俄罗斯能源出口的主要市场，但对亚太地区市场的能源出口将大幅增长，其在2035年前俄罗斯能源出口中的比重会有很大提高（原油和成品油出口将从12%增长到23%，天然气从6%增加到31%）。①

三　能源政策

俄罗斯的能源政策着眼于其能源战略总目标的实现。根据有关文件与近年来俄罗斯的实际情况，笔者将俄罗斯的能源政策归纳如下。

（一）政治影响力和经济利润是俄罗斯能源政策的两大核心目标。②俄罗斯丰富的资源禀赋能够被用来提升国家的经济和政治地位。

（二）增加能源领域的投资。能源在俄罗斯现代化进程中扮演着极其重要的角色，能源工业成为俄罗斯最重要的工业部门之一，但长期以来却面临着设备老化、技术更新缓慢等问题。《俄罗斯2035年前能源战略》指出，能源部门固定资产损耗率过高（超过了50%），而20世纪90年代燃料动力综合体新生产设备的使用则大量减少，石油加工企业的设备老化率高达65%，同时能源开采技术落后于世界水平，利用先进的油层控制法开采石油的比例很低。为了改变这种状况，需要大大增加对能源部门的投资。

1992年俄罗斯对燃料动力综合体的投资占工业投资总额的50%，1995年上升到64%。普京执政后，能源部门仍是俄罗斯投资的重点。2000年对燃料动力部门固定资产的投资为1950亿卢布，2006年为6369亿卢布，6年增加了约2.3倍。燃料动力部门固定资产投资占整个固定资产投资中的比重一般为14%—17%。外资投入燃料开采部门的比重2003年为17.3%，2004年为21.6%，2005年为9.6%，2006年为14.1%。③从2012年开始，俄罗斯明显加大了对石油化工领域的投资规模，2012—2018年石化

---

① 刘乾：《俄罗斯能源战略与对外能源政策调整解析》，《国际石油经济》2014年第4期。
② ［美］安琪拉·斯登特：《有限伙伴：21世纪美俄关系新常态》，欧阳瑾、宋和坤译，石油工业出版社2016年版，第208页。
③ 《2007年俄罗斯统计年鉴》（俄文版），第708—709、723页。

工业的固定资产投资总额达2万亿卢布。① 2019年9月，俄罗斯能源部长诺瓦克表示，2024年前俄罗斯对能源领域的投资将增加40%。②

（三）加强国际能源合作，积极开展能源外交。能源外交是俄罗斯发展国民经济、拓展外交空间、扩大地缘政治影响和维护国家利益的重要工具。2004年10月，俄罗斯外长C.B.拉夫罗夫在第四个全俄石油和天然气周活动上的讲话指出，俄罗斯能源外交政策的优先方向之一是进一步扩大与深化与外国的互利合作，俄罗斯能源外交应当有地区重点与全球重点。普京也多次就俄罗斯的能源外交问题发表观点。在前述各俄罗斯能源战略和政策报告中，能源外交都是其重要组成部分。总体来看，这一政策措施大体包括以下内容。

第一，稳定与保持一定的能源（特别是油气）出口水平。进入21世纪以来，俄罗斯的能源出口一直在高位运行，尽管在不同年份有所起伏，但从2004年以后处于相对平稳的状态（见表8-13）。

表8-13　　　　　　　　　俄罗斯石油、天然气出口量

（单位：亿吨，亿美元，亿立方米）

	石油		天然气	
	出口量	价值	出口量	价值
2000年	1.45	252.84	1940	166.44
2004年	2.58	583.21	2000	218.53
2005年	2.53	834.38	2070	313.74
2006年	2.48	1023.83	2030	438.06
2007年	2.59	1141.45	1910	427.6
2008年	2.43	1516.69	1962	664.0
2009年	2.48	935	1683	394
2010年	2.48	1290	1791	435
2011年	2.43	1832.22	1897	686

---

① 徐坡岭、周才莘：《俄罗斯对能源化工行业的期望、政策扶持与发展前景》，《欧亚经济》2020年第3期。

② 《俄罗斯能源部长诺瓦克：俄罗斯在能源领域的投资在2024年前将增加40%》，2019年9月5日，金投网，https://forex.cngold.org/fxb/c5183670.htm。

续表

	石油		天然气	
	出口量	价值	出口量	价值
2012 年	2.40	—	—	—
2013 年	2.35	1724.9	1960	—
2014 年	2.21	—	1726	547.31
2015 年	2.42	888.87	1855	418.49
2016 年	2.55	736.19	1987	311.96
2017 年	2.53	937.11	2102	380.46
2018 年	2.6	1289.6	2206	491.94
2019 年	2.68	1215.15	2199	415.61
2020 年	2.39	723.66	1992	252.98
2021 年	2.32	1110	2044	542.97
2022 年	2.42	1800	1844	800

资料来源：《2007 年俄罗斯统计年鉴》（俄文版），第 760 页；俄罗斯经济发展部；岳小文：《2008 年俄罗斯油气工业综述》，《国际石油经济》2009 年第 4 期；岳小文：《2009 年俄罗斯油气工业综述》，《国际石油经济》2010 年第 4 期；岳小文：《2010 年俄罗斯油气工业综述》，《国际石油经济》2011 年第 4 期；岳小文：《2011 年俄罗斯油气工业综述》，《国际石油经济》2012 年第 4 期；岳小文：《2013 年俄罗斯油气工业综述》，《国际石油经济》2014 年第 4 期；岳小文：《2014 年俄罗斯油气工业综述》，《国际石油经济》2015 年第 4 期；岳小文：《2015 年俄罗斯油气工业综述》，《国际石油经济》2016 年第 4 期；岳小文：《2016 年俄罗斯油气工业综述》，《国际石油经济》2017 年第 4 期；岳小文：《2017 年俄罗斯油气工业综述》，《国际石油经济》2018 年第 4 期；岳小文：《俄罗斯油气工业发展平稳——2018 年俄罗斯油气工业综述》，《国际石油经济》2019 年第 4 期；岳小文：《油气产量略有增长　未来发展面临严峻挑战——2019 年俄罗斯油气工业综述》，《国际石油经济》2020 年第 4 期；《2020 年俄罗斯石油出口同比下降 11.4%》，2021 年 3 月 30 日，国际能源网，https://www.in-en.com/data/html/energy-2233527.shtml；新浪网（https://cj.sina.com.cn/articles/view/5979235452/16463e47c001013rg）。

表 8-13 显示，2004—2022 年俄罗斯的石油出口量在 2.5 亿吨上下波动，占世界原油贸易量的 8%；天然气出口量在 2000 亿立方米左右，占世界天然气出口总量的 35% 左右。从油气出口量占生产量的比重来看，石油一直占 50% 以上，天然气则超过 30%。可以说，维持上述油气出口水平是俄罗斯加强对外合作并推行能源外交的重要途径。

第二，在国际能源合作中争取更多的主动权与发言权。俄罗斯不是石油输出国组织欧佩克成员国，但它除了通过大量出口油气对世界能源市场发挥作用，还一直在努力通过其他途径争取发挥更大的作用，力求对国际油气价格施加更多的影响。2002年，俄罗斯总统普京就向土库曼斯坦总统尼亚佐夫建议，由俄罗斯与中亚国家建立一个"欧亚天然气联盟"，以协调彼此的天然气生产和出口。2007年1月，伊朗总统哈梅内伊向俄罗斯提议成立一个类似欧佩克的天然气输出国组织。2007年2月，普京在出访卡塔尔时建议，在4月多哈世界天然气出口国论坛第六届部长会议上讨论成立"天然气欧佩克"问题。经过多方长期努力，2008年12月23日，12个天然气出口国就成立"天然气欧佩克"正式达成一致。该组织有15个成员国，但以俄罗斯、伊朗与卡塔尔三国为主。2009年10月7日，天然气出口国组织"天然气欧佩克"正式成立。由于俄罗斯在天然气蕴藏量、产量与出口量方面均居世界首位，因此占据了其他国家无法抗衡的"魁首"地位。对于俄罗斯来说，成立"天然气欧佩克"组织有其明显的战略目的。首先是保证在生产国、消费国与过境国之间的利益平衡，制定长远的游戏规则，防止消费国一味压低价格，影响生产国的利益；其次是通过在"天然气欧佩克"组织中的主导地位，提升俄罗斯在世界能源中的战略地位，更好地为其能源外交服务；最后是掌握国际天然气市场的定价权，以赚取更多的外汇收入，避免天然气价格无序波动给俄罗斯带来重大损失。

第三，强化市场机制在国际能源合作中的作用。鉴于某些西方大国常常运用能源价格对其他国家施加政治与经济压力的国际现实，普京在2007年2月的慕尼黑安全会议上指出，能源载体价格应该由市场来决定，不应成为政治投机行为、施加经济压力或讹诈的对象。俄罗斯在这一领域"准备真诚地进行竞争"。[①] 实际上，普京在2006年7月就指出，西方要求俄罗斯为远东输油管道建设提供国家担保是不合适的，远东输油管道是纯商业项目，俄罗斯政府没有必要在落实远东输油管道项目过程中提供国家担保。很明显，俄罗斯政府不会在能源国际合作领域受到束缚，而会充分利用有利条件获得更多的利益。

对俄罗斯来说，要在能源国际合作中发挥市场机制的作用，还有一个特别问题需要解决，即调整长期以来对独联体国家偏低的油气价格，以使

---

① 《普京文集（2002—2008）》，中国社会科学出版社2008年版，第378—379页。

其达到国际油气价格的平均水平。进入21世纪后,俄罗斯先后提高了向乌克兰、白俄罗斯、格鲁吉亚、摩尔多瓦等国供应的天然气价格。尽管这些国家为此与俄罗斯进行了激烈争论,但来自俄罗斯的天然气价格依然不同程度地被上调了。这也表明,俄罗斯在油气领域的国际合作中不愿意放弃自身利益,一定会坚决贯彻市场原则。

第四,坚持国际能源合作的开放和多元化。进入21世纪,全球范围内的资源短缺和竞争逐步加剧,能源发展的政治化趋势显著增强,能源争夺与地缘政治的结合日益紧密。特别是2014年乌克兰危机爆发后,美欧国家对俄持续采取高压政策,使原本已矛盾重重的俄欧能源关系面临更加严峻的挑战。为了保障国家的能源安全,避免地区局势动荡和国外制裁给自身造成重大伤害,俄罗斯开始加快推进国际能源合作开放和多元化的战略,并将亚太市场作为其能源发展的突破口。2014年版的《2035年前俄罗斯能源战略草案》决定加快发展俄东部地区的能源产业、推动远东能源运输管线的新建与扩建工程、开拓亚太能源市场,明确提出了能源出口"向东转"的战略方针。主要措施有:(1)在东西伯利亚和远东地区建设油气综合体,并修建相应的生产、运输和社会基础设施;(2)在东部地区修建可保证20%—25%原油总开采量和40%原油总出口量的基础设施;(3)在东部地区修建可保证15%—20%天然气总开采量和35%—40%天然气总出口量的基础设施;(4)将全俄统一天然气供应系统扩展至东西伯利亚和远东地区;(5)在俄罗斯能源出口结构中,将亚太国家的占比从2018年的27%提高到2024年的40%,2035年达到50%,与对欧出口持平。

至于油气领域开放合作的形式,俄罗斯更多强调相互开放,并把它视为跨国投资合作的前提。其中包括资源、市场与技术三个方面。此外,俄罗斯还不断探索新的合作模式,如上下游置换资产与增加能源产品的出口等。

(四)保证能源安全。能源安全是指国家、公民、社会及经济在燃料—动力供应方面免受威胁的状况。对能源安全的威胁可以源自外部因素(如地缘政治、宏观经济和国际市场行情),也可以源自内部因素,即国家能源部门自身的状况和行为。《俄罗斯2035年前能源战略》指出,能源安全是俄罗斯国家安全最重要的组成部分,保障国家安全是能源安全政策的主要任务之一,而对国家能源安全的威胁已非常具有现实性。就内部威胁而言，俄罗斯某些地区燃料和动力供应体系的紊乱状态已成为"顽症"（公共能源供应不足、热力供应时断时续等），严重威胁着地区能源安全。由于国内油气储藏以及油气企业和电力企业在地域上分布失衡，加上俄罗斯东部、西伯利亚和欧洲地区输电能力不足，上述问题更加严重。

国家能源安全政策的目标是采取果断措施，在如下重要方面显著提高能源安全的保障程度。

——使燃料动力综合体能够以相应质量和合理价格有效地保障国内外新的油气需求。

——使经济中的能源消费部门能够更有效地使用能源，同时把原来不合理的支出变成投资以节能和减少燃料—动力的不平衡。

——使能源部门增强抵御来自内外经济、工业和自然威胁的能力，同时提高能源部门最大限度地减少非正常因素造成损失的能力。

保障能源安全所要遵循的原则如下。

——在正常条件下全面和可靠地保障国家经济和居民的能源需求，在危机状态或各种紧急状态下保障国家经济和居民最低水平的能源需求。

——实现对一次性资源的资源替代（燃料型一次性资源的消费增长应与其替代能源的开发状况保持协调）。

——实现燃料和能源利用的多样化（经济不应过度依赖某一种能源）。

——注重生态安全（能源工业的发展应与不断提高的环保要求保持平衡）。

——杜绝能源浪费（与鼓励有效利用能源的政策相结合）。

——创造经济条件（首先是运用税收和关税手段）以保障能源内供和外销获益的均等，并促进出口结构的合理化。

——在所有生产线和项目中最大限度地采用有竞争力的国产设备。

为了保障能源安全必须解决如下两个迫切问题。

第一，必须对燃料动力综合体损耗过度的机器设备进行更新，保障燃料动力综合体开采中的油气田正常再生产。首先要对目前使用的生产设备进行现代化改造（同时考虑适度延长使用期），而后对目前使用中的生产能力进行根本改造并形成新的生产能力。在新生产能力中要采用先进的国产工艺和设备，以及符合俄罗斯条件的国外工艺和设备。

第二，改变资源消费结构和燃料—动力资源生产的地区分布结构。要扩大核能、水电、煤和其他可再生能源的消费，同时把对西西伯利亚石油和天然气的集中开采变为各地区分散开采（指东西伯利亚、远东、俄罗斯欧洲地区北部和里海沿岸）。①

对俄罗斯来说，能源安全的一个突出问题是要设法减少对油气管道过境国的依赖，逐步实现油气运输领域最大限度的自主权与路线的多元化。为了解决这一问题，俄罗斯规划建设了一批新的运输项目，主要项目如下。（1）"波罗的海管道运输系统"（BTC）（2006年4月完成）。该系统东起雅罗斯拉夫尔，西至列宁格勒州的普里莫尔斯克港，全长709千米，总投资额为22亿美元，负责将季曼—伯朝拉地区、西西伯利亚、乌拉尔和伏尔加河沿岸等地区的石油运至普里莫尔斯克港，然后再海运至欧洲主要石油贸易和加工中心。（2）波罗的海石油管道运输系统二期工程（BPS-2）（2012年投入使用）。该工程南起"友谊"管道输油港口乌涅恰市，西至波罗的海沿岸港口乌斯奇鲁加，全长1000千米。（3）东西伯利亚—太平洋石油管道（ESPO）（2009年4月完成）。该管道西起泰舍特，东至俄罗斯太平洋沿岸的科济米诺湾，全长4000多千米，是俄罗斯能源进入亚太市场的第一条通道。（4）东西伯利亚—太平洋石油管道2（2012年完成），管道全长4758千米。（5）斯科沃罗季诺—漠河管道（2011年投入使用）。该管道为ESPO管道的支线，是目前唯一一条俄罗斯直通中国的输油管道，在中国境内与漠大线（漠河—大庆）共同组成中俄原油管道。（6）中俄东线天然气管道（2019年12月投入使用）。该管道西起俄罗斯东西伯利亚，东至中国黑河，全长6371千米，是目前唯一一条俄罗斯向中国的输气管道。（7）土耳其溪天然气管道（2020年1月投入使用）。管道西起俄罗斯阿纳帕，经黑海海底至土耳其的基伊科伊。海底管线分为两条，第一条供应土耳其市场，第二条向南欧与东欧供气。（8）"北溪1号"天然气管道（2011年投入使用）。管道东起俄罗斯北部港口维堡，经波罗的海海底，西至德国格赖夫斯瓦尔德。（9）"北溪2号"天然气管道（目前已完成95%）。为"北溪1号"的"姊妹项目"，走向和线路与"北溪1号"天然气管道几乎一致。由于美国的强力制裁和欧盟及部分欧洲国家的反对，该项目的实施一波三折。除此之外，还有一些国际油气管道过境俄罗斯。2020年，俄罗斯天然气工业股份公司已

---

① 有关俄罗斯能源安全问题的内容，参见《俄罗斯经济发展规划文件汇编》，世界知识出版社2005年版，第208—210页。

开始设计途经蒙古国输往中国的"西伯利亚力量—2"天然气管道,年输气达 500 亿立方米左右。

截至目前,俄罗斯拥有世界上最发达的国际油气管道网,总里程超过 25 万千米,其中天然气管道 17.8 万千米、原油管道 5.4 万千米、成品油管道 1.7 万千米,分别占世界的 14%、14%、7%(见表 8 - 14 至表 8 - 17)。

表 8 - 14　　　　　　　俄罗斯石油出口欧洲运输管道系统　　　（单位:百万吨/年）

	过境国家	后续连接线路	最大运输能力
波罗海石油管道运输系统	—	海运至欧洲	75
波罗的海石油管道运输系统—2	—	海运至欧洲	50
"友谊—1"输油管道	白俄罗斯、波兰	德国与其他西欧国家	30
"友谊—2"输油管道	白俄罗斯、乌克兰	中欧与南欧国家	30
"友谊—2"输油管道与亚德里亚管道一体化方案	白俄罗斯、乌克兰斯洛伐克、捷克、匈牙利、南斯拉夫、克罗地亚	海运至南欧和北美家港口	10—15

表 8 - 15　　　　　　　过境俄罗斯石油运输管道系统　　　　（单位:百万吨/年）

	起动地	后续连接线路	最大运输能力
里海石油管道	哈萨克斯坦境内陆地油田	油轮从新罗西斯克港经黑海运至南欧各国港口	60
巴库—新罗西斯克管道	阿塞拜疆沿岸海上油田	油轮从新罗西斯克港经黑海运至南欧各国港口	5—10
巴库—苏普萨管道	阿塞拜疆沿岸海上油田	油轮从苏普萨港经黑海运至南欧各国港口	5

表 8-16　俄罗斯出口至欧洲市场及过境俄罗斯天然气运输管道系统

	管道系统	过境和目标国家
俄罗斯	"兄弟"天然气管道	乌克兰、斯洛伐克、捷克、奥地利、德国、波兰、摩尔多瓦、罗马尼亚、拉脱维亚、爱沙尼亚、匈牙利
俄罗斯	"北极光"天然气管道	白俄罗斯、立陶宛、波兰、乌克兰等
俄罗斯	"联盟"天然气管道	北线过境国家：乌克兰、德国、法国；南线过境国家：乌克兰、摩尔多瓦、罗马尼亚、保加利亚、马其顿、土耳其等
俄罗斯	"亚马尔—欧洲"天然气管道	白俄罗斯、波兰、德国
俄罗斯	"蓝溪"天然气管道	土耳其
俄罗斯	"北溪1号"天然气管道	德国
俄罗斯	土耳其溪	土耳其
俄罗斯	"北溪2号"天然气管道（在建）	德国
土库曼斯坦	与俄罗斯"兄弟"天然气干线管道连接的中亚中心系统	乌兹别克斯坦、哈萨克斯坦、格鲁吉亚、俄罗斯

表 8-17　俄罗斯出口亚太石油和天然气运输管道系统

	管道系统	目标国家
俄罗斯	东西伯利亚—太平洋石油管道	中国
俄罗斯	东西伯利亚—太平洋石油管道2	中国、韩国、日本
俄罗斯	中俄东线天然气管道	中国
俄罗斯	萨哈林—哈巴罗夫斯克—符拉迪沃斯托克天然气管道	俄罗斯远东、亚太国家

资料来源：笔者自制。

此外，俄罗斯还通过成品油出口和液化天然气（LNG）出口参与国际油气市场的竞争。例如，2018年俄罗斯成品油总出口量达15005万吨，其中燃料油出口5884万吨；2019年俄罗斯液化天然气（LNG）出口量达2900万吨，一跃成为全球第4大LNG出口国。其中出口至欧洲的LNG达

1507万吨，在欧洲 LNG 进口市场的份额达到了 20%。①

（五）加强对能源工业的国家调控。在叶利钦时期实施的大规模私有化过程中，作为国家重要经济命脉的能源部门大规模转向私营领域。这显然对俄罗斯联邦政府保证能源安全和推行能源外交十分不利。普京执政后严厉打击石油寡头，采取措施强化国家对能源特别是油气的控制，主要包括国有公司或国家控股公司兼并或收购其他石油公司，限制国外公司对俄罗斯能源领域的投资等。例如，俄罗斯石油公司收购了尤科斯石油公司，从而成为俄罗斯最大的石油公司；天然气工业公司并购了西伯利亚石油公司，使该公司的国有股份从 2000 年的 38% 提高至 2005 年的 75.8%。通过以上收购，俄罗斯政府基本控制了国内的油气工业。目前，俄罗斯石油公司和天然气工业石油公司约占石油总产量的 26%，如果再加上与政府关系密切的卢克石油公司和苏尔古特石油公司，国家控制的石油产量高达 58%。

（六）提高能源使用效益与节能。《俄罗斯 2035 年前能源战略》指出，俄罗斯经济的特征之一是能源使用效率低、能耗高，单位能耗比发达国高 1—2 倍。另据俄学者的研究，俄罗斯单位国内生产总值的能源费用比美国高 4.5 倍，比经合组织国家高 6.4 倍，比欧盟国家高 8 倍，比日本高 10.6 倍。造成此现象的原因，除了自然条件恶劣和地域广阔等因素，还有长期形成的工业生产结构不合理、工艺和设备落后，以及能源尤其是天然气定价过低等。为此，俄罗斯必须推行和加强能源节能政策改革。其目标是制定和实施一系列调节和鼓励能源消费的节能措施，坚定不移地提高能源使用效率。

——在专项工业政策指导下，实行有利于发展低耗能的加工部门、知识产业和服务领域的结构改革。

——充分发挥节能技术和设备的潜力。

为了有力推动节能工作，必须合理提高能源消费的国内价格，提价幅度要符合经济发展规律和为消费者所接受；逐步取消混乱的多头价格补贴，首先取消对用电价格的补贴；继续推进公共住宅领域的改革。同时，

---

① 岳小文：《俄罗斯油气工业发展平稳——2018 年俄罗斯油气工业综述》，《国际石油经济》2019 年第 4 期；岳小文：《油气产量略有增长　未来发展面临严峻挑战——2019 年俄罗斯油气工业综述》，《国际石油经济》2020 年第 4 期。

实施一系列完整配套的、旨在鼓励有效利用能源的法律、行政和经济措施。

——依据《技术管理法》修改现行有关燃料和动力消耗的规范、规则和细则,以强化对节能的要求;完善对能源使用过程的考核和监督,制定能源使用标准和能源消耗限制性标准;制定通用耗能设备的强制性技术标准,使其与有关能源消耗规范指标相一致。

——定期考核企业的能源消耗状况(对联邦预算内企业为强制性考核)。

——制定有利于节能的辅助性经济鼓励措施,将节能变为可为企业带来利益的工作。

——国家要在居民中广泛推广节能技术,并举行节能培训;建立有关节能方法、节能技术和设备、节能技术规范文件、节能经验交流的数据库,并加强媒体的节能宣传等。

(七)合理规划能源部门与预算之间的关系。能源部门是俄罗斯国家预算收入的主要来源,又是需要国家预算大量投入的领域。因此,确立合理的能源部门与预算之间的关系就成为了俄罗斯政府的一项重要任务。《俄罗斯2035年前能源战略》确立的能源预算政策的基本原则如下。

——保持长期稳定,国家要预先论证(不仅要考虑国家的预算增收,还要考虑能源战略所制定的发展方针)和制定从能源部门得到的直接预算收入的总额。

——对能源预算效益进行综合评估。能源预算效益是指当前和未来在国有资产结构和价值量变化中所得到的预算收益。文件指出,要加强对未来减少预算支出所产生的效益进行审核,并对能源关联部门的预算效益进行审核。

——保持有效能源预算政策的平衡。能源部门的资产增加幅度要与该部门提供的预算收入水平相一致。

——保持国有资金使用中的连续性和定向性,并保持国家监督下投资的连续性和定向性。

——以能源预算效益原则为基础,完善国家对燃料动力综合体的投资,扩大投资规模和改变投资结构。

此外,俄罗斯还对燃料动力综合体的投资制定了一系列支持措施。

(八)其他政策。除上述内容外,《俄罗斯2035年前能源战略》还制定了能源领域的社会政策，其主要内容是俄罗斯政府以适当价格向居民和具有重要社会意义及战略意义的用户提供绝对的能源保障。由于过去能源价格严重扭曲，因此在提高国内居民能源消费价格的同时，要最大限度地降低提价给居民造成的消极影响。另外，在能源的地区政策方面，《俄罗斯2035年前能源战略》指出，首先要正视俄罗斯联邦各地区能源供应条件与燃料动力平衡结构的不同。为此，能源地区政策的目标是发展跨地区的能源市场和能源运输网，同时实现地区燃料动力资源生产与消费结构的合理化，加强地区一体化进程，建立统一的能源经济空间。其中，对于能源价格过高或能源供应短缺的地区应优先关注。针对俄罗斯能源工业发展面临的一系列生态问题，能源战略将生态安全视为发展能源工业的一项重要政策。其主要目标是，坚决限制燃料动力综合体对环境的污染，逐步接近欧洲同类企业的环保标准。另外，要进一步调整俄罗斯的能源结构并加快石油加工业的发展。

第九章　中俄能源合作

能源合作是中俄两国合作中分量最重、成果最多、范围最广的领域。因此，在第八章简要介绍了俄罗斯的能源概况、战略与基本政策的基础上，本章将就中俄能源合作的某些重要问题进行分析并提出看法。

第一节　中国能源基本状况与主要政策

一　基本情况

中国是世界上能源储藏量、生产量和消费量最大的国家之一。不仅在传统化石能源领域（煤炭、石油、天然气）如此，而且在目前方兴未艾的新能源领域（核能、风能、太阳能、生物质能、地热、海洋能）同样如此。中国的一次能源总量较为丰富，约占世界总储量的3.9%，其中原煤占89.34%，原油占3.5%，天然气占1.3%，水能占5.9%。根据《BP世界能源统计（2008）》的相关资料，截至2007年年底，中国石油、天然气、煤炭资源的可采储量分别居世界第14位、第18位、第3位，水力资源理论蕴藏量居世界首位。[①]《中国矿产资源报告（2017）》显示，截至2016年年底，全国石油地质资源量为1257亿吨，可采量为301亿吨，剩余技术可采储量为35亿吨，待探明石油地质资源量为885亿吨，排名第十三。常规天然气储量不大，截至2016年年底，地质资源量为90万亿立方米，可采量为50万亿立方米，剩余技术可采储量为5.4万亿立方米，约占世界总储量的2.8%，排名第九。非常规天然气资源潜力巨大，美国能源信息署EIA的统计数据表明，中国页岩气技术可采资源量占全球的

[①] 刘珵、范楼珍：《通过〈BP世界能源统计2008〉解读中国能源状况》，《应用能源技术》2009年第2期。

20%，居世界首位。中国自然资源部 2017 年的数据显示，全国除青藏地区外的 41 个盆地（或）地区页岩气地质资源总量为 134 万亿立方米，是常规天然气地质资源量的 1.5 倍，其中可采资源量为 25 万亿立方米。同时，煤层气储量也非常丰富，埋深 2000 米以浅的煤层气地质资源量为 30 万亿立方米，可采资源量为 12.5 万亿立方米。天然气水合物（可燃冰）储量巨大，远景资源量为 121.5 万亿立方米，其中南海北部海域的资源量为 82.7 万亿吨油当量，陆域远景资源量为 350 亿吨油当量。根据自然资源部的统计，截至 2017 年年底，全国煤炭资源总量为 5.9 万亿吨，预测资源量为 3.88 万亿吨，查明资源储量为 1.60 万亿吨，剩余技术可采储量为 0.13 万亿吨，世界排名第四。中国的水力资源理论蕴藏量年电量为 60829 亿千瓦时，风能、太阳能、地热储量都非常丰富。[①] 另外，根据《中国矿产资源报告（2020）》的数据，中国 2019 年石油新增探明地质储量 11.2 亿吨，其中新增探明技术可采储量 1.6 亿吨；新增天然气探明地质储量 1.58 万亿立方米，其中常规天然气新增探明地质储量 8091 亿立方米（包括新增技术可采储量 3521 亿立方米），页岩气新增探明地质储量 7644.2 亿立方米（包括新增探明技术可采储量 1838.4 亿立方米）；煤炭新增 300.1 亿吨（见图 9-1）。2020—2022 年，中国主要能源矿产的储藏量又有了新变化（见表 9-1）。

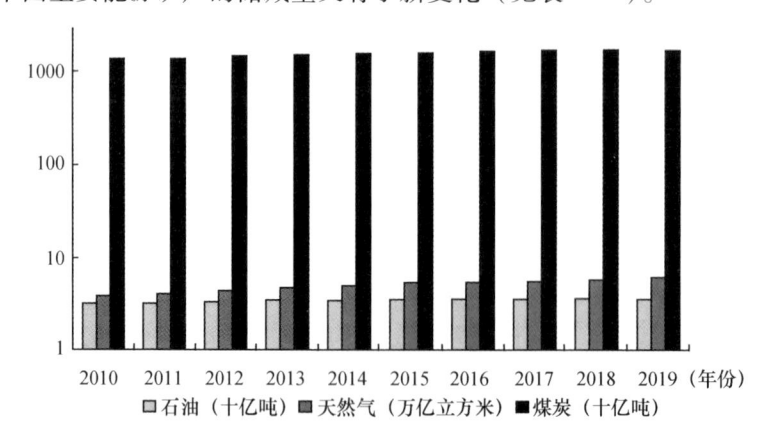

图 9-1 中国煤炭、石油、天然气资源储量变化

注：石油、天然气为剩余探明技术可采储量。
资料来源：煤炭工业网。

---

① 方圆、张万益等：《我国能源资源现状与发展趋势》，《矿产保护与利用》2018 年第 4 期。

表9-1　　2020—2022年中国主要能源矿产储量　　（单位：亿吨，亿立方米）

	2020年	2021年	2022年
煤炭	1622.88	2078.85	2070.12
石油	36.19	36.89	38.06
天然气	62665.78	63392.67	65690.12
煤层气	3315.54	3659.68	3659.69
页岩气	4026.17	5440.62	5605.59

资料来源：《中国矿产资源报告（2023）》。

中国是世界最大的能源消费国，尤其是随着改革开放和国民经济的快速发展，能源的消费量持续大幅增加。2007—2017年，能源消费增长了54.6%，2017年能源消费量达31.32亿吨油当量，占世界能源消费总量的23.2%。[1] 根据英国石油公司的统计，2018年中国一次能源消费量32.74亿吨油当量，占世界能源消费总量的23.6%；2007—2017年，全球一次能源消费年均增长1.5%，而同期中国的年均消费增长率则为3.9%。[2] 在各类能源消费中，煤炭、石油、天然气和电力的消费增长最快。2020—2023年的情况见表9-2、表9-3。

表9-2　　　2020—2023年中国主要能源产品消费量增长比率　　（单位：%）

	2020年	2021年	2022年	2023年
煤炭	0.6	4.6	4.3	5.6
原油	3.3	4.1	-3.1	9.1
天然气	7.2	12.5	-1.2	7.2
电力	3.1	10.3	3.6	6.7

资料来源：《中华人民共和国2023年国民经济和社会发展统计公报》。

---

[1] 方圆、张万益等：《我国能源资源现状与发展趋势》，《矿产保护与利用》2018年第4期。
[2] 《世界能源第三篇：全球15大国家一次能源消费结构》，2019年12月31日，个人图书馆，http://www.360doc.com/content/19/1231/08/9795028_883256413.shtml。

表9-3　2020—2022年中国能源消费总量及构成　　　　　　（单位：万吨标准煤,%）

	能源消费总量	占一次能源消费总量的比重			
		煤炭	原油	天然气	一次电力及其他能源
2020年	498314	56.9	18.8	8.4	15.9
2021年	525896	55.9	18.6	8.8	16.7
2022年	541000	56.2	17.9	8.4	17.5

资料来源：《中国统计年鉴（2023）》。

中国是世界上最大的煤炭生产国和消费国。2007—2017年煤炭产量年均增速为2%，增速缓慢，个别年份甚至有所下降，但从2016年开始快速增加，2018年生产煤炭18.3亿吨标准煤，同比增长4.7%，占世界煤炭总产量的46.7%，2019年煤炭产量为37.5亿吨，同比增长4.2%。2018年中国消费煤炭19.1亿吨标准煤，同比上涨0.9%，占世界总量的50.5%，2019年煤炭消费量约为39.66亿吨，同比增长1.0%（见图9-2和图9-3）。[①]

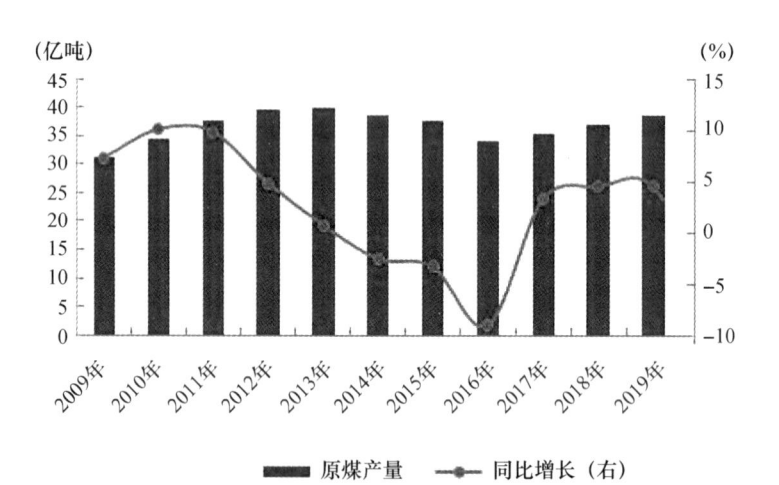

图9-2　中国2009—2019年原煤产量及增速

[①]《我国的能源战略与未来发展趋势》，2019年8月12日，个人图书馆，http://www.360doc.com/content/19/0812/16/44130189_854445805.shtml。

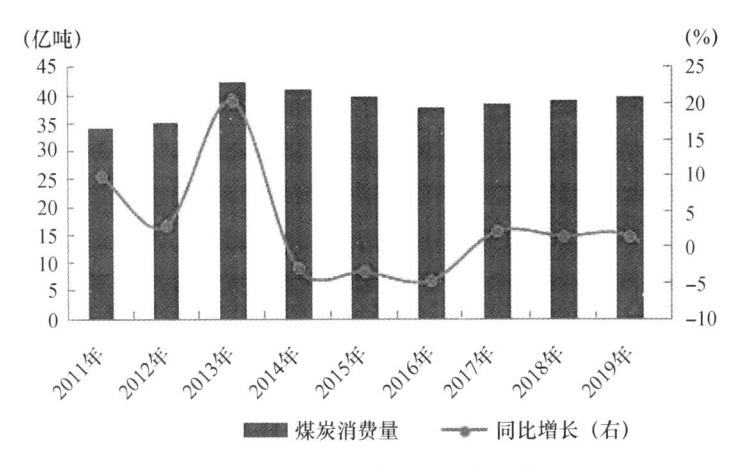

图 9-3 中国 2014—2019 年国内煤炭消费量以及增速

资料来源：国家统计局、《中国能源发展报告（2020）》。

在石油开采方面，随着开采设备与开采技术的发展，中国的石油产量不断创新高。国家统计局数据显示，2019 年中国的原油产量为 1.91 亿吨，同比增长 0.89%；2020 年原油产量为 1.95 亿吨，同比增长 1.6%。在天然气开发方面，2015—2019 年中国天然气产量逐年递增，2019 年天然气产量达 1761.74 亿立方米，同比增长 10%；2020 年达 1888 亿立方米，同比增长 9.8%（见图 9-4）。

在石油天然气消费方面，中国是石油天然气消费大国，且消费量逐年递增。根据中国石油和化学工业联合会的数据，2019 年原油表观消费量达 6.96 亿吨，同比增长 7.4%；天然气表观消费量达 3047.9 亿立方米，同比增长 8.7%（见图 9-5）。

从中国的石油和天然气产量与消费量比重来看，2015—2019 年，二者均呈稳步下滑趋势，且明显供不应求。其中，石油产量与消费量比重从 39.22% 下降到 27.44%，天然气则从 69.67% 下降到 57.80%。这表明，中国的石油天然气消费严重依赖从国外进口。2020 年中国原油进口 5.42 亿吨，同比增长 7.3%；天然气进口约 10166 万立方米，同比增长 5.3%（见图 9-6 和图 9-7）。

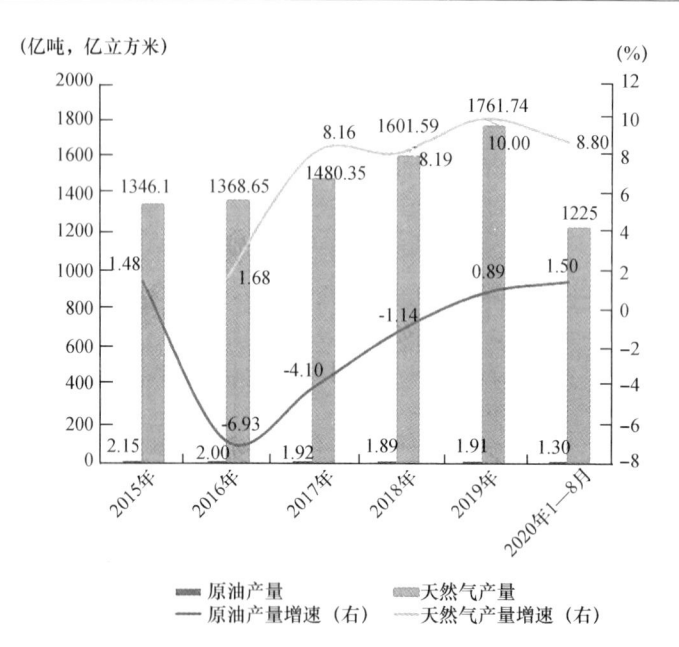

图 9-4　2015—2020 年中国石油和天然气产量变化情况

资料来源：国家统计局、前瞻产业研究院。

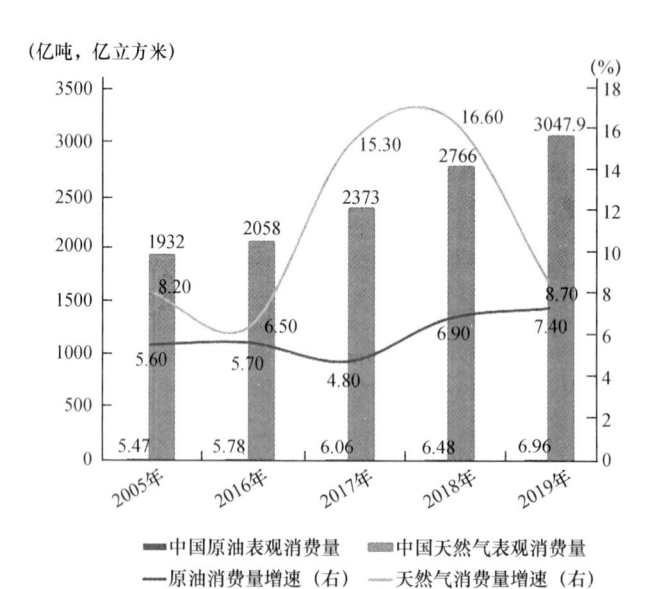

图 9-5　2015—2019 年中国石油和天然气消费量变化情况

资料来源：国家统计局、前瞻产业研究院。

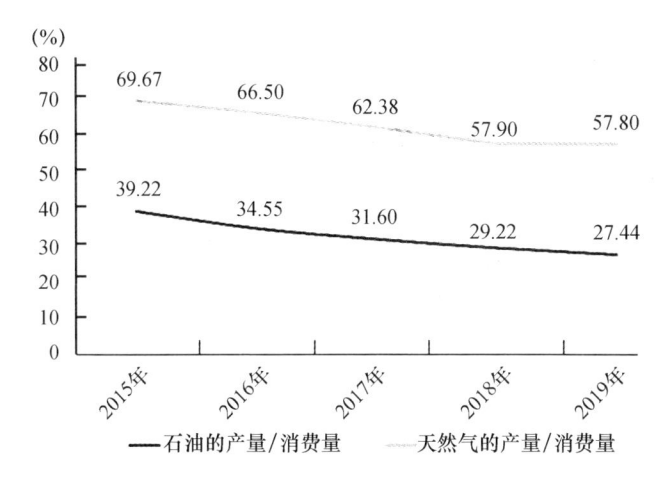

图 9-6 2015—2019 年中国石油和天然气产量/消费量比重变化趋势

资料来源：前瞻产业研究院。

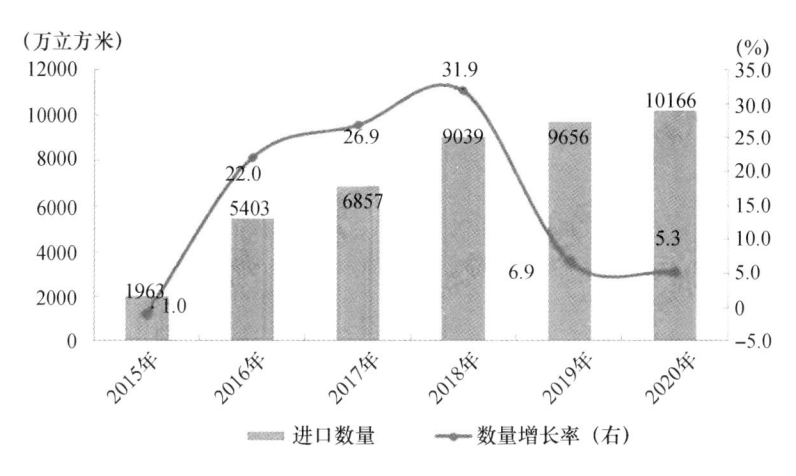

图 9-7 2015—2020 年中国天然气进口量及增长情况

资料来源：《中国天然气行业市场前景及投资机会研究报告》。

令人欣喜的是，中国的页岩气生产突飞猛进，8 年来翻了 200 倍，"十三五"时期增长了 4.5 倍，2018 年产量首次突破 100 亿立方米，2019 年为 153.8 亿立方米，2020 年则达到了 200.4 亿立方米，同比增长高达 30%，排名世界第二位。同时，页岩气在国产天然气产量中的占比也从 8 年前的 0 增长到 10.52%。毫无疑问，页岩气已成为中国国产天然气增产的主力军。[1]

中国的电力需求量巨大,发电装机容量和发电量逐年增长。2010—2019年,发电装机容量从9.66亿千瓦增长到20.11亿千瓦,连续7年稳居全球第一。截至2019年年底,全国发电装机总容量为20.11亿千瓦,比2018年增长5.8%。其中,火电装机容量为11.9055亿千瓦(包括煤电10.4亿千瓦、气电9022万千瓦、生物质发电2254万千瓦),增长4.1%;水电装机容量为3.564亿千瓦,增长1.1%;核电装机容量为4874万千瓦,增长9.1%;并网风电装机容量为2.1005亿千瓦,增长14.0%;并网太阳能发电装机容量为2.0468亿千瓦,增长17.4%。2019年,全国发电总量达75034.3亿千瓦时,同比增长4.7%。其中火电发电量为52201.5亿千瓦时,同比增加2.4%;水电为13044.4千瓦时,同比增长5.9%;核电为3483.5亿千瓦时,同比增长18.3%;风电为4057亿千瓦时,同比增长10.9%;光伏发电2243亿千瓦时,同比增长26.3%;生物质发电1111亿千瓦时,同比增长20.4%(见图9-8、表9-4和表9-5)。

	2010年	2011年	2012年	2013年	2014年	2015年	2016年	2017年	2018年	2019年
累计装机	2958	4623	6142	7652	9657	13130	14747	16400	18426	21005
新增装机	1457	1528	1296	1487	2101	3139	2024	1745	2100	2574
累计装机增速	68	56.3	32.9	24.6	26.2	32.5	15.4	11.8	12.8	14

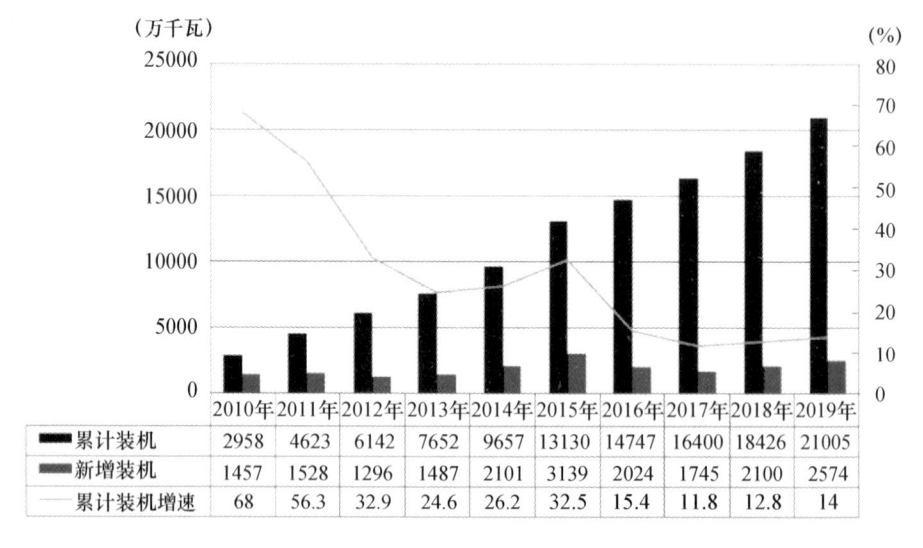

图9-8 2010—2019年中国电力装机及增速情况

资料来源:《中国天然气行业市场前景及投资机会研究报告》。

---

[1] 《2020年我国页岩气产量增长超过3成 成为天然气增产主力军》,2021年2月10日,大众网,https://www.dzwww.com/xinwen/guojixinwen/202102/t20210210_20178769.htm。

表 9-4　　　　　　　2010—2019 年中国电力装机结构　　　　（单位：万千瓦）

	2010 年	2011 年	2012 年	2013 年	2014 年	2015 年	2016 年	2017 年	2018 年	2019 年
水电	21606	23298	24947	28044	30486	31954	33207	34377	35259	35640
火电	70967	76834	81968	87009	92363	100554	106094	111009	11408	119055
核电	1082	1257	1257	1466	2008	2717	3364	3582	4466	4874
风电	2958	4623	6142	7652	9657	13075	14747	16400	18427	21005
光电	—	212	341	1589	2486	4318	7631	13042	17433	20468

资料来源：国家统计局。

表 9-5　　　　　　　2010—2019 年中国发电量构成情况　　　（单位：亿千瓦时，%）

	火电		水电		核电		风电		太阳能	
	发电量	占比	发电量	占比	发电量	占比	发电量	占比	发电量	占比
2010 年	33319	79.2	7222	17.2	739	1.8	446	1.1	1	0.0
2011 年	38337	81.3	6990	14.8	864	1.8	703	1.5	6	0.0
2012 年	38928	78.1	8721	17.5	974	2.0	960	1.9	36	0.1
2013 年	42470	78.2	9203	16.9	1116	2.1	1412	2.6	84	0.2
2014 年	42687	75.6	10643	18.8	1325	2.3	1561	2.8	235	0.4
2015 年	42842	73.7	11303	19.4	1708	2.9	1858	3.2	385	0.7
2016 年	44371	72.2	11934	19.4	2133	3.5	2371	3.9	661	1.1
2017 年	46627	71.8	11898	18.3	2481	3.8	2950	4.5	967	1.5
2018 年	50769	71	12342	17	2944	4	3660	5	1775	3
2019 年	52201.5	69.6	13044.4	17.4	3483.5	4.6	4057	5.4	2243	3.0

资料来源：国家统计局。

从电能生产结构来看，非化石能源发电装机容量和发电量快速增长，占比逐步增加，而传统化石能源发电装机容量和发电量则逐步下降，以风电、太阳能发电为代表的新能源发电量合计占比超过 51%，连续 3 年成为新增发电装机的最大主力。

经过 70 多年的努力，目前中国形成了以煤炭为主体，以电力为中心，石油、天然气和再生能源全面发展的能源供应格局。2020—2023 年的数据显示，中国在各主要能源领域的产量都在不断发展（见表 9-6）。

表 9-6　　　　　2020—2023 年中国主要能源产品产量

	2020 年	2021 年	2022 年	2023 年
原煤（亿吨）	39.0	41.3	45.6	47.1
原油（万吨）	19476.9	19888.1	20472.2	20902.6
天然气（亿立方米）	1925.0	2075.8	2201.1	2324.3
发电量（亿千瓦小时）	77790.6	85342.5	88487.1	94564.4
火电（亿千瓦小时）	53302.5	58058.7	58887.9	62657.4
水电（亿千瓦小时）	13552.1	13390.0	13522.0	12858.5
核电（亿千瓦小时）	3662.5	4075.2	4177.8	4347.2
风电（亿千瓦小时）	—	—	7626.7	8858.7
太阳能发电（亿千瓦小时）	—	—	4272.7	5841.5

资料来源：《全国年度统计公报》。

尽管中国的能源资源非常丰富，但仍存在严重的结构性问题。

（一）能源资源总量丰富，但储产比和人均占有量偏低

尽管中国的能源蕴藏量比较大，但能源储产比[1]较低且逐年下降，如石油、天然气储产比分别从 1987 年的 18 年和 64 年降至 2007 年的 11 年和 27 年，煤炭储产比约为 45 年，远低于 133 年的世界水平。同时，由于中国人口众多，人均能源储量很低，远低于世界平均水平（见表 9-7）。[2]

表 9-7　　　　　2006 年化石燃料人均可采储量国际比较

	煤炭	石油	天然气
年末可采储量			
中国	2000 亿吨	20.4 亿吨	2.39 万亿立方米
世界	9946 亿吨	1643.4 亿吨	181.40 万亿立方米
中国居世界位次	2	13	17
中国占世界比重	20.1%	1.24%	1.32%

---

[1] 储产比又称储采比。能源储产比是指剩余可采能源的储量与当年能源产量之比，用以计算剩余能源储量的可开采年限。

[2] 王庆一：《中国能源资源状况评析（上）》，《节能与环保》2008 年第 5 期。

续表

	煤炭	石油	天然气
储产比			
中国	84.0	11.1	40.8
世界	160.5	42.0	63.3
人均可采储量			
中国	152.5 吨	1.56 吨	1822 立方米
世界	152.6 吨	25.21 吨	27832 立方米
中国/世界	持平	6.2%	6.5%

资料来源：中国国土资源部。

（二）能源结构不合理，煤炭在中国能源生产与消费中的比重一直过大

从能源生产情况来看，煤炭生产在中国1978—2008年的一次能源生产总量中一直在69%—77%高位运行，比重甚至上升了6.4个百分点，而石油和天然气所占比重则呈下降趋势，分别从1978年的26.6%下降到2008年的14.3%。水电和核电所占比重从3.1%上升到8.9%，说明能源生产结构有所改善（见表9-8）。

表9-8　　　　　　　　中国能源生产总量及构成　　　　（单位：万吨标准煤，%）

	能源生产总量	占能源生产总量的比重			
		原煤	原油	天然气	水电、核电、风电
1978 年	62770	70.3	23.7	2.9	3.1
1980 年	63735	69.4	23.8	3.0	3.8
1985 年	85546	72.8	20.9	2.0	4.3
1990 年	103922	74.2	19.0	2.0	4.8
1991 年	104844	74.1	19.2	2.0	4.7
1992 年	107256	74.3	18.9	2.0	4.8
1993 年	111059	74.0	18.7	2.0	5.3

续表

	能源生产总量	占能源生产总量的比重			
		原煤	原油	天然气	水电、核电、风电
1994 年	118729	74.6	17.6	1.9	5.9
1995 年	129034	75.3	16.6	1.9	6.2
1996 年	132616	75.2	17.0	2.0	5.8
1997 年	132410	74.1	17.3	2.1	6.5
1998 年	124250	71.9	18.5	2.5	7.1
1999 年	125935	72.6	18.2	2.7	6.6
2000 年	128978	72.0	18.1	2.8	7.2
2001 年	137445	71.8	17.0	2.9	8.2
2002 年	143810	72.3	16.6	3.0	8.1
2003 年	163842	75.1	14.8	2.8	7.3
2004 年	187341	76.0	13.4	2.9	7.7
2005 年	205876	76.7	12.6	3.2	7.7
2006 年	221056	76.7	11.9	3.5	7.9
2007 年	235445	76.6	11.3	3.9	8.2
2008 年	260000	76.7	10.4	3.9	8.9

资料来源：《中国统计年鉴（2009）》。

  2012 年，党的十八大提出了建设生态文明和可持续发展的战略规划，确定了能源生产和消费改革与结构优化的战略目标。随后，清洁低碳、安全高效的能源体系加快构建，煤炭、石油生产和消费的比重逐步下降，清洁能源的比重则逐步提高。2008—2018 年，煤炭产量的占比由 76.7% 降至 69.31%，原油产量占比由 10.4% 降至 7.17%，天然气和水电、核电、风电等清洁能源的占比则逐步上升。根据国家统计局的统计数据，2018 年中国一次能源生产总量为 37.7 亿吨标准煤，同比增长 5.0%。其中原煤产量为 36.8 亿吨，同比增长 4.5%；原油产量为 1.891 亿吨，同比下降 1.3%；天然气产量为 1602.7 亿立方米，同比增长 8.3%。发电量为

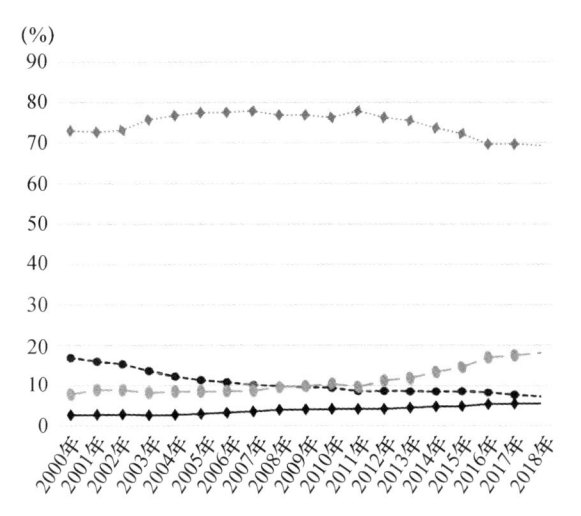

71118亿千瓦时，同比增长7.7%（见图9-9）。①

图9-9 2000—2018年中国能源生产结构变化
资料来源：国家统计局。

从能源消费结构来看，1997年以前煤炭在中国能源消费总量中的比重始终在70%以上，1990年和1991年更是分别占到了76.2%和76.1%。1998年后这一比例开始降至70%以下，但仍保持在66%—70%的水平，远高于25%的世界平均值（见表9-9）。② 总体来看，中国能源消费总量处于低速增长态势。能源消费低碳化趋势不变，天然气、水电、核电、风电、太阳能发电等清洁能源消费量占能源消费总量的比重突破26%，能源消费结构持续向清洁低碳转型。

---

① 《我国的能源战略与未来发展趋势》，2019年8月12日，个人图书馆，http://www.360doc.com/content/19/0812/16/44130189_854445805.shtml。
② 《我国的能源战略与未来发展趋势》，2021年8月12日，个人图书馆，http://www.360doc.com/content/19/0812/16/44130189_854445805.shtml。

表9-9 中国能源消费总量及构成 （单位：万吨标准煤，%）

	能源消费总量	占能源消费总量的比重			
		原煤	原油	天然气	水电、核电、风电
1978年	57144	70.7	22.7	3.2	3.4
1980年	60275	72.2	20.7	3.1	4.0
1985年	76682	75.8	17.1	2.2	4.9
1990年	98703	76.2	16.6	2.1	5.1
1991年	103783	76.1	17.1	2.0	4.8
1992年	109170	75.7	17.5	1.9	4.9
1993年	115993	74.7	18.2	1.9	5.2
1994年	122737	75.0	17.4	1.9	5.7
1995年	131176	74.6	17.5	1.8	6.1
1996年	138948	74.7	18.0	1.8	5.5
1997年	137798	71.7	20.4	1.7	6.2
1998年	132214	69.6	21.5	2.2	6.7
1999年	133831	69.1	22.6	2.1	6.2
2000年	138553	67.8	23.2	2.4	6.7
2001年	143199	66.7	22.9	2.6	7.9
2002年	151797	66.3	23.4	2.6	7.7
2003年	174990	68.4	22.2	2.6	6.8
2004年	203227	68.0	22.3	2.6	7.1
2005年	224682	69.1	21.0	2.8	7.1
2006年	246270	69.4	20.4	3.0	7.2
2007年	265583	69.5	19.7	3.5	7.3

资料来源：《中国统计年鉴（2008）》。

自2010年以来，中国的能源消费结构进一步优化，煤炭消费占比整体上呈逐年下降的趋势。各类能源在能源消费总量中的占比如下：2010年原煤占69.2%，原油占17.4%，天然气占4.0%，水电等占9.4%；2011年原煤占70.2%，原油占16.8%，天然气占4.6%，水电等占8.4%；2012年原煤占68.5%，原油占17.0%，天然气占4.8%，水电等占9.7%；2013年原煤占67.4%，原油占17.1%，天然气占5.3%，水电等占10.2%；2014年原煤占66.0%，原油占17.1%，天然气占5.7%，水电等占11.2%；2015年原煤占64.0%，原油占18.1%，天然气占5.9%，水电等占12.0%。特别是2012—2018年，中国的煤炭消费比重下降了8.1个百分点，清洁能源消费比重则提高了6.3个百分点。[1] 2019年，中国煤炭消费占能源消费总量的57.7%，同比下降1.5%；天然气、水电、核电、风电等清洁能源消费占能源消费总量的23.4%，同比上升1.3%。[2]

（三）能源供需矛盾日益突出

自改革开放以来，中国经济持续高速增长，尤其是进入21世纪以后，现代化、城镇化进程不断加快，人民生活水平迅速提高，能源需求和能源消费随之大幅攀升，能源不足的状况愈加凸显，因此不得不依靠大量能源进口，能源对外依存度逐年提升。自1993年起中国成为石油净进口国，石油进口量从1993年的988万吨增加到2002年的7000多万吨，年均增长近25%，对外依存度也从6.4%上升到30%。2008年，中国净进口原油1.75亿吨，成品油2182万吨，分别同比增长9.7%和19.3%。从2006年开始，中国成为天然气净进口国，2007—2013年天然气进口量从40亿立方米增加到530亿立方米，7年增加约12倍，进口依存度也一路飙升。从2009年起，中国又成为煤炭净进口国，石油、煤炭、天然气三大基础能源全面依赖进口。其中，石油的对外依存度由1993年的6%一路攀升至2009年的50%以上，2013年更是直逼60%，超过国际认可的安全警戒线[3]；天然气的对外依存度由2012年的25.5%上升至2013年的31.6%，煤炭的对外依存度也从2012年的8.18%下降至2013年的7.70%。2017年，中国超过美国成为最大的原油进口国；2018年，中国又超过日本成为最大的天然气进口国。2018年，中国进口能源约9.7亿吨标准煤，其中原油占66%，天然气占16%，煤炭占18%，能源总体对外依存度为21%左右。其中，原油净进口量达4.6亿吨，同比增长10%，

---

[1]《我国的能源战略与未来发展趋势》，2019年8月12日，个人图书馆，http://www.360doc.com/content/19/0812/16/44130189_854445805.shtml；丁怡婷：《我国能源结构正由煤炭为主向多元化转变》，《人民日报》2018年4月8日。

[2] 徐力等：《〈中国能源发展报告2020〉重磅发布！》，2020年4月8日，国际能源网，https://www.in-en.com/finance/html/energy-2242796.shtml。

[3] 国际公认一国石油对外进口比例不超过总量的50%可视为安全。

对外依存度为71%；天然气净进口量达1200亿立方米，同比增长32%，进口量超过日本成为全球第一，对外依存度达到43%；煤炭进口2.8亿吨，同比增长3.9%（见表9-10）。①

表9-10　　　2006—2018年中国能源依存度及相应增长率　　　（单位：%）

	煤炭依存度	煤炭依存度增长率	原油依存度	原油依存度增长率	天然气依存度	天然气依存度增长率	能源总依存度	能源总依存度增长率
2006年	1.59	—	41.16	—	1.69	—	10.88	—
2007年	1.97	23.9	44.08	7.09	5.31	214.20	11.26	3.49
2008年	1.44	-26.90	47.39	7.51	5.28	0.56	11.47	1.87
2009年	4.25	195.14	51.96	9.64	8.24	56.06	14.08	22.76
2010年	5.22	22.82	53.43	2.83	14.71	78.52	15.99	13.57
2011年	5.31	1.72	54.41	1.83	22.24	51.19	16.91	5.75
2012年	8.18	54.05	55.75	2.46	26.30	18.26	17.08	1.01
2013年	7.70	-5.87	55.59	-0.29	30.13	14.56	17.61	3.10
2014年	7.08	-8.05	58.54	5.31	29.69	-1.46	18.16	3.12
2015年	5.15	-27.26	59.94	2.39	29.99	1.01	18.35	1.05
2016年	5.86	13.79	65.94	10.01	35.03	16.81	18.42	0.38
2017年	8.65	47.61	69.80	5.85	45.30	29.32	18.56	0.76
2018年	7.70	-10.98	72.00	3.15	43.00	-5.08	21.00	13.15

资料来源：田倩茹：《我国能源对外依存度现状分析及对策研究》，《行政事业资产与财务》2020年第12期。

2019年，中国进口原油5.1亿吨，同比增长9.5%，约占全球原油贸易总量的22%，对外依存度达72%；天然气净进口量为1352亿立方米，同比增长6.9%，约占全球天然气贸易总量的14%，对外依存度达43%。2020年中国进口原油5.4亿吨，同比增长7.3%。② 2020—2023年，中国能源的进口总体上呈上升态势。2022年进口量同比下降，主要是地缘政

---

① 宋琪：《原油对外依存度达到71%，我国成为最大天然气进口国!》，《新能源经贸观察》2019年第4期。

② 梁琳、孙晓慧：《新重商主义视域下的国有企业在国家能源外交中的影响和作用》，《长春工程学院学报》（社会科学版）2020年第3期；《油价大跌，2020年我国原油进口量大增!》，2021年1月15日，国际石油网，https://oil.in-en.com/html/oil-2912498.shtml。

治影响导致进口成本过高；除此之外，一些国家的出口禁令进一步加剧了国际市场资源紧张的状况。2023年，原油、煤炭进口量创历史新高，主要是因为国内需求强劲复苏，来自俄罗斯的管道天然气供应不断增长，也有助于增加进口（见表9-11）。

表9-11　　　　　　2020—2023年主要能源产品进口数量

	2020年	2021年	2022年	2023年
煤及褐煤（万吨）	30399	32322	29320	47442
原油（万吨）	54239	51298	50828	56399
成品油（万吨）	2835	2712	2645	4769
天然气（万立方米）	10166	12136	10925	11997

资料来源：《全国年度统计公报》。

国际能源署发布的《世界能源展望（2019）》对中国2019—2040年原油产量、石油消费量的预测表明，中国能源的对外依存度还将持续上升，2025年、2030年、2035年和2040年将分别达到75.27%、77.72%、80.22%和81.63%（见图9-10）。

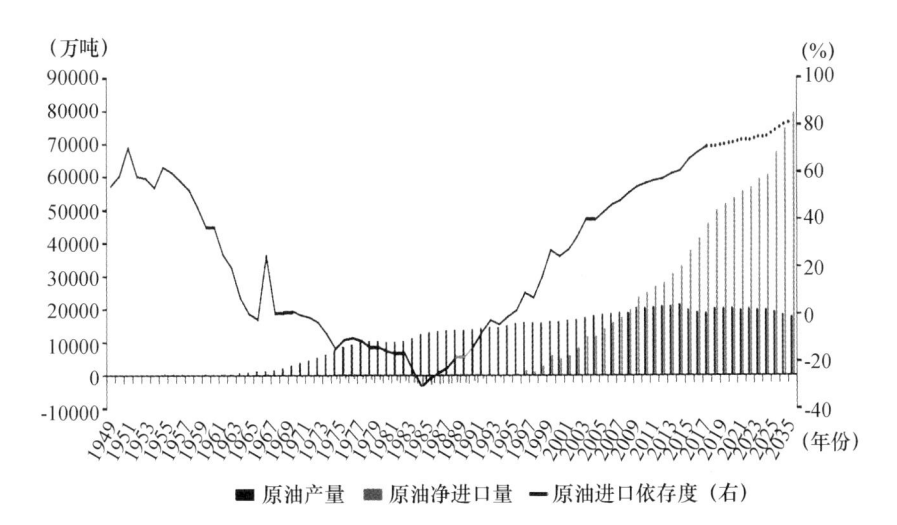

图9-10　1949—2040年中国原油产量、净进口量与进口依存度变化

资料来源："World Oil Outlook 2040"。

（四）石油进口通道集中度高，能源安全形势不容乐观

能源严重依赖进口，本身就意味着能源安全的严峻性，而能否建立起稳定、可靠的能源供应体系与机制，对能源安全则更为重要。在中国三大基础能源的进口中，石油的进口量最大，对外依存度最高，进口方式和进口渠道也最受限制。长期以来，中国的石油进口主要来自中东、拉美、东南亚和非洲地区，海上油轮运输是主要方式，而且进口石油的80%左右要通过马六甲海峡。[①] 2000—2016 年，中国石油进口的来源地数量变化如下：中东地区从3764.99万吨增加到18299.26万吨，亚太地区从1061.31万吨增加到1509.68万吨，非洲从1694.86万吨增加到6783.76万吨，欧洲/苏联地区从472.03万吨增加到6248.41万吨，西半球从33.34万吨增加到5262.66万吨。2016年，经海上通道运输的石油量约占中国石油总进口量的84%，其中通过中东航线和非洲航线进口的石油量为2.72亿吨，占总进口量的71%，其他航线进口石油0.53亿吨，占14%。[②]

石油进口渠道的相对集中、海上运输通道的不可控，为中国的能源安全带来了巨大隐患。

（五）中国在国际石油市场上缺乏定价权

目前，石油、天然气等能源仍属于国际稀缺资源，求大于供的现象依然突出。而且，油气资源还具有显著的金融属性和战略属性。在石油进口量和对外依存度不断攀升的背景下，石油价格越来越成为中国石油进口的重大挑战。多年来，中国进口石油的相对成本普遍较高，每桶原油比欧美国家高1美元左右。表9-12反映了1996—2012年中国原油进口价与国际市场价格的对比关系。

上述现象与中国缺乏在国际石油市场上的定价权密切相关，在影响国际石油定价的权重上中国还不到0.1%，只能被动承受国际油价的变化。[③] 此种状况极大地影响着中国石油进口成本的稳定性，不仅导致大量外汇损

[①] 中国自中东、非洲进口石油的海上运输线路主要有四条：第一，中东—霍尔木兹海峡—马六甲海峡—中国；第二，地中海—直布罗陀海峡—好望角—马六甲海峡—中国；第三，西非—好望角—马六甲海峡—中国；第四，东南亚—马六甲海峡—中国。其中，第一条线路承担了近一半的石油进口运输量。

[②] 田春荣：《2016年中国石油进出口状况分析》，《国际石油经济》2017年第3期。

[③] 郝赢赢、贾建华：《谈中国石油进口定价权缺失及对策建议》，《经济研究导刊》2012年第16期。

失,而且加剧了石油进口的风险,严重威胁着中国经济的稳定性。因此,加强国际石油合作、优化全球石油资源配置、完善战略石油储备体系、建设和完善原油期货市场、完善石油定价机制、提高国际石油市场的定价权等,就成了中国的当务之急。

表9-12　　1996—2012年中国原油进口价与国际市场价格的对比

(单位：美元/吨)

	WTI	Brent	Dubai	国际原油均价	中国原油进口价
1996年	162.88	151.92	136.12	150.31	150.59
1997年	151.48	140.31	133.99	141.93	153.83
1998年	105.77	93.49	89.74	96.33	119.86
1999年	141.93	132.06	126.79	133.59	126.76
2000年	222.93	208.51	192.79	208.8	211.47
2001年	190.29	179.72	167.57	179.19	193.57
2002年	191.76	183.57	174.92	183.42	183.78
2003年	228.29	211.89	196.69	212.29	217.39
2004年	260.01	280.84	247.18	262.68	276.34
2005年	398.1792	410.9121	287.63847	365.58	376.31
2006年	464.3315	490.6548	343.45836	432.81	457.48
2007年	508.5502	545.4732	381.83124	478.623	488.92
2008年	700.6801	729.9582	510.97074	647.20	723.03
2009年	435.5085	464.9022	325.43154	408.61	438.28
2010年	558.7444	599.4633	419.62431	525.95	568.63
2011年	667.0064	837.7878	536.45146	677.08	774.94
2012年	661.1715	840.5739	524.0137	660.72	814.28

资料来源:《能源政策研究》《世界经济年鉴》。

二 主要政策

能源问题是关系到国计民生的重大战略问题，关系到国家的经济安全和稳定发展。2014年6月，习近平总书记在中央财经领导小组会议上提出了"四个革命、一个合作"的中国能源安全新战略：推动能源消费革命，抑制不合理的能源消费；推动能源供给革命，建立多元供应体系；推动能源技术革命，带动产业升级；推动能源体制革命，打通能源发展快车道；全方位加强国际合作，实现开放条件下的能源安全。近年来，中国发布了几十个有关能源生产和消费的法律法规和政策文件，如2012年的白皮书《中国的能源政策（2012）》，2013年的《能源发展"十二五"规划》，2014年的《能源发展战略行动计划（2014—2020年）》，2015年的《中华人民共和国可再生能源法》，2016年的《能源生产和消费革命战略（2016—2030年）》《2016年能源工作指导意见》《煤炭工业发展"十三五"规划》《电力发展"十三五"规划（2016—2020年）》《太阳能发展"十三五"规划》《生物质能发展"十三五"规划》，2017年的《能源发展"十三五"规划》《能源技术创新"十三五"规划》，2018年的《清洁能源消纳行动计划（2018—2020年）》，2019年的《2019年风电项目建设工作方案》，2020年的《能源发展"十四五"规划》《可再生能源发展"十四五"规划》《石油发展"十四五"规划》《天然气发展"十四五"规划》《关于建立健全清洁能源消纳长效机制的指导意见》《中长期油气管网规划》《新时代的中国能源发展》白皮书等。2020年4月，国家能源局发布了历经3年修订的《中华人民共和国能源法（征求意见稿）》。综合以上各方面的材料，可将中国的能源政策总结如下。

（一）中国能源政策的基本内容

坚持"节约优先、立足国内、多元发展、保护环境、科技创新、深化改革、国际合作、改善民生"的能源发展方针，推进能源生产和利用方式的变革，构建安全、稳定、经济、清洁的现代能源产业体系，努力以能源的可持续发展支撑经济社会的可持续发展。

（二）大力优化能源结构，提高能源生产供应能力

第一，积极推动国内油气资源的稳产增产，发挥国内能源资源的基础性保障作用。中国要"立足国内资源优势和发展基础，着力增强能源供给保障能力"，坚持"加快西部、深化东部、发展海域、探索新区"的方

针。一方面要加大勘探投入，推动技术进步，加快资源向储量转化；另一方面要加快油气开发的技术进步，提高采收率。同时，要加大页岩油气、致密气、煤层气等非常规油气资源的勘探和开发力度，保障持续稳产增产。具体目标："十四五"时期，年均新增探明石油地质储量10亿吨左右，2020年国内石油产量达2亿吨以上。

第二，不断优化煤炭产能结构，加强对煤炭[①]的清洁绿色开发利用。要加快淘汰落后产能，持续优化煤炭生产开发布局和产能结构，扩大优质增量供给，促进供需动态平衡；要深入推进煤矿机械化、自动化、信息化和智能化建设，进一步提升安全、绿色、高效开发水平。具体目标是，2020年煤矿数量控制在5000个以内，大型煤炭基地的产量占全国煤炭产量的96%以上。2020年发改委发布的《关于加快煤矿智能化发展的指导意见》规划了中国煤矿智能化发展的三个阶段性目标：2021年建成多种类型和不同模式的智能化示范煤矿；2025年大型煤矿和灾害严重煤矿基本实现智能化；2035年各类煤矿基本实现智能化，构建多产业链、多系统集成的煤矿智能化系统，建成智能感知、智能决策、自动执行的煤矿智能化体系。"十三五"时期，中国煤炭行业淘汰落后产能8.1亿吨/年，实现了化解淘汰过剩落后产能8亿吨/年左右的目标。[②]

第三，积极发展天然气、核电、可再生能源等清洁能源，开发和利用替代能源，降低煤炭消费比重。可再生能源一般指风能、太阳能、生物质能、地热能、海洋能与装机在50000千瓦以下的小水电等。中国风能资源储量为32亿千瓦，可开发的装机容量约2.53亿千瓦，居世界首位，具有商业化、规模化发展的潜力。由于中国幅员广阔，有着十分丰富的太阳能，陆地每年接收的太阳辐射总量相当于24000亿吨标准煤，它可成为可再生能源中最重要的基本能源。中国生物质能资源主要有农作物秸秆、树木枝丫、能源植物，以及农林废弃物、工业有机废水和城市生活污水与垃圾等。生物质资源转换为能源的潜力可达10亿吨标准煤，其中仅农作物秸秆就有3亿吨，折合1.5亿吨标准煤。小水电对环境影响小，按国际惯

---

① 煤炭在洗选中可以脱除50%—80%的灰分、30%—40%的硫分，烟气净化技术可实现燃烧后脱硫90%以上，因此煤炭是可以进行清洁化的能源。

② 郭海涛、刘力、王静怡：《2020年中国能源政策回顾与2021年调整方向研判》，《国际石油经济》2021年第2期。

例的归类，属于可再生能源。中国的小水电资源可开发量约为 1.25 亿千瓦。由于中国的海岸线超过 1.8 万千米，具有丰富的海洋能资源，可开发的潮汐能年总发电量达 600 亿千瓦时。另外，还有海洋温差能、波浪能、洋流能等，都具有相当的开发能力。中国地热资源也很丰富，可用于发电的地热资源潜力约为 600 万千瓦。[1] 另外，中国的风力发电潜力很大。至于替代能源，中国目前着重推进车用替代燃料的开发与利用。车用替代燃料包括压缩天然气（CNG）、液化石油气（LPG）、天然气合成油（GTL）、煤炭液化（CTL）、生物质燃料和氢燃料电池等。上述中国能源政策要求，通过构建以消纳为核心的清洁能源发展机制，加快形成有利于清洁能源消纳的电力市场机制，建立健全清洁能源消纳长效机制。具体目标包括：到 2020 年核电装机容量达到 5800 万千瓦，在建容量达 3000 万千瓦以上；常规水电装机达到 3.5 亿千瓦左右，全国水能利用率达 95% 以上；风电装机达到 2 亿千瓦，其中海上风电为 500 万千瓦左右，全国平均风电利用率达到国际先进水平（95% 左右）；光伏装机达到 1 亿千瓦以上，其中分布式光伏为 6000 万千瓦以上，光热发电 500 万千瓦，光伏发电利用率高于 95%；地热能利用规模达到 5000 万吨标准煤；生物质发电装机容量为 1500 万千瓦左右。能源消费总量控制在 50 亿吨标准煤以内，煤炭消费总量控制在 41 亿吨以内。单位国内生产总值二氧化碳排放比 2015 年下降 18%。[2]

（三）全面推行能源节约战略

节能是中国在认真总结国内外工业化、城市化与现代化发展经验教训的基础上，结合国内能源现状而提出的新发展模式，是中国今后长期坚持的一项国家战略与基本国策。有关研究表明，2010 年中国单位 GDP 能耗是世界平均水平的 2.2 倍、美国的 4.3 倍、德国和法国的 7.7 倍、日本的 11.5 倍。这种状况严重制约着中国未来的健康发展。为此，《中国的能源政策（2012）》白皮书指出："维护能源资源长期稳定可持续利用，是中国政府的一项重要战略任务。中国能源必须走科技含量高、资源消耗低、

---

[1] 这里所引用的有关再生能源的材料，主要参见周大兵《开发可再生能源 促进可持续发展》，《理论前沿》2006 年第 12 期。

[2] 《重磅！2020 年中国绿色能源产业及各细分领域政策汇总（全）》，2021 年 1 月 25 日，前瞻经济学人，https://www.qianzhan.com/analyst/detail/220/210125-e3635711.html。

环境污染少、经济效益好、安全有保障的发展道路,全面实现节约发展、清洁发展和安全发展。"要"实施能源消费总量和强度双控制,努力构建节能型生产消费体系,促进经济发展方式和生活消费模式转变,加快构建节能型国家和节约型社会"。《中共中央关于制定国民经济和社会发展第十三个五年规划的建议》提出了"十三五"时期中国的能源发展战略,即"推进能源革命,加快能源技术创新,建设清洁低碳、安全高效的现代能源体系。提高非化石能源比重,推动煤炭等化石能源清洁高效利用。加快发展风能、太阳能、生物质能、水能、地热能,安全高效发展核电。有序开放开采权,积极开发天然气、煤层气、页岩气。改革能源体制,形成有效竞争的市场机制"。2020年发布的《新时代的中国能源发展》白皮书总结了党的十八大以来,特别是"十三五"时期中国的能源政策走向及主要成果,提出了面向"十四五"和未来的中国能源政策发展方向:"新时代的中国能源发展,积极适应国内国际形势的新发展新要求,坚定不移走高质量发展新道路,更好服务经济社会发展,更好服务美丽中国、健康中国建设,更好推动建设清洁美丽世界。"白皮书还提出了实行能源消费总量和强度双控制度、完善节能低碳激励政策、推动终端用能清洁化、健全节能法律法规和标准体系等方面的任务。党的十九届五中全会公布的《中共中央关于制定国民经济和社会发展第十四个五年规划和2035年远景目标的建议》进一步提出,要广泛形成绿色生产生活方式,碳排放达峰后稳中有降,生态环境根本好转。

节能减排的主要方式是通过调整经济结构和产业结构,实现经济增长从高能耗的粗放型模式向低能耗、高效率的集约型方式转变,同时加快科技进步和技术创新,大力开发节能环保产品,不断提高能源利用效率。主要措施包括如下几点。

——优化产业结构。中国坚持把调整产业结构作为节约能源的战略重点。措施包括:严格控制低水平重复建设,加速淘汰高耗能、高排放的落后产能;加快运用先进适用技术改造提升传统产业;提高加工贸易准入门槛,促进加工贸易转型升级;改善外贸结构,推动外贸发展从能源和劳动密集型向资金和技术密集型转变;推动服务业大发展;培育发展战略性新兴产业,加快形成先导性、支柱性产业。

——深度融合数字化和智慧化,加强能源基础设施建设。结合中国能源转型、产业升级、低碳发展和全球竞争的需求,中国能源基础设施建设必须具有前瞻性和战略性思维，深刻把握物联网、人工智能、区块链等新型数字基础设施发展方向，推进用能设备、输能设备和产能设备的数字化。

——加强工业节能。工业是节约能源的重点领域，工业用能占中国能源消费的70%以上。为此，国家制定了钢铁、石化、有色、建材等重点行业节能减排的先进适用技术目录，淘汰落后的工艺、装备和产品，发展节能型、高附加值的产品和装备；建立和完善重点行业单位产品能耗限额强制性标准体系，强化节能评估审查制度；组织实施热电联产、工业副产煤气回收利用、企业能源管控中心建设、节能产业培育等重点节能工程，提升企业的能源利用效率。

——实施建筑节能。措施包括：建立健全绿色建筑标准，推行绿色建筑评级与标识；推进既有建筑节能改造，实行公共建筑能耗限额和能效公示制度，建立建筑使用全寿命周期管理制度，严格建筑拆除管理；制定和实施公共机构节能规划，加强公共建筑节能监管体系建设；推进北方采暖地区既有建筑供热计量和节能改造，实施"节能暖房"工程，改造供热老旧管网，实行供热计量收费和能耗定额管理。

——推进交通节能。全面推行公交优先发展战略，积极推进城际轨道交通建设，合理引导绿色出行；实施世界先进水平的汽车燃料油耗量标准，推广应用节能环保型交通工具；加速淘汰老旧汽车、机车、船舶；优化交通运输结构，大力发展绿色物流；提高铁路电气化比重，开展机场、码头、车站节能改造；积极推进新能源汽车的研发与应用，科学规划和建设加气、充电等配套设施。

——倡导全民节能。加大节能教育与宣传，鼓励引导城乡居民形成绿色消费模式和生活方式，增强全民节约意识；严格执行公共机构节能标准和规范，发挥政府机关的示范带头作用；动员社会各界广泛参与，积极开展小区、学校、政府机关、军营和企业的节能行动，努力建立全社会节能长效机制；推广农业和农村节能减排，推进节能型住宅建设。

经过多年不懈的努力，中国在能源节约领域取得了长足进步，成效巨大。2017年12月，全国碳排放交易体系正式启动，利用市场压力促使企业减少碳排放量。国家统计局的数据显示，2018年中国的碳排放强度比2005年下降了45.8%，比2017年下降了4.0%，基本扭转了温室气体排放快速增长的局面。从煤炭占能源消费的比重来看，2005年为72.4%，2018年下降到59.0%。这意味着，在过去十多年中，中国煤炭占能源消费的比重基本上以每年 1 个百分点的速度下降。2020 年中国的能源消费总量约为 49.7 亿吨标准煤，实现了控制在 50 亿吨标准煤以内的目标；碳强度较 2005 年降低了约 48.4%；煤炭消费所占比重降至 56.7%，实现了 58% 以内的目标；天然气、水电、核电、风电等清洁能源消费所占比重升至 24.5%，非化石能源消费比重升至 15.9%，大幅超额完成原定目标；全年发电量为 7.4 万亿千瓦时，略高于原定的 7.2 万亿千瓦时的水平。同时，中国宣布将提高国家自主贡献力度，力争二氧化碳排放 2030 年前达到峰值，2060 年前实现碳中和。[1]

（四）积极参与国际石油市场竞争，打破西方大国对石油资源的控制与垄断，争取国际石油的定价权

目前，中国每年的石油交易量巨大，这为争取定价权提供了基础性条件。为此，我们不仅要发展石油现货贸易，还必须发展期货贸易。纵观国际石油市场价格的跌宕起伏，其中一个重要原因是国际资本投机。2008 年 6 月，在欧佩克沙特阿拉伯吉达峰会上，各成员国普遍认为，油价上涨"应当从西方特别是美国方面找原因，市场投机者、过于疲弱的美元、炼油设施不足和陈旧才是造成油价上涨的罪魁祸首"。在上述情况下，中国积极发展期货贸易显得尤为重要。经过长时间筹备，2018 年 3 月 26 日中国原油期货正式上市。与此同时，中国还放宽油品销售环节的市场准入，重组调整石油行业的市场结构，创造良好的市场竞争环境。自 2018 年 7 月 28 日起，中国取消了同一外国投资者设立超过 30 家分店、销售来自多个供应商不同种类和品牌成品油的连锁加油站须由中方控股的限制。2020 年 1 月，自然资源部发布《关于推进矿产资源管理改革若干事项的意见（试行）》，允许外资、民企、社会资本进入油气勘探开发领域，国有石油公司专营的局面被打破。另外，中国还积极运用国内价格机制影响国际市场。2008 年 6 月 19 日，中国宣布上调国内油电价后，美国原油期货交易价每桶下降近 5 美元。这说明，中国对国际石油市场的价格是可以产生影响的。《中共中央关于制定国民经济和社会发展第十四个五年规划和 2035 年远景目标的建议》提出，要进一步深化中国能源行业竞争性环节的市场

---

[1] 郭海涛、刘力、王静怡：《2020 年中国能源政策回顾与 2021 年调整方向研判》，《国际石油经济》2021 年第 2 期；《截至 2020 年底　中国碳强度较 2005 年降低约 48.4%》，2021 年 4 月 9 日，人民网，http://env.people.com.cn/n1/2021/0409/c1010 - 32073820.html。

化改革，放宽准入限制，实施统一的市场准入负面清单制度，推进用能权、碳排放权市场化交易，完善能源价格形成机制。

（五）积极参与有关的国际能源组织，加强国际能源对话，提升中国的国际能源话语权

国际能源机构（IEA）是世界石油消费国的政府间经济联合组织，也是目前全球涵盖范围最广的国际能源组织。其宗旨主要是保障在公平合理基础上的石油供应安全；共同采取有效措施以满足紧急情况下的石油供应；通过有目的的对话和其他形式的合作，以促进与石油生产国和其他石油消费国的合作关系；推动石油消费国与石油生产国达成更好的谅解；顾及其他石油消费国包括发展中国家的利益；建立广泛的国际情报系统和与石油公司相关的常设协商机制；采取保护能源、加速替代能源的开发以及加强能源领域的研究和发展等的长期合作措施，以减少对石油进口的依赖。国际能源机构在提升可替代能源（包括可再生能源）、理性能源政策以及国际能源技术合作等领域发挥了较大作用，对保障成员国的能源安全具有重大意义。中国作为世界主要的能源生产国和消费国之一，于1996年10月与IEA签署了《关于在能源领域里进行合作的政策性谅解备忘录》，并建立了合作办公室。目前，中国应认真考虑争取加入IEA的问题，通过该组织更好地把握国际能源市场的发展态势，及时调整能源政策，保障自身的能源安全，同时推动该组织更积极地参与国际能源生产、运输和消费进程，保障国际能源市场的平稳。[1] 另外，2001年以来，中国通过加入或接触的方式先后与13个重要的国际能源组织建立了联系。中国是世界能源理事会、世界石油大会、国际可再生能源署（IRENA）、国际核能合作框架［IFNEC，其前身是全球核能伙伴计划（GNEP）］等非政府能源组织和机制的成员，积极参加了亚太经合组织（APEC）能源工作组、上海合作组织能源俱乐部、中亚区域合作能源协调委员会、东盟"10+3"能源合作、二十国集团（G20）能源工作小组的工作，加强了与欧盟在能源领域的协商和合作，与OPEC、东盟、阿拉伯国家联盟、五国能源部长会议、世界能源宪章代表大会、海湾阿拉伯国家合作委员会、国

---

[1] BP首席经济学家彼特·戴维斯认为，IEA的组织结构相对于今天的全球化市场已经过时。把中国排除在外的国际能源合作不可能取得任何成效，应改变现有的规则，吸收中国成为成员国。美国一些智囊人士也认为，没有中国的参与，IEA将无法发挥其应有的作用。

际能源论坛（IEF）、东方经济论坛等建立了交流协商机制，与美国、俄罗斯等国建立了能源对话机制，还积极发起创立或加入多个有关节能减排和新能源开发的清洁能源国际机制（如"一带一路"能源合作伙伴关系、亚太清洁发展和气候新伙伴计划、甲烷市场化伙伴及国际热核聚变计划等）。2016年3月，中国发起成立了全球能源互联网发展合作组织，积极推动全球能源互联网理念传播、战略规划、国际合作、项目建设等事项，已发展成为国际上推动全球能源治理体系变革的一支重要力量。[①] 当前，在国际格局加速转变、全球能源格局加速重塑的过程中，作为世界能源大国之一的中国深度参与全球能源治理已是大势所趋。为此，需要更加积极地融入世界能源体系大框架，加强国际能源对话，同时创设有利于中国的能源协商机制，提升能源领域的话语权和主导地位。例如，构建"一带一路"框架下的能源合作论坛，加强政策协调，管控投资风险，打造能源合作命运共同体，协同区域能源合作与全球能源治理等。

（六）建立石油战略储备

石油战略储备关系到一国的经济安全和社会稳定，在国内外能源市场复杂多变的形势下，尽快建立和扩大石油战略储备是中国面临的十分紧迫的战略问题。根据国际能源组织的石油储备评价体系，一个国家的石油储备超过120天为"很安全"，90—120天为"安全"，60—90天为"基本安全"，低于60天则为"危险"。美国石油战略储备的目标是5.8亿桶，使用期为300天，日本的石油储备为160天。[②] 与发达国家相比，中国的石油战略储备水平还非常低。中国石油经济技术研究院发布的《2014年国内外油气行业发展报告》显示，截至2013年年底，中国的国家石油战略储备只有8.9天，商业石油储备为13.8天，全国石油储备的静态能力总共约为22.7天。参照国际能源组织90天净进口量的石油储备标准，中国需要储备1.2亿吨石油。

早在2001年，中国就明确提出了建立国家石油战略储备、维护国家

[①] 迄今为止该组织已有602个会员，遍及5大洲85个国家（地区），在全球设立了7个区域办公室和36个联គ办事处，成立了咨询（顾问）和技术（学术）委员会，创办了《全球能源互联网》中英文期刊，建立了全球能源互联网运行分析中心，在能源领域的国际话语权、影响力和行动力显著提升。

[②] 毋毅文：《中国石油能源安全的现状分析》，《山西农经》2016年第10期。

能源安全的战略决策，并从2003年开始建设储备基地。2007年12月18日，中国正式成立国家石油储备中心，规划用15年分三期完成油库等硬件设施的建设。第一期（2004—2009年）建设4个石油战略储备基地，储油能力为1000万—1200万吨，相当于全国30天的净石油进口量；第二期（2010—2015年）建设8个石油战略储备基地，储油能力为2200万吨，相当于全国40天的净石油进口量；第三期（2016—2020年），储油能力为2800万吨，相当于全国100天的石油净进口量。据悉，中国石油储备库一期工程已于2008年全部建成并投入使用；二期工程于2009年启动，2020年全部建成并投产；三期工程的部分项目于2007年启动可行性研究，另有部分项目正在选址。安迅思研究总监李莉表示，近年来国家石油储备建设基本处于停滞状态，更多的是鼓励企业进行商用储备。截至2016年年中，中国已建成9个国家石油储备基地，储备原油3325万吨，约占全国2015年石油净进口量的1/10。根据国家能源局的统计，目前中国商业和战略原油储备量可支撑天数均为80天，离安全性仍有差距。有关专家指出，"十四五"时期中国面临的国内外形势将不同于以往，特别是国际形势更趋复杂，大国博弈和地区冲突风险高于以往，石油储备的战略地位更加凸显，必须加快推进。为此，要着重做好三点：一是增量与存量并重；二是创新与改革并重，形成更加科学的储备管理方式；三是国际与国内并重。[1]

（七）加强国际合作，实施"走出去"战略，积极开发利用海外油气资源

1992年年底，中国明确提出要"充分利用国内外两种资源、两个市场"发展石油工业的战略。中国石油天然气总公司（现中国石油天然气集团公司）相应提出了"稳定东部，发展西部；油气并举；实施国际化经营"三大发展战略。实施"走出去"战略主要有两种途径：一是石油贸易，即从国外直接购买石油和石油产品，可以称之为"贸易油"；二是通过全资、合资、收购等渠道，参与国外石油资源开发，建立海外石油生产基地，可以称之为"份额油"。从全球能源格局来看，"份额油"具有

---

[1] 张庭宾：《中国应加大石油战略储备》，《第一财经日报》2015年6月2日；陈鑫：《中国多层次石油储备体系机制与对策研究》，博士学位论文，大连理工大学，2014年，第5—6页；尚明钰：《中国石油战略储备探析》，《物流科技》2011年第4期；《两会建议：加大油气储备能力建设》，2020年5月22日，搜狐网，https：//www.sohu.com/a/396859074_715072。

相对稳定的特点，中国应多关注。

从国际大环境来看，中国实施"走出去"战略，利用海外石油资源，有着良好机遇。这突出表现在：第一，尽管全球化进程遭遇了重大阻碍，但其发展趋势不可逆转；第二，中国"一带一路"倡议获得了越来越大的国际共识，"一带一路"框架下的国际合作发展迅速；第三，中国与众多石油资源国建立了战略伙伴或战略协作等形式的友好合作关系，与大多数国际能源组织和机制建立了友好协商与合作关系；第四，各石油资源国实行开放政策，每年全球有几百个石油资源勘探开发项目进行海外招标；第五，中国已是WTO成员，可以在最惠国待遇的条件下进行国际贸易，分享其他成员国或地区开放市场、减让关税等待遇，还可获得有关石油信息资源，有利于及时调整对外石油合作与经营政策；第六，中国在世界石油市场已积累了不少经验，石油勘探开发技术有了很大进步。这些因素为中国实施"走出去"战略创造了良好条件。

实施"走出去"战略，要注重油气进口来源、进口方式、进口品种和供应渠道的多元化。进入21世纪以来，中国积极推动能源企业跨出国门，走向国际市场，瞄准能源上游产业，"走出去"战略取得了巨大成就，尤其是石油企业取得了更加骄人的成绩。特别是在2013年中国提出"一带一路"倡议后，中国与有关国家的全方位能源合作成了"一带一路"建设的重点领域之一。

其一，中国逐步建立起西北、东北、西南、海上4个稳定的油气进口战略通道，基本建成中亚俄罗斯、中东、非洲、美洲、亚太5大油气合作区。[①] 2016年以来，中国石油进口总量的90%左右来自15个国家，天然气进口总量的95%左右来自10个国家（见表9-13和表9-14）。

表9-13　　　　　　　　中国石油进口来源　　　　　　（单位：万吨）

	2016年		2017年		2018年	
	排名	进口额	排名	进口额	排名	进口额
俄罗斯	1	5247.91	1	5979.64	1	7149.37
沙特阿拉伯	2	5100.34	2	5218.39	2	5673.26

---

① 程蕾：《新时代中国能源安全分析及政策建议》，《中国能源》2018年第2期。

续表

	2016年 排名	2016年 进口额	2017年 排名	2017年 进口额	2018年 排名	2018年 进口额
安哥拉	3	4375.16	3	5042.99	3	4738.46
伊拉克	4	3621.64	4	3686.46	4	4505.25
阿曼	5	3506.92	6	3100.95	5	3290.67
伊朗	6	3129.75	5	3115.00	7	2927.38
委内瑞拉	7	2015.67	8	2177.03	9	1663.18
巴西	8	1914.04	7	2308.31	6	3162.30
科威特	9	1633.96	9	1824.45	8	2321.19
阿联酋	10	1218.36	10	1016.23	12	1219.99
哥伦比亚	11	880.72	11	945.21	13	1076.96
刚果	12	694.31	12	888.54	10	1257.94
英国	14	495.70	13	844.02	16	772.28
加蓬	18	319.70	15	381.11	17	362.45
马来西亚	21	240.76	14	658.83	14	888.16

资料来源：中华人民共和国海关总署。

表9-14　　　　　　　　中国天然气进口来源　　　　　（单位：万立方米）

	2016年 排名	2016年 月平均进口量	2017年 排名	2017年 月平均进口量	2018年 排名	2018年 月平均进口量
土库曼斯坦	1	180.29	1	205.69	1	211.08
澳大利亚	2	99.81	2	138.39	2	195.50
卡塔尔	3	41.41	3	58.72	3	77.00
缅甸	4	26.37	6	20.52	9	18.49
乌兹别克斯坦	5	23.84	7	20.17	6	39.99
印度尼西亚	6	23.25	5	23.91	5	40.76
马来西亚	7	21.56	4	35.38	4	48.07
巴布亚新几内亚	8	17.74	8	16.44	8	20.62
哈萨克斯坦	9	2.62	9	4.25	7	35.51
俄罗斯	10	2.14	10	3.49	—	—

资料来源：中华人民共和国海关总署。

2019年，受美国退出伊核协议并对其重启制裁、美国大量出口石油等因素的影响，中国的石油进口来源结构发生了某些变化，沙特取代俄罗斯成为最大的石油进口来源国，安哥拉在非洲国家中政局相对稳定，成为中国在非洲的第一大进口来源国。是年，中国从沙特阿拉伯进口石油9285.44万吨，从俄罗斯进口7585.06万吨，从安哥拉进口4931.67万吨，从沙特阿拉伯、俄罗斯、伊拉克、安哥拉、巴西五国进口的石油占进口总量的60%。同时，进口渠道扩大至48个国家和地区，遍布中东、俄罗斯、非洲和南美洲。2020年的石油进口状况与2019年基本相同，从沙特阿拉伯进口8492万吨，同比增长1.9%；从俄罗斯进口8357万吨，同比增长7.6%；从伊拉克进口6012万吨，同比增长16.1%；从巴西进口4219万吨，同比增长5.1%。一个较大的变化是，2020年中国进口美国原油1976万吨，较之2019年增长两倍多。

值得关注的是，近年来中国从美国进口的液化天然气大幅增长，2017年月平均进口量为12.60万吨，超过从哈萨克斯坦和俄罗斯的进口量；2018年为17.90万吨，超过从俄罗斯的进口量。[1]

其二，能源企业对外直接投资持续快速增长。"十一五"时期，中国在能源领域的海外投资不断增长，先后与71个国家签署了200个包括炼化、技术支持、管道、开发等在内的油气项目，确立了5大海外能源合作战略布局（非洲地区—中亚俄罗斯地区—南美地区—中东地区—亚太地区）。中国能源类对外直接投资额2006年为181.1亿美元，同比增长106.26%；2008年为310.6亿美元，同比增长77.18%，比2005年增长了约250%；2010年为680.71亿美元，比2005年增长了约6.7倍。"十二五"时期，中国能源企业OFDI投资总额达3129.8亿美元，比"十一五"时期增加61.26%。其间，中国海外能源投资额2015年为708.5亿美元，同比增长19.48%；2016年为717.7亿美元，涉及56个国家的120个项目，其中国家电网有限公司以49.1亿美元收购巴西CPFL Energia 54.64%的股权，规模最大；2017年为554.3亿美元，涉及47个国家的89个项目，同比下降22.77%。在2017年的中国海外能源投资中，新能源和可再生能源项目占比较大，其中电力及新能源（含水电）项目约为40%，石油类项目约占

---

[1] 冷奥旗：《中国能源进口结构演变及影响因素研究》，硕士学位论文，广东外语外贸大学，2019年。

34%，天然气项目为 10.6%，煤炭类项目约为 7.6%。截至 2017 年年底，中国能源企业海外投资（仅统计投资项目额超过 1 亿美元的）累计总金额达 6376.4 亿美元。同时，投资的国家数量不断增加，从 2006 年的 15 个增加到 2016 年的 56 个，投资覆盖率也从 2006 年的 6.44% 增加到 2016 年的 24.03%。2005—2017 年，中国对外能源投资总额超过 200 亿美元的国家有 6 个，分别为巴西 458.8 亿美元、加拿大 387 亿美元、巴基斯坦 367.9 亿美元、澳大利亚 365.2 亿美元、俄罗斯 262 亿美元、印度尼西亚 230.9 亿美元（见图 9-11 至图 9-13、表 9-15）。①

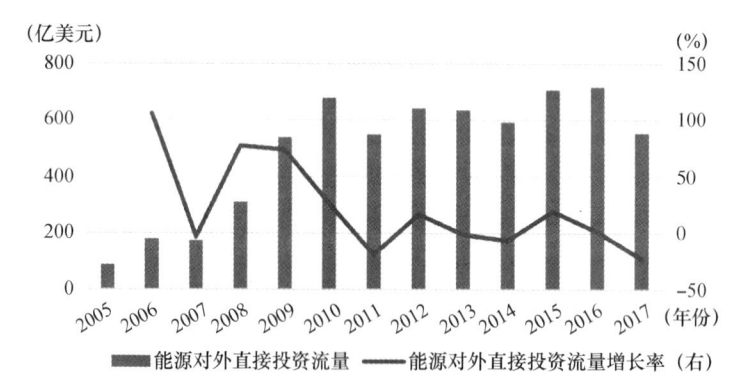

图 9-11　2005—2017 年中国能源企业对外直接投资流量及增长率

资料来源：美国传统基金会和企业协会发布的中国对外投资追踪数据。

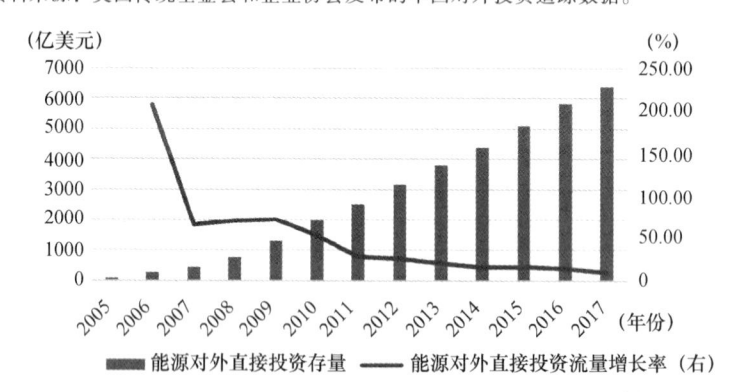

图 9-12　2005—2017 年中国能源企业对外投资存量

资料来源：美国传统基金会和企业协会发布的中国对外投资追踪数据。

---

① 李金亮：《中国能源企业对外直接投资的区位选择研究》，硕士学位论文，广东外语外贸大学，2020 年。

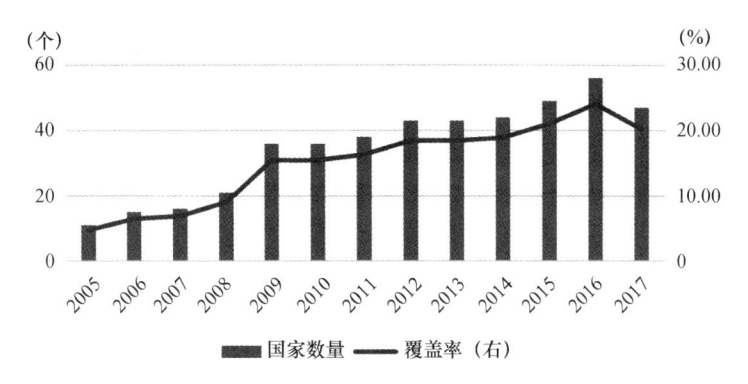

图 9 – 13　2005—2017 年中国能源企业对外投资国家数量

资料来源：美国传统基金会和企业协会发布的中国对外投资追踪数据。

表 9 – 15　　　　　　2005—2016 年中国能源企业主要投资国　　（单位：百万美元）

	2005 年	2006 年	2007 年	2008 年	2009 年	2010 年
巴西	430	1290	—	—	—	11890
加拿大	250	—	—	—	1740	6360
巴基斯坦	490	—	150	—	600	2960
澳大利亚	—	—	100	750	5330	2560
俄罗斯	—	3990	—	—	300	530
印尼	860	1310	2480	1260	230	830
哈萨克斯坦	4200	1910	1310	250	3570	730
伊拉克	—	—	1080	—	8580	—
美国	—	—	100	—	1680	4010
老挝	120	140	2040	—	210	2950
	2011 年	2012 年	2013 年	2014 年	2015 年	2016 年
巴西	4800	1490	1780	1500	4790	12090
加拿大	4400	20790	300	3040	170	1100
巴基斯坦	1120	200	1950	10760	7250	7260
澳大利亚	8750	4280	4620	3570	2200	1410
俄罗斯	2290	590	3160	4540	2550	2490
印尼	1400	1480	360	2030	6940	2870
哈萨克斯坦	850	2100	5300	1620	470	340
伊拉克	2260	—	1970	1400	670	1290
美国	200	3380	3270	860	2850	150
老挝	—	740	1230	250	2870	4900

资料来源：美国传统基金会和企业协会发布的中国对外投资追踪数据。

能源企业对外投资的不断增长,大大促进了中国海外权益油气储量的增长和油气进口的增加(见表9-16和表9-17)。

表9-16　2014—2019年中国海外权益油气产量及油气进出口情况

	2014年	2015年	2016年	2017年	2018年	2019年
权益油气产量(1×10^8吨标准煤)	1.60	1.75	1.80	1.90	2.00	2.10
原油进口量(1×10^8吨)	3.10	3.40	3.82	4.20	4.62	5.06
天然气进口量(1×10^8立方米)	583	585	745	946	1244	1330

资料来源:王珺等:《能源国际合作保障我国能源安全探讨》,《中国工程科学》2021年第1期。

表9-17　2003—2019年中国能源企业对主要联系国投资所获权益数量

	油田权			石油/天然气供应	基础设施		
	勘探权	原油开采权	油田所有权		原油精炼	原油储存	原油运输
卡塔尔	0	1	0	3	0	2	0
伊拉克	5	8	2	0	0	2	0
伊朗	8	16	8	6	5	0	0
沙特阿拉伯	9	2	2	5	6	0	0
阿联酋	0	0	1	0	1	1	1
科威特	0	6	0	1	0	0	0
叙利亚	5	0	72	2	2	0	0
也门	5	6	1	0	0	0	0
哈萨克斯坦	32	22	28	2	2	0	5
土库曼斯坦	2	7	1	3	0	0	2
乌兹别克斯坦	31	30	5	2	0	1	0

资料来源:梁琳、孙晓慧:《新重商主义视域下的国有企业在国家能源外交中的影响和作用》,《长春工程学院学报》(社会科学版)2020年第3期。

第二节　中俄能源合作的大体进程

能源合作是中俄经贸合作的重要组成部分,是夯实和丰富两国战略协作伙伴关系的重要基础，也是中国实现国际能源合作多元化的重要方向。早在1996年4月，中俄两国就签署了《关于中华人民共和国和俄罗斯联邦共同开展能源领域合作的协议》（2000年7月续签），并建立了政府、企业和社会多级对话机制，就两国在石油、天然气、煤炭、电力等领域的长期合作展开研究。尽管中俄能源合作互补性很强、潜力巨大，双方也为此进行了诸多努力，取得了一定进展，但在2009年前并未实现重大突破。而且，能源合作的成果主要体现在石油贸易合作方面（见表9-18）。

表9-18　　　　　　　　　中俄石油贸易发展状况

	中国从俄罗斯进口的石油总量（万吨）	中国从俄罗斯进口的成品油总量（万吨）	中国进口石油总量（亿吨）	中国进口成品油总量（万吨）
1992年	0.8	67.3	0.1136	768
1993年	1.4	126.5	0.1567	1657
1994年	5.7	122.4	0.1235	1289
1995年	3.7	130.9	0.1709	1386
1996年	31.9	123.5	0.2262	1583
1997年	47.5	346.0	0.3547	2379
1998年	14.5	90.5	0.2732	2174
1999年	57.2	206.9	0.3661	2082
2000年	147.7	251.1	0.7027	1805
2001年	176.6	291.1	0.6026	2145
2002年	303.0	401.7	0.6941	2034
2003年	525.4	—	0.9102	2824
2004年	1077.4	—	1.2272	3788
2005年	1277.7	507.6	1.2682	3143
2006年	1596.5	432.2	1.4518	3638
2007年	1452.6	—	1.63	—
2008年	1163.8	—	1.79	—

资料来源：《中国统计年鉴》（2000—2006年）；《中国对外经济贸易年鉴》（1993—2003年）；《中国对外经济统计年鉴》（2004—2005年）；俄罗斯联邦统计局，http：//www.gks.ru；中华人民共和国商务部，http：//www.mofcom.gov.cn。

从表9-18中可以看出，苏联解体后，中俄石油贸易呈现出逐步发展的态势。叶利钦执政时期（1992—1999年），两国石油贸易的基本特点如下：第一，石油贸易量很少，至1999年才达到57.2万吨；第二，中国从俄罗斯进口的主要是成品油，1992—1999年年均进口成品油151.8万吨，而同期原油年均进口量仅为20.3万吨；第三，两国石油贸易逐年增长（1998年除外，当年受亚洲金融危机影响，中俄石油贸易明显下降）。普京担任俄罗斯总统后，特别是2004年两国签署《关于中俄国界东段补充协定》和批准《中俄睦邻友好合作条约》实施纲要之后，中俄石油贸易有了很大发展，2003年为525.4万吨，2004年为1077.4万吨，2006年达到最高的1596.5万吨。受经济形势的影响，2007年中俄石油贸易出现下降，为1452.6万吨，同比下降9%；2008年为1163.8万吨，同比下降19.9%。

2009年前的中俄石油贸易主要采取两种方式：现货贸易方式和"贷款换石油"模式。现货贸易主要通过铁路运输和海运两种方式将石油运往中国。以2006年为例，中国通过铁路运输进口俄罗斯石油981.9万吨，占俄出口中国石油总量的61.5%；通过海运进口俄罗斯石油614.6万吨，占俄出口中国石油总量的38.5%。中国海运进口俄罗斯石油大多起自里海、波罗的海等港口，主要通道有二：一是里海—地中海—直布罗陀海峡—苏伊士运河—好望角—俄罗斯远东地区—中国，二是黑海—苏伊士运河—红海—俄罗斯远东地区—中国。海运虽然具有成本低、方便与量大等优点，但航线存在重大安全问题；铁路运输尽管相对安全、稳定，但成本很高（2006年中国通过铁路进口俄罗斯石油每吨运价为70美元，仅此一项俄罗斯铁路运输公司全年即获运费6亿多美元），而且俄罗斯远东铁路的运输能力有限，无法满足中俄原油贸易日益增长的需要。"贷款换石油"模式是在俄罗斯经济严重衰退的背景下，中俄两国开展能源合作的一种创新。2005年年初，中国向俄罗斯提供60亿美元贷款，换取2010年前俄罗斯向中国出口4840万吨石油。2009年年初，中国向俄罗斯提供250亿美元贷款，换取2011—2030年俄罗斯以每年1500万吨的规模向中国供应总计3亿吨石油。

此外，中国能源企业还有限购买了部分俄罗斯石油公司的股份，参与了部分油气项目的开发。2005年，中石化与俄罗斯石油公司签署《一号议定书》，双方决定成立一家石油合资公司，负责俄罗斯"萨哈林3号"

地区的油气勘探开发，中方占其中30%的股份。2006年6月，中石化以35亿美元收购俄罗斯乌德穆尔特石油公司98.86%的股份，成为进入俄罗斯石油开采领域的第一家中国公司。2006年，黑龙江省黑河市与俄罗斯阿穆尔州签订了组建"俄罗斯阿穆尔州炼油厂"的合作协议，建设包括年加工500万吨原油的常压分馏装置一套、成品油精炼装置一套，精细化工项目，以及其他设施。同时，俄罗斯石油公司计划在中国开设300家合资加油站。2006年，中国石油天然气集团公司与俄罗斯石油公司共同投资建立了东方能源公司，双方分别占该公司股份的49%和51%，拟在石油领域的上游和下游展开合作。2007年，东方能源公司通过竞标获得俄罗斯伊尔库茨克州上伊恰尔和西乔两块区域的勘探许可证。2009年10月，中俄两国又签署了《中国石油天然气集团公司与俄罗斯石油公司关于推进上下游合作的谅解备忘录》。

在此期间，中俄天然气合作始终停滞不前。早在1999年2月25日，中俄就签署了《关于铺设俄罗斯—中国（安加尔斯克—大庆）输气管道项目技术经济可行性报告合作研究的总协议》，2000年11月2日签署了关于从科维克金凝析气田向中国、韩国和亚太地区其他国家供应天然气的协议，2003年秋科维克金凝析气田项目合作者各方确认了项目可行性国际技术经济论证报告。根据该报告，俄罗斯计划每年向中国东北供气120亿立方米，向中国北部供气80亿立方米。各方还计划从2008年开始供气，至迟于2017年每年向中国和韩国输送300亿立方米天然气。2004年10月，俄罗斯天然气工业股份公司与中石油签署了战略合作协议，计划向中国供应天然气。2006年3月，俄罗斯总统普京访华期间，中俄两国又签署了《关于从俄罗斯向中国供应天然气的谅解备忘录》，计划修建东西伯利亚与西西伯利亚两条天然气管道，俄罗斯将从2011年起向中国供应天然气，每条线路的年输出量为300亿—400亿立方米。俄罗斯有关方面透露，最先输往中国的天然气将来自亚马尔，通过新建的"阿尔泰"管道由西西伯利亚输送至中俄西段边界，然后进入中国新疆，最终与中国的西气东输主管道连接。2010年9月，中俄两国油气公司进一步签署了向中国供应天然气的基本条件议定书，确定了出口数量、启动时间及付款条件等。根据该议定书，俄罗斯将在2015年向中国供应天然气，合同期为30年。考虑到中国对天然气的需求量不断增大，时任俄罗斯工业与能源部部长赫里斯坚科表示，两国还可以合作在俄大陆架生产液化天然气。

但遗憾的是，这些宏伟的天然气管道项目却一直停留在纸面上，两国天然气贸易并不顺利，谈判时断时续。俄罗斯方面认为，这种局面的原因主要有二：一是双方在天然气价格上存在较大分歧，二是中国对天然气的需求不像对石油那样紧迫。到了2009年10月，俄罗斯总理普京访华，双方才签订了《关于俄罗斯向中国出口天然气的框架协议》。俄方承诺从2014—2015年开始，经西线和东线每年向中国输出近700亿立方米天然气，其中西线为300亿立方米，东线为380亿立方米。

在电力合作方面，俄罗斯对向中国输出电力也进行了相关可行性研究。2005年7月，中国国家电网公司与俄罗斯统一电力股份有限公司签署了长期合作协议，并就输电方式、规模、定价原则、进度安排等一系列重要议题达成一致。2006年3月普京访华期间，双方又签署了《中国国家电网公司与俄罗斯统一电力系统股份有限公司关于全面开展从俄罗斯向中国供电项目的可行性研究的协议》，计划分三个阶段实施合作：第一阶段，通过建设边境直流背靠背工程，2008年开始从俄罗斯远东电网向中国黑龙江省电网输电，年输电36亿—43亿千瓦时；第二阶段，到2010年由俄罗斯远东电网向中国辽宁省电网输电，年输电165亿—180亿千瓦时；第三阶段，到2015年由俄罗斯远东向中国东北、华北地区输电，年输电300亿千瓦时。2006年11月，在中国"俄罗斯年"闭幕式上，双方又签署了《中国国家电网公司与俄罗斯统一电力系统股份公司关于从俄罗斯向中国供电项目第一阶段购售电合同》和《中国国家电网公司与俄罗斯统一电力系统股份公司关于实施从俄罗斯向中国供电项目基本原则的协议》。但同样因价格等问题，双方电力合作的实际进展并不明显。

在核能合作方面，田湾核电站是中俄核能合作历史上一个具有标志性意义的工程，是迄今为止中国与俄罗斯最大的技术经济合作项目。位于江苏省连云港市的田湾核电站是中国"九五"计划的重点核电建设工程之一，也是中国单机容量最大的核电站，于1999年12月开工建设，采用俄罗斯AES-91型核电机组。其安全设计优于世界上正在运行的大部分压水堆核电站，在某些方面已接近或达到国际上第三代核电站的水平。根据中俄两国的政府协议和总合同，俄方负责核电站总的技术责任和核岛、常规岛设计及成套设备的供应与核电站调试，中方负责工程建设管理、土建施工、围墙内部分设备的第三国采购、电站辅助工程和外围配套工程的设计、设备采购及核电站的大部分安装工程。田湾核电1号机组于1999年

10月20日浇筑第一罐混凝土，2005年10月18日开始首次装料，12月20日反应堆首次达到临界，2007年5月17日正式投入商业运行。核电站2号机组于2000年9月20日浇筑第一罐混凝土，2007年5月1日反应堆首次达到临界，5月14日首次并网成功。在第一期建设成功的基础上，2009年10月中俄合作开始建设田湾核电站二期工程。虽然在核电站第一期建设过程中俄方未能按期提供设备，给中方造成了重大损失，但核电站的建成及顺利并网发电标志着中俄核电合作的巨大成功。

在煤炭合作方面，2008年国际金融危机后中俄两国的煤炭贸易快速发展，自俄罗斯进口煤炭占中国煤炭进口总量的比例开始大幅提高。2008年中国进口俄罗斯煤炭76万吨，2009年则激增到1178.46万吨，增长了14.5倍。2009年6月，中俄能源谈判机制双方代表签订了《中俄关于煤炭领域合作的谅解备忘录》。在同一时期中俄两国总理签署的《中俄总理第十四次定期会晤联合公报》中指出，两国将根据这一谅解备忘录，支持双方企业在煤炭资源开发及加工转化、煤炭及煤矿机械贸易与服务、煤炭工业设计等领域优先开展合作。2010年8月，中俄两国签署了60亿美元的"贷款换煤炭协议"，规定未来25年的前5年，中国将从俄罗斯每年进口至少1500万吨煤炭，而后20年间年进口量增至2000万吨；中国则向俄罗斯提供总额60亿美元的贷款，共同开发俄远东阿穆尔河地区的煤炭资源，并帮助俄罗斯发展远东地区的矿产资源开采项目，修建铁路、公路等煤炭运输通道，购买矿产挖掘设备等。但实际上，2010年和2011年俄罗斯对中国的煤炭出口明显下降，2011年仅为1057.47万吨，远低于两国协议预定的交易量。主要原因有四：煤炭价格、俄罗斯在开发远东方面的政治顾忌、俄罗斯政策的多变、俄罗斯国民的资源保护意识。[①]

第三节　输油管道问题

中俄能源合作，先是从石油开始的。因为对中国来说，随着经济的快速发展，对石油的需求大大增加，而俄罗斯是全球最大的石油出口国之一。苏联解体后，俄罗斯经济的发展在很大程度上依赖能源。这就是

[①] 方行明、张文剑、杨锦英：《中国煤炭进口的可持续性与进口国别结构的调整——中俄煤炭合作与开发利用俄罗斯远东煤炭资源的战略思考》，《当代经济研究》2013年第11期。

1994年俄罗斯主动提出中俄间铺设石油管道的原因。这里专门分析一下输油管道的曲折过程，主要是为了我们更好地了解俄罗斯的能源政策与合作的基本思路。这对中国长期对俄推进能源合作是有益的。

一　输油管道合作项目的背景与谈判进程

修建由俄罗斯直通中国的输油管道缘于俄罗斯方面的倡议。1994年11月，俄罗斯尤科斯石油公司提出了修建一条由俄西伯利亚地区至中国东北石油管道的倡议，计划每年向中国输油3000万吨。此后，两国相关企业和部门就此进行了反复磋商，并于1995年签署了《铺设石油天然气管道的会谈纪要及合作备忘录》。1996年叶利钦总统访华期间，两国正式签署了《中俄关于共同开展能源领域合作的协议》，并将输油管道建设列入两国能源合作的正式议题。最初确定的管道走向是，自俄罗斯伊尔库茨克州安加尔斯克经中国满洲里入境，直通中国大庆市（以下简称"安大线"）。此后，在1997年的中俄总理定期会晤委员会和1999年的中俄能源合作分委会历次会议纪要中，均对此项目予以确认。1999年2月，中国石油天然气集团公司与俄罗斯尤科斯石油公司、俄罗斯管道运输公司签署了《关于开展中俄原油管道工程可行性研究工作的协议》。2001年7月，两国政府签署了《中华人民共和国政府和俄罗斯联邦政府关于继续共同开展能源领域合作的协定》，中俄输油管道项目是该协定的主要内容之一。同年7月17日江泽民访俄期间，中俄双方经过谈判就原油管道走向、向中国供油数量、原油购销承诺方式和原油价格等重要问题达成一致，并签署了《关于开展铺设俄罗斯至中国原油管道项目可行性研究主要原则的协议》，再次明确了"安大线"输油管道方案。规定自2005年开始，俄罗斯每年对华输出石油2000万吨，至2010年达到每年3000万吨，连续稳定供油25年，共供油7亿吨，价值1500亿美元。同年9月，中俄总理举行第六次定期会晤，签署了《中俄关于共同开展铺设中俄原油管道项目可行性研究的总协议》，并且在联合公报中重申"实施中俄石油管道建设项目并于2005年投入运营"。2002年12月，中俄两国元首签署的《中俄联合声明》再次确认，"保证已达成协议的中俄原油和天然气管道合作项目按期实施，并协调落实有前景的能源项目，对确保油气的长期稳定供应至关重要"。同时，中国宣布已于2002年12月初完成中俄原油管道项目的可研批复工作。2003年5月，中国石油天然气集团公司和俄罗斯尤科斯石油公司签署了《关于"中俄原油管道长期购销合同"基本原则和共识的总协议》,并计划于当年9月签订正式合同。

然而,在实践的过程中,俄罗斯的立场却发生了急剧变化。2003年1月,日本首相小泉纯一郎访问俄罗斯并与俄方签署了两国能源合作计划。日本提议放弃"安大线"方案而修建安加尔斯克至远东港口纳霍德卡的输油管道(以下简称"安纳线"),并承诺每天进口俄罗斯石油100万桶,同时提供50亿美元贷款以协助俄罗斯开发油田及铺设输油管道。2003年6月,日本再次提议协助俄罗斯开发东西伯利亚新油田以换取优先建设"安纳线",并承诺向俄提供无须俄政府担保的75亿美元贷款。时隔不久,2003年6月20日普京总统在记者招待会上指出,输油管道建设有两个备选方案,一个是安加尔斯克—中国大庆,另一个是安加尔克斯—纳霍德卡,后者"看起来更好些",因为它可以使俄罗斯石油进入更广阔的市场,向亚太地区所有国家出售石油。紧接着,时任俄罗斯能源部部长优素福致信中国国家发展和改革委员会主任马凯,表示原定于8月27—29日召开的中俄政府间能源合作分委员会会议必须推迟,"以便更详细地研究在会上讨论的问题"。实际上,这是把输油管道建设问题搁置了起来。2004年6月,俄工业和能源部部长表示,"安大线"和"安纳线"均未通过,比较可行的是建设从泰舍特到纳霍德卡的"泰纳线"。2004年9月,在中俄总理第九次定期会晤期间,双方就汽油合作达成四项共识:第一,俄方将坚定不移地加强与中国在油气领域的合作;第二,俄方表示,将通过充分论证确定远东石油管道走向,不管采取何种规划方案,都会积极考虑将石油管道通往中国;第三,双方一致同意增加陆路石油贸易,使俄罗斯通过铁路向中国输出石油的总量在2005年达到1000万吨,并争取在2006年达到1500万吨;第四,双方决定尽快制订天然气合作开发计划。2004年12月,俄政府确定东西伯利亚—太平洋石油管道的起点为泰舍特,终点为佩列沃兹纳亚湾,后改为科兹明诺湾。

2005年4月26日,俄罗斯工业和能源部部长赫里斯坚科签署命令,决定第一阶段先修建至斯科沃罗季诺(距离中国边境70千米左右)的石油管道,第二阶段再考虑修建至佩列沃兹纳亚湾的输油管道。同年7月8日,普京在出席八国集团首脑会议时表示,俄罗斯将优先铺设西伯利亚通往中国的输油管道,然后再修建至远东港口的管线。2006年3月1日,俄罗斯通过了对远东输油管道一期工程项目的国家生态鉴定。同年3月

21日普京访华，中俄双方签署了22个能源领域合作文件，涉及石油管道、天然气管道、油气勘探与开发、油气加工及电力等方面的合作，要求两国能源主管部门和公司积极推动从俄罗斯向中国出口石油和天然气的管道项目，要求有关公司逐步落实双方能源合作项目，进而在长期和互利的基础上签署能源领域合作的政府间、部门间协议。同时，在发布的《中俄联合声明》中指出："中俄在能源领域的合作是两国战略协作伙伴关系的重要组成部分，正在向高水平发展，对进一步深化双边经济合作具有重要意义。"2007年，双方主管部门举办了中俄能源合作论坛，启动了《中俄能源合作长期规划》协商工作。同年7月10日，俄罗斯工业和能源部部长赫里斯坚科宣布，东西伯利亚—太平洋石油管道中国支线将于2008年开始修建。2008年7月21日，中俄两国外长签订《中俄国界东段补充协议》，最终解决了长达4374千米的边界问题。2009年2月，两国签署从斯科沃罗季诺至中国边境的石油管道设计、建设和运营协议，中国向俄罗斯两家石油公司提供250亿美元贷款。同年4月，中俄两国签署《中俄石油领域合作政府间协议》，上述一揽子合作协议随即生效。2009年4月和5月，俄罗斯和中国境内的石油管道分别开工建设。2010年9月27日，由俄罗斯斯科沃罗季诺至中国大庆的中俄输油管道竣工，全长1030千米，年输油量1500万吨。2011年1月1日，中俄输油管道正式投入运行。

二 输油管道不断发生变故的原因

非常明显的是，无论是从纯粹的技术层面看，还是从成本收益层面看，"安大线"都比"安纳线"具有明显的优越性、现实性和可靠性。具体表现如下。(1)"安大线"总长2400千米，其中800千米在中国境内。根据俄方的测算，项目将耗资25亿美元（俄方投资约17亿美元，中方投资约8亿美元）。按照协议，中俄双方各自负责本国境内的管道建设，资金有保证。而"安纳线"总长4000多千米，耗资将达40多亿美元，耗资巨大。(2)"安大线"完全建成后，输油量每年为3000万吨，东西伯利亚的石油储备足以据此数量连续输油20年，油源是有保证的。但"安纳线"，每年输油5000万吨，如果再加上从"安纳线"上通往中国的分支（在腾达地区，输油管通向中国大庆，输油量为每年3000万吨），每年供油量共计8000万吨，东西伯利亚的石油储备难以支撑如此庞大的供油量，2020年前油源无法得到保证。据此，一些俄罗斯学者认为，从油源保证的角度看,"安纳线"与"安大线"根本无法兼容。(3)"安纳线"要通过17个地震多发带,地段长达1100千米,而且有可能发生9级以上地震的危险地区就超过1000千米,管道建设充满风险且前景不明。(4)中俄双方确定的原油价格公式是以世界主要油种的公开挂牌价为基础的,即与世界主要原油价格挂钩,俄罗斯向中国出口的原油价格比向西欧出口的平均离岸价每桶多出0.5美元左右。"安大线"建设能为俄罗斯带来更多的经济实惠。尽管如此,俄罗斯在输油管线建设上依然动摇和反复,甚至不惜损害俄罗斯的国际信誉,以及经过十多年努力建立起来的中俄战略伙伴关系大局。究其原因,可以归纳为以下几点。

(一) 国际因素

从外交战略的角度看,俄罗斯一直把石油视为"能源外交"的重要资本,能源合作更被视为对西方外交的重要抓手。首先,俄罗斯与欧盟国家的能源合作不断深化,欧盟对俄罗斯能源的依赖度不断提高。其次,能源资源贫乏的中东欧国家对俄罗斯石油和天然气的依赖也越来越大。再次,苏联地区是俄罗斯传统的能源利益地区,无论是从地缘政治还是从地缘经济角度看,俄罗斯都需要加强对这一地区的能源控制。又次,"9·11"事件后俄美能源合作日趋加强,美国扩大了对俄罗斯能源开发的投资,俄罗斯则增加了对美国的能源出口。2003年5月普京与布什签署《俄美能源对话声明》后,两国的能源合作不断深化,成为改善和提升俄美政治关系的重要纽带。随着美国对俄罗斯能源需求的扩大,俄罗斯在美国能源安全战略中的地位随之上升。最后,日本在俄罗斯亚太地区能源外交中的作用日益受到重视。正是在上述背景下,俄罗斯试图充分利用石油资源,谋求最大的国际政治与经济利益。日本也正是利用这一局势和俄罗斯的对外战略考量,施以重金诱惑,积极游说俄以"安纳线"取代"安大线"。当时日本首相小泉纯一郎、前首相森喜朗、外相川口顺子和能源厅长官冈本严频繁赴俄,商讨"安纳线"建设项目。其目的有四:一是建成"安纳线"可以更好地保障日本石油供应的安全,使日本对中东石油的依赖度从88%降到60%;二是削弱中国的能源安全,从而影响中国经济的稳定高速发展;三是影响中俄经贸合作关系的进一步发展,从而削弱中俄战略协作伙伴关系的基础;四是通过与俄罗斯在能源领域的合作,提高日本在远东地区的影响力。出于同样的目的,美国也支持日本的输油管道方案。

(二) 俄罗斯国内因素

中俄输油管道变故不断，尽管受到国际因素的影响，但起主要作用的还是俄罗斯国内因素。主要表现在以下几个方面。第一，面对中国经济的快速发展和综合国力的日益增强，俄罗斯人的心态越来越复杂，对中国的疑虑越来越重。2005年5月的一份调查材料显示，俄罗斯有近半数公民具有排外情绪，对中国的信任度亦在下降。而"安大线"方案引起了许多俄罗斯人的担忧，担心俄罗斯石油被中国控制，而俄罗斯则沦为中国的"能源附庸"。第二，俄罗斯各利益集团之间的关系十分复杂，利益争夺激烈。它们往往从各自的利益出发，积极游说决策层，从而造成多头决策、相互牵制的复杂局面，严重干扰了俄罗斯政府在对华能源合作方面的决策。以俄罗斯天然气工业股份公司、俄罗斯石油公司、俄罗斯管道运输公司为代表的国有石油公司与以尤科斯公司为代表的私有公司之间的斗争，对中俄输油管道的走向产生了十分不利的影响。2003年4月，尤科斯公司与西伯利亚石油公司合并，成为俄罗斯第一大、世界第四大私营石油公司，它是"安大线"项目的积极参与者、协调者与最大受益者。而三家国有公司则支持"安纳线"，多次向政府和普京本人施压，目的是争夺俄罗斯石油的控制权，其中天然气工业股份公司的表现尤为突出。第三，俄罗斯西伯利亚与远东地区的地方政府向联邦政府施压，搅局"安大线"。2003年5月13日，俄总统驻远东全权代表普利科夫斯基向普京上书"远东州长联名信"，强烈要求联邦政府放弃"安大线"而建设"安纳线"。第四，国内选举因素的影响。2003年12月俄罗斯进行杜马选举，2004年3月进行总统大选，普京必须考虑各种政策对选举的影响。第五，价格因素的影响。当时国际市场的油气价格不断飙升，俄罗斯也一再提高输华石油的售价，要求中方必须遵循市场规律，不要指望俄方在价格上给予特殊优惠。而且，由于输往中国油气的成本比输往欧洲的高，俄方不可能给予中国和欧洲一样的售价。第六，俄罗斯认为，在能源问题上中国有求于它，大可不必着急，而且拖延对其更有利。

(三) 中国自身的原因

中国自身方面主要有两个原因。第一，未能抓住前期有利的合作机遇。1994—2001年，俄罗斯主动同中国接触和商谈，希望积极发展两国的能源合作。其中既涉及俄罗斯向中国出售油气股权的问题，也涉及修建俄中油气管道的问题。俄方之所以如此积极主动，是因为苏联解体后俄罗斯的石油天然气生产急剧下滑，严重影响了其国民经济的恢复。俄罗斯的石油产量在 1980 年时达到 6.24 亿吨，但 1992 年时仅为 4 亿吨，1999 年又下降到 3.05 亿吨；天然气产量在 1991 年达到 6430 亿立方米，但 1999 年则减少到 5842 亿立方米。因此，发展与中国的能源合作，大规模向中国出口石油和天然气有助于振兴俄罗斯的油气产业，带动整个国民经济的复苏。中国面临的形势和俄罗斯完全不同，1993 年以前一直是石油出口国，1993 年后对海外石油的需求量也并不很大，1991 年仅进口石油 597 万吨，1995 年也只有 3400 万吨，到 2000 年才达到 7027 万吨。而且当时国际油价偏低，最低时每桶只有 9—10 美元，从中东进口石油即可满足国内的需要，因而对购买价格偏高的俄罗斯石油不够重视。2001 年以后，由于中国对海外石油依存度的快速提升、中东局势的动荡，以及国际油价的不断上涨，[1] 中俄谈判的天平开始向俄方倾斜，尤其是日本的介入使强调国家利益至上的俄罗斯不断抬高要价，迟滞了双方的合作。第二，过于追求自身利益而忽视了俄罗斯的利益考量。苏联解体特别是普京当选总统后，追求国家利益成为俄罗斯制定对外政策的基本原则，同样也是其能源外交的基本原则。1999 年的《俄罗斯联邦国家安全构想》明确指出："俄罗斯在经济领域最主要的便是国家利益。"而实施能源出口多元化、减少对单个国家的过度依赖、掌握能源出口的主导权和控制权，无疑是有利于俄国家利益的最佳选择。从这一角度考虑，"安纳线"显然比"安大线"对俄罗斯更加有利，在日本开出极具诱惑力的经济条件的情况下更是如此。因此，俄罗斯立场的动摇和反复是可以想象和理解的。

第四节　2009 年以来中俄能源合作的发展

2009 年 2 月 17 日，中国石油天然气集团公司、中国国家开发银行分别与俄罗斯石油公司、俄罗斯管道运输公司签署了包括石油贸易、管道修建等内容在内的多份商业协议。根据协议，国家开发银行向俄罗斯石油公司与俄罗斯管道运输公司分别提供 150 亿美元与 100 亿美元的 20 年长期贷款。俄罗斯石油公司将在今后 20 年里每年通过管道向中国输送 1500 万

---

[1]　1998 年国际市场的原油价格为平均每桶 12.72 美元，2001 年涨到 24.44 美元，2003 年达到 28.83 美元；此后加速上涨，2006 年猛增到每桶 70 多美元，甚至一度突破每桶 80 美元。

吨石油，俄罗斯管道公司将于2009年年底完成"太平洋管道"一期工程以及自俄罗斯边境城市斯科沃罗季诺至中国边境67千米中国支线的修建。2009年4月13日，普京在俄罗斯政府工作会议上批准了上述协议；4月21日，中俄两国副总理在北京签署了《中俄石油领域合作政府间协议》；4月27日，东西伯利亚—太平洋石油管道中国支线在阿穆尔州斯科沃罗季诺市郊举行管道建设开工仪式。2009年6月17日，俄罗斯最大的独立石油生产商卢克石油公司与中石化签署协议，将在2009年7月至2010年6月向中石油化供油300万吨，中石化则支付现金。至此，历时十几年的中俄输油管道问题终于得到解决，中俄能源合作取得重大突破。此后，随着国际形势的变化和中俄战略协作伙伴关系的不断充实、扩展与深化，中俄能源合作走上了全面、迅速发展的快车道。因此，上述协议也被称为"世纪合同"。

首先，石油领域的合作全面、快速推进。得益于中俄输油管道的正式运营，俄罗斯对中国的石油出口呈现出逐年增加的态势。2011年，中国进口俄罗斯石油2000万吨；2013年为2435万吨；2014年为3310万吨；2015年为4256万吨；2016年为5248万吨，俄罗斯超过沙特阿拉伯成为中国第一大原油进口来源国；2017年为5980万吨；2018年为7149万吨；2019年为7585.06万吨；2020年为8357万吨，比2019年增长10.2%。在贸易规模持续扩大的同时，进口俄罗斯原油占中国原油总进口量的比重也在提升，2016年为13.8%，2018年为15.48%，2019年为14.99%，[①]2020年为15.4%。

值得一提的是，中俄原油管道二线工程的建成并顺利运营。该管线始于黑龙江省漠河，途经黑龙江、内蒙古两省区，止于大庆市林源输油站，管道全长941.80千米，2016年8月13日开工建设，2017年11月12日竣工，2018年1月1日正式投入商业运营。这条输油管道的建成有助于中国扩大俄罗斯原油进口，进一步完善国家东北油气战略通道，有效保障国家的能源供应安全。目前，源自俄罗斯的石油进口通道已成为中国四大国际石油战略通道之一。

除此之外，中俄两国在石油开采和炼制的上下游也取得了重大进展。

[①] 鄢继尧等：《石油安全视角下中国原油进口贸易时空格局演化分析》，《经济地理》2020年第11期。

2013年，中石油与俄罗斯诺瓦泰克公司在伊尔库茨克州和乌德穆尔特共和国两个油气区块开展了联合勘探工作。2014年5月，中石油与俄罗斯石油公司联合成立了中俄东方石化（天津）有限公司，中俄双方分别持股51%和49%，并签署了《天津炼油厂投产及向该厂供应原油的工作时间表》，炼油厂70%的石油将来自俄罗斯，30%来自中国国内市场，规划年产能为1600万吨，2020年正式投产。

其次，天然气领域的合作发展迅速。经过近20年的谈判，2014年5月21日，中石油集团和俄罗斯天然气工业股份公司签署了总价值达4000亿美元、期限为30年的《东线供气购销合同》，计划建设一条从俄罗斯东西伯利亚至中国黑河的天然气输气管道。从2018年起开始向中国供气，2020年输气量达到50亿立方米，此后逐年增加，最终达到每年380亿立方米。该管道于2015年6月29日开工建设，2019年12月2日正式投产通气。俄罗斯天然气工业股份公司总裁米勒称赞东线天然气管道是"俄中两国互利共赢的伟大工程"。根据权威消息，2020年全年俄罗斯通过东线天然气管道对华输气41亿立方米。2014年11月9日，中俄两国元首签署了关于铺设"西线"天然气管道的框架性协议，计划到2020年俄罗斯向中国提供天然气需求总量的1/5。2015年5月8日，中石油与俄罗斯天然气公司签署了《关于沿西线管道从俄罗斯向中国供应天然气的框架协议》，规定了未来俄罗斯通过西线天然气管道向中国供气的基本技术经济条款。管道全长2800千米，由西西伯利亚经阿尔泰共和国至中国新疆，最终与中国的"西气东输"管道连接，确定供气规模为300亿立方米/年，供气量渐增期为4—6年，供气期限为30年。此外，2013年中石油与俄罗斯诺瓦泰克公司签署了《亚马尔公司液化天然气购销框架协议》《关于收购亚马尔液化天然气股份公司部分股权的协议》等文件。中石油成功参股诺瓦泰克公司的亚马尔LNG项目，获得20%的股权。中国企业还承揽了整个项目85%的工程建设，45家中国企业为该项目提供产品支持。这是中俄双方首次实现全产业链合作的项目。2021年2月，俄罗斯万吨液化天然气运输船"克里斯托夫·马哲睿"号首次通过北极航道将天然气从萨别塔港运至江苏如东。同时，俄罗斯政府还正式批准了中石化参与俄西布尔公司"阿穆尔天然气化工综合体"投资项目。资料显示，2022年，俄罗斯向中国出口液化天然气600万吨，同比增长35.2%，出口管道天然气154亿立方米，同比增长50%；2023年，俄罗斯经"西伯利亚力量"管道向中国输送天然气227亿立方米，约为2022年的1.5倍，进口液化天然气800万吨或339亿立方米，比2022年增长23%。[①] 至于俄罗斯提出修建向中国输送天然气的"西伯利亚力量2号线"的计划，由于各种原因，尚未最后敲定。

再次，煤炭领域的合作稳步推进。中俄煤炭贸易的快速发展始于2008年国际金融危机之后。2009年中国成为煤炭净进口国。2012年12月，中俄能源谈判代表第九次会晤签署了《中俄煤炭领域合作路线图》《中俄煤炭合作工作组第一次会议纪要》等多个协议；2014年10月，中俄两国政府签署了《中俄煤炭领域合作路线图》，明确了2015年中俄煤炭领域合作的重点任务和重点项目；2015年10月30日，中俄两国召开第四次煤炭工作组会议，签署了《中俄煤炭工作组第四次会议纪要》和《中俄煤炭领域合作路线图》。2009—2017年，自俄罗斯进口的煤炭在中国煤炭进口总量中的累计占比达7.89%。从2015年开始，中俄煤炭贸易持续增长，2017年俄罗斯取代蒙古国成为中国第三大煤炭供应国（见表9-19）。

表9-19　　　　2008—2017年中国自俄罗斯进口煤炭情况　　（单位：万吨，%）

	中国全年煤炭总进口量	俄罗斯煤炭进口量	俄罗斯煤炭进口量在中国当年总进口总量中的占比	俄罗斯在中国主要煤炭供应国中的排名
2008年	4044	76	1.88	6
2009年	12600	1178.5	9.35	4
2010年	16483	1161.9	7.05	4
2011年	18240	1057	5.79	5
2012年	28900	2018	6.98	4
2013年	32708	2728	8.34	3

---

① 《2023年俄对华天然气出口大增》，2024年1月21日，百度网，https：//baijiahao.baidu.com/s？id=1788691030524433968&wfr=spider&for=pc；《中国海关：2023年俄罗斯对华原油、天然气出口分别增长24%和23%》，2024年1月20日，百度网，https：//baijiahao.baidu.com/s？id=1788580726758834200&wfr=spider&for=pc；《2023年俄罗斯对华石油出口量将突破1亿吨》，2023年9月12日，搜狐网，https：//www.sohu.com/a/719732288_249929。

续表

	中国全年煤炭总进口量	俄罗斯煤炭进口量	俄罗斯煤炭进口量在中国当年总进口总量中的占比	俄罗斯在中国主要煤炭供应国中的排名
2014 年	29100	2530.5	8.70	3
2015 年	20406	1579.7	7.74	4
2016 年	25600	1884.78	7.36	5
2017 年	27090	2530	9.34	3

资料来源：师成：《新形势下的中俄煤炭能源合作：现状、问题与建议》，《商业经济》2018年第5期。

2021年，俄罗斯对中国出口煤炭约5200万吨，占中国煤炭进口总量的14.4%。2022年，俄罗斯向中国出口煤炭5952万吨，同比增加11.2%。2023年，中国从俄罗斯进口煤炭1.02亿吨，增长50%，占该年煤炭进口总量的22%。[1]

最后，核能领域的合作进一步发展。2010年3月23日，中俄双方签署《田湾核电站3、4号机组框架合同》，确定了田湾核电站二期工程的建设规划。2012年12月27日，田湾核电站二期工程3号机组开工建设；2013年9月27日，田湾核电站4号机组开工建设。2018年6月，双方又签署了俄罗斯参与田湾核电站四期工程（7、8号机组）建设的政府间议定书和框架性合同。中俄双方还于2018年6月签署了《徐大堡核电站框架合同》和《中国示范快堆设备供应及服务采购框架合同》。2019年3月，中核集团与俄罗斯原子能建设出口股份有限公司签署了徐大堡核电站3、4号机组技术设计合同，计划采用俄罗斯的VVER-1200/V491型反应堆装置，配备以国产汽轮发电机组。徐大堡核电站是目前中俄合作的最大核能项目。

除了上述能源领域的合作，中俄两国还在可再生能源和清洁能源、能

---

[1] 《2021年俄罗斯煤炭产量4.38亿吨，计划3—5年内向中国出口煤1亿吨》，2022年3月23日，百度网，https://baijiahao.baidu.com/s?id=1728028257534504342&wfr=spider&for=pc；《俄副总理：2022年俄罗斯对中国与印度煤炭出口增加》，2023年2月13日，百度网，https://baijiahao.baidu.com/s?id=1757716417773273655&wfr=spider&for=pc。

源技术创新、第三方市场建设等领域积极探索合作的路径和方式。有学者认为，目前中俄能源合作一体化模式已初步形成，两国企业之间已经探索出包括合资公司、入股参股、共同开发、市场招投标、股权收购等在内的能源合作方式，有力推进了相关重大项目的顺利建设和投产运营，未来将携手打造休戚与共的能源命运共同体。[1]

另外，中俄已经开始探索在开发北极地区方面的合作。这个地区蕴藏着丰富的自然资源，约占世界 1/4 的未探明能源储量。2017 年 6 月，《"一带一路"建设海上合作设想》将"冰上丝绸之路"纳入"一带一路"的总体布局。2017 年 7 月，习近平主席与俄总理梅德韦杰夫会晤时表示，中国愿意参与北极海上走廊的开发与发展，与俄罗斯共同开发北方航道，并建设"冰上丝绸之路"。在这个领域的合作，有两个因素必须考虑：一是俄罗斯是北极地区的主要国家，中国在这个地区的合作，俄罗斯将起主导作用；二是这里的基础设施差，开发这个地区需要大量的投资，有着比较大的风险。目前中俄在北极地区的合作尚处起始阶段，不少问题有待研究与解决。

第五节　应思考的几个问题

能源合作是稳定和进一步发展两国关系的重要因素。为此，在回顾中俄能源合作曲折复杂的历史过程的同时，必须从两国关系的视角思考其未来发展，同时也要在总结经验教训的基础上，思考能够有效保障中俄能源合作持续稳定发展的对策。

一　应认识到能源合作对发展中俄关系的重要性

中国和俄罗斯均为当今世界举足轻重的大国，两国关系是极为重要的大国关系，对于未来国际格局和国际秩序的构建具有十分重要的作用。当今世界正处于百年未有之大变局时期，特别是新冠疫情的暴发及其后果，明显加快了全球力量转移和国际格局转变的进程。中国和俄罗斯无疑都是这一转变的重要力量和主要角色。目前国际关系的基本态势是，美国已公开将中俄两国视为主要的战略对手，竭力运用各种手段、所有领域对两国进行遏制、围堵和打压。面对前所未有的困境和压力，中俄两国加强经贸

---

[1] 谢传传：《构建中俄能源命运共同体研究》，硕士学位论文，湖南师范大学，2020 年。

合作是夯实中俄新时代战略协作伙伴关系的重要基础性因素,而中俄能源合作是中俄经贸合作中的一个重要内容。近年来,中俄能源合作呈稳步快速发展的态势,今后中俄两国应该在深入能源合作方面作出更大的努力。

二 必须从国家发展的大格局出发认识中俄能源合作

随着综合国力的快速提升,中国的发展模式正在经历由粗放式、资源耗费式向集约化、资源节约式的重大转变,能源消费的低碳化、清洁化和高效化已经成为未来中国发展的基本国策。这也是中国作为世界第二大经济体,履行国际减排义务、改善地球环境的重大战略举措。《中共中央关于制定国民经济和社会发展第十四个五年规划和2035年远景目标的建议》已郑重承诺,中国力争二氧化碳排放在2030年前达到峰值,2060年前实现碳中和。这意味着,中国未来对传统化石能源的消费将逐步减少,而清洁能源、可再生能源等消费将大幅上升。在这一大背景下,中俄能源合作的重点必然也要进行调整,中国进口俄罗斯煤炭和石油的比例将逐步减少,而天然气、核电等贸易与合作将逐步扩大。由于中国在风能、水能、可燃冰等能源领域和超高压输电方面拥有世界领先技术,未来可能在这些领域为俄罗斯提供帮助。另外,在与俄罗斯能源合作过程中,应积极推动中国油气装备、技术与服务等更多进入俄罗斯市场。在这方面,中国具有竞争力。中国不仅具有技术领先的优势,还有价格的优势。

三 必须从能源安全的角度认识中俄能源合作

中俄两国在能源储藏、能源生产和能源消费等问题上面临着完全不同的处境。俄罗斯能源资源储量巨大,能源生产和能源出口是其国民经济的重要支柱,这种状况在短时间内不可能改变。中国则是一个能源资源储量较大但能源消费快速增长的国家,能源对外依存度逐年提高。从能源安全的角度看,俄罗斯关注的重点在于确保其能源出口的稳定可靠、出口通道的安全和尽可能高的收益,中国关注的重点则是确保能源进口的稳定可靠、进口通道的安全和尽可能低的代价。双方的诉求正好相左,但在保障能源安全的举措上两国亦有共同之处,即多元化发展,能源出口的多元化和能源进口的多元化分别是俄罗斯和中国的战略方向。近年来,扩大对亚太地区的能源销售成为俄罗斯能源出口多元化的主要方向,而扩大从俄罗斯、中亚、非洲、南美、东南亚的能源进口则是中国能源进口多元化的主要方向。从上面的分析数据可以看出，自 2009 年以来，特别是中俄油气管道建成投产后，两国的能源贸易不断扩大，在彼此对外能源贸易中的比重逐步增加。这说明，中俄能源合作大大提升了双方的能源安全度，给两国都带来了巨大益处。但应指出的是，由于国际油气市场长期供大于求与油气价格正处于深度调整时期，中俄油气合作的条件已发生了很大的变化。中国应该考虑避免与俄签订大量长期进口合同。另外，还应该考虑到中国作为油气最大进口国的地位，在谈判过程中争取更多的话语权，获得更多的外交和经济权益。

四 必须加强对俄罗斯文化和法律的研究

俄罗斯是一个与众不同的国家，它不仅拥有世界上最广大的疆域和横跨欧亚大陆的独特地缘优势，而且有着极为深厚又十分独特的社会文化。这种特有的文化不仅决定了俄罗斯人与别国人民不同的处世哲学和社会价值观，也直接影响着俄罗斯对外交往的路径和方式。缘于特殊的地理区位、生存环境和历史发展进程，俄罗斯自古以来便形成了东西方兼具、充满矛盾且复杂多变的两极性文化。其核心内容均来自东西方，而不安全感、对外部世界的不信任感、强国意识、多变善变是俄罗斯文化的基本特点。中俄能源合作进程的起起伏伏，在某种程度上正是俄罗斯文化特点的反映。对此我们应有清醒的认识，并预先做好充分准备。

此外，研究俄罗斯的投资环境和相关法律尤为重要。应该说，中国目前的研究状况还远不足以为国家的对俄投资决策提供完整、准确、可靠的咨询指导，特别是对俄罗斯有关法律的研究还十分不足。

五 必须加强中俄能源合作的制度化、法律化建设

受传统历史文化的影响，中国往往视政治关系为国家间关系的根本，认为政治关系对其他种种关系起着决定性作用，而且一厢情愿地认为，良好的政治关系一定会带来良好的经济关系，甚至经济关系会为政治关系承担代价。同时，中国历来强调"一言既出，驷马难追"，重视承诺、信守承诺，甚至是口头承诺，而且想当然地认为别国也会如此。因此，在与俄罗斯的经济交往中往往过于重视"友谊氛围"下的承诺和惯例，包括口头承诺、声明承诺等，而对制度化、法制化建设严重忽视。而受其传统文化的影响，俄罗斯在进行对外经贸合作时，更多的是强调实现利益最大

化，它可以轻易违背承诺而不承担任何责任。因此，在深化与俄罗斯政治关系的同时，要努力推动中俄各领域合作的制度化和法律化，以制度和法律保障合作协议的顺利实施，能源领域的合作尤其如此。

六　对中俄贸易摩擦增多的可能性要有充分估计

中俄边界问题的最终解决，使两国间不再有悬而未决的问题。因此从长远来看，充实与发展两国之间的全面战略协作伙伴关系，经济合作因素的作用将日益增强，中俄经贸合作未来将会有更大的发展。像与其他任何国家进行经贸合作一样，同俄罗斯的合作也会出现这样或那样的问题。这就要求我们在思想上有充分的认识。在能源合作中，一方面积极努力，推动合作不断扩大和深化；另一方面积极开展多元化、多模式的能源外交，加快实施"走出去"战略，尽可能降低形势突变可能造成的重大损失。

第十章 中俄科技合作

俄罗斯是科技大国,有着巨大的科技潜力。中国自实行改革开放的基本国策以来,一直在着力发展科技,使其成为推动生产力发展的重要因素。中俄两国加强科技领域的合作,从长远来看,是保证两国经贸合作持续稳定发展与改善贸易结构的重要条件。通过共同努力,中俄两国应成为协力创新的科技合作伙伴。因此,研究中俄科技领域合作现状、存在的问题与发展趋势,以及对今后经贸合作可能产生的影响,具有重要意义。

第一节 苏联时期的科技发展

苏联时期的科技发展呈现三大特点:与军工有密切关系的科技领域发达,在很多方面达到或超过了西方国家的水平,而民用部门严重落后;基础研究优势明显,但应用研究薄弱,且大量科研成果未能合理转化,科研对经济发展的促进作用不强;高度集中的指令性计划经济体制是阻碍科技充分发挥作用的主要因素。

一 苏联科研体系

十月革命后,由于苏联高度重视教育事业,为科技发展奠定了人才储备基础,形成了庞大的科技人才队伍。十月革命前的1913年,俄国的科学工作者仅为1.2万人;到1988年,苏联拥有从事自然科学和技术科学工作的科技人员152.22万人,相当于世界总数的1/4。科技人员素质较高,有副博士学位的为49.31万人,有博士学位的为4.97万人,院士与通讯院士为2900人。高素质的人才造就了苏联科技的高产出。苏联每年的新技术发明约占世界总数的1/3,仅次于日本,居世界第二位。

科技投入不断增加,奠定了科技发展的物质基础。苏联每年拨出大量资金用于发展科学事业。来自国家预算及其他来源的科学发展经费，1980年为223亿卢布，1988年增加到378亿卢布，分别占当年国民收入的4.8%与6%。人才储备和科技投入的增加，一方面形成了苏联庞大的科研队伍和试验设计能力，另一方面形成了较为完整的科研体系。苏联解体之前的1989年，苏联拥有科研机构5111个。它们主要分布在四大系统：一是科学院系统，二是国民经济各部门研究系统，三是高等院校科研系统，四是基层企业科研系统。

二 科研对经济发展的作用

理论层面上，苏联一直强调应把科技转化为直接的社会生产力，认为在"思想—经验—科学—生产进步"的各个环节，科技是生产过程中不可分割的和必不可少的组成部分。苏联理论界认为，应从以下几个方面来分析科技变为直接社会生产力的问题。

其一，科学与生产的一体化程度在日益提高。18世纪末工业革命的广泛开展，使科学与物质生产之间的直接联系大大扩大和加深；随后，劳动对象、工具和大机器生产工艺，越来越成为科学知识的物质化，而不是经验知识的物质化。现阶段科学发展的特点是，它与生产的相互联系取得了崭新的形式。这一方面反映在科学的工业化加强，从而使科技革命进程中，在生产领域以外预先进行的科研和研制的职能，在自动化生产中变为直接的生产职能；另一方面，科学劳动从直接物质生产中采用脑力劳动中分离出来，作为社会总生产劳动的独立部分而独立化。科学劳动独立化，并成为特殊的领域，意味着劳动新分工的开始，标志着形成新的社会生产力。所有这些，都意味着科学与生产一体化达到了新的程度。

其二，科技在现代生产中的作用大大提升。在现代生产过程中，在科研实验设计组织中工作的学者、工程师、工人的劳动，都变成生产进行科学准备的劳动，直接与物质生产中研究人员的劳动融为一体。这样，一个新的物质生产领域，即所谓的科学生产部门就逐步形成了。科学生产，它作为新产生的社会生产部门，其最重要的一个特点是高度社会化。成千上万的学者、工程师和工人参加科学活动。大型科研项目基本上是由大集体完成，因此，如果没有社会范围内的协作和计划，这一社会生产部门难以顺利发展。科学生产的形成，也说明直接物质生产逐渐具有科学性，即所有的再生产过程因素都是科学知识的物化。在这样的条件下，科学越来越大地影响着再生产过程：加快生产发展速度和提高生产效率，促进国民经济主要组成部分、社会产品构成和社会需求结构的变化等。这是完全合乎逻辑的。

其三，在经济快速向现代化发展的条件下，科技变为直接生产力。主要从三个维度理解。第一，所有新兴国民经济部门的发展，都是科学知识在生产中的直接继续和实际应用，经济增长速度主要取决于科技发展速度。第二，科技已成为所有生产部门包括传统生产部门不可分割的因素。任何生产过程都不能直接依赖经验知识，而要依赖科技知识。因为科技直接参加生产过程，成为生产发展的源泉和动力。第三，科技本身也在工业生产原则的基础上得到发展。这主要表现在，科技的强大物质技术、工业基础的建立，可以更好地为科研服务，并促进为其提供日益复杂的技术完善的贵重的设备、仪表和材料的生产部门的发展。这些部门就业人员的增长速度快于整个工业。

其四，科技进步促进了社会基本生产力——劳动者的发展。科技的发展，改变了人在生产过程中的作用。产业革命把工人变成机器的附庸，而现代科技革命使工人由机器的附庸变成生产的监督者、操纵者和组织者，人的生产职能逐步交给机器。另外，还大大减少了人的劳动，同时也使劳动更加复杂化，要求劳动者有更高的教育、知识和管理水平。这意味着，科技进步使作为社会基本生产力的人获得了进一步的发展和提高，从而反过来又加速社会生产力的发展。

实践层面，苏联20世纪60年代末70年代初力图转变经济增长方式（从粗放型转向集约化），要求科技进步应发挥更大作用。当时苏联认为，今后经济发展的深度和广度，取决于集约化战略方针的实现程度。实现集约化发展方针的关键问题之一，在于科技发展速度。苏联提出，到了20世纪80年代，苏联经济的增长，实际上全部要靠提高劳动生产率来达到，而提高劳动生产率则要发挥科技的作用。这两者之间的密切联系，用苏联学者的话来说，是"极严格的、毋庸置疑的"，在这个问题上，不可能有其他"可供选择的方案"。提高生产效率和产品质量、在生产中节约资源、加速设备更新等，都要以科技进步作为基础。但在很长一个时期，由于科技速度发展缓慢，经济转向集约化的进程不快。1985年6月，苏共中央专门召开了加速科技进步问题的全会。戈尔巴乔夫在会上所作的报告中指出："加速科技进步问题的迫切性还在于，科技革命的新阶段已经到来。这个阶段能保证把劳动生产率提高许多倍，大大节约资源、改进产品质量。形象一点说，我们也应当骑上科技进步的快马，其他出路是根本没有的，需要补充的是，粗放的发展方法基本上已经耗尽潜力了。"苏联为了发挥科技在实现经济集约化发展中的作用，主要采取的措施如下：提高管理科学的水平，着重改革经济体制和科技管理体制，即通常讲的，提高现代软科学的水平；为了改变过去消耗型经济的发展道路，苏联十分重视发展技术密集的经济部门，加速新技术、新工艺和新材料部门的发展，从而减少社会产品的劳动、材料和能源占用量；通过采用新科技成就，提高产品的技术经济指标，使苏联产品日益接近世界水平。这对苏联来说，是个十分迫切的问题。因为产品技术经济指标低，是苏联经济效益低和大量物资浪费的一个重要的直接原因。

三 阻碍科技潜力发挥作用的因素

苏联巨大的科技潜力，往往难以充分发挥作用。长期以来，只有1/4的科技成果在国民经济中得到应用，而且一项新技术从研究到应用的周期长达10—12年之久。主要原因在以下几个方面。

第一，企业采用新技术的内生动力不足。苏联长期坚持行政指令性计划制度，企业的任务是竭尽全力去完成和超额完成国家下达的生产指标。对企业工作的评价和奖励，基本上也是根据完成规定的计划指标来决定的。这是企业对采用新技术顾虑重重的一个重要原因。因为采用新技术、生产新产品，需要改装设备，改变工艺过程，重新培训技术人员和工人等。这些都会打乱原来的生产节奏，并在一段时间里往往会导致产量下降，最后完不成生产计划和利润计划，从而使企业收入减少，最终影响经济。这样，企业领导人只愿意"稳稳当当"地进行生产，不想冒采用新技术的"风险"。这就是说，苏联的经济管理体制，促使企业的活动只局限于追求短期内获得最多的产量，而阻碍生产的革新过程。

第二，物资技术供应制度阻碍企业技术革新。企业主要是通过国家统一调拨制度获得生产资料的，而无权在市场上自由购买。因此，企业在制订生产计划时，就得想方设法生产那些在物资上较有保证的产品。而采用新技术、生产新产品，物资供应往往得不到保证。因为新产品在投产的最初几年常常需要重新设计，而生产新产品的企业，对生产这些产品需要多少物资的估算，也难以做到像生产老产品那样准确。再加上生产新产品还要使用过去未用过的材料,这就要求企业必须与原先毫不相干的新的供货单位建立关系。这些都增加了生产新产品企业在物资供应方面的不稳定性和完不成生产计划的可能性。这样,企业自然就希望尽可能地减少改变产品结构,年复一年地生产老产品。

第三,新技术产品的生产者与使用者之间一直存在矛盾。新技术产品的生产企业,在规定新技术产品价格时,往往利用一次性定价的机会,不根据新技术产品的实际生产效率和成本,大大提高价格,以获得高额利润。这就产生下列情况:新技术产品与原来同一类型的老产品相比,价格要高出好多,而效率并没有提高多少,即价格的提高与效率的提高不成比例。在这种情况下,使用单位就对这类新技术产品不感兴趣。因改用了这类新技术,产品成本会提高,最后会使利润率下降。据车床制造工业部统计,在生产总值中采用新技术生产的比重占 10% 的情况下,盈利率为 23.6%;在采用新技术生产占 50% 的情况下,盈利率则降为 11%。反过来讲,如果压低新技术产品的价格,那么生产新技术产品的企业就会失去兴趣。苏联为解决上述矛盾,采取过一些措施,但未能奏效。

第四,激励制度弊端甚多。苏联的物质激励制度存在的问题主要体现在三个方面:一是苏联长期以来把奖励的重点放在数量上而不放在质量上,导致企业只顾数量而不愿更新产品和提高质量;二是采用新技术获得的奖金数额,往往弥补不了因采用新技术而损失的奖金数额;三是奖金制度存在严重的平均主义倾向,新技术成果奖的获得者往往包括与新技术发明不相干的人员。如上,严重挫伤了技术革新的积极性。

第五,产品供不应求,缺乏竞争。在苏联,尽管每年有一些质量低劣和不对路的产品要削价处理,但通常供不应求,加上产品由国家统一包销,缺乏竞争。这客观上就造成了一种产品可以年复一年地按老样子生产下去,几十年不进行技术革新的状况。

第六,企业资金不足,阻碍设备更新。苏联自1965年实行"新经济体制"以来,一直在扩大企业权利,但真正归企业自由支配的利润仍较少,并在使用上有严格规定,企业缺乏更新改造设备的资金和自主权。例如,1985年留归工业企业主要用于更新设备等用途的发展生产基金为86亿卢布,如果靠这项资金用来更新工业部门的固定资产的话,那么工业部门的固定资产需要84年的时间才能得到全部更新。在20世纪80年代,苏联机器设备的淘汰率为2.2%,即全部设备的更新需要45年之久,而按当代技术发展速度，机器设备的役龄不应超过10年。技术设备更新缓慢，致使苏联工业部门产生了巨大的、专业化程度很小的、经济效益很低的修理行业，它不生产新技术，而只是维修旧的技术装备。

第七，科技管理体制的弊病。这方面的问题如下：一是科研、设计、实验直到生产这几个环节是相互脱节的，各机构只对"研究—生产"过程中的某一阶段负责，这是新技术从研制到采用周期长的一个重要原因；二是很多科研机构缺乏必要的实验基地，即使具备实验基地，往往也不完善，能力薄弱，缺乏成套的工艺设备，不完全具备制造新技术工业样品的生产能力；三是科研与研制工作归生产部门领导，生产部门一般把生产计划排得满满的，主要考虑完成生产计划，这样就往往把完成科研和研制新技术任务所需的人员和设备挤掉；四是国家财政为科研机构完成科研课题提供无偿的固定经费，难以保证科研成果的质量，即其实际应用价值；五是科技管理方面存在严重的官僚主义，如苏联机床制造与工具工业部门，批准一项技术设计平均要经过10—12个领导人签字，要经过标准化部门及其下属技术机构的30道关口。这种官僚主义浪费了大量的时间和技术人才，使最先进的技术设计投入生产时已变得陈旧。

第八，保密问题、科研基础设施薄弱、人员老化等问题。苏联保密范围过宽，造成了相互封锁严重的情况，技术情报传播很慢。军工部门先进技术转到民用部门的速度十分缓慢，造成了同一领域的技术在军事工业部门十分先进，而在民用工业部门十分落后的现象。苏联国家科委主席还谈到阻碍科技进步的其他一些原因，如实验试制基地较少，苏联只有约37%的科研机关有这样的基地；科学仪器装备缺乏，有时只能满足对其需求的20%—25%；科学工作者老化，几乎40%的科学博士已超过70岁，而最有活力的30—40岁的科学家在20世纪80年代的比重已从40%减少到33%。

第二节　俄罗斯时期的科技发展

作为苏联继承国的俄罗斯，继承了大部分苏联时期的科技力量。苏联解体时，150万科技人员中，有90多万人留在俄罗斯境内，约占64%。为军工服务的高科技力量主要留在俄罗斯，俄罗斯拥有的军事力量约占苏联的2/3。

一 叶利钦时期的科技发展

苏联解体后,独立执政的俄罗斯进入体制转轨期。受整个经济情况恶化的影响,科技发展受到如下因素影响,面临前所未有的困难。

首先,科研拨款大幅减少。据苏联时期公布的统计资料,1980年来自国家预算与其他资金来源对科技的拨款为186亿卢布,1990年为352亿卢布,分别占当年GDP的5.79%与4.63%。[1]叶利钦执政后,俄罗斯联邦预算对科技拨款大幅度下降,1992年占GDP的0.5%,1995年为0.31%,1996年为0.28%,1997年为0.38%,1998年与1999年均为0.24%。

其次,科技人员大量流失。由于科研经费大幅度减少,一些科研单位难以正常展开工作,不少科研项目无法启动。还要特别指出的是,在俄罗斯经济转轨的一个较长时期,科学界就业人员的工资大体上低于全俄平均工资水平的25%。考虑到学者集中生活在大城市里,与其他就业人员的差距就更大了。因为像在莫斯科这样的大城市,物价水平要比其他地区高出许多。[2]再加上社会动荡不定,这些因素导致科研人员大量流失。1992—1996年,科研与开发人员减少1/3。科研人员的流失分内流与外流两种:内流主要流向各类商业企业与合资企业,或者流向国家机关从政;外流是指移居国外。

再次,科技人员素质下降,人员老化问题越发突出。1995年年初,在俄罗斯科研试验设计工作领域,已经有66.8%的研究人员年龄在40岁以上;在科研组织里,属于这个年龄段的有68%;在实验工厂有70.8%。[3]与此同时,科研队伍补充的青年科学人才越来越少。以俄罗斯独立执政初拥有10.9万名科研人员的科学院系统来说,就是在招收高校毕业生最多的1995年,共招收1134人。显然,在科研队伍中来自青年科学人才的补充日益减少。

---

[1] 参见《1990年苏联国民经济统计年鉴》(俄文版),第5、第307页。

[2] [俄]德·C.利沃夫主编:《通向21世纪的道路——俄罗斯经济的战略问题与前景》,陈晓旭等译,经济科学出版社2003年版,第244页。

[3] [俄]德·C.利沃夫主编:《通向21世纪的道路——俄罗斯经济的战略问题与前景》,陈晓旭等译,经济科学出版社2003年版,第249页。

最后，科研设备陈旧，科技信息交流大量减少。由于俄罗斯经济特别是工业部门的严重衰退，20世纪90年代中期，科研设备与仪器的生产规模只能满足需求的40%。俄罗斯科研部门固定资产的报废率仅为2%—3%，这导致科研设备老化的比重达42%。主要承担国家基础研究的科学院系统，设备老化的比重占1/4。在贵重设备中，技术参数超过国际最好同类设备的比重仅为1.7%，仅有13%的设备技术水平达到世界水平。有20%以上的设备的役龄已超过10年。由于科研经费大幅度削减，俄罗斯科技情报系统的工作基本上处于瘫痪状态。1994年，科学院系统进口的图书杂志相当于1991年的10%，而整个俄罗斯的出版水平已降到20世纪20年代的水平。

在上述因素的影响下，俄罗斯整体科技水平的明显下降，突出表现在科技发明成果减少，如1994年俄罗斯科学院申报发明的件数比1991年减少3/4；科技成果转化比例大大降低，从20世纪80年代的60%—70%缩小到20世纪末的4%—6%；在国际上俄罗斯科技的竞争能力大大下降，高科技产品出口仅占世界市场份额的0.3%。

以上是从叶利钦执政时期由于受客观经济条件的影响，俄罗斯科技出现严重困难局面出发的，但这并不是说在这一时期，俄罗斯执政当局在主观上完全忽视了科技发展的重要性。实际上，俄罗斯还是采取了一系列政策措施力图挽救科技颓势。

早在1992年4月，叶利钦就颁布过关于保持俄罗斯科技力量紧急措施的总统令，要求保持与巩固俄罗斯的科技力量，并强调指出避免科技密集型产业瓦解是现阶段改革的重要任务之一。1995年，叶利钦总统多次发表讲话，专门论述科技发展问题。这一期间俄罗斯政府发展科技的基本思想与政策要点如下。

第一，有关科技对经济发展重要性的认识大大提升。叶利钦在1995年的总统国情咨文中提出了"依靠高科技振兴俄罗斯经济"的思想，强调科技特别是高科技在振兴经济中的特殊作用。这反映了当时俄罗斯各界人士对"科学是一个具有非同寻常回报率的无穷持久的资源"这一论点的共识。1996年7月，叶利钦颁布了"关于发展俄罗斯科学的学说"总统令。这不只是被称为俄罗斯国家对科技界的政治宣言，而更重要的是确立了俄罗斯科学的学说。该学说确认，现代社会已经到了不能有效地保护和利用科技潜力，社会自身就无法生存、无法稳定发展的阶段。科学发展决定着人类同自然的竞争能力，制约着经济活动的效果和国防能力，以及国家在世界上的地位和国际市场上的竞争力。该学说明确提出，科学是复兴俄罗斯最重要的资源，科学和科技潜力是决定国家未来的财富，因此，支持科学发展是国家的首要任务。

第二，强化对科技的领导与管理。先后成立了俄罗斯联邦政府科技政策委员会（时任总理的切尔诺梅尔金任主席）和俄罗斯联邦总统科技政策委员会（时任总统叶利钦任主席，切尔诺梅尔金总理任副主席）。建立这两个机构的目的是，使国家最高决策层充分发挥对科技的领导作用，并在宏观层面加强协调，更好地解决在经济与科技发展过程出现的一些重大并需要及时解决的问题。为此，1996年还撤销了科学部，成立国家科技委员会，以便更好地协调全俄科研工作。可以认为，上述机构的成立，意味着在俄罗斯形成了较为完整的科技决策体系。

第三，加强科技立法。1995年9月14日公布了《俄罗斯联邦和国家科技政策法（草案）》，以广泛征求意见，并于1996年正式通过。制定该法的目的是针对俄罗斯国内当时社会、科学的混乱状况，确立新的科研秩序的框架，并对科技活动的主体、活动的组织管理原则、科技政策的制定与实施等问题作出了规定。该法规草案公布后，又相继出台了《关于国家支持科学发展和科技开发的决定》《关于成立发展电子技术联邦基金会的决定》《关于向俄罗斯联邦主要科学学派提供国家支持的决定》等一系列重要文件。1995年2月23日，俄罗斯政府召开了关于科学问题的专门会议，确定了今后对科学研究的预算拨款原则。1995年5月，俄罗斯政府科技政策委员会第二次例会批准了《关于科学技术发展的优先方向和联邦的关键性工艺清单》《关于在国际合作中保护知识分子权益的决定》等。1996年，俄罗斯政府又以总统令的形式推出一系列促进科技发展的政策措施。

第四，制定科技发展纲要。从1995年起，先后出台的科技发展纲要包括《2000年前民用航空技术发展纲要》《1994—2000年联邦电子技术发展纲要》《1993—2000年国防工业军转民纲要》《"两用技术"总统纲要》。此外，对苏联时期制定的国家长期科技纲要（共56个，苏联解体后压缩到41个），俄罗斯国家优先给予支持。这41个纲要包括生产（机械加工、激光、工艺）、能源（包括交通、建筑）、信息、生命科学（包括生物技术）、宇航、生态、基础科学（新材料、核物理）等10个重点领域。俄罗斯把《"两用技术"总统纲要》视为实施"依靠高技术振兴俄经济"的首要政策措施。这些纲要包括了一些十分重要的科技发展领域，如《"两用技术"总统纲要》包括火箭制造、航空、造船、核技术、石油开采、远程通信、计算机、微电子、运输机械制造等各部门的科研工作。另外，在制定各类科技纲要时，还确定优先发展的领域。1996年，通过了《俄罗斯联邦1996—2000年民用科技优先研究开发的专项规划》。根据该专项规划，2000年前，俄罗斯优先研究开发的科技领域包括基础研究、信息和电子技术、交通、生产工艺、新材料和化学制品、生物技术、交通、能源和生态。这些部门科研工作的展开，可起到以下作用：一是使上述领域的科技专家保留下来，并为数十万专业人才提供就业机会；二是有利于发挥技术优势，创造出先进的科技产品，参与国际竞争。

第五，积极实行军转民，加快军民两用技术的转换与应用。人所共知，苏联在国防系统科技的许多领域处于领先地位。继承苏联全部国防工业70%的俄罗斯，在它的军事工业综合体中，军民两用技术要占70%。在20世纪90年代初期，军工企业生产了俄罗斯1/6的工业品，其中机器制造业中50%以上的产品来自军工企业。在上述情况下，加快发展军民两用技术，加速军转民的进程，不但可以提高俄罗斯物质生产部门的技术水平，而且可以促进整个国民经济的发展。

第六，加大对基础科学研究的力度。1996年，叶利钦总统签署了"关于俄罗斯发展基础研究科学的措施和俄罗斯科学院地位"的命令。一方面对基础科学研究提供了税收优惠；另一方面规定自1997年开始，要为科学院增加至少50%的预算经费，而且要逐年增加。此外，还多方筹集科研经费，提高科技投入的比重，并对优秀科技人员实行物质奖励。俄罗斯政府规定从1996年开始增加对科技预算的拨款额度，要求不少于年度预算支出的3%。

第七，加大与西方国家的科技合作，是俄罗斯在转轨时期特别是在初期，为保存科技潜力和发展高科技研究的一项重要措施。从合作方式来看，大体可以分成两部分。一是针对俄罗斯大量科技人员移民及由此引起的核技术外流问题，由各种国际科学基金会、慈善机构、社会团体和个人提供大量的资金援助，以制止高科技人才外流。从转轨开始阶段的情况来看，对俄罗斯提供科技援助的主要是美国、欧盟和日本等国家和地区。二是俄罗斯积极参与由联合国教科文组织、联合国工业发展组织、联合国环境规划署、世界卫生组织、国际科学理事会及其他国际与区域性组织和计划承担的协作活动。俄罗斯与西方的科技合作中,在注重商业利益的同时更注重国家的战略和安全利益。

为了提高国际市场竞争力,俄罗斯科研生产单位积极开展科研试验设计和工艺技术领域的国际合作,主要方式有出口产品,引进配套技术工艺,转让技术许可证和"诺浩"技术,按许可证开发、生产和销售技术设备等。俄罗斯许多大的科研院所都建立了由外资参加的股份公司的子公司,共同合作将俄罗斯技术推向国际市场。在合作中,国外最感兴趣的是俄罗斯基础研究领域和军工综合体的研究和设计制造成果,尤其是在俄罗斯具有传统优势的航天航空、火箭技术和制造工艺方面。此外,西方还对俄罗斯军工综合体中先进的军民两用技术非常关注,如图像处理、程序保证、航空摄影、材料(合金、耐热材料、防弹钢板)、动力装置、焊接、超导技术、振荡装置、航空和流体动力管道试验等。俄罗斯与合作伙伴共同感兴趣的领域包括公共卫生和医疗、新材料、电信、信息系统、新能源、生物技术、农业和食品生产等。

1995年以来,俄罗斯与西方的科技合作步伐进一步加快。俄罗斯与美国、欧洲、加拿大和日本的航天局与有关部门联合于1997年11月开始组建阿尔法国际航天站;俄罗斯加入了由意大利、德国、英国、芬兰、挪威、瑞典和瑞士等国的20个研究所组成的空中极地实验小组,并提供间谍飞机参与西欧国家的臭氧探测活动;在欧洲阿丽亚娜火箭主宰国际商业卫星发射市场的情况下,俄美联手向阿丽亚娜火箭争夺全球的新发射合同等。[①]

二 普京执政以来的科技发展

普京执政后,一直全力以赴抓经济,把发展经济作为一项中心任务,而发展经济要依赖科技进步。1999年12月30日,普京在作为施政纲领发表的《千年之交的俄罗斯》一文中指出:"国家的未来和21世纪俄罗斯经济发展水平将首先取决于那些立足于高科技、生产科学密集型产品的部门的进步。因为在当今世界,90%的经济增长靠新知识和新技术的推广

[①] 有关叶利钦时期俄罗斯与西方科技合作的论述,吸收了1997年国务院发展研究中心国际技术与经济研究所委托陆南泉牵头撰写的《俄罗斯科技现状、发展政策与对策建议》课题研究报告的有关内容。参加该课题研究的有刘清鉴、马贵友和李建民。

应用。政府准备推行的工业政策将优先发展在科技进步领域处于领先地位的那些部门。"接着，普京谈到为此采取的必要措施："刺激国内非预算拨款部门对先进工艺和技术产品的需求，扶持出口型高科技产业的发展；扶持以满足国内需求为主的非原科部门的发展；提高燃料动力和原料部门的出口能力。"①

2002年3月30日，普京总统批准了文件《俄罗斯联邦2010年之前及远期科技发展政策基本原则》（以下简称《基本原则》）。这是俄罗斯独立执政后全面论述振兴科技、促进经济发展的一部纲领性文件，涉及的内容十分广泛，包括科技发展的目标与任务、科技政策的重要方面与实践途径、国家鼓励科研、科技与创新活动的主要措施以及实行的重要机制与阶段等。《基本原则》实施是旨在保障俄罗斯联邦国家战略性优先任务——提高居民生活质量，促进经济增长，发展基础科学、教育、文化，保障国防和国家安全。发展科技的目标是完成国家社会经济发展任务。与此同时，在附件中还确定了俄罗斯联邦关键技术清单，包括应用新技术的航空与火箭—宇航装备，核电安全，交通安全、运输管理、综合运输与物流系统，动植物的生物保护手段，高性能计算机，基因诊断与基因疗法，煤炭开采与加工，信息通信系统，人工智能，催化系统与技术等。②通过附件确定的科技优先发展方向与关键性技术目录，就可大体上了解俄罗斯今后一个时期的科技发展方向与要着力解决的问题。

此外，俄罗斯联邦政府还于2002年1月28日通过了关于《俄罗斯电子化（2002—2010年）联邦专项纲要》（以下简称《专项纲要》）。③《专项纲要》指出："尽管在最近十年信息通信技术获得了高速发展，但是俄罗斯还是无法缩小在经济和社会信息化方面落后于工业发达国家的距离。这种状况在某种程度上是由总的经济原因（经济的长期危机、大多数居民低下的物质福利水平）造成的。同时，一系列因素又加剧了俄罗斯信息通信技术的发展不足，阻碍了信息通信技术在经济上的广泛和有效利用，阻

---

① 《普京文集》，中国社会科学出版社2002年版，第13—14页。
② 关于《俄罗斯联邦2010年之前及远期科技发展政策基本原则》文件的全文，参见《俄罗斯经济发展规划文件汇编》，世界知识出版社2005年版，第293—308页。
③ 关于《俄罗斯电子化（2002—2010）》联邦专项纲要文件的全文，参见《俄罗斯经济发展规划文件汇编》，世界知识出版社2005年版，第309—330页。

碍了信息通信技术领域生产的发展。"《专项纲要》达到的目标："为发扬民主创造条件，通过运用和广泛地推广信息通信技术，保证自由地搜索、获取、传送、发布和传播信息的权利，加大对信息通信技术方面的专门人才和专业的使用者的培养力度，在提高经济、国家管理部门和地方自治部门工作效率的基础上完善国家权力机关和地方自治机关的活动；完善国家权力机关和地方自治机关同经营者的相互关系，并将信息通信技术用于实际的经济部门；完善信息通信技术方面的专门人才和专业使用者的培养体制；利用信息通信技术促进独立的大众媒体的发展；发展电视通信基础设施并建立接收公开信息系统的接收站；研究和创建电子商务系统；建立完成纲要措施的社会依托。"

在 2007 年的总统国情咨文中，普京再次强调："不发展科学，要实现俄罗斯经济的现代化是不可能的。"他还具体指出，在 2008 年对基础科学研究计划拨款 480 亿卢布，并还将另外给支持基础科学研究的基金拨款 40 亿卢布。国情咨文中还要求，为了俄罗斯能打造适应世界现代科技发展挑战的科技潜力，必须在以原子和分子结构研究为基础的纳米技术上建立高效的研究和设计体系。国家要为这项研究拨款不少于 1300 亿卢布经费。[1] 随后，普京在谈到发展科研问题时，往往与发展创新经济和调整经济结构相联系。关于这一点，普京在离任前的 2008 年 2 月 8 日，在俄罗斯国务委员会扩大会议上所作的题为"关于俄罗斯到 2020 年的发展战略"的讲话中有体现。在这个讲话中，普京强调要改变俄罗斯目前"担当世界经济的原料附庸国角色"，唯一现实的选择就是国家的创新发展战略，这一战略要依靠他们的主要竞争优势——发挥人的潜能，最有效地利用人的知识和才能，不断改善技术和经济成果，以及整个社会的生活。普京谈道，"要过渡到创新发展道路上去，首先就要大规模地对人的资本进行投资"。教育体系在"最近几年就必须向符合现代创新经济要求的新一代的教育标准过渡"。普京认为，俄罗斯经济发展"最重要的方向是发展具有全球竞争力的新领域，首先是高新技术领域，它们是'知识经济'的领航员，再就是航空航天领域、造船业和能源动力领域。还要发展信息、医疗和其他高新技术领域"。[2]

---

[1] 《普京文集〈2002—2008〉》，中国社会科学出版社 2008 年版，第 458—459 页。
[2] 《普京文集〈2002—2008〉》，中国社会科学出版社 2008 年版，第 677、681 页。

应该说，随着俄罗斯经济的好转，对科技发展的加强与政策的调整，俄罗斯科技状况有了明显的改善。2002年以来，科研与设计机构数量虽有减少，但基本上保持稳定状态。从科技人员数量来看，2000年以来，其一直保持在80万人以上的规模。从对科研拨款来看，如果以俄罗斯联邦预算对科研支出所占GDP的比重分析，那增加不是很多，2000年为0.24%，到2006年也只增加到0.36%，但绝对额大大增加了。2000年，俄罗斯联邦预算对科研经费拨款173.96亿卢布，而到2006年增加到973.63亿卢布，增加了4.6倍。

2008—2012年梅德韦杰夫短暂执政期间，他成立经济现代化和技术发展委员会，由梅德韦杰夫亲自领导；在科技创新优先方向选择上，主要聚焦节能、核技术、信息技术、空间技术、医疗器械和医药五大高新技术领域；在创新基地打造方面，成立斯科尔科沃创新中心，旨在构建"产学研"一体化体系，优先发展能源技术、信息技术、生物技术、核技术和空间技术；在创新发展战略部署方面，制定《2020年前俄罗斯创新发展战略》，提出要在最具前景的科技领域，诸如航天航空技术装备生产、新材料、纳米技术、生物医学技术、软件开发等领域取得并保持领先地位，提高企业的创新积极性，增强国家创新能力，优化创新生态，推进科研成果商业化，融入世界创新体系等目标。

2014年，普京在其第三任期，批准了《2013—2020年俄联邦科技发展国家规划》，计划投入1.484万亿卢布促进科技发展。2016年，俄罗斯批准《俄联邦科学技术发展战略》，确定了未来10—15年俄罗斯科技发展的七大重点领域：一是先进数字和智能制造技术、机器人制造系统、新材料和新结构设计、大数据处理系统、机器学习和人工智能；二是环保和节能技术，有助于提高碳氢化合物开采和深加工效率的技术，能源开采、运输与存储技术；三是精准医疗、高科技医疗与保健技术；四是高产环保农业与养殖业；五是防范和消除对社会、经济和国家造成危害的技术；六是推动俄罗斯在开发和利用太空、海洋、南极、北极等方面，占据世界领先地位的智能交通和通信技术；七是有助于俄罗斯社会有效应对全球化时代，来自人与自然、人与技术以及社会制度之间巨大挑战的技术与方法。

2018年，普京开始其第四任期。2019年3月批准《俄联邦科技发展国家规划》，下设五个子规划，分别是"国家智力资本发展"子规划、"保障高等教育全球竞争力"子规划、"确保社会长期发展和国家竞争力基础研究"子规划、"实施科技战略优先方向与科技创新"了规划、"科技创新基础设施"子规划。在科学国家项目中，2024年前将总计投入6359亿卢布，下设3个联邦项目：科研与生产协作项目（2150亿卢布）、研发基础设施项目（3500亿卢布）、研发人才培养项目（709亿卢布）。项目目标是在科技重点研究领域进入世界前五强（按科学技术发展优先领域论文数量计算，从2017年的第11位到2024年的第5位；按申请专利数量计算，从2016年的第8位到2024年的第5位）；保持对国内外顶尖科学家和年轻有为研究人员的吸引力；研发支出增长率超过GDP增长率（国内研发投入增长率与GDP增长率之比达到1.02）；2024年前至少建立15个世界一流的科学和教育中心；研发机构的设备设施至少更新一半；支持至少16个世界一流的研究中心，包括国际数学中心和基因组研究中心等。

从2022年起在美西方无死角的科技制裁下，俄罗斯自身的技术短板暴露无遗，俄罗斯开始强调技术主权，维护技术主权的政策设计以《2030年前技术发展构想》《技术主权项目和经济结构调整项目优先方向》《俄联邦技术公司发展法》为基础，意在对2030年前维护技术主权的目标、国家支持技术发展的原则和路径进行整体布局。

第三节　中苏科技合作

中苏科技合作以技术引进为主，科技合作的进程与水平，受制于两国政治关系的发展情况，特别是在尖端科技如核技术方面的合作。在科技合作中，军事领域的合作占有重要地位。从演变轨迹来看，主要分为四个阶段。从中华人民共和国成立初期到1960年，中苏科技合作的主要特点如下。

一　初步发展阶段（1950—1954年）

中华人民共和国成立初期，主要任务是恢复国民经济。这期间的中苏科技合作，是与苏联援建156项重点项目相联系的。1950—1953年，中苏两国签订技术设备进口合同68394万卢布，3年实际进口累计46974万卢布，完成合同的68.7%。当时，苏共十九大已经通过苏联第五个五年计划（1951—1955年）大纲。为了帮助中国建设和改建这些企业，苏联重新调整了计划、调整生产和安排人员。除了需要派遣大量技术专家来华，仅国内设计单位就要增加3万人。此外，从选择厂址、收集设计基础资料、进行设计、供应设备、无偿提供技术资料一直到指导建筑安装和开工运行，苏联都将给予全面的援助。苏联为了帮助中国的经济恢复和发展，还提供了大量的科学技术资料。这主要是通过图书资料交换和项目或设备进口合同两种途径实现的。1950年9月29日，苏联科学院主席团责成苏联科学院图书馆"重新审查1951年国际图书交换计划，目的是大大增加给人民民主国家科学机关的寄书量，其中要特别重视同中华人民共和国的图书交流"，还提出"不要求他们数量相等"。1950—1953年，苏联向中国提供图书资料12万套册。1953年5月15日签订的中苏经济合作协定，第一次以独立条款的形式确定了无偿向中国提供技术文件的原则。1950—1953年，苏联根据中苏两国政府间科学技术协定向中国提供科学文献和技术资料共2928套（件）。

中国在经济恢复时期，一个突出的问题是缺少科技人才。因此，派遣大量苏联的技术人员来华，对于中国国民经济的恢复和建设，不仅是必要的，而且是急需的。苏联专家来华的高潮是在1951年和1953年，即两次确定援建重点项目之后。这些专家满怀热情来到中国，不仅以其丰富的经验和先进的技术给中国经济建设的各行各业带来了崭新气象，而且他们那种无私奉献的敬业精神也感染和教育了中国干部和工人。他们不仅帮助中国建立起一整套现代工业管理的规章制度，而且通过言传身教为中国培养了大批科学技术人才。

此外，苏联还通过接受中国留学生学习和技术干部实习两种途径帮助培养中国专家。中苏于1951年12月6日签订了关于中国公民在苏联进行生产技术实践的条件的协定，1952年9月1日签订了关于中国公民在苏联高等学校学习的协定。在这两个协定中，苏联都给予了比较优惠的条件。在苏联厂矿企业实习的中国技术干部，只需支付苏联专家和教师的讲课费，以及少量的实习费，其数额仅为实习指导者工资的10%—20%。而对在苏联学习的中国大学生和研究生，除了教科书费和公用事业费，中国政府仅向苏联政府支付50%的助学金。[①]

[①] 有关1950—1953年中苏科技合作的材料，参见沈志华主编《中苏关系史纲（1917—1991）》，新华出版社2007年版，第124—126页。

二 蓬勃发展阶段（1954—1960 年）

斯大林去世后，赫鲁晓夫上台执政。可以说，从1954年起，中苏关系进入了十分良好的时期。这主要是由以下两个因素造成的：一是朝鲜战争无疑大大提高了中国在社会主义阵营中的地位；二是赫鲁晓夫执政初期在政治上遇到不少难题，如苏共二十大"秘密报告"后引起的国际压力、波匈事件、苏共党内出现的反赫鲁晓夫势力等，应对这些问题，都需要得到中国政治上的支持。在此背景下，赫鲁晓夫加大了对中国的经济援助，同时也扩大了对华的科技合作。1954年，中苏两国签订《中苏科技合作协定》（1.0版）。为了有效实施上述协定内容，1958年中苏双方签订《中苏两国政府关于共同进行和苏联帮助中国进行重大科学研究协定》（以下简称"122项协定"）。"122项协定"以《1956—1967年中国科学技术发展远景规划纲要》为基础，在16个领域的122项重大科研项目框架内开展合作。当时，中国以"156项工程"援建项目为载体，大规模引进苏联技术，"156项工程"涉及机械工程、材料工程、能源工程、兵工、化工、轻工、船舶、电子、航空航天、医药等诸多领域。

1957年夏，苏共高层领导两个派别出现了尖锐的斗争，赫鲁晓夫取得胜利，莫洛托夫等被开除出苏共中央。但赫鲁晓夫仍面临党内外的很大压力，中国共产党表态支持赫鲁晓夫。在此背景下，苏联同意立即恢复拖了很久的对华进行核技术援助的双边会谈，并于1957年10月15日，中苏正式签署了《关于生产新式武器和军事技术装备以及在中国建立综合性原子能工业的协定》（以下简称《国防新技术协定》）。《国防新技术协定》共5章22条，根据协定，苏联将援助中国建立起综合性原子能工业；援助中国的原子弹的研究和生产，并提供原子弹的教学模型和图纸资料；作为原子弹制造的关键环节，苏联向中国出售用于铀浓缩处理的工业设备，并提供气体扩散厂初期开工所需的足够的六氟化铀；1959年4月前向中国交付两个连的岸对舰导弹装备，帮助海军建立一支导弹部队；帮助中国进行导弹研制和发射基地的工程设计，在1961年年底前提供导弹样品和有关技术资料，并派遣技术专家帮助仿制导弹；帮助中国设计试验原子弹的靶场和培养有关专家；等等。鉴于有些工业援助项目的建设规模以及向中国交付设计和设备的期限等在协定中都未作具体规定，1958年9月29日中苏又签订了《关于苏联为中国原子能工业方面提供技术援助的补充协定》，其中对每个项目的规模都作了明确、具体的规定，项目设计完成期限和设备供应期限也有了大致的确认，多数项目的完成期限是1959年和1960年。[①] 应该说，《国防新技术协定》的签订，意味着中苏之间科技合作上了一个新的台阶。

但后来，随着中苏两党、两国关系的日益恶化，1958年下半年以后，苏联方面对执行《国防新技术协定》已变得不那么积极，实际上实行收缩对中国的技术转让，只给中国一般性技术，对高新技术则采取拖延政策。从1959年开始，苏联对中国的技术转让采取更加严格限制的政策，对高新技术的转让几乎已停止。1959年6月20日，苏共中央致函中共中央，宣布苏联将不再向中国提供原子弹样品。这样，实际上是苏联单方面废除了《国防新技术协定》。到1960年7月16日，苏联政府照会中国政府，单方面决定召回在华工作的专家；7月25日，苏联政府又通知中国政府，苏联专家将从7月28日开始撤离，9月1日撤完。

三　半停顿和中断阶段（1961—1982年）

1960年之后，随着中苏关系恶化，中苏科技合作进入10年的半停顿状态。其间的1961年，中苏虽然重新签订了《中苏科技合作协定》（2.0版），但在1961—1966年，双方仅召开5次副部长级别的科技合作例会，1967年以后例会中断，中苏科技合作规模锐减，合作项目大幅减少，科技人员往来也日渐稀少。1971年《中苏科技合作协定》（2.0版）期满后，中苏双方未续签协定，中苏政府间科技合作步入10年的中断期。

四　恢复阶段（1982—1991年）

到了20世纪80年代，在中苏两党、两国新一代领导人的共同努力下，两国关系逐步改善。1989年5月戈尔巴乔夫正式访华，终于使两国关系实现全面正常化。在这个过程中，中苏之间的科技合作亦逐步恢复。1984年12月，苏联部长会议第一副主席阿尔希波夫访华。两国就经贸、科技合作问题交换意见，并在12月28日签订了中苏两国《经贸技术合作协定》《科学技术合作协定》《建立中苏经济、贸易、科技合作委员会协定》三个文件。1985年7月11日，作为对阿尔希波夫访华的回访，中国

[①] 沈志华主编：《中苏关系史纲（1917—1991）》，新华出版社2007年版，第193页。

国务院副总理姚依林访问苏联。中苏双方签订了关于1986—1990年交换货物和付款的协定、苏联向中国援建和改造工业项目的经济技术合作协定。1986年9月，苏联部长会议第一副主席塔雷津访华，中苏双方就扩大经济技术合作的可能性交换了意见。在1989年中苏高级会晤后，两国经贸、科技合作日益扩大。1990年4月24日，李鹏与雷日科夫签署了《中苏关于经济、科学技术长期合作发展纲要》《中国政府和苏联政府在和平利用与研究宇宙空间方面进行合作的协定》等文件。时任中国对外经济贸易部副部长的李岚清与苏联对外经济联络部部长卡图舍夫签署了《中国政府和苏联政府关于在中国合作建设核电站和苏联向中国提供政府贷款的备忘录》。这些文件的签订，无疑有利于中苏科技合作的发展。

第四节　中俄科技合作

科技合作作为中俄经贸关系的一项重要内容，在俄罗斯独立执政后，一直是两国重视的一个合作领域。

一　中俄科技合作主要阶段划分

苏联解体后，中俄科技合作继续向前推进，发展阶段如下。

1992—1996年，科技合作被纳入副总理级会谈议题阶段。1992年，中俄双方签订《中俄科学技术合作协定》，双方在副总理级中俄经贸科技合作委员会框架内设立"科技合作常设分委会"。1993—1996年，"中俄科技合作常设分委会"每年召开例会，商定了200多项政府间科技合作项目。其间的1995年，为利用中国高新区的优惠政策和俄罗斯科技优势，两国经商定各自建立了旨在促进高新科技产业发展的"中俄科技和高新技术中心协会"。

1997—2000年，科技合作被纳入总理会晤机制议题、向多层级拓展阶段。随着1996年中俄战略协作伙伴关系的建立，中俄科技合作也跃升了一个新台阶。1997年，双方决定在中俄总理定期会晤委员会框架下设立"科技合作分委会"。"科技合作分委会"负责从政府层面分析两国科技合作现状、研讨并确定推进双边科技合作的政策方针、确定新的合作领域与相关机制。中俄双方在"科技合作分委会"框架下设立"中俄重点科研院所合作工作小组"，采取措施支持双方科研机构与企业在科技园区进行科技成果推广。为探索在地区层面开展对俄高新技术产业化合作的有效方式，中国科技部1998年在烟台设立了国家级示范基地——烟台中俄高新技术产业化合作示范基地，专门对俄罗斯及独联体国家开展高新技术产业化合作。1999年，作为科技合作协定书附件，中俄签署《签署知识产权保护和权利分配议定书》，致力于推动中俄在航空航天领域开展合作，合作范围涉及卫星及其应用、空间科学、深空探测等。该阶段中俄科技合作从政府间向地区间、企业间、科研院所间、高等院校间以及行业协会间拓展，向高新技术领域延展。

2001—2015年，力促优先方向产业化及大项目合作阶段。2001年，中俄签署《关于创新领域合作的谅解备忘录》，成立军转民技术合作工作组，将自然资源合理利用、节能和能源、新材料、信息通信技术、生命科学、纳米技术作为优先合作方向。2007年，双方签订《关于在科技优先发展领域开展共同项目合作的谅解备忘录》，对中俄共同项目所涉领域、项目筛选原则和目标、双方支持方式、项目执行情况监督、合作成效评估、知识产权保护等内容都作出了原则性规定。作为共同项目合作的载体，科技园建设全面展开，目的是共同推动科研成果实现产业化、商品化和国际化。2015年，中俄双方签订《中华人民共和国科学技术部、俄罗斯联邦教育科学部、中国科学院和联合核子研究所关于在重离子超导同步加速器框架下合作前景的议定书》，自此，中俄开始在"大科学"[①]装置建设方面开展合作。

2016年至今的创新合作阶段。随着科技合作共同项目的推进，加快中俄科技合作提质升级成为时代选择，实现"创新驱动发展"成为中俄两国共同的战略选择。主要国家发展经验表明，"创新驱动发展"在实现自主创新的同时，开放创新不可或缺。因此，致力于开放创新，为创新要素跨境流动提供便利，推动产学研协同创新，力促科技同产业、科技同金融深度融合，优化创新环境，集聚创新资源对双方而言，都具有至关重要的意义。2016年，中国科技部与俄罗斯经济发展部正式签署《关于在创新领域开展合作的谅解备忘录》，并成立由中国科技部和俄罗斯经济发展部牵头的"中俄创新合作协调委员会"。委员会吸纳中俄双方科技园区代

---

① "大科学"以人类开拓知识前沿、探索未知世界和解决重大全球性问题为目标，研究目标宏大、投资强度大、多学科交叉、难度高，涉及科学、技术、工程、产业和管理等诸多领域。

表、技术平台代表和投资机构代表共同参与,旨在协调与共商中俄在创新领域的互利合作,就创新战略、技术转移、大众创新创业等展开对话交流,支持新型创业孵化器之间、双方科技创新园区之间开展合作,并推动建立中俄科技产业园区合作平台。2017—2019年,中俄双方已举办三届"中俄创新对话"。首届"中俄创新对话"就中俄科技创新战略与政策、中俄国家创新体系建设、中俄区域创新体系、中俄产业集群政策、科技金融和中俄科技合作、中俄科技产业园区合作平台建设、中小微企业创新发展等议题进行讨论,确定了《2017—2020年中俄创新合作工作计划(路线图)》。第二届"中俄创新对话"确定了《2019—2024年中俄创新合作工作计划(路线图)》,明确了双方在举办政府间的机制性会议、建立创新基金、推进创新集群合作等八个方面开展工作。第三届"中俄创新对话"通过举办主旨论坛、中俄创新创业大赛、中俄创新投资论坛、中俄人工智能专题研讨会等活动,力推双方创新合作。为扩大中俄科技创新合作的深度和广度,中俄两国元首已将2020—2021年确定为"中俄科技创新年",助力提升中俄两国科技创新竞争力和综合国力。

二 中俄科技合作主要成效

30年来,通过中俄双方努力,在科技领域的合作取得了进展,合作内容十分广泛,合作形式日益多样化,合作层次也呈多元化。科技合作的进展主要表现在以下方面。

第一,多层次科技合作组织架构形成。国家层面,根据1992年12月16日签订的《中俄政府科技合作协定》,成立了部长级科技合作委员会。此后,中俄每年召开例会,并商签了大量政府间的合作项目。随后,两国于1995年各自建立了"中俄科技和高科技中心协会"。成立该协会的主要意图是,利用中国高新技术开发区的优惠政策与发挥俄罗斯的科技优势并吸引国际资本来促进中俄两国各自的高新技术产业的发展。前文提到的在1996年4月发表的《中俄联合声明》中,又特别强调加强两国科技合作的重要性。为进一步推动科技合作,1997年6月在中俄总理定期会晤委员会框架内设立科技合作分委员会。它的任务是从政府层面分析两国之间的科技合作状况、研究有关如何推动双边科技合作的方针政策,确定新的合作领域与有关机制,以统一协调与管理科技合作工作。中俄两国还在科技合作分委员会框架下成立了中俄重点科研院所合作工作小组,并采取措施支持两国间科研机构与企业在科技园区推广科技成果。1998年12月创立了烟台中俄高新技术产业化示范基地,其主要目的是使中俄科技合作重点转向高新技术,并使其产业化、商品化及进入国际领域。之后,在2001年创建了中俄科技合作基地浙江巨化中俄科技园与黑龙江中俄科技合作及产业化中心。2002年中俄双方达成协议,决定在莫斯科创建第一个中俄科技园,两国对建设科技园给予资金支持。在建立科技园促进科技成果产业化与商品化过程中,于1999年中俄双方还签署了《知识产权保护和权力分配议定书》;2001年11月,两国商定并签署了《中华人民共和国科技部与俄罗斯联邦科技部关于在创新领域合作的谅解备忘录》。2023年中俄总理定期会晤委员会科技合作分委会第二十七届例会就深化大科学装置框架下的合作、强化联合研发项目合作、组织中俄科技会展活动,以及拓展双碳等新领域合作的议题交换意见并达成共识。

在地区层面,为了推动中俄科技合作,在中国一些省市还建立了对俄科技合作的专门机构,如黑龙江省成立了对俄科技合作领导小组,山东省成立了山东省与独联体国家科技合作指导委员会,无锡市成立了对俄工作小组,哈尔滨市成立了对俄罗斯及其他独联体国家科技合作协调领导小组及办公室,武汉市成立了中俄科教合作中心等。各地还陆续建立了各级对俄科技咨询服务机构,如中俄科技合作及产业化中心、中俄高新技术合作中心、中俄科技交流中心、俄罗斯技术转化中心等机构。哈尔滨市政府先后成立了中俄产业化中心、中俄农业技术合作中心、中俄工业技术合作中心,制订了《哈尔滨市对俄罗斯及其他独联体国家科技合作工作方案》《哈尔滨市对俄罗斯及其他独联体国家科技合作产业化示范工程实施方案》。[①]

第二,多领域、多方式科技合作全面展开。从科技合作层次来看,中俄两国已形成了政府间的合作、地区间的合作,双方企业间、科研院所与高校间以及行业协会间的合作。中俄之间除了主流机构之间的科技合作,还有较为灵活的民间合作,它对推动两国科技合作亦发挥了一定的作用。

从科技合作的领域来看,亦越来越广泛,涉及内容十分丰富;从政府间合作来看,科技合作分委会确定的优先合作研究领域有应用化学、生物

[①] 中国一些省市建立的专门对俄罗斯的合作机构的信息,参见戚文海《中俄科技合作战略与对策》,黑龙江大学出版社2008年版,第5—6页。

技术、基因工程、新材料与机电等，中俄两国有关部门还在核能、航空、航天、电信、船舶、电力、环保、新工艺、生物制药、地质、农业、医学、食品工业、天文等领域进行合作。中俄在军事技术方面的合作，一方面中国继续向俄罗斯购买武器装备，另一方面中国希望逐步向中俄联合研制与共同开发新型武器的方向发展。近年来，两国在月球空间站方面的合作加强。2021年3月，中俄两国政府签署了《关于合作建设国际月球科研站的谅解备忘录》，启动国际月球科研站的合作。2021年4月，发表《中国国家航天局和俄罗斯国家航天集团公司关于合作建设国际月球科研站的联合声明》。

从科技合作的方式来看，也日益多元化。近年来，除了通过技术贸易相互引进技术、购买技术设备与专利技术等传统的科技合作方式，与中俄两国关系与经济技术发展水平相适应，其他一些合作方式也取得了进展，主要包括如下几个方面。

首先，共同建立科技网站。为交流科技信息，相互介绍科技产品与有关资料。现已相继建立了中俄科技经济合作网、中俄科技贸易网与哈尔滨国际科技合作网，组织专业技术人员对项目信息、人才信息进行了收集、处理、评估、筛选并向企业推荐，提供服务。[①]

其次，建立科技园区。俄罗斯科技园与中国高新技术开发区合作，有利于高新技术成果的应用与推广。这对俄罗斯来说尤为重要，因为它的科技成果应用率一直很低。因此，中俄双方在这一方面的合作，能起到科技成果转化即孵化器的作用。江苏省常州高新技术开发区与俄罗斯萨马拉州签订了合作共建常州中俄科技合作创业园协议书。2003年10月，中俄科技园在莫斯科正式挂牌。中国科学院沈阳分院和俄罗斯科学院西伯利亚分院伊尔库茨克科学中心就进一步开展科学合作已达成意向协议。

再次，开展"双基地"合作，即双方通过互设研究基地的方式进行合作。例如，中国科学院与俄罗斯科学院西伯利亚分院科学合作协定设立中俄空间天气联合研究中心，就采用了"双基地"的形式，即在位于伊尔库茨克具有先进地面观测设备和很强研究能力的俄罗斯科学院西伯利亚分院日地物理研究所以及中国科学院空间中心分别建立研究基地。沈阳工业学院和俄罗斯托木斯克理工大学将在西伯利亚托木斯克市建立联合科研

---

① 戚文海：《中俄科技合作战略与对策》，黑龙江大学出版社2008年版，第7—8页。

中心。双方计划在高新技术开发和应用以及基础科学研究等领域开展合作。中国哈尔滨开发区与俄罗斯新西伯利亚科技园签订了互建中俄国际企业孵化器的协议等。

最后，中国国家自然科学基金委员会与俄罗斯基础研究基金会资助的基础研究合作也取得积极进展。两者于1994年签署并于2009年续签了基础研究合作谅解备忘录，并在合作框架下联合资助中俄两国科研人员在基础科学领域开展合作与交流活动。两国科研机构和高校的基础研究合作项目申报积极性较高。首轮合作项目征集从1996年开始，之后申请数量呈逐年递增趋势，迄今为止双方已资助了一大批合作交流项目。前期的合作交流项目对增进双方科研团队之间的交流与合作、培育实质性合作关系奠定了基础，为后续搭建合作平台起到了重要作用。近年来的合作项目多为实质性合作，从2017—2019年项目申请情况来看，获得资助的项目数量呈现大幅增长态势，2017—2019年分别为53项、189项和256项，合作项目涉及的学科领域也不断拓展。①

第五节　中俄科技合作掣肘问题及应对

中俄科技合作无论是从内容还是形式上，都有了发展，但总体来讲，难以与新时代全面战略协作伙伴关系相匹配。

一　中俄科技合作的制约因素

其一，认识上的片面性。至今在认识俄罗斯科技水平问题上仍存在片面性，不少学者也对此问题提出了看法。这是多方面的原因造成的：一是俄罗斯有一部分特别民用技术产品要比西方落后得多，这是客观事实；二是中国对俄罗斯科技水平、先进科技产品只是处于一般了解的水平，既不系统也不深入和具体；三是中国的一些企业、科研部门寻求科技合作，出于种种原因如去西方国家有不少便利、生活条件好或可能得到其他方面的实惠，因此对西方的兴趣比俄罗斯要大得多。很显然，这些因素无疑会影响对俄罗斯技术水平的认知。俄罗斯虽然在国际上称不上科技领先国家，但仍然是个科技大国，这一地位并没有改变。

---

① 数据来源于国家自然科学基金会网站。

其二，缺乏科技成果商品化、产业化的转化机制。科研成果长期不能在生产领域中得到应用，就会失去其价值。中俄在科技合作中，尚未建立起较为有效的机制。这表现在诸多方面，如技术产品与科技信息市场不发达；尚缺乏专门从事专业化的中介机构，已建立的一些中俄科技合作机构，虽然在一些方面亦起到中介的作用，但较为有限；中俄高新技术孵化基地不足，这不利于促进俄罗斯科技成果的转化，特别是俄罗斯的科技成果相当一部分未经过中试，因此孵化基地的作用显得更为重要；中国虽建立了一些有关中俄科技合作的信息网，但仍需要与俄罗斯实现联网对接，否则就会影响两国科技合作的信息交流。人所共知，高新技术项目一般是大项目、周期长、风险高、资金占用多。因此，建立风险投资机制显得十分重要，缺乏这种机制，很多具有重要意义的科技合作项目难以实现。

其三，科技合作人才缺乏问题日益突出。20世纪五六十年代，中国选派大批青年赴苏留学，既学了专业又学了俄语，这些人才在两国科技合作中起了非常重要的作用。随着时间的推移，这些复合型人才大多已年老退休，新培养的这类人才远远跟不上需要。目前，严重缺乏既懂技术又懂语言的复合型人才，这已成为阻碍中俄科技合作不可忽视的一个因素。

其四，政治互信问题仍然影响着两国高科技合作水平的提高。如果说中俄两国整个经贸合作关系受到政治互信程度的影响，那么这一因素对高科技领域的合作影响更深。一些尖端技术尤其是涉及军事的敏感技术合作，俄罗斯方面特别谨慎，这类合作项目难以达成协议。这说明，中俄之间建立的战略协作伙伴关系尚有很大的局限性。军技领域的合作就可说明这一点。俄印之间这方面的合作，无论是在数量还是质量上，都要超过俄中的水平。

二 应对之策

针对目前中俄科技合作的情况，考虑到进一步发展这一领域合作的重要性，一些问题值得我们去深入研究，并寻觅一些应对政策措施。

首先，全面深入了解各自的科技水平，克服在认识上的片面性。中方对俄罗斯科技水平的认识存在片面性，这在中国国内很多学者都有共识，并且认为这是阻碍两国科技合作扩大的一个因素。现在的问题是如何有效地解决这个问题。为此，应做好以下几项工作。第一，由科技部牵头成立一个关于俄罗斯科技问题的课题研究组。它由政府有关部门人员、专家与企业家三方面的人士组成，其任务是对俄罗斯科技的各个领域进行具体分析，要一个领域一个领域地弄清楚，哪些是先进的，是对中国有用的。第二，对俄罗斯科技政策与发展动态进行跟踪研究，及时和准确地掌握科技方面的新进展。第三，对俄罗斯各科技部门的人才及其动态进行调查研究，了解其科技人才的流向以及他们在国外的工作和待遇情况，为中国采取相应的对策提出建议。第四，有计划地组织双方科技专家的学术交流，增加相互之间的了解与信任，增进相互之间的感情，为更多地了解俄罗斯科技情况创造有利条件。第五，举行一些高水平、不同规模与类型的科技成果展览会，这对增进对俄罗斯科技的了解是十分有益的。从俄罗斯方面来说，也存在对中国的科技了解与认识不全面的问题。目前中国在不少领域的技术有了很大进步，完全可以推向俄罗斯。近年来，中国科技取得了很大的进步，科技创新投入目前已占 GDP 的 2.2%。由此可见，中俄在科技合作方面也存在互补性，中国应该采取积极的政策，在努力引进俄罗斯高新技术的同时，也要"走出去"，即把中国的在俄罗斯有需求的技术推出去。

其次，培养复合型人才与加大人才引进力度。前文谈到，缺乏既懂专业又懂语言的复合型人才，已是阻碍中俄科技合作深入发展的因素之一。解决的办法只能是积极培养这方面的复合型人才，北京理工大学与莫斯科大学在深圳合作办学就是一个很好的尝试。中国近年来的发展为引进俄罗斯科技人才来华工作创造了良好条件。双方可以通过签订协议的方式，在双方都接受相应法律约束的条件下，加强引智合作。

最后，抓住中俄都在调整经济结构的有利时机，积极推动高新技术领域的合作。2008 年的国际金融危机，对于主要依赖能源与原材料产品出口支撑其经济发展的俄罗斯来说，冲击是非常严重的。改变经济发展模式与经济结构，实现创新发展是俄罗斯"唯一的选择"。2014 以来的石油价格暴跌，进一步迫使俄罗斯痛下决心调整经济结构，要竭尽全力发展创新型经济，而要达到这一目的，必须加快高新技术的发展。对于中国来说，调整经济结构、产业升级和改变经济增长方式同样是十分迫切的问题。可见，无论是俄罗斯还是中国，都面临着经济结构调整与转变经济增长方式的问题，而解决这个问题需要加速科技发展。这在客观上为中俄双方加强科技合作提供了可能，我们应该充分利用这个良好的机遇。

第十一章 中俄农业合作

近年来，由于俄罗斯农业得到了较快的发展，2020年俄罗斯自苏联解体以来首次成为农产品净出口国。中国连续多年成为俄罗斯农产品第一大出口国。中俄两国的农业合作日益受到人们的关注。在新的历史时期，进一步推进中俄农业合作对双方而言具有重要意义。本章在简要地论述苏联时期和俄罗斯体制转型以来农业发展状况的基础上，分析中俄农业合作的进展和前景。

第一节 苏联时期农业概况

在苏联时期，长期实行片面发展重工业的政策，以及实施与农业生产力的发展水平不相适应的农业组织形式与具体管理体制，难以使苏联农业顺利地发展、摆脱落后状态。斯大林逝世的1953年，粮食产量还低于1913年，单位面积产量仅为欧洲其他国家平均产量的1/3，牛、马、绵羊的头数仍未达到集体化前的水平。1955年3月18日，赫鲁晓夫在萨拉托夫市举行的东南地区各州农业工作会议的讲话中说："沙皇俄国没有给我们留下多少东西。但是，同志们，自从苏维埃政权成立以来，已近三十八年了。时间不算短了。因此，再往尼古拉二世身上推诿，该觉得可耻了，他早已不在人世了。"① 当时一些苏联学者针对苏联农业的严峻形势指出："再有二、三年时间，就可能发生灾难性的粮食生产危机和全国性的饥荒。斯大林没有意识到这一点。"② 这也是赫鲁晓夫在经济管理体制方面

---

① 《赫鲁晓夫言论》（第四集），世界知识出版社1965年版，第112—113页。
② ［苏］罗伊·A. 麦德维杰夫：《赫鲁晓夫的执政年代》，邹子婴等译，吉林人民出版社1981年版，第36页。

首先进行农业体制改革的原因。赫鲁晓夫时期,农业体制改革首先是改变农业计划体制,主要内容如下:一是农业计划工作以商品产量为出发点,大大减少给农庄农场的计划指标,即只下达农产品采购量一项指标,其他生产计划均由农庄农场根据农产品采购任务与自己内部需要来确定,即有关播种面积和结构、牲畜种类与头数、作物单位面积产量与牲畜产品率、各种农艺措施等,由农业企业自行决定;二是农业计划制定的程序作了改变,即由过去农庄农场从上级机关领取任务,改为直接由农庄农场制订计划;三是计划计算的方法也作了改变,即把过去按种植作物的公顷与饲养牲畜头数的计算方法改为按农产品、畜产品数量进行计算。另外,实行以提高物质利益为主要目的的农产品采购制度的改革。正如前文提到的,斯大林时期实行的农产品采购价格大大低于农产品的生产成本,致使农庄交售产品所得到的收入还不够补偿生产费用。赫鲁晓夫执政后,1953—1963年,农畜产品共提价6次。1964年与1952年相比,全部农畜产品的收购价格提高了2.54倍。

赫鲁晓夫执政后期,由于出现了不少失误,农业状况的恶化成了他下台的一个重要原因。勃列日涅夫一上台与赫鲁晓夫一样面临着严峻的农业形势,1965年苏共中央三月全会通过的名为"关于进一步发展农业的刻不容缓的措施"的决议也说明,解决农业问题已到了"刻不容缓"的紧迫地步。这次会议对赫鲁晓夫时期农业发展情况的基本结论是:"如果说在一九五九年以前农业有显著提高的话,那么在后来这个时期它实质上是在原地踏步。"[①] 勃列日涅夫上台后农业制度改革的基本思路和政策与赫鲁晓夫相似,即扩大农场、农庄自主权和提高农产品收购价格。另外一个重要措施是,按照国营农场相应工种职工的工资标准,对庄员实行有保障的劳动报酬制度,以提高庄员参加集体生产的积极性。此外,还大量增加了对农业的投资。

但是,勃列日涅夫时期农业状况并没有大的改善。1979—1982年出现连续4年歉收,这是创历史纪录的。在勃列日涅夫执政的1973年,苏联在历史上第一次成为粮食净进口国。这一年净进口粮食1904万吨。1985年进口粮食4420吨,1989年进口粮食3700吨。

---

① [苏]《苏共中央三月全会速记记录》(1965年3月24—26日),世界知识出版社1966年版,第5—6页。

到了戈尔巴乔夫时期，农业和整个国民经济一样进一步恶化，市场供应极度紧张。戈尔巴乔夫力图对经济体制进行根本性改革，他在农业体制方面的改革与前任苏联领导有所不同。在理论上他强调，农业的改革要"为用经济手段进行经营管理开辟天地，大大扩大集体农庄和国营场的自主性，提高它们对最终成果的利益的关心和责任感"。[1] 改革的主要途径是推行完全经济核算制、集体承包和家庭承包制。关于这一点，在1987年的苏共中央六月全会作了较为详细的论述，并举例论证实行承包制后效益大大提高的情况。例如，佩塔洛沃区的农庄和农场的8个畜牧场在1987年年初实行了家庭承包。在5个月的时间里，用同样多的饲料使牲畜重量增加1倍。该区近40%的大田作业改为小组劳动组织形式后，春播6天完成的工作量相当于平时15—18天的工作量。又如，布列斯特州布列斯特区"纪念伊里奇"集体农庄是个落后农庄，两年来组织了一个6人承包小组，这个小组承包了100头奶牛、50公顷牧场。两年来，每头奶牛的挤奶量从2917公斤上升到5580公斤。[2]

苏共二十七大之后，农业中的家庭承包制开始在各种正式文件中具有了合法的地位。1986年3月公布的《关于进一步完善全国农工综合体经济机制的决议》中规定，允许集体农庄和国营农场根据自身的具体条件，在种植业和畜牧业中采用家庭承包和个人承包制，并把它作为集体承包制的一种形式。1988年5月26日通过的《苏联合作社法》中规定，集体承包或家庭承包是农业企业内部生产——经济关系的主要形式。1988年1月公布的《集体农庄示范章程草案》，是苏联继1935年和1969年先后通过的第三个集体农庄示范章程的草案，已由第四次全苏集体农庄庄员代表大会通过。该草案对1969年的章程作了很大修改。从农业体制改革的角度看，主要变化反映在以下方面。（1）恢复了集体农庄的合作社性质。章程草案明确规定，集体农庄是社会主义经济的一种合作社形式。（2）国家对农庄的经济领导，由过去通过一系列以指令性指标为基础的行政强制方法改为通过经济杠杆和刺激施加影响的经济方法，集体农庄是在完全独立自主和自我管理的条件下的农业企业。（3）该草案第26条还明确规定："集体农庄采用集体承包制作为劳动组织和劳动刺激的基本形

---

[1] 《苏联共产党第二十七次代表大会主要文件汇编》，人民出版社1987年版，第43页。
[2] 《戈尔巴乔夫关于改革的讲话》，苏群译，人民出版社1987年版，第346、351页。

式,同时还可采用家庭承包、个人承包和其他承包形式。"

在戈尔巴乔夫执政期间,各种形式的租赁承包得到了较为广泛的发展。截至1991年3月1日,苏联实行内部租赁承包的农庄农场共有31882个,占农庄农场总数的61%。后来,随着农业问题的日趋尖锐,市场的食品供应更加紧张。针对这一情况,在1990年召开的苏共二十八大会议上,戈尔巴乔夫提出解决农业问题的三项基本政策:"第一,应当在完全自愿选择的基础上,给农村各种经营形式以充分的自由。第二,确立城乡之间、工业和农业之间的合理交换,这种交换将会在极短的历史时期内促进农村振兴。第三,国家应当最大限度地促进解决农村的迫切问题,首先是为我国农民创造良好的生活条件。只有这三点能使农村获得复兴并使国家的食品得到保证。"[①]

在斯大林之后,各个时期的苏联都对农业体制进行了一些改革,但在高度集中的计划经济体制条件下,不可能撼动斯大林时期形成的农业制度。正是由于这些因素,苏联时期农业的落后状态一直没有得到根本性改变。

第二节 俄罗斯时期农业的发展

俄罗斯新执政者为了构建市场经济体制,对农业进行改革。这一领域的改革,涉及两个相互联系但又有区别的内容:农业生产经营组织的改组与土地所有制的变革。

一 叶利钦时期的国营农场与集体农庄的改组

叶利钦上台后,决定对在农业中占绝对统治地位的国营农场与集体农庄进行改组,规定必须在一年内,即在1993年1月1日前,完成国营农场与集体农庄的重新登记工作;对那些无力支付劳动报酬和偿还贷款债务的农场农庄,应在1992年第一季度加以取消与改组。1992年9月4日,俄罗斯政府正式批准了改组农场农庄与国营农业企业的条例。该条例确定的经营形式改革与产权改造的基本原则是按生产单位劳动集体成员的意愿,将农场农庄改组为合伙公司、股份公司、农业生产合作社、家庭农场

[①] 《苏联共产党第二十八次代表大会主要文件资料汇编》,人民出版社1991年版,第58页。

及其联合体；如果劳动集体全体会议通过决议，愿意保留原有的经营形式，可对农场农庄进行重新登记并将土地归它们所有。到1993年年底，俄罗斯已有2.4万个农场农庄进行了改组与重新登记，占农场农庄总数的95%，其中1/3的农场农庄根据劳动集体的决定保留了原来的经营形式，其余的2/3改组为1.15万个合伙公司、300个股份公司、2000个农业合作社和3000个其他新的经营形式。①

叶利钦时期特别重视发展农户（农场）经济。这与当时叶利钦、盖达尔等按照西方模式来改造俄罗斯农业的思路有关。这种改造是以土地私有化和经营组织农场化为基础的。在他们看来，效仿美国与西方其他一些国家，在土地私有制基础上发展家庭农场能获得良好的经济效益。但在俄罗斯，这种农户（农场）经济并没有得到很大发展，更没有成为农业生产的主力军。主要原因在于：第一，俄罗斯不像美国，有发达的及时能得到的农业社会化服务，美国家庭农场之所以能发展并有稳固的地位，一个十分重要的条件就是高水平的社会化服务，而这一套服务体系绝不是在短期内可建立起来的；第二，长期以来，俄罗斯搞的都是大农业，国营农场和集体农庄的生产规模都很大，使用的是大型农业机械，机械化水平已达到一定程度，粮食作物的种植与收获已全部机械化，畜牧业综合机械化水平已达到70%—80%，而小规模的农户（农场）经济，需要小型的农业机械，当时的俄罗斯，财政极其困难，国家不可能投入大量资金来及时地发展小型农机以满足农户（农场）经济的需要；第三，由于大农业已搞了几十年，农业生产中的劳动分工已经形成，能够掌握农业生产全过程的典型农民已不存在，这客观上就给搞一家一户的农业经济带来了很多困难；第四，农户缺乏必要的启动资金，他们既得不到财政帮助，又得不到必要的银行贷款，在这种情况下，新组建起来的农户经济体难以维持，出现大量解体的情况；第五，农用生产资料如化肥等得不到保证，叶利钦时期推行的农户（农场）经济并不适合俄罗斯国情，未能取得应有的效益。

---

① 陆南泉主编：《独联体国家向市场经济过渡研究》，中共中央党校出版社1995年版，第133—134页。

二 普京执政以来（包括"梅普"组合时期）的农业发展

普京执政后，不得不改变农业发展政策，变革农业发展道路。他强调要搞大农业，具体来说就是要搞大型的农业综合体。普京将其作为发展农业的重要途径之一，指出要让俄罗斯农业在今后发展中成为"大的商品生产者"。从1999年起，俄罗斯农业生产形势开始好转。2001年，俄罗斯粮食产量达到8520万吨，不仅满足了国内粮食需求，使俄罗斯首次实现粮食自给自足，而且使其再次成为粮食出口国。2020年，俄罗斯粮食产量达到1.31亿吨，农产品出口额达306亿美元，① 是2000年水平的近19倍，成为俄罗斯出口创汇的主要来源。俄罗斯的小麦、大麦、荞麦、豌豆、鹰嘴豆、葵花籽油、亚麻籽、豆粕、甜菜渣等谷物产品在世界市场上具有举足轻重的地位。2019年，俄罗斯成为世界第五大家禽肉生产国和第四大猪肉生产国。大农业也取得了长足发展，2018年，三种农业生产组织形式——农业企业、居民经济和农户（农场）经济分别提供了55.1%、33%和11.9%的农产品。农业领域还出现了一些大型控股公司。这些公司通过投资设厂、收购、兼并等措施，建立起了集生产、加工、销售于一体的大型企业集团，进行规模化经营。

普京执政时期推出农业发展的主要举措包括以下几个方面。

第一，农业土地改革。执政之初，普京在俄罗斯国务委员会主席团会议上提出，必须通过明确的土地法。他认为，缺乏对土地的调节，是投资的一个很大障碍。2001年2月21日，他在俄罗斯联邦国务委员会议上说："土地关系领域需要解决三个关键问题。第一，在所有制领域制定出各种法律关系的规定；第二，清点土地数量；第三，建立土地资源有效管理的体系。新的土地法典应该成为推进这方面工作的出发点。"他指出，在农业方面，俄罗斯"最尖锐的问题是农业用土地的流转问题。在土地资源的构成中，农业用地占了1/4。在今天的讨论中我们应该对此予以特别的关注"②。2001年4月3日，普京发表了国情咨文，专门谈了土地问题。他说："现在的主要问题是，在那些已有土地市场的地方，不要去阻挠土地市场的发展。把关于调节土地关系的形式和方法的最现代的概念写入法

---

① 俄罗斯海关统计。
② 《普京文集》，中国社会科学出版社2002年版，第257页。

典。还应该承认,现在非农用土地在民间交易中已不受限制。对农用土地的交易调控显然需要专门的联邦法律,大概还应当赋予联邦主体独立决定何时进行农用土地交易的权限。"① 经过激烈争论,2001年9月20日,国家杜马三读通过拖了数年之久的新的俄罗斯联邦土地法典草案。10月10日,《俄罗斯联邦新土地法典》由普京总统签发生效。但这一法典并未解决农用土地私有化与自由买卖问题。为了彻底解决这个问题,2002年6月26日,俄罗斯国家杜马最终通过了《俄罗斯联邦农用土地流通法》。该法于7月9日由俄罗斯联邦委员会批准,并由总统签发,自正式公布之日起6个月后生效。应该说,这项法律的出台,标志着俄罗斯土地私有化有了重大发展,即最后解决了农用土地自由买卖的问题。《俄罗斯联邦农用土地流通法》的颁布与实施,不仅为土地流通提供了法律基础,从经济转型视角来看,其重要意义还表现在以下几个方面:一是农用土地进入流通领域,成为商品经济的一个重要因素;二是允许土地自由流通,改变了从事农业生产的农民与土地的关系,农民真正成为土地的主人,土地份额所有者出租、出售、抵押、交换土地等有了法律保证;三是农用土地自由流通,为土地向大生产者集中和发展规模化经营创造了条件,为俄罗斯农业朝着规模化和效益化方向发展提供了可能。

第二,战略规划体系强力牵引。为推动农业发展,俄罗斯出台了一系列战略规划,主要包括农业发展规划项目,农村地区发展战略与专项规划,农用土地的法律、战略与规划,以及农业科技发展规划等,② 其主要着力点为加大农村基础设施建设投入,促进农村地区稳定发展,创造适宜农业发展的基础环境;加大对农业用地的监控,建立可信的农业用地信息系统,防止土地流失;鼓励农业投资、加大对优先领域的扶持力度;提高农业科技水平,加大农业急需人才培养力度,激发农业创新活力。当前,通过战略规划支持,俄罗斯农业发展无论是在资金投入还是在制度建设上,都取得了一定成效。资金投入方面,目前农业生产者获得的国家支持达30多种,2005—2016年俄罗斯各级预算对农业的支持占GDP的比重为0.4%—0.6%,占农业产值的比重为1.1%—1.5%。③ 制度建设方面,大

---

① 《普京文集》,中国社会科学出版社2002年版,第284页。
② 高际香:《俄罗斯农村地区发展:挑战与应对》,《俄罗斯东欧中亚研究》2018年第3期。
③ 高际香:《俄罗斯农村地区发展:挑战与应对》,《俄罗斯东欧中亚研究》2018年第3期。

型农业生产企业在市场原则基础上重新崛起；农场逐步建立；各类农业行业协会渐次成立；国家参与的农业保险制度得以重建。

第三，作物播种面积扩大与劳动生产率提升。俄罗斯登记在册的农用土地高达 2.2 亿公顷，其中耕地面积约为 1.25 亿公顷，人均耕地面积为 0.84 公顷。农业用地相对丰裕，土地经营成本相对较低，成为俄罗斯农业发展的巨大优势。近年来，俄罗斯通过各项刺激措施不断增加耕地播种面积。2013 年总播种面积为 7806 万公顷，2017 年已达 8020 万公顷，5 年间增加 2.7%。与此同时，俄罗斯农业劳动生产率大幅提升，2005—2016 年增幅达 53%，远高于 29%[①]的社会整体水平。农业劳动生产率的提升促进了产出率的提升，小麦、甜菜、玉米、奶牛产奶、肉牛和羊年产出量均有明显增加。

第四，进口替代政策持续推进。俄罗斯农业进口替代政策始于其保障本国食品安全的计划。2010 年 1 月，俄罗斯批准《食品安全学说》，提出到 2020 年主要食品的自给率需要达到的指标。[②] 2014 年 8 月，普京总统签署《关于采取特定经济措施确保俄联邦安全总统令》，要求未来一年内禁止从对俄罗斯实施制裁措施的国家，包括美国、欧盟国家、加拿大、澳大利亚、挪威、乌克兰、阿尔巴尼亚、捷克、冰岛和列支敦士登公国进口肉类、水果、奶制品及坚果等食品。至此，俄罗斯农业进口替代政策被推至顶峰。此后，由于欧美对俄制裁不断加码，俄罗斯农产品进口禁令也一再顺延。农业进口替代政策特别是农产品进口限制措施，对促进俄罗斯农业发展发挥了一定作用。

第五，出口导向政策助推农业发展。农业快速发展态势下，俄罗斯食品安全问题已基本解决，俄罗斯农业发展战略调整窗口期业已来临。从 2017 年起，俄罗斯农业发展战略侧重点开始由进口替代向出口导向转变，即农业发展从满足国内需求、保障国家粮食安全，向提高国际竞争力、完善农业产业链、积极融入国际分工体系转变。2018 年，普京总统在其第四任期开始的 5 月命令[③]中提出，2024 年俄罗斯农产品出口额要增加到

---

① 根据俄罗斯国家统计局数据计算所得。
② 高际香：《俄罗斯农业发展与战略政策选择》，《俄罗斯东欧中亚研究》2011 年第 4 期。
③ 俄总统新任期开始宣布的施政纲领，之后政府的战略规划等均以此纲领提出的目标来制定。

450亿美元，最重要的举措是以绿色食品开拓国际农产品市场。2017年，俄罗斯颁布法律，禁止境内饲养转基因动物、种植转基因作物、生产或进口转基因食品，力图在国际市场塑造俄罗斯绿色食品形象，增强俄罗斯农产品的出口竞争力。俄罗斯农业部与农业企业将中国、东南亚国家、非洲国家、波斯湾国家和印度确定为重要出口目标市场，与主要出口市场国家进行降低农产品关税和非关税壁垒方面的沟通协调，并且力求完善农产品检验检疫系统，确保符合出口对象国的卫生和检验检疫标准。2020年1月1日起，农业部的《"有机农产品生产者国家注册程序"》和《批准统一使用有机农产品图形标识的方式和程序法》生效。法律规定，俄罗斯有机生产商必须经专门机构进行认证。俄罗斯的目标是在有机产品的全球市场中占10%—25%。

第六，改进农业支持政策。一是支持发展农业保险。针对农业保险覆盖率低的问题，2014年12月第424号联邦法对《有关农业保险领域国家支持联邦法》（260号）进行修订，决定建立联合农业保险制度。作为联合农业保险制度的实施机制，2016年1月1日起，全国农业保险公司联盟（HCA）成立。自联盟成立之日起，只有加入全国农业保险公司联盟的保险公司才有权签订获得国家支持的农业保险合同。全国农业保险公司联盟正在将其已制定的农业保险制度实施方案在一些地区试点推广。二是完善各种补贴政策。目前俄罗斯农业发展国家规划项下的支出主要包括对农村可持续发展的补贴、对农业生产者的直接补贴和优惠贷款、对农业机械制造商的补贴、对俄罗斯铁路公司的粮食运输补贴、农产品出口支持资金和土地复垦支持资金等。为确保农业生产者的盈利能力，政府正在改进国家支持机制和手段：各种补贴并轨，简化补贴申请程序，赋予地方政府补贴当地特色农业的自主权；增加农业优惠贷款，从2017年起，农业优惠贷款利率低于5%；增加对农业生产者的直接补贴，支持资金向农场与个体经营者倾斜；加大农机购置折扣力度，从之前的15%—20%增大至25%—30%。

第七，提升农业科技水平。当前，现代农业生物技术尤其是生物育种技术快速发展，大数据、云计算和物联网技术基础之上的智慧农业异军突起，农业产业格局正在经历重大调整和革命性突破。为适应世界农业发展趋势，提升农业技术水平，2017年，俄罗斯推出《2017—2025年俄联邦农业科技发展规划》（以下简称《发展规划》），旨在降低农业技术对外依赖度，增强农工综合体竞争力。《发展规划》确定的农业科技主要方向：培育种植业和畜牧业的育种能力，减少进口；利用先进技术增加优质饲料及饲料添加剂的生产；发展植物病虫害防治和动物疫病防治技术；生产和引进生物农药和农用化学品生产技术；发展现代农产品加工和储存技术等。

第八，进一步完善农用土地制度。为防止农业用地流失，俄罗斯制定了《2020年前农用土地和用于农业发展的非农用地的国家监控和建立相关土地的国家信息资源构想》和《2014—2020年俄联邦农用地复垦开发规划》，目标是使1000万公顷土地回归农业生产用途。与此同时，俄罗斯还在酝酿通过三项法案。一是简化对农业用地闲置认定程序，一旦确定农业用地所有者3年内不使用土地，俄罗斯农业监督局就可以做事实认定，不必再经过法律程序；二是上调农用土地税率，从国家土地评估登记价格的0.3%提高到10%，迫使闲置土地所有者出售或出租土地；三是简化程序，使无人认领的"土地份额"尽快转归地方自治机构所有。

第九，改善物流配送设施。为最大限度发挥农产品出口潜力，俄罗斯正在加快现代化物流配送基础设施建设，在打通铁路运输瓶颈的同时，增加海港、电梯和仓储码头的数量。目前，俄罗斯粮用港口名义转运能力为5270万吨（2017年实际达到4000万吨），俄罗斯农业部计划到2024年，使港口谷物转运能力达到7770万吨。此外，俄罗斯计划建造6个农产品批发配送中心：2022年年底之前建成3个，2023—2024年再建成3个。与上述计划配套，完善集装箱运输、应用数字技术提高物流服务水平、切实提高转运能力等方案也正在制定当中。

第十，鼓励发展农业消费合作社。农业合作社能够提高农业生产者市场竞争能力和谈判地位、开拓市场、促进销售；实行标准化生产，降低农产品生产成本，保障农产品质量安全，提高农产品品质；使农业生产者享受更广泛更优质的技术服务、市场营销和信息服务。针对目前只有2%的农场加入了农业消费合作社的现状，俄罗斯通过国家资助方式鼓励建立农业消费合作社。2017年以利佩茨州、托马斯克州、秋明州、乌里扬诺夫州、布里亚特共和国、鞑靼斯坦共和国、萨哈共和国（雅库特）、阿尔泰边疆区、彼尔姆州、哈巴罗夫斯克边疆区10个地区作为试点，推广建立农业消费合作社，其中在利佩茨州、秋明州和萨哈共和国（雅库特）推进效果较好。

第三节　中俄农业合作现状与前景

近年来，农业在俄罗斯经济中的地位凸显，被称为俄罗斯"经济的未来"、俄罗斯的"新石油"，而中国随着中产阶级的壮大，对高品质农产品的需求逐年扩大，为中俄强化农业领域的合作提供了重大历史机遇。

一　中俄农业合作现状

中俄在农业各领域的合作正在不断加强，农产品贸易、农业投资合作、农业科技合作均在积极推进。

农产品贸易。农产品贸易已经成为中俄贸易新的增长点。随着俄罗斯向中国农产品出口规模大幅增长，到2016年俄罗斯农产品10年来第一次实现对华贸易顺差。目前，中国也已经成为俄罗斯食品的最大进口国。2020年，俄罗斯出口农产品7900万吨（价值307亿美元），向中国出口480万吨（价值40.2亿美元），占俄出口农产品总收入的13%，在俄向157个国家出口的农产品中，中国所占份额再次排名第一。俄方统计显示，2020年1—10月，俄罗斯对中国的农产品出口同比增长24%，食品出口实物量超过370万吨，价值超过32亿美元。其中，食用油和肉类行业产品出口大幅增长。葵花籽油出口同比增长1.2倍，达到4.47亿美元；豆油出口额增长了0.8倍，达2.13亿美元；菜籽油则增长30%，为1.79亿美元。中国在俄罗斯禽肉出口中占比达65%，金额为2.26亿美元，是2019年同期的2.8倍。此外，大豆、油菜籽、亚麻籽、蜂蜜、糖果和冰激凌出口也大幅增加。2022年，中俄农产品贸易额同比增长41.8%，达70.34亿美元。2023年随着中国市场对俄罗斯农产品的逐步开放，农产品出口在对华出口中仅次于能源，居第二位。

农业投资合作。远东和西伯利亚地区是中俄农业合作开发的重点区域，中国对俄罗斯农业投资正在从种植业、养殖业向农产品生产、加工、物流和农业园区建设等深度合作迈进。中国对俄农业投资合作的主体是东北地区黑、吉、辽三省的农业企业。其中黑龙江省在对俄农业合作中占据举足轻重的地位，全省在俄农业企业187家，在俄建设农业型合作园区7家，累计获得境外农业耕地面积1400多万亩，2019年种植面积达990多万亩。① 满洲里地区对俄罗斯远东地区的农业开发合作始于苏联解体前的1988 年。绥芬河市积极培育中俄农业合作龙头企业，一系列外向型农业领军企业稳步发展，推进跨境农业合作基地加速形成。绥芬河市目前正在探索在俄罗斯远东地区发展绿色农业，收获后产品运回国内深加工的多元化、全产业链的现代农业之路。中国凭借农业技术、农业人力资源、区位优势，在滨海边疆区、阿穆尔州等地建立了大量的绿色果蔬种植基地、有机作物农场、农业合作基地。其中，中俄（滨海边疆区）现代农业产业合作区于 2004 年投资建设。经过十余年发展，已成为集种植、养殖、加工于一体的大型农业合作项目。近年来，农业综合示范基地建设项目取得进展。2019 年 6 月，中鼎牧业与俄系统集团签订投资合作协议，合作建设中俄农牧业产业示范园；东金集团已在远东承租土地 180 万亩，并与俄罗斯远东投资和贸易发展局、俄罗斯地方农业基金签订合作协议，在哈巴罗夫斯克建设粮食专业港口，其目标是构筑中俄跨境农业产业链，在俄远东地区打造现代化大型跨境农业产业示范区，在国内建立初、深加工生产基地。中俄在大豆领域的相关合作积极推进。2020 年 8 月召开的第二次中俄大豆工作组会议，农业部门围绕大豆品种登记、技术合作、检疫通关、农业试验示范区建设等具体问题进行磋商，达成多项共识；双方积极开展大豆省州结对子工作，初步确定黑龙江—广东—滨海边疆区、黑龙江—犹太自治州、黑龙江—阿穆尔州、山东—犹太自治州四对大豆重点省州开展结对子合作，促进业界对接和全产业链合作；中国 9 个大豆品种已经出口俄罗斯并在远东试种，迈出了中国良种在俄商业种植推广的第一步；针对当前对俄合作企业大多资金有限、融资不易、农业投资项目保险难的问题，金融机构正在通过设立对俄农业合作专项基金、融资担保公司等，探索专门解决方案；通过支持企业建设境外仓储物流渠道，促进农产品回运渠道畅通，提升农产品进口的便利化水平。② 中俄农业物流合作从远东和西伯利亚地区向南方联邦区拓展，中粮集团在 2018 年 9 月宣布计划投资 26 亿元人民币购买俄罗斯新罗西斯克码头，用于粮食运输。

---

① 《中俄大豆纵深合作前景可期》，2020 年 10 月 22 日，新浪财经网，https：//finance.sina.com.cn/money/future/rou/2020 – 10 – 22/doc-iiznezxr7436514.shtml。

② 《中俄大豆纵深合作前景可期》，2020 年 10 月 22 日，新浪财经网，https：//finance.sina.com.cn/money/future/rou/2020 – 10 – 22/doc-iiznezxr7436514.shtml。

农业科技合作。俄罗斯农业科学研究历史悠久，科研基础好，可供研究样本齐全。中国在培育粮食新品种方面处于世界领先水平，以杂交技术著称，而且在施肥、灌溉技术、病虫害防治、动物疫苗和农业机械等方面均处于技术领先地位。得益于中俄两国在农业科技领域的优势互补，双方的农业科技合作也不断向前推进。如吉林省以白城市农业科学院为合作平台，与俄罗斯多家农业科研机构在燕麦、冬黑麦、荞麦、马铃薯、豌豆等作物良种选育、栽培和加工技术等领域开展合作。为进一步加强谷类和牧草作物病虫害防治、种植栽培和加工技术合作研究，取得了良好合作成果。探索联合建立国际合作平台，推进两国特色农作物新品种选育、高效栽培技术集成、生态修复治理、特色农产品加工利用等关键领域的技术联合突破与创新取得积极进展，2019年在白城市农业科学院建立了"中俄特色农业国际联合实验室"。实验室致力于进一步推动两国特色农业协同发展。辽宁省农业科学院与俄罗斯克拉斯诺达尔农业研究所开展玉米联合育种合作研究，选育适合中俄两国不同区域种植的玉米新品种。西北地区也在积极探索与俄罗斯的农业科技合作，2017年10月，西北农林科技大学主办、中俄农业科技发展政策研究中心承办的"'一带一路'背景下中俄农业科技国际合作机遇与挑战研讨会"在杨凌举行。俄罗斯莫斯科国立大学、季米里亚捷夫国立农业大学、斯塔夫罗波尔国立农业大学、鄂木斯克国立农业大学等高校学者云集，共同探讨"一带一路"背景下中俄农业科技合作面临的机遇与挑战、中俄现代农业发展等议题。

二 中俄双方对农业合作的整体布局

农业全方位务实合作。2017年7月4日，在中国国家主席习近平和俄罗斯总统普京的共同见证下，中国农业部部长韩长赋与俄罗斯联邦农业部部长特卡切夫在莫斯科正式签署《中华人民共和国农业部和俄罗斯联邦农业部关于进一步加强农业合作的谅解备忘录》。根据该谅解备忘录，双方将深化在农业科技、农业投资贸易、动物卫生和植物疫病防控等领域的全方位务实合作。①

强化中国东北地区和俄罗斯远东及贝加尔地区的农业合作。2018年

---

① 《中俄元首共同见证签署两国农业合作文件》，2017年7月7日，中国农业农村部网站，http://www.moa.gov.cn/xw/zwdt/201707/t20170707_5741539.htm。

年底，中俄共同编制完成《中国东北地区和俄罗斯远东及贝加尔地区农业发展规划》。这是指导两国边境地区开展农业合作的系统文件。该规划提出，双方将共同建设一系列粮食、油料加工、畜牧和渔业综合体。两国将共同促进大豆、水稻生产，发展蔬菜种植、畜牧养殖以及养猪和养鸡业，共同建设牲畜和渔业养殖场，以及共同生产高附加值产品。此外，双方还将共同发展农产品物流设施，采用农业创新技术和科研成果。

推进大豆全产业链合作。2019年6月，中国商务部、农业农村部与俄罗斯经济发展部、农业部共同签署了《关于深化中俄大豆合作的发展规划》，就大豆贸易、深化种植、加工、物流、销售、科研等全产业链合作达成重要共识，并提出力争到2024年中国自俄罗斯进口大豆达到370万吨的目标。该规划为中俄双边务实合作注入了新动力，也将对优化两国贸易结构产生深远影响。俄罗斯大豆具有绿色种植、非转基因、高品质等特点，符合国内市场消费需求。但是，长期以来，粮食回运主要靠陆路，运输成本高，且运力不足。随着中俄政府层面的推动，贸易回运逐步便利，制度性障碍逐渐破除。

三　中俄农业合作展望

合作机遇。目前来看，中俄农业合作至少存在两大利好。其一，俄方对中俄农业合作寄予厚望。俄罗斯更多把中俄农产品贸易归功于两国为消除现有贸易壁垒所做的努力，特别是中国的农产品市场开放。俄方对继续增加对华农业出口寄予厚望，根据俄联邦农业部的预测，到2024年俄罗斯对中国的农产品出口将达到77亿美元。俄罗斯联邦"农产品出口"中心负责人德米特里·克拉斯诺夫预测："中国是俄罗斯农产品出口最有希望和增长最快的市场之一，到2030年，对中国农产品出口增加一倍具有现实可能性。"[1] 俄罗斯农业部农产品出口发展中心测算，俄罗斯向中国的油脂、肉类和海鲜产品出口进一步增加的潜力巨大，乳制品、糖、糖果、粮食和豆类也是有前途的品类。2019年东方经济论坛期间，俄罗斯经济发展部部长奥列什金表示，俄方的大豆出口潜力可达1000万—2000万吨。俄罗斯联邦农业部希望到2024年将对中国的大豆出口增加到200

---

[1] Агроэкспорт 2020 – 2021：итоги года и прогнозы от ведущих экспертов отрасли, https：//aemcx. ru/2020/12/18/.

万吨。目前，俄罗斯正在研究增加向中国出口禽肉和糖果的方案。联邦"农产品出口中心"与家禽养殖行业的主要企业、领先的制造业企业和出口企业共同制定了《俄罗斯家禽产品（鸡肉）出口中国构想》。该构想分析指出，中国的禽肉需求市场是世界上最大的市场，也是发展俄罗斯禽肉产品出口最有前途的市场之一。该构想的主要目标是增加俄罗斯鸡肉在中国市场的占有率并提高其竞争力。一方面，旨在为禽肉生产商和出口商以及监管机构提供指向性指导；另一方面，树立可靠的供应商形象，为各种销售渠道提供高质量和高水平的产品。该构想的主要内容：全面的市场分析和发展预测；进入市场的限制和障碍；竞争环境分析；消费者对产品认证的偏好和建议；现有销售渠道分析；俄罗斯产品的最佳定位；沟通策略；市场推广工具；出口促进计划、相关建议等。另外，2020 年年底，联邦"农产品出口"中心召开 200 多人参加的线上会议，探讨增加对中国出口糖果的议题。2020 年，中国进口俄罗斯约 1.7 亿美元的糖果，同比增加 20%，为此引起了生产商和出口商的极大兴趣。俄罗斯作为世界上最大的小麦出口国，一直有对中国恢复小麦出口的意愿。1976 年，因两国发生严重政治分歧，中国禁止进口俄产小麦。恢复小麦贸易的谈判于 2006 年开始，到 2015 年年底双方签署了相关议定书。双方商定了俄罗斯向中国出口小麦的区域清单，包括阿尔泰边疆区、克拉斯诺亚尔斯克边疆区、车里雅宾斯克州、阿穆尔州、新西伯利亚州、鄂木斯克州、库尔干州，目前俄方希望区域清单中能增加克麦罗沃州、伊尔库茨克州和外贝加尔边疆区。此外，俄方还希望中方对其开放猪肉市场。2023 年"一带一路"国际合作高峰论坛期间，中俄签订了两国历史上最大的一笔粮食供应合同，未来 12 年俄罗斯将向中国出口 7000 万吨的谷物、豆类、油籽等粮食产品，总价值高达约 260 亿美元。

其二，运费补贴新规有助于俄方对中国的农产品出口。2019 年，俄罗斯农产品运输费补贴新规出炉，具体规定如下：第一，不再实行地域限制，如果说 2017 年获得农产品运费补贴的地区有 62 个，2019 年则实行全境补贴；第二，品类增加，扩展至活体动物、动物产品、牛皮、含酒精产品、远东联邦区外运的粮食（小麦、大麦、玉米），提高对易腐货物的运费补贴额度；第三，运输方式拓展，之前只对铁路运输费进行补贴，现在铁路、公路、水路都可享受运输补贴；第四，补贴金额最高为实际发生费用的 50%，且不得超过农产品和食品价格的 30%。2020—2022 年，补贴总资金约为 100 亿卢布，其中 2020 年为 23.32 亿卢布，2021 年为 33.38 亿卢布，2022 年为 40 亿卢布。其中特别规定，2020 年 2 月 1 日至 2020 年 8 月 31 日将补贴俄罗斯东部地区 210 万吨粮食的运费。具体分配如下：阿尔泰边疆区配额为 51.49 万吨，克拉斯诺亚尔斯克边疆区为 26.68 万吨，克麦罗沃州为 10.39 万吨，库尔干州为 19.54 万吨，新西伯利亚地区为 28.99 万吨，鄂木斯克州为 46.3 万吨，奥伦堡州为 7.48 万吨，秋明州为 18.53 万吨。此外，降低新设的铁路集装箱列车运费。2019 年，俄罗斯设立了两个出口通道：一是塞利亚蒂诺—成都，二是沃里诺—成都。俄罗斯铁路公司对集装箱列车的出口运费给予了 50% 的折扣。沃西诺最终正在成为农产品集装箱出口的主要发运地，运输和物流园区可容纳约 300 辆货车和 1000 个集装箱的同时存储。

合作阻碍因素。目前中俄双方还存在有待推动解决当前中方技术和管理人员"过境难"，两国种子、农药登记注册无法互认，中资企业难以享受俄罗斯农业补贴，口岸仓储物流设施不完善，出境货物通关效率不高，中国政府农业专项扶持资金少，境外农业指导性文件不够具体，信息平台建设不够完善，企业规模较小、融资难、技术落后、人员素质不高，境外务工人员得不到有效保障，农业生产长期规划性不强，生产可持续性及综合利用程度低等现实问题。此外，俄罗斯方面时常以中国在俄经营农业企业破坏当地生态环境为由，对中方企业进行严厉处罚，特别是远东地区，这对中国农业企业形象造成了极大的影响。诚然，其中不乏地缘政治、执法随意性等原因，但中俄对生态环境保护、食品安全、农业生产方式的不同理解是重要的原因之一。为此，需要切实消除这一严重影响中俄农业合作的障碍因素。一方面，在俄从事农业的中国企业需要了解并遵守俄罗斯有关农业生产和环境保护的相关法律法规；另一方面，双方合力加大对农产品质量的管理力度，规制企业生产的产品达到质量检测标准。

进一步推进中俄农业合作的路径选择。俄方目前对中俄农业合作的主要关注点在中俄农产品贸易方面，希望中国向其进一步开放农产品市场，而中国坚持 18 亿亩土地红线，不会放开主粮市场。中方较为关注对俄罗斯的农业开发，特别是对具有大量尚待开发的农业土地资源且与中国毗邻的远东和西伯利亚地区，但对生产出的粮食运回国内销售设限。在上述约束条件下，中俄进一步深化农业合作，推动农业合作持续稳定发展，可以探索的路径如下。

第一，加强中俄两国在良种选育方面的合作。当前，俄罗斯每年需要1000万—1400万吨种子。根据农业监察署的数据，目前在俄罗斯约有30%的种子来历不明。为加强种子监管，俄罗斯政府已向国家杜马提交了新版的育种法。该法将规范种子流通，并设置了产品质量要求，旨在为发展有效的种子市场创造条件，提高种子质量并消除过多的行政障碍。法律规定将采取措施打击转基因种子流向俄罗斯，将建立对外国实验室进行种子测试的审核程序。农业部和农业监察署将与欧亚经济委员会合作，在欧亚经济联盟中建立转基因种子进口和流通的程序，并监控转基因种子在欧亚经济联盟中的流通。将用基因认证方法区分转基因农作物和转基因种子，对转基因种子的生产、流通、运输、储存、使用制定强制性要求。俄罗斯政府将批准首份农作物清单，清单中的农作物品种将进行国家注册登记。未来还将建立联邦国家种子信息系统，系统将包含有关种子生产者、培育地点、实际生产和销售量、质量指标、是否转基因种子、国家注册中包括的植物的品种、种子进出口等信息。法律还规定设立联邦森林种子基金，建立和维护用于再造林和造林的种子库存，用于在自然灾害或其他紧急情况下，以及在没有种子或种子生产受到限制的地区使用。中国在育种方面具有较强的技术优势，俄罗斯有阵容强大的科研队伍，选种和培育优良品种的系统完备，尤其在粮食新品种培育、种子处理及生物表面活化技术等方面均较先进，未来有较大的合作空间。

第二，加强有机食品、水产品领域的合作。发展有机农业是俄罗斯立足世界农业市场的招牌。大量的未使用耕地以及丰富的水资源是发展有机农业的良好条件。有机食品生产对生物技术要求较高，且研究周期长、需要投入大量资金、抗风险能力较差，但利润率较高。俄罗斯有机食品的市场需求潜力巨大，中国有机食品生产已经无法满足日益增长的中产阶级的消费需求。中俄在有机食品生产领域具有较大的合作空间，可以在有机食品生产和贸易方面加强交流与合作，满足中俄两国巨大的有机食品消费需求。另外，随着食品消费理念的变化，中国对水产品的需求日益增长。俄罗斯远东地区水产品丰富，已经成为中国海产品第一大供应国。未来加强在水产品领域合作，在水产养殖、贸易和水生环境保护等方面加强合作，对原材料和初级产品进行深加工，提升水产品增加值，实现互利共赢。

第三，加强畜牧业合作。俄罗斯草原草场面积辽阔，饲料资源丰富，适宜发展畜牧业。近年来，俄罗斯牛肉价格居高不下，肉牛、奶牛养殖业具有较大的发展空间。养猪业在各种政策利好的推动下，获得较快发展。俄罗斯的畜牧生产技术和管理技术等较为先进，而中国畜牧产业在集中饲养、屠宰、冷冻、冷藏和运输等方面具有独到之处，并且中国市场对肉类产品的需求旺盛。中俄两国在远东增加畜牧养殖投资，加强动植物疫病防控、生物农药研发等领域的交流与合作，增强畜牧产品的抗病虫害能力，提升畜牧产品质量，深加工增加畜牧产品增加值，增加畜牧产品贸易等方面具有较为广阔的合作空间。

第四，合作模式创新。一是强化政府的作用。农业关乎国家的粮食安全，政府管控与引导在其中发挥巨大作用。一方面，中俄双方须为两国合作确定路线图，明确农业合作的重点发展方向，建立统一协调组织，使国家到地方统一行动，全面落实中俄两国的合作政策及农产品贸易政策，为中俄两国合作争议提供解决途径。另一方面，采取相应支持措施，发挥国有大型企业在合作中的主体作用，弥补中小企业主体在投资、生产、融资等方面的不足。二是农业合作中数字化解决方案的应用。在农业生产领域，俄罗斯农业区土地平坦、肥沃、地块规模大、视野开阔，适宜数字农业的推广。目前在中国企业投资的部分远东农场，拖拉机配载 GPS 全球定位系统，可以在司机三班倒的情况下进行 24 小时连续作业，南方联邦区 5% 的农业企业已经在应用数字化解决方案。推动农业数字化是俄罗斯农业部的工作重点，未来中俄应在农业生产数字化方面积极探索。在销售领域，中俄农业合作可以借助"互联网+"平台，为农产品拓展销售渠道。可以利用中国的阿里巴巴、云农场、美菜网、俺有田等互联网企业搭建农产品交易平台，也可以利用俄罗斯的互联网销售平台。三是融资渠道多元化探索。目前中国对俄农业投资企业多数为私企，因实力不足，难以获得商业银行的贷款，而国家政策性银行贷款的高门槛又使这些私人农业企业望而却步，甚至造成已签订的农用土地租赁合同因资金不足难以履约的情况。中俄两国可以磋商共同出资设立"中俄农业合作扶持基金"，为中俄两国企业在俄罗斯开展农业合作提供融资支持。四是培育合作主体。设立信息平台，为农业企业提供俄罗斯农业发展状况与前景，农地承包信息，对俄农业合作优惠政策、质量规范、标准规范、环保规范、法律规范、农业招商项目等信息，为中国企业对俄农业领域的投资提供信息支持，引导企业建立适应俄罗斯本土化的农业合作模式，树立质量安全意识，打造高质量农产品品牌。设立在俄经营农业企业之间互助合作的平台。按农业经营所属的地域组建企业协会或农业专业合作社，以此为平台，促进境外企业抱团合作，并强化行业自律。

第十二章 中俄金融领域的合作

进入21世纪，随着中俄战略协作伙伴关系的不断深化和"一带一路"倡议的稳步推进，两国经贸合作水平日益提高，双方金融合作取得突破性进展。在全球经济困境未解、国际货币体系多元化发展的大背景下，中俄金融合作潜力巨大、前景广阔。金融合作在中俄经贸合作进程中将具有重要的作用。今后双方将进一步加强金融合作机制建设，挖掘潜力，助推两国经贸合作迈上新台阶。为了更好地把握中俄两国金融合作的发展进程与前景，本章用了较大的篇幅论述了俄罗斯银行体制的特点、货币政策、外汇管理体制与汇率等问题。

第一节 当代俄罗斯银行体制的确立及运行

20世纪90年代中期，俄罗斯以当代西方金融制度为目标模式，实现了中央银行职能转换，完成了从单一银行体制向两级银行体制的转变，形成了以中央银行为领导、商业银行为主体，多种金融机构并存和分工协作的金融体系，制定并逐步完善金融活动的法律法规和服务，各种信用工具和非银行金融得以快速发展。目前，俄罗斯已完成了本币自由兑换、利率市场化和卢布汇率自由浮动三大任务。在经济资源有限和外部环境恶化的条件下，维护了金融体制和宏观金融的安全和基本稳定。

一 中央银行独立性的确立

俄罗斯经济转轨初期提出的金融市场化任务主要有三项：银行商业化、利率市场化和货币的自由兑换。围绕金融市场化的三大任务，俄罗斯首先对苏联时期的单一银行体制进行改革。改革后的中央银行摆脱了传统体制下既从事金融管理又从事信贷业务的模式，中止了同各经济主体之间的经济联系，传统体制下由中央银行承担的许多活动改由商业银行和地方银行承担。中央银行的主要任务转向宏观调控和监管金融体系安全，不再从事具体的信贷和结算业务。

为使中央银行能更有效地管理金融，俄罗斯通过专门立法确定和保证中央银行的独立地位。在经济转轨初期，俄中央银行与政府之间的矛盾造成了宏观经济政策的严重不协调。1993年，俄罗斯议会通过宪法，原则上规定了中央银行执行其保证货币稳定性职能的独立地位。宪法规定，中央银行在发行卢布方面拥有垄断权，其主要职能是保障卢布的稳定，并且在履行职能时独立于国家权力的其他机构。但宪法同时又规定，政府要保证实行统一的财政、信贷和货币政策。这样政府仍然是宏观经济政策的制定者，中央银行仍然是政府政策的执行者，财政赤字的弥补仍然靠中央银行贷款。在实践中，一方面银行必须运用货币政策极力控制恶性通货膨胀的发展；另一方面银行又被要求向无效率的企业发放定向贷款，致使货币政策无法奏效。

1995年，俄罗斯通过新的中央银行法，将宪法提出的问题进一步作出明确的界定，规定中央银行的基本职能包括以下三项：第一，保障卢布的稳定性，包括卢布的购买力和对外国通货的汇率；第二，发展和巩固银行体系；第三，保证支付体系有效地不间断运行。该法规定中央银行应向国家杜马负责，央行行长每年至少向杜马汇报两次工作，包括前一年的工作总结和后一年的货币信贷政策。规定央行与政府联合制定和履行货币信贷政策，要求银行与政府必须在具有全国性意义的行动计划方面互通信息，协调彼此的政策并实施调控的咨询。在国际货币基金组织的严格制约下，俄罗斯中央银行的职能转变开始逐步规范化。

二 重组后的商业银行体系

俄罗斯商业银行的创立和发展同样走过了一条曲折道路。1991—1992年是俄罗斯商业银行快速发展的高峰期。在不到两年的时间里，商业银行数量从不到200家急剧扩张到1600家。到1994年，全俄共注册了2200家商业银行。这些银行中一部分是由外贸公司或国有企业转型而来，有些是在国有专业银行分行的基础上建立。在所有改建和新建的银行中，中小银行约占90％。由于银行业在转轨过程中的超常和扭曲发展，最初所预期的健康、经营良好的银行体系并没有真正建立起来，大多数银行的总资产、资产负债比例、资本充足比率、外汇储备、贷款结构等重要指标都不达标。在20世纪末的金融危机中，俄商业银行体系遭受致命打击，俄政府最终宣布卢布大幅贬值，技术违约，对外无法偿还国债。

俄罗斯现行商业银行体系实际上是在20世纪末的金融危机的废墟上重新建立起来的。危机后俄罗斯银行业进行了两年多的重组过程，通过重新注资、破产清盘、兼并联合、退出转业等措施，问题银行的数量大大减少。到2001年，俄罗斯银行业状况终于出现积极改善。为适应新的形势，俄罗斯商业银行管理体制进行了进一步改革。

第一，加强对银行体系的风险监管。20世纪末的金融危机之后，在国际货币基金组织和世界银行的建议下，俄罗斯央行开始采用美国的骆驼信用评级指标体系①，通过对资本充足性、信用风险、银行盈利性、流动性和市场风险的监测来考察银行体系的稳定性和风险水平。

第二，建立存款保险制度。为增强存款人对银行的信心，保证银行资产的正常来源和扩大，2003年12月3日，俄政府通过了酝酿已久的《自然人银行储蓄保险法》。该法案规定，在2003年7月以前，业者可自行决定是否加入该机制，但在资本充足率以及内部控制制度等方面，需要符合主管机关的相关规定；自2004年起，将采取强迫加入制；自2005年起，未加入者一律不得承办存款业务。

第三，建立信贷组织破产预警制度。2004年，在中央银行参与下，俄罗斯国家杜马通过《联邦信贷组织破产法修改和补充草案》，建议引入信贷组织破产的补充特征——资本充足率下降到2%以下；追究导致信贷组织破产的创立者和领导者的责任，制定更严格的专人负责制。草案还规定了对信贷组织破产法第4条的补充条例，对自有资本下降到低于法定资本的信贷组织采取破产预警措施。

第四，放宽外资投资限制，鼓励外资金融机构在俄扩展业务。2002

---

① "骆驼"评级体系是美国金融管理当局对商业银行及其他金融机构的业务经营、信用状况等进行的一整套规范化、制度化和指标化的综合等级评定制度。因其五项考核指标，即资本充足性（Capital Adequacy）、资产质量（Asset Quality）、管理水平（Management）、盈利水平（Earnings）和流动性（Liquidity），其英文第一个字母组合在一起为"CAMEL"，正好与"骆驼"的英文名字相同而得名。"骆驼"评级方法，因其有效性，已被世界上大多数国家采用。当前国际上对商业银行评级，考察的主要内容包括资本充足率及变化趋势、资产质量、存款结构及偿付保证、盈利状况、人力资源情况五个方面，基本上未跳出美国"骆驼"评级的框架。

年9月末，俄政府和央行出台了一系列吸引外国银行投资的举措，除了完善对投资者的法律保护制度和优惠的税收条件，还计划将外资在俄银行法定资本中所占比例的最高限额从目前的12%提高到25%、扩大银行业的透明度。上述措施的出台，不仅会加大外国银行对俄银行体系的投资力度，还会为俄银行带来先进的管理方式。

第五，打破国有商业银行的垄断地位。推进银行体系的私有化，减少或者撤出国家对银行资本的参与以打破国有商业银行的垄断地位，引进国际会计准则以增加财报透明度，改组俄外经和外贸银行，加大打击洗钱力度等。

2000年以来，俄罗斯银行业呈现快速发展态势。从各项考察指标来看，银行业总资产和总资本不断增长，银行稳定性和透明度不断提高，银行业对居民和实体经济的服务水平逐步提高。与此同时，银行业还存在许多问题，仍然是俄罗斯经济的短板。俄罗斯银行业存在的主要问题是中小银行数量多，银行资产和资本实力小。银行业区域分布不平衡，一半以上集中在莫斯科。短期和超短期资金配置占主导地位，银行体系对实体经济的支持作用不高。银行资本相对集中，国有商业银行在市场上仍保持垄断地位。商业银行资产负债结构不合理，资金转化能力不足。长期融资工具缺乏，导致长期融资能力受限等，由此造成银行抵御风险能力差、投资结构以短期贷款为主、风险资产在总资产中占比偏高、银行业竞争不足、银行对外国融资依赖较高等。

之后，俄罗斯又经历了2004年的信用危机、2008年的国际金融危机、2014年开始的西方金融制裁以及2020年由新冠疫情引发的全球公共危机，银行体系发生重大变化，商业银行数量大幅减少，银行业集中度持续提高，截至2021年1月1日，已从最初期的2000多家减至405家（见表12-1）。

表12-1　　2001—2021年俄罗斯商业银行数量变化情况　　（单位：家，%）

	银行数量	在莫斯科的银行数量	莫斯科银行占比
2001年1月1日	1311	578	44.09
2002年1月1日	1319	620	47.01

续表

	银行数量	在莫斯科的银行数量	莫斯科银行占比
2003年1月1日	1329	645	48.53
2004年1月1日	1329	661	49.74
2005年1月1日	1299	656	50.50
2006年1月1日	1253	631	50.36
2007年1月1日	1189	593	49.87
2008年1月1日	1136	555	48.86
2009年1月1日	1108	543	49.01
2010年1月1日	1058	522	49.34
2011年1月1日	1012	514	50.79
2012年1月1日	978	502	51.33
2013年1月1日	956	494	51.67
2014年1月1日	923	489	52.98
2015年1月1日	834	450	53.96
2016年1月1日	733	383	52.25
2017年1月1日	623	314	50.40
2018年1月1日	561	277	49.38
2019年1月1日	484	239	49.38
2020年1月1日	442	227	51.36
2021年1月1日	405	245	60.49

资料来源：Количество банков в России по годам, http://fincan.ru/articles/53_kolichestvo-bankov-v-rossii-po-godam/。

第二节 中央银行货币政策的演化

一 调控方式和货币政策工具的调整

随着两级银行体制的建立，中央银行的地位和职能发生了根本性的变化，中央银行从过去作为中央财政的出纳变为宏观经济调控的主体，其调控手段和政策工具也发生相应变化。为实现抑制通胀和稳定卢布的两大宏观经济目标，俄罗斯中央银行引进了西方市场经济国家银行业通用的三大货币政策工具——法定存款准备金制度、公开市场业务和再贴现率为主的金融手段。

法定存款准备金制度（Нормативы обязательных резервов）——1992年4月1日，俄罗斯中央银行建立了法定存款准备金制度，规定商业银行吸收的存款和发放的定期债券要按一定比例存入中央银行，央行对存款准备金不付利息。准备金存入比例由中央银行核定，中央银行有权随时调整比例，目的是增强中央银行的资金能力和其在各商业银行之间调剂信贷资金的能力，其实质是中央银行通过存款准备金制度调节信贷资金的分配数量和方向，对专业银行进行控制。1998年之前，俄央行根据商业银行吸收资金的期限实行差别法定存款准备金率，对期限不超过30天的银行资金实行最高法定存款准备金率。自1998年2月起，俄央行首次规定实行统一的存款准备金率，当时的卢布和外币存款准备金率统一为11%。2019年起，二者分别为4.75%和8%。①

公开市场业务（Операции на открытом рынке）——俄罗斯央行进行公开市场操作的主要方式有发行中央银行债券、买卖联邦政府债券、回购操作、货币掉期等。在公开市场业务领域，自1992年8月起，俄罗斯中央银行作为有价证券买卖的经纪人和市场检查人，首次在金融市场上进行国债交易。这标志着中央银行在公开市场业务方面的起步，中央银行开始在二级市场上通过买卖有价证券调节金融。

再贴现率（Переучетная ставка）——再贴现率是俄罗斯央行使用最多的政策工具。在实践中，俄罗斯逐渐形成了以中央银行再融资率（后改为关键利率）为基础的"利率走廊"，通过调整再融资利率影响对商业银行和金融机构的信贷规模。当需要紧缩信贷时，提高再融资利率，使商业银行和金融机构减少向中央银行借款。商业银行提高贷款利率后，迫使企业少借款，使信贷规模得以控制压缩；反之，当需要放松信贷、扩大信贷规模时，中央银行则降低再贴现率。借此管理金融风险。

再融资利率和关键利率均为再贴现的基准利率，俄罗斯自1992年1月1日起开始实行再融资利率，2013年9月13日开始实行关键利率，二

---

① Обязательные резервные требования（нормативы обязательных резервов, коэффициент усреднения обязательных резервов），https：//cbr.ru/oper_br/o_dkp/reserve_requirements/reserv_pr2/.

者的区别如下。

再融资利率（Ставка рефинансирования）：1992年1月1日，俄罗斯引入再融资利率作为中央银行向信贷机构提供的卢布价值的调节器和评估本国货币价值的基础，再融资利率每年确定一次，并在全年内有效。目前，再融资利率已不再履行融资利率功能，其使用范围仅限于税收和会计领域。在俄《税法典》中仍保留该概念，在关键利率取代再贷款利率后，在以下纳税实践中仍在使用：罚金和缴纳罚款核算；确定税基；计算利息额；退还税款决定等。①

关键利率和"利率走廊"（Ключевая ставка и Процентный коридор）：2013年9月13日，俄央行开始实行关键利率，宣布将公开市场7天流动性供给与吸收利率为关键利率，并将其上下浮动100个基点范围定义为"利率走廊"。俄央行将包括隔夜贷款、非市场化资产抵押和担保贷款以及1天期常备借贷便利利率作为"利率走廊"的上限，政策工具种类包括隔夜贷款、回购、伦巴第贷款、外汇掉期、非市场化资产抵押贷款、黄金抵押贷款等。把存款常备便利的隔夜利率作为"利率走廊"的下限，并且"利率走廊"会随着关键利率的调整而作相应调整。目前关键利率是俄罗斯央行向商业银行提供贷款的最低利率，适用于发放一周内和以非市场资产为担保的三个月内的短期贷款，也适用于吸引商业银行的货币资金。俄央行一年内共召开8次议息会（每一个半月一次），在财政部和其他部委代表的参与下，在分析形势和金融活动的基础上确定关键利率水平，其主要任务是使通胀率接近中央银行确定的目标值（2020年中期为4%）。除进行货币信贷调节外，关键利率还有以下重要功能：确定再融资利率水平；作为确定债券和银行存款收益的基准，关键利率越高，债券和存款收益越高；反映外资流入的情况；国家货币信贷政策的指示器；影响股票价格等。利率上涨时，股票需求会下降；利率下降时，股票需求会上涨。②

---

① В чем разница между ключевой ставкой и ставкой ефинансирования, https://kapital.expert/banks/loans/raznitsa-mezhdu-klyuchevoy-stavkoy-i-stavkoy-refinansirovaniya.html.

② Ключевая ставка: значение и отличие от ставки рефинансированияАнализируем их роль и особенности, https://journal.open-broker.ru/economy/klyuchevaya-stavka-znachenie-i-otlichie-ot-stavki-refinansirovaniya/.

总体来看，在抑制通胀方面，关键利率和"利率走廊"的实行发挥了重要作用。市场可以通过观察关键利率的变动，更好地理解与预测央行货币操作的目标，对经济形势的变化尽快作出反应，抑制通胀率。

二 货币政策演化

苏联解体以来相当长一段时期内，俄罗斯宏观经济的主要问题是财政赤字、通货膨胀和汇率投机，俄央行选择了同时稳定汇率和物价的双目标货币政策框架，但在不同时期政策重点有所不同。20世纪90年代至今，俄罗斯经历多次金融危机。2014年年底，在西方制裁和外部经济环境恶化的背景下，货币政策框架最终完成了向通胀目标制的转型。截至2021年年底，俄央行货币政策的演化可分为五个阶段。

（一）1991—1994年：严厉紧缩政策阶段

苏联解体后，俄罗斯实行休克疗法式激进转型，价格自由化导致物价急剧上涨，原卢布区12国通过无控制发行货币并使其流入俄罗斯，激起恶性通货膨胀浪潮，1992—1994年通胀率分别高达2500%、1000%和300%。当时俄央行面临三大紧迫任务——为国家预算巨额赤字提供贷款、解决高通胀下的现金短缺以及将俄罗斯货币体系从卢布区分离出来。为抑制通胀和确保卢布汇率稳定，俄央行实行了严厉的紧缩性货币政策，18次调整再融资利率，再融资利率从1991年的20%提高到1992年的50%、1993年的210%，后逐步下调至1994年的180%。[1] 由于这一时期俄罗斯央行一直遵循被动的货币管理立场，新建立的存款准备金制度基本无效。

（二）1995—1998年8月：从适度紧缩到适度宽松调整阶段

这一时期，俄央行货币政策目标以稳定汇率为主。通过央行发行大量货币弥补预算赤字是高通胀的重要原因，1995年颁布的《俄罗斯中央银行法》明确规定，央行不再为弥补联邦财政赤字融资。俄决定通过在公开市场发行联邦债券和短期国债、从国际货币基金组织贷款来解决。1995年7月6日，俄罗斯中央银行和联邦政府共同确定了盯住美元的"外汇走廊"政策，卢布汇率不再完全由市场供求决定，而是只能在一定的区间波动，超过了规定的限制，中央银行就会进行干预。与此同时，俄罗斯央行

---

[1] Ключевая ставка и ставка рефинансирования за весь период，https：//informatio.ru/news/economy/snizhena_klyuchevaya_stavka_do_11_5_tablitsa_klyuchevoy_stavki_i_stavki_refinansirovaniya/.

还实施了减缓货币发行量增速、逐步上调商业银行法定存款准备金率等措施。由于上述措施，卢布汇率相对稳定，通货膨胀率从 1995 年的 131.6% 降至 1996 年的 21.8%。[1]

为了缓解经济中货币量过少的现状，增加对生产的投资，自 1996 年起，俄央行转为实行适度宽松的货币政策。1996 年 2 月，俄央行对外国投资者开放国内债券市场，允许外国人购买短期国债。由于债券收益率通常高于 100%，吸引了大量投资者。在市场行情良好的情况下，仅用几个月就可收回成本。俄央行开始通过扩大债券发行规模为预算赤字融资，债务规模从 1995 年的 76.6 万亿卢布迅速扩张到 1997 年的 436 万亿卢布。1998 年年初，外部借款达到 1820 亿美元（其中 1670 亿美元为国家债务），相当于 GDP 的 40%，联邦预算支出的 30% 用于偿还国债。[2]

1997 年爆发的亚洲金融危机使外资对发展中国家投资减少，对俄罗斯的短期国债需求亦大幅下降。加之 1998 年年初国际油价的大幅下跌，使俄罗斯的财政金融状况迅速恶化，当局无法对已发行的债券支付利息。到 1998 年 8 月，俄央行已没有能力为公共债务融资和维持卢布汇率；8 月 17 日，政府不得不宣布国家债务对外技术违约和卢布贬值，爆发大规模金融危机，多家积极参与短期国债运作的大型银行倒闭，卢布贬值 67%，时任总理基里延科和中央银行行长杜比宁辞职。据莫斯科银行联盟测算，1998 年 8 月，金融危机给俄经济造成的损失达 960 亿美元，GDP 从 1997 年的 4049 亿美元缩水至 1959 亿美元，通胀率从 11% 上升至 84.5%。[3] 金融危机大大降低了居民和外国投资者对俄罗斯银行业、国债和卢布的信任度。

(三) 1998 年 8 月—2008 年：金融恢复阶段

金融危机之后，俄罗斯的对外经济环境和国内政治经济条件均发生了巨大变化。特别是 2000 年普京执政后，由于国际大宗商品市场的有利行情，加之初期经济改革措施的落实，俄罗斯宏观经济条件改善，进入快速增长期。俄罗斯央行的货币信贷政策也进行重大调整，货币政策框架逐步

---

[1] Ключевая ставка и ставка рефинансирования за весь период, https://informatio.ru/news/economy/snizhena_klyuchevaya_stavka_do_11_5_tablitsa_klyuchevoy_stavki_i_stavki_refinansirovaniya/.

[2] Дефолт 1998 года в России. Досье, https://tass.ru/info/5463151.

[3] Дефолт 1998 года в России. Досье, https://tass.ru/info/5463151.

完善，经历了从紧缩转向适度扩张，之后再次转向从紧的过程。

这一时期，俄央行将维持卢布汇率同时降低通胀作为货币政策的主要目标。1999—2000年，由于外贸条件的改善，卢布升值速度加快。2001—2002年，随着卢布升值，外贸顺差相对减少，资本外流开始下降。为抑制卢布过快升值，央行开始增发卢布进行外汇市场干预，同时适时降低强制出口售汇标准：规定从2001年起，将售汇标准从75%降至50%；从2003年起降至30%；从2004年起降至10%；从2006年5月1日起，全部取消出口售汇；从2007年起，为实现卢布完全自由兑换，开始取消对外汇业务的限制。[①]

2002—2006年，由于货币发行量的扩大，通胀率回升，在综合消费物价指数与国家调控的天然垄断价格之间出现较大脱节，俄央行货币政策的优先方向从维持卢布汇率转向控制通胀增速。2006年，俄央行实施了强硬的反通胀政策，规定当年消费价格上涨不超过8.5%，核心通胀率降至7%—8%。从全年实施情况来看，实际通胀率虽未达到预期目标，但也降至7年来最低水平9%，低于10%的心理防线。2007年、2008年的通胀率重新上升到11.9%、13.3%。

2008年，国际金融危机的爆发严重冲击俄罗斯经济，其股市、汇市剧烈震荡，本币贬值，通胀率上升，外资加速撤离。俄政府出台一系列法律和政策全面救市，主要措施包括向银行注资，以化解流动性风险，抑制通胀和卢布贬值等。

（四）2009—2014年8月：金融稳定阶段

2009年上半年，在保持对国际市场能源价格下跌和美元走弱的预期下，俄央行延续了2008年从紧的货币政策：实行了使卢布分阶段贬值的政策；为限制对外汇的需求并降低通胀，央行提高利率的同时降低贷款上限；为稳定卢布汇率，央行放宽双货币篮子浮动区间。2009年下半年，随着国际能源价格的回升和通胀压力的下降，俄央行货币政策开始逐步放松，多次下调再融资利率并提高贷款补贴，刺激商业银行的贷款积极性。2009年4月—2011年2月，俄央行先后13次调整再融资利率，从12.5%降至7.75%。2011年2月28日，再融资利率上调至8%；直到2014年2

---

① Как отразится снижение нормы обязательной продажи валютной выручки на курсе доллара и рынке в целом? https://www.tks.ru/reviews/2004/11/29/04.

月，再融资利率仅在8%—8.25%区间内波动。表明在这期间，俄央行一直保持了适度宽松的货币政策。①

（五）2014年9月至2021年年底：危机及金融制度改革阶段

2014年以来，受西方制裁、国际油价下跌、新冠疫情、周边地缘政治风波等多重因素叠加的影响，俄罗斯金融体系和实体经济再次受到严重冲击。值得关注的是，在危机背景下，面对制裁引发的短期衰退及政府加强调控对货币宽松的客观需求，俄罗斯中央银行却毅然实施重大改革，对货币政策目标、货币政策工具和汇率制度安排进行了一系列优化与调整，提前完成了由兼顾汇率稳定和物价稳定的双目标制向通胀目标制的转型，将反通胀作为货币政策的核心目标，坚定执行紧缩的货币政策。

从当今世界实行通胀目标制国家的实践来看，作为一种货币政策框架，通胀目标制（Inflation Targeting Framework）是中央银行直接以通货膨胀为目标并对外公布针对该目标的货币政策制度。在通货膨胀目标制下，传统的货币政策体系发生了重大变化，在政策工具与最终目标之间不再设立中间目标，货币政策的决策依据主要依靠定期对通货膨胀的预测。实施通货膨胀目标制的条件主要有：（1）中央银行的独立性；（2）货币政策的高度透明；（3）利率的市场化；（4）浮动汇率制。与利率、货币供应量、汇率等货币政策中介目标相比，采用通货膨胀目标制的优越性显而易见。第一，通货膨胀目标制克服了传统货币政策框架下单纯盯住某种经济、金融变量的弊端，实现了规则性和灵活性的高度统一。第二，通货膨胀目标制提高了货币政策的透明度。实行通货膨胀目标制国家的中央银行不但预先公布明确的通货膨胀目标或目标区间，还定期向政府和公众解释当前的通货膨胀状况和应对措施。第三，通货膨胀目标制有助于经济的稳定。盯住汇率的货币制度往往为了实现外部均衡而放弃内部均衡，而直接盯住通货膨胀目标的货币制度是以国内经济均衡作为首要目标的货币政策制度，它可以直接缓和经济的波动，有利于经济的稳定。

俄罗斯央行的选择既在计划之中，更是形势使然。2008年国际金融危机之后，俄罗斯财金主管部门一直在思考货币政策转型问题，2014年，外部环境的急剧恶化成为货币政策制度转型的催化剂。在推动货币政策转

---

① Ключевая ставка и ставка рефинансирования за весь период, https://informatio.ru/news/economy/snizhena_klyuchevaya_stavka_do_11_5_tablitsa_klyuchevoy_stavki_i_stavki_refinansirovaniya/.

型过程中，俄央行面临的实际困难和挑战远远大于最初的设想。按照俄央行的预期，通胀目标将作为名义锚，中期内将通胀目标设定为4%，将在2017年年底实现这一目标。实际上从2014年3月开始，由于地缘政治局势日益紧张，俄国内经济预期恶化，资本流出加剧，国内外汇市场供求平衡发生变化。2014年下半年，国际油价大幅回落，对俄经济造成更大的挑战；卢布汇率大幅贬值，对价格稳定和金融稳定构成巨大压力。俄国内通胀率由2013年的6.45%反弹至2014年11.36%，2015年进一步上升至12.9%。为了应对物价加速增长和不断上升的通胀预期，自2014年3月至该年年末，俄罗斯央行6次上调关键利率，由5.5%升至17.0%。由于提高关键利率、收紧流动性，并通过货币市场传导提升终端信贷利率，最终降低了投资和消费需求，到2015年年底，俄通胀率已回落至5.4%。随着通胀率的逐步下降，为促进经济发展，俄央行又启动降息周期，2015年3月至2017年3月，俄央行11次下调关键利率，从17%降至10%；2017年，俄通胀率自苏联解体以来首次降至2.5%。[①]

考察苏联解体后俄罗斯央行的货币政策可以看到，经过多次调整，其政策框架不断走向成熟。尤其是2014年以来俄央行同时完成了向卢布汇率自由浮动和通胀目标制的转型。在多重危机背景下，反通胀政策和自由浮动汇率有效结合、相互协调，通过利率和汇率两个途径压低输入性通胀，有效防范了因制裁引发的外部风险，保证了外汇储备安全，阻断了金融波动向实体经济的传导。与此同时，货币政策过于严厉，影响了企业投资的积极性。迄今为止，俄罗斯国内有关实行通胀目标制的利弊和未来政策选择的争论仍然不断，但中央银行已经明确表态，认为通胀目标制实施5年来运作良好，不会修改相关政策。俄罗斯央行将在今后的实践中，不断完善自身的政策工具。

第三节　外汇管理体制改革及汇率自由化

一　外汇市场建立及外汇管理体制改革

俄罗斯建立和发展外汇市场首先是由于改革汇率体制的需要。1989

[①] Ключевая ставка и ставка рефинансирования за весь период，https：//informatio.ru/news/economy/snizhena_klyuchevaya_stavka_do_11_5_tablitsa_klyuchevoy_stavki_i_stavki_refinansirovaniya/.

年3月，由苏联对外经济银行开始进行的外汇拍卖是苏联外汇市场的最初形式，在拍卖的过程中确立了卢布与美元的市场汇率。1989年年末，苏联首次出现了官方承认的外汇市场。1990年，银行体制改革和一批取得外汇业务和国际汇兑业务许可证的商业银行的出现，结束了苏联对外经济银行独家垄断外汇交易的局面，国家银行在其框架内组建了新的分支机构——国家银行外汇交易所。外汇交易所每周一次的定期交易始于1991年4月。1991年年底，苏联的解体使外汇市场的形成过程停顿下来。1992年1月4日，以批准成立莫斯科银行间外汇交易所为标志，俄罗斯外汇市场的形成过程得以恢复。之后，俄罗斯又成立了圣彼得堡、乌拉尔地区（位于叶卡捷琳堡）、西伯利亚（位于新西伯利亚）、亚太地区（位于海参崴）、罗斯托夫（位于罗斯托夫）5家银行间外汇交易所。这6家外汇交易所构成了俄罗斯外汇交易市场的基本框架，其中莫斯科银行间外汇交易所占主导地位。

二 汇率自由化演进

苏联解体前，俄已出现了卢布与美元的三种汇率，即官方汇率、商业汇率和旅游汇率。虽然有多重汇率，但卢布仍属于不可自由兑换货币。多重汇率的存在造成了外汇黑市的猖獗、贿赂和寻租的盛行，同时减少了国家的外汇收入，阻碍了外资进入俄罗斯。

在经济转轨进程中，俄罗斯中央银行的外汇政策逐步明确，其主要内容包括卢布汇率政策、发展国内外汇市场政策和外汇储备积累政策，具体而言即控制和调节外汇行市，以稳定汇率；实施外汇管制和控制，调节资本的流入和流出；保持合理的外汇储备，以维持国际清偿能力；控制外汇市场的交易，将外汇投机的作用最低化。其核心是通过汇率调整和平衡国际收支，达到调节本币流通和本国经济运行的目的。

1992年，作为经济转轨的重要措施之一，俄罗斯提出要放开汇率，实现卢布的可兑换。俄政府在提交给国际货币基金组织的《经济政策备忘录》中规定，在1992年4月20日前从现行的多种汇率制过渡到双重汇率制，即在经常项目下实行统一浮动汇率制，在资本项目下实行个别固定汇率制，在将来经济稳定和具有充足外汇储备的情况下，进一步过渡到统一浮动汇率制。

俄罗斯于1992年7月1日宣布统一汇率并实行经常项目下的统一浮

动汇率，规定 1 美元兑换 125 卢布，一个月后使汇率固定在 1 美元比 80 卢布，并在此水平上浮动，上下幅度不超过 15%。实行统一汇率后，专门的商业汇率被取消，卢布汇率已基本由市场的供求状况决定。中央银行根据莫斯科银行间外汇交易所宣布的汇率形成统一汇率，并用于会计核算、纳税、评估进入官方外汇储备的外币、向财政部出售外汇、核算集中进口的财政补贴等。俄罗斯政府曾预计，从国际货币基金组织得到 60 亿美元的稳定基金后，卢布汇率将会上升，最终稳定在 1 美元兑换 70—80 卢布水平上。现实情况是，由于经济衰退和外汇储备的减少，自 1992 年 7 月 1 日统一汇率后，卢布汇率一直在下跌。

为稳定卢布币值和汇率预期，遏制和消除外汇投机，自 1995 年 7 月起，俄罗斯中央银行开始实行"外汇走廊"制度，卢布汇率不再完全由市场供求来决定，而由中央银行根据外汇交易所和银行间外汇市场的卢布兑美元比价，将汇率限定在一定的区间内浮动。如果卢布兑美元汇率超过规定的浮动区间，央行将加以干预。

汇率变动被限定在一定幅度之内，意味着俄罗斯从统一浮动汇率制转向了目标汇率制。但实施"外汇走廊"措施也存在一定的弊端：如果经济形势恶化，国内居民和外国投资者对卢布产生不信任，从而竞相抛出卢布资产导致卢布大幅贬值时，中央银行为维持卢布汇率必须不断抛售外汇，将使大量外汇储备流失。在 1997—1998 年亚洲金融危机期间，俄罗斯中央银行面对的恰恰是这一局面。在难以为继的情况下，俄罗斯政府和中央银行被迫放弃了"外汇走廊"措施，改由市场供求关系来确定卢布汇率。

自 1999 年起，俄罗斯开始实行有管理的浮动汇率体制，预期可以借此稳定外部经济条件变化对俄罗斯金融市场和经济的影响。这一时期，俄央行的任务是逐步减少对汇率形成过程的干预和准备向浮动汇率体制过渡，这也是实施独立的、通过利率政策来保证国内价格稳定的货币信贷政策的必要条件。

自 2005 年 2 月起，央行外汇储备从单一美元制转向美元/欧元双货币篮子，以此确定卢布的实际汇率。在一篮子货币的组成中，欧元占比从最初的 10% 逐步上升至 20%、30%、40%，2007 年达到 45%。俄罗斯央行的意图是以"货币走廊"作为对卢布汇率进行软控制的形式，卢布与一篮子货币挂钩将起到名义锚的作用，以阻止恶性通货膨胀。

2006年，俄央行完成了货币自由化进程，取消了对卢布完全自由兑换的限制，卢布经常项目和资本项目完全开放。2008年年末至2009年年初，由于国际金融危机爆发，俄罗斯金融形势迅速恶化，股市暴跌，资金大量外流，卢布大幅贬值，流动性风险显现。俄央行多次进行外汇干预，但均未能阻止卢布下跌的势头，央行不得不重新调整汇率政策。自2009年2月起，实行自动调整外汇干预边界，汇率浮动区间大大放宽。

总体来看，2000—2013年，受国内外宏观经济形势和货币政策影响，卢布对美元表现出从逐步升值到逐步贬值的趋势。2000年，卢布对美元年平均汇率为28.1∶1；2008年为24.8∶1；2013年为31.8∶1。每次为维持卢布汇率，央行不得不动用黄金外汇储备。2008—2009年国际金融危机期间，俄罗斯央行约有1/3的外储被用于外汇市场，卢布贬值40%。当时央行已很难再同时实现抑制通胀的任务。2011年，伊格纳季耶夫领导的俄罗斯中央银行已明确将取消"外汇走廊"，向卢布浮动汇率过渡的方针。

2013年，俄罗斯新任央行行长纳比乌琳娜上任后即明确了向卢布浮动汇率过渡的方向。按照俄罗斯中央银行2013—2015年货币信贷政策方向，汇率政策的目标是进一步缩减央行对卢布汇率的直接干预，直接增加卢布汇率的弹性，以便市场参与者适应外部冲击造成的汇率波动，从2015年1月1日起完成向浮动汇率的过渡。俄罗斯央行认为，放弃对卢布汇率的管制是提高利率政策效率的必要条件。在自由浮动汇率体制下，卢布兑美元和欧元的汇率变化将取决于外汇市场的供求关系。俄罗斯央行指出，浮动汇率是通胀目标制的重要组成部分，是经济的"内置稳定器"。灵活的汇率有助于俄罗斯经济适应不断变化的外部条件，消除外部因素对其造成的影响。在正常情况下，俄罗斯央行不再进行外汇干预，但央行密切监视外汇市场情况，保留在需要时重新进场干预的权利。

从实践来看，向浮动汇率制度的转变使俄罗斯经济更好地抵御和适应外部冲击。2014年，在西方制裁、国际油价大跌、美国退出量化宽松政策等多重因素影响下，卢布再现了2008年国际金融危机期间的情景，全年贬值近50%。为维持卢布汇率，俄央行曾多次入场干预，并大幅上调利率，均无济于事。为避免重蹈1997年和2008年两次金融危机期间外汇储备迅速消耗的覆辙，2014年11月10日，俄央行宣布结束美元和欧元双货币联系汇率制，提前过渡到自由浮动汇率体制，放弃对卢布汇率的自动干预机制，允许卢布汇率自由浮动。

表 12-2　　1999—2020 年俄罗斯卢布对美元汇率变化情况　　（单位：%）

	当年年末汇率	年平均汇率	对前一年期末升值/贬值幅度
1999 年	27.0	24.6	30.8
2000 年	28.2	28.1	4.3
2001 年	30.1	29.2	7.0
2002 年	31.8	31.4	5.4
2003 年	29.5	30.7	-7.3
2004 年	27.8	28.8	-5.8
2005 年	28.8	28.3	3.7
2006 年	26.3	27.2	-8.5
2007 年	24.6	25.6	-6.8
2008 年	29.4	24.8	19.7
2009 年	30.2	31.7	2.9
2010 年	30.5	30.4	0.8
2011 年	32.2	29.4	5.6
2012 年	30.4	31.1	-5.7
2013 年	32.7	31.8	7.8
2014 年	46.3	38.3	—
2015 年	64.9	61.2	—
2016 年	64.2	66.1	—
2017 年	59.0	58.2	—
2018 年	66.0	62.7	—
2019 年	63.8	64.7	—
2020 年	74.0	72.1	—

资料来源：http：//www.cbr.ru Динамика курса доллара за последние 20 лет. График и таблица по годам，https：//gidfinance.ru/analitics/investment/dinamika-kursa-dollara-za-20-let。

三　存在的问题及启示

俄罗斯的汇率机制经历了从固定汇率到有管理的浮动汇率，再到浮动汇率的过程，卢布亦实现了全面自由兑换。由于俄罗斯实行外汇改革的时机和条件并不充分，是在国内生产全面下滑、通货膨胀加剧、国家财政不平衡、外汇储备少、政局不稳的条件下实行卢布可兑换和进行汇率改革，因此，在这一过程中也存在诸多问题。

首先，加剧了经济的美元化。为转向浮动汇率制而进行的本币大幅度贬值，对国民经济和财政体系的消极影响是显而易见的。就消极影响而言，除加剧国内的通货膨胀外，还加剧了经济的美元化过程，使国际收支状况恶化，资本外逃，金融投机泛滥，投资结构更加不合理等。据世界银行统计，俄罗斯经济的美元化比率长期高达30%—45%。虽然中央银行采取各种限制性措施防止美元化的进一步蔓延，但由于卢布的原油关联货币属性，卢布汇率稳定具有隐患。在外部环境发生变化，稍有风吹草动，人们预计卢布会贬值，持币人就会在外汇市场迅速抛出卢布而买进美元，造成卢布汇率的进一步下跌。

其次，过早放开资本管制是俄罗斯易受外部冲击的重要原因。卢布虽不是国际通用货币，却是完全自由兑换货币，国际投机资本更容易做空卢布。苏联解体以来的30年间，俄罗斯多次受到金融危机侵扰，卢布也经历了多次的大幅贬值。过早取消资本管制，实现货币完全自由兑换被认为是卢布在历次金融危机中易受外部冲击，资本大幅外流的制度性因素。1992年，作为"休克疗法"的经济自由化措施之一，卢布实现了经常项目下的可兑换。2006年7月1日，俄罗斯比原计划提前半年宣布放开资本管制。自2007年起，俄罗斯陆续取消了对外汇收入强制性结汇的要求，以及针对非居民进入当地资本市场和取得商业信贷、金融信贷的限制等。截至2009年年底，在资本项下的40个子项中，俄罗斯仅有6项存在管制，比2006年少了20项。俄罗斯放开资本项目管制的速度过快，缺乏有效的汇率避险工具市场，为日后的跨境资本大幅波动留下隐患。

最后，俄罗斯国内经济政策的不稳定大大增加了外汇市场的不稳定，加之新的市场规范和交易规则没有及时建立和健全起来，市场管理中存在很多漏洞和死角。广大投资者受到获得信息手段的限制，扩大了外汇投机的可能性。一些大的经营者采取相互勾结操纵汇率的做法，曾使外汇市场长期处于混乱状态，市场秩序还有待完善。

出现上述问题的深层次原因在于，在货币政策目标选择方面，存在着鱼和熊掌不可兼得的矛盾。在经济转型和发展中，俄罗斯力图同时兼顾抑制通胀和维持汇率，但在实际操作中往往顾此失彼。根据"不可能三角"理论，在开放条件下，一个国家不可能同时实现资本流动自由、货币政策的独立性和汇率的稳定性。在三者之间只能选择以下三种政策组合：第一，保持资本自由流动和货币政策独立性，必须牺牲汇率稳定，实行浮动汇率制；第二，保持汇率稳定和货币政策独立性，必须限制资本的自由流动，实行资本管制；第三，保持资本自由流动和汇率稳定，必须放弃货币政策独立性。

苏联解体30多年来，俄罗斯历经多次金融风险。虽然付出沉重代价，但已完成利率市场化、汇率自由浮动和本币完全自由兑换的任务。从其制度转型中至少可以得到如下启示：作为一个大国经济体，货币政策的独立性和有效性对于实现物价稳定并以此促进经济增长至关重要，利率、汇率的市场化和资本账户的开放相互影响、相互依赖、相互促进，是深化金融体制改革的重要内容，需要提出相应的路线图和时间表，积极稳妥地推进。

第四节 西方的金融制裁及其应对

一 金融制裁及其主要手段

金融制裁通常指国际组织或主权国家根据国际组织或自身法律条文的制裁决议，针对特定的个人、组织、实体或他国所采取的一系列金融惩罚性措施。目前只有美国具有对外发起金融制裁的基本条件。随着金融全球化、世界经济一体化的发展，金融制裁作为经济制裁的重要手段之一，已成为美国实现对外政策的常见工具。金融制裁的主要手段如下：一是在美方司法管辖范围内冻结或冻结并没收被制裁国特定实体或个人（企业家或官员）的资产或交易；二是限制被制裁国相关企业进入美国股票市场或债券市场融资，切断被制裁国的美元获取能力和使用渠道；三是禁止被制裁国使用美国控制的国际支付清算通道，将被制裁国全部或部分机构从纽约清算所银行同业支付系统（CHIPS）掌控的美元大额清算网络或环球同业银行金融电讯协会（SWIFT）主导的跨境金融电文传送系统中剔除，中断被制裁方的美元贸易结算；四是禁止美国本土乃至全球金融机构为被制裁对象提供直接或间接的金融服务。

自2014年克里米亚危机以来，美欧联合37个国家对俄罗斯发起持续和全面的制裁。2022年2月24日俄乌冲突爆发以来，美西方又发起多轮密集制裁，范围涉及金融、能源、贸易、科技、资产、交通、网络、文化、人员等多个领域，制裁措施呈指数增长。截至2024年2月，制裁措施近2万项，其中对经济影响最大的是金融制裁，具体做法如下。

2014年3月克里米亚事件爆发后，美欧对俄实施第一轮制裁，VISA（维萨卡）与Master Card（万事达卡）等国际清算平台停止对俄罗斯主要银行客户提供相关服务。美国曾对俄罗斯以"断开SWIFT（环球同业银行金融电讯协会）系统的联系"相威胁，后遭到SWIFT的抵制而没能实施。

2014年7月，欧盟出台措施，禁止欧盟个人和公司购买由俄罗斯国有银行发行且为期90天以上的债券等金融产品。制裁名单中包括俄罗斯储蓄银行、俄罗斯外贸银行、俄罗斯天然气工业银行、俄罗斯开发和对外经济银行以及俄罗斯农业银行。据测算，俄银行系统约30%的资产都在制裁范围内。2014年9月，欧洲议会通过了禁止向俄罗斯银行提供SWIFT服务的决议。

2014年8月，美国先后对俄罗斯国家石油公司和天然气公司、俄罗斯开发银行发布中长期融资禁令，禁止其进入美国资本市场融资，导致俄罗斯企业海外债券损失超过400亿美元。

2022年俄乌冲突爆发后，西方制裁的第一波打击是在金融领域，措施包括限制俄罗斯使用美元、欧元、英镑和日元进行贸易结算；限制俄央行、联邦财富基金动用包括黄金在内的外汇储备；冻结俄主要银行资产，使其无法在美国及欧洲市场进行借贷筹资；除少数负责俄欧能源交易的银行外，几乎将所有能够提供跨境支付服务的俄罗斯银行从SWIFT系统除名；在72小时内冻结俄罗斯中央银行一半的外汇储备，禁止俄使用受美管辖的资金偿还债务；停止美国信用卡万事达和维萨的在俄业务等。此外，美国财政部还采取措施阻止俄通过虚拟货币、"暗网"等手段规避美制裁。制裁给俄罗斯卢布汇率及金融市场稳定、对外经贸往来、金融交易开展及对外偿债等带来了重大冲击，卢布和股市也经历了当代俄罗斯历史上最大的崩盘，并面临被人为宣布债务违约的可能。

二 俄罗斯的应对措施

为应对美国和欧盟的定向金融制裁、规避金融风险，自2014年以来，俄罗斯出台了金融领域多项措施"组合拳"。

（一）建立独立的国家支付系统

为应对美国可能将俄罗斯踢出 SWIFT 系统的风险，俄罗斯开始建立独立的国家支付系统（Национальная Платежная Система，俄语缩写 НПС）和金融报文传送系统（Система Передачи Финансовых Сообщений，俄语缩写 СПФС，英语缩写 SPFS），并通过多种方式推动该系统的应用，包括降低费用、通过立法加强俄罗斯国内金融机构同 SPFS 的联系等。2014 年 5 月 5 日，普京签署了建立本国支付系统并确保国际支付系统工作连续性的法律。根据该法，俄将建立一个完全由俄罗斯中央银行控股的国家支付结算和清算中心，减少外来金融风险。[①] 2018 年 5 月 23 日，俄罗斯央行行长纳比乌琳娜宣布，历经 4 年，俄已建立起自己的金融报文传送系统（SPFS）。一旦美国对俄罗斯实施更严厉的制裁，该体系将保护俄罗斯免受环球 SWIFT 金融系统关闭的风险。2020 年，SPFS 在国内业务量中占比达到 20% 左右。2018 年年初，SPFS 扩展到了欧亚经济联盟成员国。截至 2023 年年底，共有 20 个国家的 159 个银行客户参与其中。[②]

为保护俄罗斯公民免于被冻结个人资金，2015 年 12 月，俄罗斯还创建了国家支付系统卡"世界"（Мир），推出全国性电子支付卡系统（National Payment Card System）。自 2020 年 11 月 1 日起，俄通过立法开始在商业网络强制推行使用"世界"银行卡作为支付工具，旨在进一步增加本国支付系统的市场份额，实现维护金融主权和安全的初衷。

（二）加快"去美元化"

长期以来，俄罗斯 69% 的结算通过美元进行，高于 62% 的世界平均水平。在西方全面制裁的情况下，俄罗斯愈益意识到"去美元化"的必要性并加快实施步伐。2014 年以来，俄罗斯的"去美元化"主要从三个方向展开。

第一，扩大与主要贸易伙伴的本币结算规模，在进出口业务结算中加

[①] Федеральный закон от 5 мая 2014 г. N 112 – ФЗ "О внесении изменений в Федеральный закон" О национальной платежной системе " и отдельные законодательные акты Российской Федерации", https://rg.ru/2014/05/07/sistema-dok.html.

[②] Эльвира Набиуллина: мировой экономике удалось избежать "жесткой посадки", 30.01.2024, https://ria.ru/20240130/nabiullina – 1924276169.html.

快向使用欧元、人民币和卢布过渡。这方面最突出的是与中国的合作。2014年以来，中俄双边贸易本币结算比例逐步提高，目前边境地区贸易已基本全部使用本币结算。截至2020年10月，中俄本币结算规模已达到双边贸易的25%，7年内几乎增长了10倍，结算商品已拓展到原油、军工产品、农产品和木材。① 2018年10月31日，俄罗斯与印度签署了使用卢布结算的S-400防空导弹系统采购合同，是苏联解体后首笔非美元结算的国产武器装备出口大单。2018年8月，俄罗斯与土耳其达成协议，双边贸易直接用本币结算。2019年6月13日，俄罗斯财政部部长西卢阿诺夫与欧盟委员会副主席马罗什·谢夫乔维奇进行会谈，双方决定成立一个专家小组，制订一个扩大相互贸易中使用欧元和卢布结算的计划。俄方承诺，如放弃对俄制裁，与欧盟的能源贸易将改以欧元结算。

第二，灵活实施国际储备资产多元化政策。其一是大规模抛售美债，自2014年美欧发起对俄制裁后，为防范外部风险，避免海外资产被冻结，俄罗斯央行开始清仓式抛售美国国债。截至2019年年底，美债在俄国际储备中的占比已从最高时期的35%降至7.9%，央行持有的美债额从2014年的1317.8亿美元减至2019年6月底的108.5亿美元，2020年3月再次减至38.5亿美元。4月俄罗斯央行又重新购进美债，使其增至68.5亿美元。② 其二是大量购进黄金，截至2020年6月30日，俄国际储备中黄金储备占比达22.9%（2270吨，相当于1285亿美元），首次超过美元22.2%的占比（1246亿美元）。③ 截至2024年1月1日，黄金在俄国际储备中的占比从2023年1月1日的23.38%（相当于1360.77亿美元）提升至26.3%（相当于1558.58亿美元）。④

第三，提高卢布的吸引力。采用卢布作为政府结算手段，目前主要在

---

① Результат долгой работы: за счёт чего Россия и Китай рекордно нарастили расчёты в нацвалютах, https://russian.rt.com/business/article/817644-rossiya-kitai-raschyoty-nacvalyuty.

② Почему Россия снова вкладывается в госдолг США, Профиль, https://finance.rambler.ru/markets/44444219/?utm_content=finance_media&utm_medium=read_more&utm_source=copylink.

③ Золото впервые обошло доллар в резервах России, https://www.rbc.ru/economics/11/01/2021/5ffc6e4d9a79471b76da7381.

④ ЦБ оценил запасы золота в резервах России, 19.01.2024, https://1prime.ru/20240119/842843477.html?ysclid=ltii005hck548997621.

独联体和欧亚经济联盟国家实行。在欧亚经济联盟内部，以卢布和本币结算的比重逐年提高，2020年已达到74%。截至2023年年底，该比重已提高至89%。①

（三）稳定银行体系

自2014年美欧发起制裁和国际油价暴跌以来，为规避金融风险，俄央行对系统性大银行注入流动性，并由存款保险局对流动性短缺的国内大银行进行临时托管。为保证俄银行系统的稳定性，俄加快通过吊销营业许可证或缩小业务范围的办法清理问题银行，俄银行总数已从2014年1月1日的859家减少到2021年1月1日的405家。2022年2月俄乌冲突爆发后，俄罗斯银行数量进一步减少，截至2024年1月1日，减至324家。②

总体来看，2014年以来，在西方制裁背景下，俄罗斯金融监管当局通过打造建立独立的国家支付系统和金融报文传送系统，不断推进去美元化，灵活实施外汇储备资产多元化，扩大与主要贸易伙伴的本币结算规模等措施来防范系统性金融风险。俄罗斯金融当局多次表示，有能力通过银行间代理关系绕过SWIFT进行支付结算。同时，近年来俄实施的储备多元化和灵活的储备管理政策，规避了美元贬值的负面影响，同时在经常账户盈余下降的情况下，借助黄金价格上涨保证了外汇储备的稳定和安全。

第五节　中俄金融领域合作的进展与深化

金融合作是中俄经贸关系的重要组成部分。近年来，随着两国政治关系的不断提升和经贸关系的深化，金融合作快速发展，合作机制不断完善，合作模式不断创新，合作范围不断扩大，成为双方合作的优先和重点领域。未来，加强金融合作仍是推动中俄经贸合作不断深化和转型升级的重要条件。在世界经济增长动能转换和国际货币体系大变革背景下，两国经贸和金融合作的挑战与机遇并存，需要进一步深化。

---

① Растущие экономики стран ЕАЭС переходят на расчеты в национальных валютах 27. 12. 2023，ttps：//rg. ru/2023/12/27/investicii - zarabotali. html？ ysclid = ltij92a6o9316112743.

② Банковский сектор，01. 01. 2024，https：//cbr. ru/banking_sector/.

一　中俄金融合作的新进展

（一）合作机制逐步完善

1. 在中央层面构建了金融合作顶层设计专业机制

中俄金融合作始于21世纪初，目前已逐步建立起中央和地方两级政府间金融合作框架，为推动双方深入交流合作奠定了基础。在中央层面，建立了中俄总理定期会晤机制和中俄财长对话机制，对话主要议题包括中俄宏观经济形势、财政金融政策、金融改革以及在国际财金领域的合作等，为两国金融合作中的重大决策提供制度支持。2000年，在中俄总理定期会晤机制框架下成立了中俄银行合作分委会（2009年更名为中俄金融合作分委会），2004年启动了副总理级的中俄投资合作委员会，两个分委会共同处理双边金融合作相关事项。截至2021年年底，中俄金融合作分委会已连续召开22次会议，中俄投资合作委员会已召开7次会议，两个委员会在推动双边本币结算、深化银行间合作等方面发挥了重要作用，推动两国金融务实合作取得积极进展。

2. 在地方层面建立了边境地区金融合作交流渠道

中俄地区金融合作交流机制主要由中俄地方政府领导人会晤机制、边境和地方经贸合作协调委员会以及中国东北地区和俄罗斯远东地区地方合作理事会构成。中国同俄罗斯远东和外贝加尔地区各联邦主体建立的"一对一"地方政府领导人会晤机制与高层领导人会晤机制相仿，下设经贸科技合作工作组及金融合作等专项小组，是两国边境地区金融政策交流、合作与协调的主要渠道。中俄边境和地方经贸合作协调委员会负责协调和解决两国毗邻地区产生的包括金融合作在内的经贸问题，会议轮值主席由两国省（州）长轮流担任。中国东北地区和俄罗斯远东地区地方合作理事会2017年改组为中国东北地区和俄罗斯远东及贝加尔地区政府间合作委员会，并纳入中俄总理定期会晤机制，该委员会在解决地方金融领域存在的问题、拓展地方政府金融合作的深度和广度上起着重要作用。

3. 民间搭建双边金融合作非正式平台

目前，中俄间已有两个民间金融合作交流平台。

一是中俄金融合作论坛，成立于2001年，每年举行一次会议。该论坛在中俄友好、和平与发展委员会框架内，由中国金融学会与俄罗斯银行协会和俄罗斯中央银行共同主办，主要任务是协助金融合作分委会共同促进两国银行、外汇、证券及保险等金融机构的交流活动。

二是中俄金融联盟，成立于2015年10月，是由49家中俄金融机构组成的非营利性、开放式跨境金融合作组织。由中国最早开办对俄金融业务的城市商业银行哈尔滨银行和俄罗斯资产排名第一的俄罗斯联邦储蓄银行牵头联合发起设立，双方签署了总额为100亿元人民币的同业间银团授信协议，以支持中俄两国经贸往来、金融合作并推进本币结算。作为首个中俄金融机构合作交流平台，联盟以"建立中俄经贸往来高效发展有利机制，促进中俄金融合作的全面发展，推进中俄两国经济主体本币结算"为主要目标，促进联盟会员间在金融服务、风险管理、技术解决、员工培训等方面开展了创新合作，并在代理行关系建立、双边本币结算及现钞业务、国际贸易及信保融资、组织银团贷款、中俄地方基础设施建设项目融资以及在全球市场交易业务等领域寻求合作及解决方案。

（二）合作模式不断创新，合作内容不断丰富

近年来，随着经贸合作规模的扩大和金融市场格局的变化，中俄金融合作模式不断创新，平台建设和业务内容都取得新的突破。双方合作从传统的代理行模式逐步发展到互设机构跨境经营，由传统的跨境商行向跨境投行模式转换。

1. 互设代理行

1993年，中国银行成为最早在俄罗斯开设附属行的外资银行之一。截至2019年9月，共有6家中资银行在俄罗斯设有4家子行和2家代表处，3家保险公司在俄设有1家代表处和2个工作组。共有9家俄罗斯银行在华设有1家分行和10家代表处，2家俄罗斯保险公司在华设有2家代表处。中俄200多家商业银行间建立了代理行关系，构建了包括美元、人民币、卢布在内的三位一体的资金清算网络。2017年3月16日，俄罗斯中央银行在北京开设了第一家驻国外的代表处，双方已从传统的商业银行间业务合作逐渐延伸至央行间货币合作。

依托毗邻俄罗斯的区位优势，黑龙江省银行与俄罗斯银行开展了多种形式的银行代理业务，在产品创新、本币贸易融资、优质客户推介等领域的合作不断深入，本币结算业务稳步发展。截至2021年年初，哈尔滨银行已与近百家俄罗斯银行建立了代理行关系，与25家俄罗斯银行互建了49个本外币账户，对俄清算网络已覆盖俄罗斯全境。2020年，哈尔滨银行在黑龙江省自贸试验区成立了对俄结算服务中心，并获批CIPS系统直

接参与者资格。

2015年以来，中俄金融合作领域逐步由传统的银行间业务往来向保险、证券等大金融领域拓展。在中俄总理定期会晤金融合作分委会第十六次会议上，中国证券登记结算有限公司（CSDC）和俄罗斯中央证券托管系统（CSDs）签署备忘录，将在交易后领域区块链应用方面开展合作。2016年6月，中俄签署《关于保险领域合作的2016—2018年共同行动计划》，该计划涵盖旅游保险、再保险、核共体、设立共同基金、保险资金运用、丝绸之路经济带合作、航空航天保险、重工机械保险等双方共同关注的领域，将推动双方保险领域的合作不断深入。

2. 大力拓展人民币跨境业务

以2009年跨境贸易人民币结算试点为标志，人民币国际化正式启动。对俄人民币跨境业务随之展开，主要包括以下内容。

挂牌交易——2010年11月22日[①]和12月15日[②]，卢布和人民币分别实现在中国银行间外汇市场和莫斯科外汇交易中心正式挂牌交易。同时，中俄两国总理宣布双方将使用本国货币进行双边贸易直接结算。俄罗斯成为人民币在境外挂牌交易的第一个国家。中国外汇交易中心认为，启动人民币兑卢布交易有利于促进两国贸易便利化，降低汇率风险和兑换成本。到2014年年底，中国外汇交易中心已推出人民币对卢布的远期和掉期交易。但这方面的进展一直不大，截至2022年年初，美元、欧元和人民币在莫斯科交易所的交易量中分别占87.6%、11.9%和0.32%。俄乌冲突后，人民币在俄罗斯经济中的使用范围迅速扩大。2023年1—2月，人民币首超美元成莫斯科交易所月交易量最大币种，占主要货币交易总量的近40%，美元占比略高于38%，欧元占比为21.2%。[③]

本币结算——20世纪90年代，中俄签署了边境贸易本币结算协定。自2002年起，中俄开始在边境地区试行银行间本币结算。2003年3月，中俄银行间首笔本币结算在中国银行黑龙江分行与俄罗斯远东外贸银行之间办

---

① 《中国外汇交易中心正式开办人民币对卢布交易》，《国际金融报》2010年12月23日。

② Хорошая пара Российская биржа стала первой зарубежной площадкой, на которой торгуется юань, https://rg.ru/2010/12/15/uanj-site.html.

③ 《我国跨境交易人民币首超美元的背景、路径与展望》，2023年5月17日，搜狐网，http://news.sohu.com/a/676511301_674079。

理。2008年，本币结算扩展到贸易领域。2010年，中俄总理进行第十五次定期会晤，两国决定在双边贸易中逐步减少使用美元结算。2011年6月，中俄两国央行签署新的双边本币结算协定，决定将本币结算范围从边境贸易扩大到一般贸易，并扩大了地域范围。协定规定两国经济活动主体可自行决定用自由兑换货币、人民币和卢布进行商品和服务的结算与支付。目前，中俄本币结算保持良好发展势头，法律保障逐渐加强，合作机制与渠道不断健全。2014年以来，中俄两国央行两次签署双边本币互换协议，为两国企业开展双边本币结算提供了资金来源。2015年12月17日，中俄两国央行签署了合作谅解备忘录，内容包括推动双边本币结算，加强支付、银行卡和信用评级等领域合作，帮助对方在另一方发行本币计价的债券。2019年6月，第23届圣彼得堡国际经济论坛期间，中俄签署过渡到本币结算的政府间协议，拟将双边贸易中本币结算的比例从目前的15%左右提升至50%。双方将加强金融监管合作和金融规则对接，两国在遵守本国监管规定的前提下，增加彼此之间金融机构的网点布局，更好地为中俄企业提供金融服务，进一步拓展双边和多边的投资和贸易合作。

由于卢布币值稳定性不强，中国企业和金融机构大多不愿承担由此造成的换汇风险，更愿意使用人民币进行贸易结算。自2009年开展跨境贸易人民币结算以来，人民币结算在中俄贸易中的比重逐年上升，2013年，黑龙江绥芬河市成为中国首个卢布使用试点城市，这是中国首次允许一种外币在中国某个特定领域行使与主权货币同等功能。目前，人民币对俄跨境支付结算已扩大到能源、军技、科技、电子商务、农产品贸易、旅游等诸多领域，客户需求从简单贸易需求向投融资需求和避险需求转化。中俄天然气、石油、黄金交易等都可以用人民币作为结算货币。

2015年，中俄贸易结算中美元占比高达90%；到2020年第一季度，美元结算占比首次下降至50%以下（至46%），54%的非美元结算中，人民币占比17%、欧元占比30%、俄罗斯卢布占比7%。[①] 俄乌冲突后，俄罗斯对外经济活动积极转向使用美元以外的其他货币，首先是人民币。银行、券商、保险、信托等都在全方位寻找中俄金融合作途径，以满足两国贸易结算、资本管理等要求。截至2023年年底，人民币在俄出口结算中占比从

---

① 《去美元化加速！中俄贸易结算美元占比跌破50%》，2020年7月30日，搜狐网，https://www.sohu.com/a/410522994_114911。

0.4%增至34.5%，在进口结算中的占比从4.3%增至36.4%，分别增长了85.25倍和7.46倍多。① 除双边贸易结算外，俄罗斯亦开始在与第三方的贸易中增加人民币的使用。近年来，俄罗斯在与印度的贸易交易、与巴西的化肥贸易、与巴基斯坦的原油贸易中，都尝试以人民币进行结算。

人民币在俄罗斯储蓄、证券交易和外汇交易中的占比也大大提升。据俄罗斯央行《金融市场风险概览》报告数据，2023年，俄商业银行的人民币存款翻了一番，总额相当于687亿美元，在外汇存款中排名第一。监管机构将这一变化归结于为出口业务提供服务，以及使用人民币作为储蓄手段。俄罗斯银行持有的人民币债券从2022年的76亿美元增至2023年的83亿美元，同期俄罗斯证券市场以人民币计价的证券交易增长43%，截至2024年1月1日达到118亿美元。在外汇市场交易量中人民币交易首次达到一半以上，从2023年12月的44.6%增至2024年1月的50.6%。②

人民币纳入俄国际储备和主权基金——2015年，俄罗斯央行宣布把人民币纳入本国的外汇储备构成。截至2018年中期，人民币在俄央行黄金外汇储备中的占比接近15%，2021年下半年上升至17.1%。自2022年2月西方冻结俄罗斯在境外的3000亿美元外汇储备资产后的一年内，俄央行已停止公布国际储备变化情况，2023年3月重新公布部分信息。截至2023年3月1日，俄国际储备为5742亿美元，按17.1%占比计算接近1000亿元人民币。2021年2月24日，俄罗斯财政部决定将美元和欧元在俄罗斯国家福利基金（ФНБ）货币构成中的占比从45%下调至35%，而将人民币的比例提高到15%。③ 2022年7月，俄财政部决定将美元从国家福利基金构成中全部剔除。2023年2月再次决定，在2023年年底前将欧元全部剔除；与此同时，将人民币占比提高至近60%，黄金达到40%。④

---

① Набиуллина рассказала о росте доли юаня в расчетах за российский экспорт, 30.01.2024, https://ria.ru/20240130/eksport-1924262944.html.

② Юань по итогам 2023 года обошел доллар на счетах в российских банках, 09.02.2024, https://www.forbes.ru/finansy/505876-uan-po-itogam-2023-goda-obosel-dollar-na-scetah-v-rossijskih-bankah?ysclid=ltv007qogs610753340.

③ Российские стратегические резервы все больше зависят от Китая, 25.02.2021. https://ng.ru/s/economics/2021-02-25/1_8090_economics.

④ Евро исключат из структуры ФНБ в 2023 году, 09.02.2023, https://tass.ru/ekonomika/17009605?ysclid=lthaijw2rn942221909.

黑龙江省成为中俄边境经贸本币结算支付的领头羊。2018年办理本币结算业务10.6亿美元，其中人民币结算5.7亿美元，较2010年增长12.6倍。① 2019年6月，哈尔滨银行、"中俄金融联盟"中方成员银行与俄罗斯银行签署《同业借款协议》《现钞跨境调运合作协议》《贸易融资合作协议》等多项合作协议，为下一步合作提供了基础。

跨境支付对接——2015年10月，中国人民银行启动了人民币跨境支付系统（Cross-border Interbank Payment System，CIPS）。CIPS的主要功能包括连接境内外直接参与者，处理人民币贸易类、投资类等跨境支付业务；采用国际通行报文标准，支持传输包括中文、英语在内的报文信息；覆盖主要时区（亚、非、欧、美）人民币结算需求。俄乌冲突爆发后，西方将俄罗斯主要银行剔除SWIFT系统，加入CIPS成为俄罗斯银行的现实选择，两国结算支付系统加速对接。截至2023年5月，已有30家俄罗斯银行加入了人民币跨境支付系统CIPS；② 而中方亦有不少银行尤其是地方城商行加入俄央行金融信息传输系统（SPFS）。

2017年10月，中国人民银行批准中国外汇交易中心依托大额支付系统推出人民币对卢布交易同步交收业务（Payment Versus Payment，PVP），人民币与卢布交割时滞由以前的至少一个工作日缩短至数秒，为双边结算便利化提供了支持。该机制有利于提高业务运营效率，防范不同时区交割的时差风险。共有十余家人民币对卢布市场会员参与同步交收业务，中国银行、工商银行、龙江银行和黑河农村商业银行首批参加同步交收项下人民币对卢布交易。③

银联卡业务——中俄金融机构还加强银联卡发卡和受理合作。2009年，中国农业银行与俄方合作推出借记卡，用户可以在俄罗斯的ATM机上提取人民币、卢布和美元现金。2014年，中国银联与俄方合作发行卢布和人民币银联卡。2020年8月，银联国际首次与俄罗斯团结银行合作发行银联信用卡，累计发卡数量超过330万张。④ 截至2021年年底，俄罗

---

① 周海、李艳玲：《中俄人民币跨境业务任重道远》，《中国金融》2019年第14期。
② Косвенными участниками китайской системы CIPS стали 30 российских банков 26.05.2023, https://www.vedomosti.ru/finance/articles/2023/05/26/976987 - kosvennimi - uchastnikami - kitaiskoi - sistemi - cips - stali - 30 - rossiiskih - bankov? ysclid = lti2fvo1p7975447549.
③ 《我国外汇市场建立人民币对外币同步交收机制》，《经济日报》2017年10月12日。
④ 《俄罗斯四家主流银行新增发行数十万张银联卡》，《金融界》2020年8月7日。

斯已基本全面受理银联卡，18家本地银行发行了银联卡，超过160万台终端支持银联卡手机支付。俄罗斯联邦储蓄银行、俄罗斯对外贸易银行等多家大型商业银行超过10万台ATM机可受理银联卡。除了银行卡的传统支付模式，代表中国移动支付的支付宝也于2017年夏天在俄罗斯启用，包括莫斯科部分商场、公交、地铁都可使用支付宝扫码支付。俄乌冲突后，2022年3月10日维萨卡、万事达卡停止在俄罗斯服务，中国银联卡成为在俄运营的唯一国际支付系统，其需求量在短期内增长10倍，俄罗斯储蓄银行、阿尔法银行等开始发行俄罗斯米尔支付和银联支付的双标卡。

现钞跨境调运——中俄本币现钞跨境调运是指两国银行间因业务发展需要而开展的人民币、卢布现钞跨境调运业务。目前人民币现钞跨境流动主要有两个渠道，分别是个人携带现钞出入境和银行现钞跨境调运出入境。为解决双边贸易和融资对人民币和卢布现钞备付金的需求，实现现钞调入与调出的双向流动，2003年12月，中国银行黑河分行与俄罗斯远东外贸银行进行了卢布现钞调运业务尝试。经过多年的努力，已建立起中俄边境本币现钞跨境调运体系。哈尔滨银行在对俄现钞跨境调运方面具有明显的渠道、模式、规模等优势，自2012年开办对俄现钞跨境调运业务以来，该行已成功开通了多条对俄人民币及卢布现钞双币种、调入及调出双向、陆路及航空联合调运渠道，与十多家俄罗斯银行建立了现钞业务合作关系。截至2022年3月末，累计对俄跨境调运卢布现钞超71亿卢布、调运人民币现钞3.62亿元，满足了中俄企业和个人的人民币与卢布现钞兑换需求。[①]

跨境投资——2010年2月，对俄人民币境外直接投资在黑龙江省试点。黑龙江省外汇管理部门制定了对俄人民币直接投资实施方案、风险防范指引以及投资效果评估办法等制度，积极搭建银企对接平台。在跨境投资方面，中国国家开发银行对俄累计承诺贷款654亿美元，累计发放贷款482亿美元，重点支持了两国油气、电信、矿山、林业等60多个项目。丝路基金、中俄直接投资基金已经开始运作。2014年5月，由中俄两国主权财富基金共同设立的中俄投资基金宣布，将投资正在建设的中俄边境同江铁路大桥、物流设施并设立新的旅游养老投资基金。为促进中俄农业

---

① 《哈尔滨银行完善对俄跨境金融产品体系助力龙江自贸试验区打造向北开放新高地》，2022年5月10日，中国经济网，http://finance.ce.cn/home/jrzq/dc/202205/10/t20220510_37568215.shtml。

合作，2016年6月，在俄罗斯远东发展部与中国国家发改委达成的有关共同发展远东地区农业生产的协议框架下，由俄罗斯远东发展基金和中国亚太粮食产业发展基金参与成立中俄农工产业发展基金，资本规模为100亿美元。2018年9月，在俄罗斯符拉迪沃斯托克举办的东方经济论坛上，中方宣布成立中俄地区合作发展投资基金，总规模达1000亿元人民币，首期为100亿元人民币，重点支持中国东北和俄罗斯远东地区合作。

资本市场合作——2017年3月和7月，俄罗斯铝业联合公司在上交所顺利发行两期熊猫债券，是俄罗斯大型企业在中国资本市场融资的有益尝试。各类投资基金的设立和熊猫债券的发行使中俄投融资方式更为多元化，两国资本市场合作重点开始从发行熊猫债转向"离岸人民币债券"。自2022年8月起，俄罗斯企业开始在莫斯科交易所通过发行人民币债券筹集资金。2023年3月，俄罗斯铝业、极地黄金、俄储蓄银行等11家公司和银行在莫斯科交易所发行人民币债券，3月23日的交易额为125亿元人民币。2023年2月，交易所人民币债券日均交易额为80亿元人民币，相当于2022年2月的125倍。①

金融创新——在数字经济快速发展的大背景下，中俄两国金融机构围绕金融科技展开了初步合作，运用大数据、云计算、人工智能、物联网和区块链等创新科技，为金融机构提供跨境信息共享、融资交易、贸易结算和监管合作平台。截至2018年，中俄跨境电商在线支付平台接入18种俄罗斯主流跨境支付方式，结算时间由10天缩短至3天内，结算金额累计超过40亿元人民币。哈尔滨银行是中国境内首家与俄罗斯米尔卡对接并深入开展业务合作的城市商业银行，从2014年平台上线至2020年7月，累计处理交易3945万笔，累计交易结算量达150亿元。

从发展前景来看，数字技术将引发结算支付变革，中俄两国在数字货币研究和应用方面拥有广阔的合作空间。目前，中国央行已率先推出数字货币（Digital Currency Electronic Payment，DCEP）。2020年10月，俄罗斯央行发布咨询报告，分析了发行数字卢布的必要性和可行性。报告认为，数字卢布将成为现金和非现金卢布货币形式的补充。俄央行将在国内结算

---

① Стоит ли инвестировать в облигации в юанях，13.07.23https：//journal.tinkoff.ru/news/bonds – in – yuan/？ysclid = lthbj5mayo323995651.

系统中引入数字货币。① 时任俄国家杜马金融市场委员会副主席阿纳托利·阿克萨科夫指出，俄罗斯与中国、伊朗和印度的议会已就使用区块链系统进行本币结算问题正在进行交流，未来将建立起相应的机制和达成国家间共识，把数字货币带入跨境结算支付系统。

二 存在的问题及改善方向

随着中俄经贸规模的不断扩大、程度不断加深，特别是在当前美国滥用世界金融霸权，国际货币体系面临重大调整的背景下，中俄金融合作已经迈开实质性步伐并取得突破性进展。2023年2月，中国国家主席习近平访问俄罗斯期间，两国签署《中华人民共和国和俄罗斯联邦关于深化新时代全面战略协作伙伴关系的联合声明》与《中华人民共和国主席和俄罗斯联邦总统关于2030年前中俄经济合作重点方向发展规划的联合声明》两份重要文件，提出"双方将继续加强在金融领域的互利合作，包括保障两国经济主体间结算畅通，支持在双边贸易、投资、信贷等经贸活动中扩大本币使用"；② 要"提升金融合作水平，在双边贸易、投资、贷款和其他经贸往来中适应市场需求稳步提升本币结算比重。继续就支付领域创新与现代化改造等交流经验。加强金融市场合作，支持两国评级机构和保险公司在现有监管法规框架内开展合作"。③ 两份文件为巩固和扩大中俄金融合作指明了方向并提供了强有力的保障。

针对现有的金融合作水平与新时代两国经贸关系发展中存在的差距，双方还需要从以下方面进一步完善和提升金融合作水平。

第一，进一步提高政府间金融合作机制效率。在中央层级，中俄金融分委会是目前仅有的专业性合作平台，但目前的金融合作更多停留在金融业务层面的合作，缺乏指导两国金融合作长期发展的综合性战略安排。中俄金融分委会没有常设机构，每年只举办一次会议，难以有效应对闭会期

---

① ЦИФРОВОЙ РУБЛЬ Доклад для общественных консультаций, https://cbr.ru/analytics/d_ok/dig_ruble/.
② 《中华人民共和国和俄罗斯联邦关于深化新时代全面战略协作伙伴关系的联合声明》，2023年3月22日，光明网，https://politics.gmw.cn/2023-03/22/content_36445344.htm。
③ 《中华人民共和国主席和俄罗斯联邦总统关于2030年前中俄经济合作重点方向发展规划的联合声明》，2023年3月22日，中华网，https://news.china.com/zw/news/13000776/20230322/44715431_1.html。

间两国金融部门合作中出现的新情况和新问题，也没法具体贯彻督导所达成合作协议的落实情况。在地方政府层级，合作机制专业化程度不高，现有地方政府领导人会晤机制讨论的议题涉及面十分广泛，相关人员金融专业背景不强，而边境和地方经贸合作协调委员会涵盖的地域范围有限，难以满足地方金融各部门深化合作的需求。

未来需要完善金融合作配套制度和机制的建设。依据中俄两国签署的金融各领域的谅解备忘录，制定细化金融合作管理办法或制度文件。在中央层级，应发挥中俄金融分委会在协调双边金融战略合作中的作用。可在分委会下设立常设机构处理相关日常事务，强化分委会下各工作组在双边合作的具体合作事项中的职能，积极推动金融政策对接。

在地方政府层级，基于现有的地方领导人会晤机制平台，吸收专业人士，建立专门的地方金融合作机制，加强双方在重大项目及投融资方面的合作，促进双边金融政策的沟通交流和信息的及时披露，监督和促进跨境中小型项目的开展落实。

第二，进一步完善跨境贸易本币结算体系。俄罗斯央行对其银行境外代理行的审批十分严格，银行在中国开设同业存放银行账户的审批手续烦琐，限制了代理行在中国的拓展。

目前卢布对人民币汇率仍然是套汇汇率，两种货币通过美元搭桥。俄政府同样推行卢布国际化战略，鼓励本国企业使用卢布作为国际贸易结算货币，给予一定的优惠政策，而使用人民币结算则需要支付较多的额外费用，中方对此并没有采取有效措施。

中俄在双边授信制度和管理办法方面存在差异，制约金融合作进程的推进。例如，中国农业银行和中国银行针对俄罗斯代理行核定授信额度时，对方提出了2—5年的授信需求，而这与中国当前《商业银行授权、授信管理暂行办法》中"商业银行授权授信只能为期1年"的内容明显冲突。

在人民币和卢布跨境调运方面，目前该业务还主要以两国商业银行自发进行，清算成本较高，束缚了银行跨境调运现钞业务的规模化发展。而商业银行出于效益和风险控制考虑，限制头寸实有库存的增长，也影响了双方大额信用的使用和对俄跨境人民币结算业务的开展。

从现实需求来看，本币结算制度的完善能够减少贸易双方的交易成本，规避汇率波动风险。为此，中俄双方应持续推进两国本币结算体系建设，扩大本币互换规模。

合理简化两国海关通关手续，实现边境口岸现钞便捷调运。制定降低税费等本币结算的优惠政策，减少本币结算成本，以保持两国货币结算的平衡发展。

研究对俄投资比较优势，鼓励国内企业用人民币进行对俄境外投资。

协调数字本币结算政策，加强中俄结算支付技术的共同研发和推广，推动中俄实现技术兼容。

丰富中俄本币结算工具，通过产品组合、创新等方式扩大合作领域，加强信用证、保函、银行卡等结算工具的推广使用，为中俄贸易投资提供全方位、一体化、更加便捷的金融服务，最终进一步提升人民币在中俄结算支付中的占比。

第三，加强在金融监管政策制定和实施方面的协调。在金融监管规则方面，中俄两国存在较大差异，尤其是在征信领域，两国信用市场发展不同步，导致征信管理水平和立法程度不一致。俄罗斯国内各监管主体立场存在差异，使证券业长期游离于监管之外，金融监管难以发挥真正的作用，不利于证券、保险等领域的深度合作。

在第三方支付等新兴金融领域的监管方面，双方合作还相对滞后。部分监管法律法规甚至可能阻碍新业务的跨境发展，压缩了双方金融创新领域的合作空间。而新金融手段也为非法融资、金融欺诈等金融犯罪活动提供了更隐蔽的场所，其中暗藏的平台操作系统漏洞、投融资决策算法失效等新型金融风险，增加了双边金融市场环境的不稳定因素。

中国在边境贸易方面监管不力，加剧了资金非法流动问题。由于中俄边境地区现钞交易快捷方便，相关金融监管部门无法对出入境现钞流通情况进行监管，为洗钱、地下钱庄和外汇黑市交易等违法活动留下可乘之机。

针对以上问题，有必要加强金融监管政策沟通与协调。促进相关部门加强在跨境金融监管政策、法律法规和监管信息等方面的协调与合作。双方在现有合作协议框架内，尽快搭建一套完整的监管信息交流系统，促进金融监管信息的实时和有效交流。

加强对俄方银行信用动态的评估，提高交易行为的规范性，增加银行合作的安全性。

针对两国金融监管法律法规差异对经贸活动可能造成的不利影响，相关部门进行协调，采取相应措施尽量减少不必要的障碍和损失。

鉴于中俄边境民间外汇市场的现状，加强双方在反洗钱和反恐怖融资领域的合作，建立地区间和银行间的协作机制，进行双边反洗钱和反恐怖融资磋商，利用新型技术设备和手段对中俄非法资金跨境流动进行监控管理。

第四，审慎应对美西方涉俄二级制裁风险。在俄乌冲突持续和西方制裁升级的背景下，中国商业银行及其下设海外分支机构受美西方涉俄二级制裁影响的现实风险已经显现。为了减轻制裁风险，中国金融机构需进一步加强安全和风险意识，采取黑名单筛查、出口产品物项筛查、物流运输筛查等措施，系统研究审慎应对制裁带来的不确定性，识别并尽量减少其在涉及俄活动中的风险敞口，保证金融合作和经贸合作能安全稳定运行。

第十三章　中俄区域经贸合作发展趋势分析

在经济全球化与世界经济一体化大趋势下,发展区域合作已成为发展经贸合作的一个重要趋向。作为互为最大邻国、最重要战略协作伙伴的中俄两国,加强区域合作,对推动两国经贸合作具有重要意义。2014年11月10日,普京总统在亚太经济合作组织(APEC)工商领导人峰会上演讲时表示,与亚太地区加强合作是俄罗斯的优先战略方向,中国是俄罗斯在该地区的优先合作伙伴。2013年提出的"一带一路"倡议的一个重要目的就是强化区域合作。中俄地区性的合作涉及多方面内容,两国建立了"长江—伏尔加河"区域合作机制。俄罗斯东部地域广阔,紧邻中国,是中俄最早、最重要的区域合作地区。本章着重研究中俄这一区域合作。为了更好地研究两国在这一地区合作发展的潜力,笔者在较为详细地论述俄罗斯东部地区的社会经济基本情况的基础上,分析中俄区域合作的进程、结构、存在的问题与今后发展的趋势。

第一节　俄罗斯东部地区经济区概况

俄罗斯共有8个联邦区,但按照自然资源分布状况及经济发展水平和未来发展前景,全俄被划分成12个相互关联的经济区。俄罗斯东部地区主要指西伯利亚联邦区和远东联邦区,按照经济概念划分成东西伯利亚经济区、西西伯利亚经济区和远东经济区。经济地区和经济地带划分和设置的目的就是管理地方经济和统计经济数据,同时也考虑到有利于环境保护的原则,有利于民族区域自治管理和促进合理的国际分工等因素。

一 东西伯利亚经济区

东西伯利亚经济区（以下简称"东西伯利亚"）是俄罗斯东部地区第二大经济区，由四个联邦主体组成：图瓦共和国、哈卡斯共和国、克拉斯诺亚尔斯克边疆区和伊尔库茨克州。经济区的中心在伊尔库茨克和克拉斯诺亚尔斯克。经济区面积为337.18万平方千米，占全俄面积的19.7%；人口约为613.99万人，人口密度为每平方千米1.82人。其中，男性有285.86万人，占总人口的46.6%；女性有328.14万人，占总人口的53.4%。经济区拥有城市55个、城镇88个。经济区占地面积辽阔，经济成分分配不均衡。图瓦共和国、哈卡斯共和国和伊尔库茨克州三个联邦主体面积之和仅占克拉斯诺亚尔斯克边疆区的42.5%，但人口是其1.1倍。克拉斯诺亚尔斯克边疆区的人口密度为每平方千米1.2人，南部三区为每平方千米3.2人，基本相当于北部地区的2.7倍，而靠近北极地区的人口更少，人口密度为每百平方千米平均不到2人。东西伯利亚是多民族经济区，南部有布里亚特人、图瓦人、哈卡斯人、鞑靼人、托法拉尔人等，北方则居住着鄂温克人、埃文人、多尔甘人、涅涅茨人等。俄罗斯族在克拉斯诺亚尔斯克边疆区和伊尔库茨克州的占比超过90%，图瓦共和国人口最多的是图瓦人，占人口的82%。[①] 俄罗斯经济转轨以来，由于居民生活水平急剧下降，造成出生率下降、死亡率上升，居民平均寿命缩短，人口趋于老龄化，人口停止自然增长和机械增长。由于失业率上升，生活条件恶化，造成人口外流。该地区未来经济发展将不可避免地遇到劳动力短缺和人口质量下降的问题。

从表13-1中可以看出，2018—2021年，全俄及东西伯利亚地区的居民收入大体上呈增长态势。其中，全俄2021年增长3.9个百分点，历年增幅最大；西伯利亚联邦区2021年增长1.9个百分点。2019年，图瓦共和国增长3.4个百分点，在四个联邦主体中增幅最大。2022年，只有图瓦共和国与克拉斯诺亚尔斯克边疆区呈增长态势，分别增长1.6个百分点与1.3个百分点。

---

① Регионы России. Новые характеристики субъектов Российской федерации, Статистический сборник, Москва, 2019.

表13-1　2014—2022年东西伯利亚经济区居民收入与前一年的比值　（单位:%）

	2014年	2015年	2016年	2017年	2018年	2019年	2020年	2021年	2022年
全俄	99.2	96.4	95.5	99.8	101.1	101.9	98.6	103.9	98.5
西伯利亚联邦区	97.4	97.8	95.3	99.9	101.6	101.3	102	101.9	99.5
图瓦共和国	97.5	99.2	91.3	98.2	101.7	103.4	110.9	103.0	101.6
哈卡斯共和国	99.3	96.3	97.2	100.4	103.0	99.5	100.8	100.3	95.9
克拉斯诺亚尔斯克边疆区	95.1	98.6	97.7	100.6	101.4	100.6	99.9	102.3	101.3
伊尔库茨克州	97.5	97.2	95.1	100.5	100.3	101.6	100.2	102.1	99.3

资料来源：Денежные доходы населения. Регионы России，Социально-экономические показатели，Статистический сборник，Москва，2023。

东西伯利亚地区交通便利，西伯利亚铁路横亘其中，主要城市都与铁路相连。哈卡斯共和国铁路密度在东西伯利亚地区最高，2016—2022年一直保持在每万平方千米108千米，而伊尔库茨克州和克拉斯诺亚尔斯克边疆区则分别是32千米和9千米，西伯利亚联邦区平均为25千米，全俄是51千米。公路运输是该地区的主要运输方式之一，近年来，公路货运量也发生了很大的变化。从表13-2中可以看出，2016—2022年，全俄公路货运量增加了15.1%，东西伯利亚地区增长了4.1%，增幅比全俄低11个百分点。东西伯利亚地区除了克拉斯诺亚尔斯克边疆区下降了26.7%之外，其余三个联邦主体货运量都呈增长态势。其中，图瓦共和国的增幅达到10倍以上。

表13-2　　2016—2022年东西伯利亚经济区公路货运量

	2016年	2017年	2018年	2019年	2020年	2021年	2022年
全俄（亿吨）	53.96	54.03	55.44	57.35	54.04	55.81	62.11
东伯利亚联邦区（万吨）	12990	13720	12170	13580	13760	12610	13430
图瓦共和国（万吨）	50	40	150	1600	730	600	580
哈卡斯共和国（万吨）	670	820	1290	600	710	740	610
伊尔库茨克州（万吨）	7930	7820	7060	7810	8810	7850	9060
克拉斯诺亚尔斯克边疆区（万吨）	4340	5040	3670	3570	3510	3420	3180

资料来源：Перевозки грузов и грузооборот автомобильного транспорта организаций всех видов деятельности，Социально-экономические показатели，Статистический сборник，Москва，2022—2023。

东西伯利亚硬面公路里程都呈下降趋势，其中下降幅度最大的是图瓦共和国。2005—2018年，图瓦共和国下降了43.8%，其他三个联邦主体下降的幅度都超过了10%。东西伯利亚每千平方千米硬面公路里程哈卡斯共和国最多，2018年为93千米。其次分别是伊尔库茨克州、图瓦共和国与克拉斯诺亚尔斯克边疆区，分别为32千米、21千米与12千米。2018年每10万人拥有汽车数量，除了哈卡斯共和国以外，其他联邦主体都超过100辆。其中，图瓦共和国达到193辆，在全俄位居第六。在东西伯利亚运输方式方面，还有航运及管道运输。管道运输近年来增长较快，尤其是中俄石油管道复线开通后，通过泰舍特—斯科沃罗季诺管道运输，每年可向中国运输3000万吨原油。同时，东线天然气管道已经建设完成，2019年12月2日开始正式向中国供气。按照合同约定，每年可为中国提供380亿立方米的天然气。

东西伯利亚拥有密集的河流，河流总长度达到70万千米，几乎所有的河流都流向北冰洋。叶尼塞河和勒拿河是世界最大的河流之一，河流发源于南部山区，向北注入北冰洋。叶尼塞河的长度为3487千米，居世界第五位，排在亚马孙河、尼罗河、长江和密西西比河之后。叶尼塞河流域面积为258万平方千米，在俄罗斯排名第二，仅次于鄂毕河，在世界排名第七。大小叶尼塞河在克孜勒市汇合，成为西伯利亚东西部的天然分界线。叶尼塞盆地由三个完全不同的部分组成。在上游，河流四面环山；在中下游，河床是西伯利亚低洼地区与西伯利亚中部高原之间的边界。叶尼塞河是克拉斯诺亚尔斯克地区最重要的航道，巨大的深度使船只可以航行叶尼塞近1000千米。主要货物流从克拉斯诺亚尔斯克流向杜丁卡，主要港口和码头有阿巴坎、克拉斯诺亚尔斯克、斯特雷尔卡、马克拉科沃、叶尼塞斯克、图鲁汉斯克、伊加尔卡、乌斯特港。海上船只可上升到伊加尔卡，建造了独特的升船机，以将船只从克拉斯诺亚尔斯克水力发电厂下池引导至上池。东西伯利亚贝加尔湖是世界上最清澈和最深的淡水湖（深1637米），面积为3.15万平方千米，有336条河注入该湖，湖海岸线长度为2100千米，湖面上有27个岛屿，其中最大的岛屿是奥尔洪岛。贝加尔湖渔业资源丰富，主要有鲈鱼、河鳟、梭子鱼、伊德鱼、白鲑等珍贵鱼类。20世纪80年代的过度捕捞，对鱼群的生存环境产生了一定的影响。

东西伯利亚经济区工业基础雄厚，主要利用当地资源发展矿山开采业和加工业。东西伯利亚拥有大量的铁矿石，有色金属和稀有金属，如砂金、钻石、石墨、云母与各种化学工业原料和建筑材料,是俄罗斯联邦矿产资源最丰富的地区之一。

2022年,图瓦共和国采掘业和加工业产值为310多亿卢布。其中,矿山开采业占95%以上,电力、天然气和水资源等的产值为48.8亿卢布。2005—2022年,工业增长指数持续增加,由2005年的0.2%上升到2022年的37.4%。在整个工业系统中,采掘业增长速度最快,2022年比2021年增长47.6%,加工业同比增长16.6%。2022年,农业产品产值为86.24亿卢布,在全俄处于第75位。2005—2022年,粮食产量一直为1万—2万吨,2021年最高产量达到2.21万吨,2015年最低产量为0.25万吨。这个时期,蔬菜产量的绝对值增幅不大,2022年比2005年增长了14.6%,马铃薯产量下降了2.8%(见表13-3)。

表13-3　　　2005—2022年图瓦共和国农牧业发展状况　　　(单位:万吨)

	2005年	2010年	2015年	2020年	2021年	2022年
粮食	1.45	2.04	0.25	1.95	2.21	1.25
马铃薯	10.6	11.0	9.8	11.1	10.8	10.3
蔬菜	0.41	0.35	0.24	0.35	0.42	0.47

资料来源:Сельское хозяйство Основные показатели сельского хозяйства, Социально-экономические показатели, Статистический сборник, Москва, 2023。

2018—2022年,除了哈卡斯共和国与克拉斯诺亚尔斯克边疆区工业增长下降以外,其他地区都呈上升趋势,其中增幅最大的是图瓦共和国,伊尔库茨克州略有增长(见表13-4)。

表13-4　　　2018—2022年东西伯利亚地区工业增长率　　　(单位:%)

	2018年	2020年	2021年	2022年
图瓦共和国	98.3	63.3	105.8	137.4
哈卡斯共和国	107.2	104.1	106.7	92.1
克拉斯诺亚尔斯克边疆区	107.4	91.7	98.1	103.3
伊尔库茨克州	101.2	102.7	101.2	102.5

资料来源:Индексы промышленного производства, Социально-экономические показатели, Статистический сборник, Москва, 2023。

2021年,西伯利亚联邦区的外贸额为514.4亿美元,与2020年相比增长了118.2亿美元,增长率为29.8%。西伯利亚联邦区与世界上160多个国家和地区建立了贸易往来,中国是其最大的贸易伙伴,占联邦区贸易额的20%。

从表13-5中可以看出,2021年东西伯利亚地区的对外贸易额为235.9亿美元,约占西伯利亚联邦区贸易总额的45.9%。最大的贸易体仍是伊尔库茨克州和克拉斯诺亚尔斯克边疆区,二者进出口贸易之和占整个地区的86.2%。中国是东西伯利亚地区最大的贸易伙伴,在图瓦共和国与伊尔库茨克州的占比都超过40%。中国进口西伯利亚地区的产品主要包括有色金属、黑色金属、木材、粮食和能源类,出口主要是机器设备,其占出口总额的四成以上,另外还有金属、消费品和食品等。

表13-5　　　　2021年东西伯利亚地区对外贸易情况　　　　（单位：亿美元）

	贸易额	非独联体国家		独联体国家	
		出口	进口	出口	进口
东西伯利亚	235.9	177.1	43.9	6.6	8.3
图瓦共和国	1.54	0.5	0.11	0.91	0.02
哈卡斯共和国	31.0	26.2	4.1	0.6	0.09
克拉斯诺亚尔斯克边疆区	98.3	68.61	23.7	3.0	3.0
伊尔库茨克州	105.1	81.8	16.1	2.0	5.2

资料来源：根据西伯利亚海关统计资料整理。

二　西西伯利亚经济区

西西伯利亚经济区（以下简称"西西伯利亚"）包括鄂木斯克州、托木斯克州、新西伯利亚州、克麦罗沃州、阿尔泰边疆区、阿尔泰共和国六个联邦主体。北起北冰洋,南同中国、蒙古国相邻,西同乌拉尔经济区,东同东西伯利亚经济区接壤。经济区面积为98.99万平方千米,区内有59个城市、68个城镇。俄罗斯是一个多民族国家,生活在西西伯利亚的除了俄罗斯人,还有西伯利亚小民族,主要是汉特、涅涅茨、曼西、西伯利亚鞑靼人和阿尔泰人等。这些民族大多都是西伯利亚地区原住民,公元

16世纪俄罗斯人越过乌拉尔山，这些民族逐渐归附俄罗斯统治。进入21世纪，西伯利亚联邦区近年来经济增长缓慢，但GDP总额呈增长态势，2021年比2005年增长了3倍多，2021年占全俄的4.8%。虽然西西伯利亚地区联邦主体的数量多于东西伯利亚地区，但GDP总额基本持平。2021年，西西伯利亚地区生产总值占西伯利亚联邦区的52.2%。2021年超过10000亿卢布的只有克麦罗沃州和新西伯利亚州，二者之和占西西伯利亚总额的50.8%，占西伯利亚联邦区的30.3%。GDP总量最低的是阿尔泰共和国，2021年只有713亿卢布，只占西西伯利亚地区的1.2%（见表13-6）。

表13-6　2005—2021年西西伯利亚经济区生产总值

（单位：万亿卢布，亿卢布）

	2005年	2010年	2015年	2016年	2017年	2018年	2019年	2020年	2021年
全俄	18.03	37.69	65.75	69.24	74.93	90.20	95.06	94.41	121.10
西伯利亚联邦区	19512	41313	68215	70966	77576	45503	45182	44538	59014
阿尔泰共和国	88	224	422	443	446	541	570	628	713
阿尔泰边疆区	1357	3029	4879	5019	5087	5797	6281	6641	8454
克麦罗沃州	2954	6259	8433	8653	10581	12664	11102	10451	18074
新西伯利亚州	2354	4841	10216	10469	11409	13016	13329	13583	16170
鄂木斯克州	2207	3826	6181	6215	6510	7361	7721	7703	8541
托木斯克州	1596	2847	4714	4801	5110	6124	6179	5532	7062

资料来源：Валовой региональный продукт, Социально-экономические показатели, Статистический сборник, Москва, 2022—2023。

2022年，居民月现金收入最高的是新西伯利亚州，月平均收入达到39845卢布，超出西伯利亚联邦区平均收入的18.9%，在全俄排第26位；其次是托木斯克州，月平均收入为34766卢布，在全俄排第47位（见表13-7）。

表 13 - 7　　2010—2022 年西西伯利亚经济区居民月平均收入　　（单位：卢布）

	2010 年	2014 年	2015 年	2016 年	2017 年	2018 年	2019 年	2020 年	2021 年	2022 年
全俄	18958	27412	30254	30865	31897	33178	35506	36240	40272	44937
西伯利亚联邦区	15007	21256	23535	23815	24532	25642	25842	26482	29010	33511
阿尔泰共和国	13536	16958	17872	17933	18584	19503	20256	21683	23798	27940
阿尔泰边疆区	11029	18291	20860	21256	22139	22829	23993	23917	26010	31145
克麦罗沃州	15341	19851	21879	21345	22141	23166	24890	25441	28048	32627
新西伯利亚州	16276	23379	25541	26783	27698	28852	30566	31606	35261	39845
鄂木斯克州	15199	23374	25283	24713	24707	25431	26970	27377	29972	34747
托木斯克州	15070	24333	26827	26165	26697	27296	28381	28871	30976	34766

资料来源：Среднедушевые денежные доходы населения（в месяц；рублей），Социально-экономические показатели，Статистический сборник，Москва，2022 - 2023。

在工资收入方面，西西伯利亚地区与全俄相比差距较大。2022 年，西伯利亚联邦区月平均工资只占全俄的 76.4%。西西伯利亚地区工资在西伯利亚也处于偏低水平，除了克麦罗沃州、托木斯克州和新西伯利亚州以外，其他各联邦主体的工资都低于西伯利亚联邦区的平均水平。即使是工资水平最高的托木斯克州，其月均工资也比全俄低 12 个百分点。其中，阿尔泰边疆区月平均工资最低，分别占西伯利亚地区和全俄的 78.7% 和 60.1%。原因在于，一方面地处偏远，工资收入偏低；另一方面，近年来俄罗斯经济一直不景气，影响了工资收入。2010—2022 年，全俄月均工资增长了 2.1 倍，基本与西伯利亚地区增长持平。各个联邦主体的增幅差距也不大，基本接近或稍有超出（见表 13 - 8）。

表 13 - 8　　2010—2022 年西西伯利亚经济区劳动者月平均工资　　（单位：卢布）

	2010 年	2015 年	2016 年	2017 年	2018 年	2020 年	2021 年	2022 年
全俄	20952	34030	36709	39167	43724	51344	57244	65338
西伯利亚联邦区	18658	29616	31569	33718	37807	39643	43377	49914
阿尔泰共和国	14236	22903	25083	26316	30953	36269	39806	43974
阿尔泰边疆区	12051	20090	21202	22743	25519	30072	33872	39270

续表

	2010年	2015年	2016年	2017年	2018年	2020年	2021年	2022年
克麦罗沃州	18028	28263	30115	32648	38023	43429	48313	57653
新西伯利亚州	18230	28046	30151	32287	35686	41534	46167	53757
鄂木斯克州	16708	27234	28163	29751	32613	37828	41152	46952
托木斯克州	21450	34041	36032	37518	41901	48730	50955	57879

资料来源：Среднемесячная номинальная начисленная заработная плата работников организаций, Социально-экономические показатели, Статистический сборник, Москва, 2023。

西西伯利亚地区近年来在教育、医疗和社会治安等方面也取得了积极成果。2022年，西西伯利亚经济区接受幼儿教育的有51.28万人，占全俄的7.3%。其中，新西伯利亚州和克麦罗沃州都超过10万人，超过5万人的分别是阿尔泰边疆区和鄂木斯克州。阿尔泰共和国人数最低，只有1.4万人接受幼儿教育。2005—2022年，全俄幼儿教育人数增长54%，而新西伯利亚经济区则增长59.1%，二者基本持平（见表13-9）。

表13-9　2005—2022年西西伯利亚地区接受幼儿教育人数　（单位：万人）

	2005年	2010年	2015年	2020年	2021年	2022年
全俄	453.0	538.8	715.1	744.3	734	700.8
西西伯利亚联邦区	32.24	41.34	56.43	55.77	54.35	51.28
阿尔泰共和国	0.68	0.84	1.32	1.48	1.41	1.4
阿尔泰边疆区	6.68	8.78	10.97	10.54	10.25	9.67
克麦罗沃州	9.14	11	14.65	13.47	12.75	11.89
新西伯利亚州	7.02	9.48	13.68	14.68	14.73	14.02
鄂木斯克州	5.44	7.05	10.26	9.99	9.66	9.14
托木斯克州	3.28	4.19	5.55	5.61	5.55	5.16

资料来源：Образование, Социально-экономические показатели, Статистический сборник, Москва, 2023。

在基本建设投资方面，2005—2021年，西伯利亚联邦区总体呈增长态势。2011—2021年，全俄吸引外资下降了19.9%，西西伯利亚经济区却增长了15.8%，主要是克麦罗沃州吸引外资的力度比较大。其余联邦主体都呈下降趋势,下降幅度最大的是阿尔泰边疆区,下降了98.8%,鄂木斯克州和托木斯克州也分别下降了88.3%和87.7%(见表13-10)。

表13-10　　　　2011—2021年西西伯利亚经济区吸引外资　　　(单位:亿美元)

	2011年	2014年	2015年	2016年	2017年	2018年	2020年	2021年
全俄	2351	1464	1339	1377	1504	1401	2069	1882
西西伯利亚经济区	25.2	16.43	13.72	13.2	17.59	17.2	15.29	29.18
阿尔泰边疆区	3.44	0.18	0.09	0.38	0.45	0.7	0.24	0.04
克麦罗沃州	8.33	4.77	6.99	8.72	14.26	7.55	9.26	24.65
新西伯利亚州	4.49	7.78	2.6	1.84	1.79	4.26	4	3.4
鄂木斯克州	1.37	0.48	0.19	0.32	0.05	1.16	0.55	0.16
托木斯克州	7.57	3.22	3.85	1.94	1.04	3.53	1.24	0.93

资料来源:Поступление прямых иностранных инвестиций в российскую федерацию, Социально-экономические показатели, Статистический сборник, Москва, 2023。

与全俄和西伯利亚地区呈增长态势不同,2010—2021年,西西伯利亚地区对外贸易发展出现地区不平衡。新西伯利亚州、阿尔泰边疆区和克麦罗沃州增长态势明显,分别增长1.1倍、74.2%和44.4%,而其他的联邦主体都呈下降趋势。其中,鄂木斯克下降了87.9%,下降幅度最大(见表13-11)。2021年,西西伯利亚经济区对外贸易额为219亿美元,比2020年增加了45亿美元。2010—2021年,全俄与非独联体国家的贸易额增长了23%,西西伯利亚经济区仅增长了7.9%。在整个贸易伙伴中,中国一直是西西伯利亚经济区重要的贸易伙伴,贸易额占1/5左右,其次是荷兰、日本和韩国等。

表13-11　　　　2010—2021年西西伯利亚经济区与非独联体
国家贸易情况　　　　　　　　(单位:亿美元)

	2010年	2015年	2017年	2018年	2019年	2020年	2021年
全俄	5346	4601	5123	4158.8	6720	4957	6867
西西伯利亚经济区	203	124	176	215	214	174	219

续表

	2010 年	2015 年	2017 年	2018 年	2019 年	2020 年	2021 年
阿尔泰共和国	0.7	0.5	0.3	0.33	0.4	0.41	0.33
阿尔泰边疆区	4.3	3.9	5.9	6.8	8.19	7.23	7.49
克麦罗沃州	96.8	91.5	127.9	154.1	142.6	110	139.8
新西伯利亚州	28.5	20	33.4	42.5	48.9	45.4	59.05
鄂木斯克州	65.1	4.9	5.6	7.9	9.8	7.17	7.89
托木斯克州	7.7	3.6	3.0	3.6	3.79	3.82	4.2

资料来源：Внешняя торговля, Социально-экономические показатели, Статистический сборник, Москва, 2023。

西西伯利亚地区资源储量非常丰富，拥有世界主要的矿产品资源。工业以能源、钢铁及机械制造（动力、矿山机械、拖拉机）为主。石油、天然气的储量和产量都非常丰富，煤炭和钢铁工业在俄罗斯占有重要地位，还有化学、有色冶金、森林工业及食品工业。小麦为主要粮食作物。畜牧业发达，以牛、猪、羊为主。

三 远东经济区

远东经济区在全俄地理位置优越，临近中日韩等东北亚国家，也是近年来世界经济发展最活跃的地区之一。2018 年，西伯利亚联邦区的后贝加尔边疆区与布里亚特共和国划归远东联邦区之一，使远东联邦区无论是土地面积还是资源储量，都居全俄首位，特别是俄罗斯实施远东开发战略，又进一步促进了远东经济的发展。远东经济区共有 11 个联邦主体，分别是滨海边疆区、哈巴罗夫斯克边疆区、阿穆尔州、布里亚特共和国、后贝加尔边疆区、萨哈（雅库特）共和国、萨哈林州、马加丹州、堪察加边疆区、犹太自治州和楚科奇自治区。

苏联解体后，远东经济区的居民生活陷入困顿，很多年轻人离开了远东，到俄罗斯欧洲地区谋生；同时由于酗酒和气候寒冷等原因，远东经济区人口大幅度下降，出生率低于死亡率，直到今天远东经济区人口下降的趋势也没有得到很好的遏制。相比于其他地区，远东地区的就业率达到了 65.1%，比全俄高出 2.3 个百分点。从分配比例来看，农村人口就业率为 59.4%，比全俄高出 1.2 个百分点，城市人口比全俄高出 2.7 百分点。从

2010 年开始，远东经济区就业人数出现连续下降的趋势，十多年间下降了 5.3%，而全俄这一时间基本没有太大变化。整个远东经济区除了萨哈（雅库特）共和国就业人数增长 5.6% 以外，其他各联邦主体的就业人数都不同程度地下降，其中下降幅度最大的是后贝加尔斯克边疆区，下降了 8.6 个百分点（见表 13 - 12）。

表 13 - 12　　　　　2010—2022 年远东经济区就业人数　　　　（单位：万人）

	2010 年	2014 年	2015 年	2016 年	2017 年	2018 年	2020 年	2021 年	2022 年
全俄	7149	7208	7242	7207	7184	7156	6955	7081	7122
远东联邦区	414	410	405	407	404	403	390	395	392
布里亚特共和国	40.1	40.5	39.8	39.1	38.2	38.2	35.2	37.1	36.6
萨哈（雅库特）共和国	48.2	48.2	48.2	48.3	49.2	49.7	49.2	49.6	50.9
后贝加尔边疆区	48.8	48.0	47.5	47.4	46.7	46.7	45.2	45.7	44.6
堪察加边疆区	16.9	16.9	17.0	16.6	16.5	16.3	16.7	17.2	16.5
滨海边疆区	97.5	96.8	96.5	98.6	97.4	97.1	92.4	93.6	92.8
哈巴罗夫斯克边疆区	69.2	70.4	68.3	69.2	69.1	69.2	66.6	67.4	67
阿穆尔州	42.3	40.6	39.3	39.6	39.1	38.8	38.1	38.1	38.3
马加丹州	9.9	9.6	9.5	9.2	9.3	9.2	8.9	9.0	8.7
萨哈林州	29.2	29.0	28.8	28.4	28.3	28.0	27.5	27.1	27.5
犹太自治州	7.7	7.1	7.0	7.0	6.7	6.5	6.4	6.2	6.3
楚科奇自治区	3.7	3.3	3.3	3.2	3.4	3.3	3.3	3.5	3.3

资料来源：Среднегодоваячисленностьзанятых. РегионыРоссии, Социально-экономическ-иепоказатели, Статистический сборник, Москва, 2023。

分析调查样本，2022 年远东地区失业人口为 20.1 万人，同比减少了 11 个百分点，占全俄失业人口的 7.1%。失业人口最多的是滨海边疆区和后贝加尔边疆区，分别为 3.3 万人和 4.5 万人。

从表 13 - 13 中可以看出，这一时期远东经济区居民收入都呈增长态势。其中，全俄增长 1.3 倍，远东经济区增长速度与全俄持平。从月平均工资收入水平来看，2022 年远东经济区在全俄排第 3 位，楚科奇自治区收入最高，在全俄排第 2 位，而布里亚特共和国与犹太自治州收入最低，分别处于第 59 位与第 39 位，排在第 30 位以后的还有后贝加尔边疆区，处于第 36 位（见表 13-13）。

表 13-13　　　2010—2022 年远东经济区月平均收入　　　（单位：卢布）

	2010 年	2015 年	2016 年	2018 年	2020 年	2021 年	2022 年
全俄	18958	30254	30865	33178	36240	40304	44937
远东联邦区	20807	35019	35785	35478	39086	42454	48613
布里亚特共和国	14271	23858	23723	24081	26222	28314	32823
萨哈（雅库特）共和国	23088	37013	38863	42669	46344	50369	57715
后贝加尔边疆区	14205	22014	22080	23992	27048	29833	36183
堪察加边疆区	27010	42818	43849	48758	55381	60791	70769
滨海边疆区	17298	31072	31265	34619	37349	40843	45834
哈巴罗夫斯克边疆区	22479	35460	36565	39084	41751	44101	49523
阿穆尔州	14323	28240	27976	30937	35508	39626	44900
马加丹州	27801	50750	51367	59774	70982	80979	94060
萨哈林州	30727	47872	49468	53783	60797	63854	73820
犹太自治州	15348	23759	23069	24696	28126	30297	35493
楚科奇自治区	38147	63308	67706	78812	89548	99912	114456

资料来源：Среднедушевые денежные доходы населения. Регионы России, Социально-экономические показатели, Статистический сборник, Москва, 2023.

远东地区远离俄罗斯经济中心俄欧地区，同时气候寒冷及其他自然因素导致远东地区经济发展水平和 GDP 总额与其他地区相比有很大的差距。

从发展趋势分析，十多年来，远东经济区的生产总值按照现在的价格增长了 2.5 倍，2021 年占全俄的 6.1%，比 2010 年增长了 0.1 个百分点。2021 年，远东经济区超过 1 万亿卢布的只有萨哈（雅库特）共和国、滨海边疆区、萨哈林州三个联邦主体，其 GDP 总和占整个远东地区的 56.4%（见表 3-14）。2021 年，远东人均 GDP 为 90.4 万卢布，同比增长 22.7%。从人均 GDP 来看，远东经济区在全俄排第 3 位，仅次于乌拉尔联邦区和中央联邦区。同时，远东经济区在家庭消费方面也高于全俄平均水平。

表 13-14　　　　2010—2021 年远东经济区生产总值状况　　　（单位：亿卢布）

	2010 年	2014 年	2015 年	2016 年	2017 年	2019 年	2020 年	2021 年
远东联邦区	21107	32135	35834	37083	38783	59706	60375	73735
萨哈（雅库特）共和国	3868	6581	7476	8627	9166	12277	11337	16155
堪察加边疆区	1031	1458	1754	1971	2016	2793	2964	3375
滨海边疆区	4707	6424	7176	7392	7778	10693	11056	13089
哈巴罗夫斯克边疆区	3536	5393	5958	6274	6659	8052	8569	9872
阿穆尔州	1787	2321	2774	2711	2661	3956	4493	5309
马加丹州	597	970	1258	1484	1576	2144	2851	3147
萨哈林州	4877	7992	8375	7487	7712	11722	10017	12343
犹太自治州	316	419	446	460	526	568	631	787
楚科奇自治区	390	578	617	677	688	950	1199	1361

资料来源：Валовой региональный продукт. Регионы России, Социально-экономические показатели, Статистический сборник, Москва, 2023。

远东经济区地域辽阔，除了南部地区交通比较方便以外，北部地区由于气候寒冷和经济发展水平不高，交通非常不便。既没有铁路，也没有公路。有的公路只能冬季通行，夏季不能使用。因此，楚科奇自治区和萨哈（雅库特）共和国一些地区只能依靠空中交通。2022 年，远东经济区铁路运输货物约 1.19 亿吨，占全俄铁路货运总量的 8.8%。2010—2022 年，铁路货运量增长比较快的是布里亚特共和国，2022 年比 2010 年增长了 66.7%（见表 13-15）。2022 年运量在 1500 万吨以上的主要有 5 个主体，分别是阿穆尔州、哈巴罗夫斯克边疆区、滨海边疆区、后贝加尔边疆区和布里亚特共和国，运量分别为 2480 万吨（占远东的 20.9%）、2200 万吨（占远东的 18.5%）、2180 万吨（占远东的 18.4%）、1720 万吨（占远东的 14.5%）和 1650 万吨（占远东的 13.9%）。

表 13-15　　　　　2010—2022 年远东经济区铁路货运量　（单位：亿吨，万吨）

	2010 年	2014 年	2015 年	2016 年	2017 年	2018 年	2020 年	2021 年	2022 年
全俄	13.1	13.7	13.3	13.3	13.8	14.1	13.6	14.0	13.5
远东联邦区	9000	8430	8550	8310	9000	9090	9440	10840	11860
布里亚特共和国	990	1550	1480	1610	1610	1670	1670	1380	1650
萨哈（雅库特）共和国	840	1070	1060	1250	1360	980	860	940	1020
后贝加尔边疆区	1220	1030	950	950	1150	1270	1530	1570	1720
滨海边疆区	1450	1390	1360	1200	1370	1370	1440	1870	2180
哈巴罗夫斯克边疆区	2020	2130	2160	2040	2110	2190	2120	2340	2200
阿穆尔州	2150	1050	1350	1040	980	1130	1280	2160	2480
萨哈林州	250	130	110	110	120	110	140	150	140
犹太自治州	90	90	80	110	290	370	410	430	460

资料来源：Отправление грузов и пассажиров железнодорожным транспортом общего пользования，плотность железнодорожных путей общего пользования. Регионы России，Социально-экономические показатели，Статистический сборник，Москва，2023。

在客运方面，远东近年来呈下降趋势。2022 年，远东经济区客运人数只有 1412.2 万人，比 2010 年减少了一半以上，而这一时期全俄减少了 20.7%。其中，下降幅度最大也是整个远东地区客流量最大的滨海边疆区，其占远东经济区的 40.1%，下降了 46.2%。2022 年，其客运量只有 566.9 万人。全俄每万平方千米铁路的密度为 51 千米，而远东地区仅为 17 千米，占全俄的 33.3%，毗邻的西伯利亚联邦区为 25 千米。铁路密度较大的是犹太自治州、萨哈州和滨海边疆区，分别为 114 千米、96 千米和 95 千米；萨哈（雅库特）共和国只有 2 千米。

与西伯利亚经济区相同，远东经济区矿产资源丰富，尤其钻石和黄金的储量居世界前列。萨哈（雅库特）共和国资源储量丰富，木材蓄积量超过 110 亿立方米，矿产资源还有金刚石、黄金、石炭、锡矿、磷灰石等。远东经济区资源储量丰富世人皆知，只是由于开发难度大，开采费用高，特别是矿区基础设施薄弱，很多地方没有铁路，甚至汽车也不能保证全年通车，严重制约了远东经济区矿产资源的开发和利用。

远东地区也是俄罗斯的重要工业基地，尤其苏联时期在远东建立系列大型工业企业，形成了远东工业发展的基础，如共青城飞机制造厂，生产世界先进战机 Su-27 和 Su-57 等多种机型。2018—2022 年，远东经济区工业增加值的增长率呈下降趋势，2022 年同比下降 6.7 个百分点，比 2018 年下降 8.3 个百分点（见表 13-16）。在政府的支持下，远东地区新启动 337 个项目。2020 年，2000 多个项目正在实施，吸引私人投资超 1 万亿卢布，创造了超 54000 个就业岗位。俄远东地区正在建立一些大型企业，推动当地产业发展和财政增收。例如，阿穆尔州的天然气加工厂、犹太自治区的基姆坎—苏塔拉采矿选矿厂、外贝加尔边疆区的乌多坎选矿厂、楚科奇自治区的巴依姆矿等。①

表 13-16　　　2018—2022 年远东经济区工业增加值增长率　　　（单位：%）

	2018 年	2020 年	2021 年	2022 年
远东联邦区	104.8	96.0	103.2	96.5
布里亚特共和国	103.7	113.2	101.8	111.7
萨哈（雅库特）共和国	109.0	95.3	114.4	113.3
后贝加尔边疆区	103.1	99.5	108.5	102.4
堪察加边疆区	109.6	95.1	112.3	85.4
滨海边疆区	101.0	80.5	122.2	99.8
哈巴罗夫斯克边疆区	100.6	100.2	110.0	103.5
阿穆尔州	97.6	95.7	108.9	102.8
马加丹州	109.5	105.7	106.0	101.1
萨哈林州	105.5	96.9	88.6	76.8
犹太自治州	107.8	102.4	96.9	107.0
楚科奇自治区	101.0	101.0	103.6	86.8

资料来源：Индексы промышленного производства, Социально-экономические показатели, Статистический сборник, Москва, 2019。

2019 年，远东经济区的外贸额为 371.6 亿美元，与 2018 年相比增加了 26.8 亿美元，增长率为 7.8%，与世界上 170 多个国家和地区建立了贸易往来。长期以来，中日韩占据远东经济区最大贸易伙伴的地位非但没有

---

① 俄远东联邦区工业产值五年来的增速达 32.4%，数据来源于中俄资讯网（www.chinaru.info）。

改变，反而所占份额越来越大。2019年，中日韩三国占远东对外贸易额的比重为75.1%。中国是远东联邦区最大的贸易伙伴，贸易额为104.7亿美元，占联邦区贸易额的28.2%；韩国位居第二，贸易额为101.2亿美元，占27.2%；日本处于第三位，贸易额为73.1亿美元，占19.2%。[①] 远东地区与世界主要经济组织贸易往来密切，其中与亚太经合组织、经合组织和欧盟的贸易额分别为303亿美元、214.3亿美元和27.9亿美元。

在俄罗斯的出口贸易伙伴中，韩国排第一，俄罗斯出口韩国的贸易额为92.4亿美元，占总出口贸易额的32.7%；中国处于第二位，占22.4%。2020年前10个月，俄罗斯对中国农产品的出口总额达32亿美元，同比增长24%，占俄罗斯出口总额的13.9%。中国已经成为俄罗斯农产品的重要出口国，特别是冷冻鱼（占出口的37%）、葵花籽油（占出口的16.4%），还有豆油、禽肉和虾蟹等，双方的贸易合作在新冠疫情下也没有受到太大影响，这在整个世界经济大滑坡的背景下实属不易。

第二节　中俄区域经贸合作发展历程与结构特点

自苏联解体至今，中俄两国区域经贸合作30多年，贸易规模由小变大，范围由沿边向内陆转移，合作领域也不断拓宽。中俄两国的区域合作在一定程度上有利于中俄全面关系的深入发展，促进沿边地区的人文合作和交流，同时促进了东北地区沿边经济社会的发展。绥芬河在开展对俄边贸之前只是边陲小镇，现在已经发展成十几万人口的沿边城市，GDP增长20倍，已经成为黑龙江省最富裕的城市之一。吉林省珲春市在对俄区域合作中也得到了快速发展，尤其在2009年吉林省长吉图开发开放先导区设立之后，珲春口岸已经成为东北地区对俄区域合作的重点口岸之一。

一　中俄区域合作发展的历史回顾

1991年苏联解体之前，在黑龙江省沿边地区开始恢复边贸活动。1988年黑河市与布拉戈维申斯克市"西瓜换化肥贸易"案例，成为苏联后期中苏两国边贸的一段佳话。

---

① Обзор внешнеэкономической деятельности Дальнего Востока за 2019 год. http://dvtu.customs.ru/index.php.

第一，自由发展边贸期（1988—1991年）。1983年，黑龙江省正式恢复对苏联边境贸易，但贸易额度非常小，直到1988年黑龙江省对俄贸易额只有1.23亿美元，比1987年增长47%。派出劳务人员1286名，主要从事建筑和装修等行业。1987年，吉林省与苏联正式开展边境贸易，当年与远东签署543万瑞士法郎的贸易合同，至1990年已经达到11123万瑞士法郎。辽宁省对俄区域合作主要还是在苏联解体之后，之前的贸易合作主要集中在对俄出口粮食和食品类。这一时期的主要特点就是苏联解体前夕，远东经济形势恶化，中俄贸易合作以易货贸易为主，而且贸易额不大。1992年，中俄贸易额只有58亿美元，其中边境贸易和地方贸易额占比60%。贸易发展缓慢的主要原因就是两国政府间没有总体的促进贸易发展的规划，相关的配套服务缺乏，尤其在诉讼裁决方面更是空白。

第二，有序发展现金贸易期（1991—2000年）。俄罗斯联邦独立后，中俄经贸关系明显好转。1991年4月，国务院颁发《关于积极发展边境贸易和经济合作促进边疆繁荣稳定的意见》，对边贸提供了很多优惠政策。同时边境贸易的发展使中国与周边国家友好相处的睦邻关系更加密切，对稳定和巩固国防等都起到了重要作用。第一轮"边贸热"在1992年达到高潮，黑龙江省与俄罗斯边境小额贸易额达9.92亿美元；进入1993年开始放缓。边境贸易的发展也极大地促进了沿边地区经济的发展和人民生活水平的提高，拓展了国内市场，促进了企业的发展以及产品销售，增加了地方财政收入，推动了第三产业的发展，创造了更多的就业机会，成为促进国家经济发展尤其是边境省区经济发展的重要补充。1996年1月，国务院下发了《关于边境贸易有关问题的通知》（国发〔1996〕第2号），该文件以国际惯例为依据，将中国边境贸易划分为边民互市贸易和边境小额贸易。至此，黑龙江省对俄边境贸易步入规范发展时期，易货贸易逐步退出历史舞台。1998年年末调整外贸政策，取消边贸进口关税减半的优惠政策，使黑龙江省对俄边贸出现了下滑，至2000年黑龙江省对俄贸易只有52万美元。

20世纪90年代，国家出台了一系列扶持措施，其中主要的优惠政策是对边境口岸的小额贸易企业，实施进口关税和进口环节税按减半征收。1996—1998年，边境小额贸易企业通过指定口岸进口原产于毗邻国家的商品（除烟、酒、化妆品以及国家规定必须照章征税的其他商品外），按法定税率减半征收进口关税和进口环节税。这一扶持政策实施后，黑龙江省边境小额贸易企业数量迅速增长，使黑龙江省对俄边境小额贸易规模不断扩大。

第三，全面发展的增长期（2000—2008年）。普京总统执政以来，俄罗斯政局趋于稳定，加之强有力的中央干预，促成了俄罗斯经济的强劲复苏，经济持续稳定增长，外汇储备有所增加。尽管与中国毗邻的俄罗斯西伯利亚及远东地区经济增长较为缓慢，但边境贸易发展总体平稳。持续回升的俄罗斯经济，为其外贸包括边贸，创造了持续发展的基础。特别是普京政府对中俄贸易高度重视，一再强调俄远东地区与中国边境城市的经贸合作，对于该地区经济发展和政治稳定具有战略意义，逐步改变以往对中俄边贸采取谨慎乃至限制的政策，不断加大鼓励政策力度，使中俄边境贸易环境得到极大改善。在中俄双方的共同努力下，中俄边境贸易出现了新一轮热潮。2000年，黑龙江对俄边境小额贸易突破10亿美元，2003年突破20亿美元，2008年达到229亿美元，比2000年上涨了20多倍。2005—2007年，吉林省对俄贸易平均以60%的速度递增。截至2007年，吉林省有业绩的对俄贸易企业已达205家，比两年前增加75家；出口超100万美元、过1000万美元的企业分别达26家、8家；吉林省累计在俄罗斯设立企业48家，投资总额近4亿美元。[①]

第四，快速繁荣发展黄金期（2009—2020年）。由于2008年的国际金融危机对中俄区域合作产生严重影响，2009年黑龙江省对俄贸易额比2010年减少了36.5%。吉林省和辽宁省也不同程度地下降。2007—2009年，辽宁省对俄贸易额分别为13.5亿美元、16亿美元和1217万美元。国际金融危机之后，中俄边境贸易得到了快速发展，黑龙江省对俄贸易额在2010年再次突破200亿美元大关，达到255亿美元，一年之后突破300亿美元大关。黑龙江省对俄贸易额第一个100亿美元用了15年时间，第二个100亿美元用了3年时间，第三个100亿美元用了1年时间，说明中俄边贸发展速度在逐年加快。与此同时，中俄边境贸易交往形式多样化，贸易方式也更为方便灵活。两国的经济技术合作也日益密切，经贸领域也在不断拓宽，特别是近几年的大型合作项目如劳务输出、工程承包等，都已成为双方经贸发展的重要方式，两国居民在边境贸易中得到切切实实的实惠。

---

① 陶丽：《中国吉林省对俄边境贸易现状与问题》，《俄罗斯中亚东欧市场》2008年第6期。

二 中俄区域合作发展的原因

第一，独特的地缘优势。中俄边境贸易发展以特殊的地缘优势和传统友谊作为基础，中俄两国共同拥有长达 4300 多千米的边境线，得天独厚的地理条件为两国经贸活动和民间贸易往来的开展提供了便利的条件。尤其是黑龙江省地处中国东北边陲，位于东北亚区域腹地，是中国对俄罗斯及其他独联体国家开展经贸合作的最大省份。黑龙江省北部和东部地区隔黑龙江、乌苏里江与俄罗斯相望，沿着黑龙江省与俄罗斯远东地区接壤的 2981 千米边界线两侧，双方坐落着 20 多个城镇。这些城镇隔江相望、水陆相连，有的铁路相接、公路相通，使黑龙江省形成了得天独厚的沿江、沿边、沿线对外开放的地缘优势。中俄两国物流通道已覆盖水陆空各领域，两国直接通航的机场数也在逐年递增。

第二，一体化国际环境。在全球经济一体化逐步加深的背景下，中俄两国不断加强中俄贸易合作的层次与高度，完全符合中俄两国的安全利益与经济利益。在经济全球化的冲击下，两国间的经贸往来日渐密切，经济利益最大化一直是两国经贸合作追求的目标。虽然近年来美国政府实施逆全球化战略，但世界经济一体化趋势不可逆转。2020 年 11 月 19 日，东盟 10 + 5 区域合作协定 RCEP 成功签署，标志着在区域组织合作方面，亚洲率先走出新冠疫情的影响，在复工复产方面走在了世界的前列。另外，俄罗斯加入世界贸易组织和远东开发措施进一步实施，对于全球贸易格局的改变与多边贸易体制的完善具有重要意义，也是中俄边境贸易繁荣发展的重要动力。

第三，资源和产品优势互补。中俄双方在经济、资源、技术和进出口商品结构方面有很明显的发展前景，发展边境贸易条件优越，尤其是俄罗斯远东地区地上、地下资源丰富。黑龙江边境口岸体系较完善，交通运输比较发达，是中国重要的商品粮基地和林业基地。中俄边境贸易的进出口商品具有互补性，双方本着"平等互利、互通有无"的原则进行交易。黑龙江省向俄罗斯边境地区出口粮食、肉类、蔬菜、纺织品、服装和日用品，从俄罗斯远东地区进口木材、钢铁、车辆、机械、电力、水泥、玻璃、化肥、纯碱和水产品等。这些均为双方短缺的商品和物资。

第四，两国稳定的政治经济关系。在中俄两国领导人和两国人民的共同努力下，中俄关系取得了巨大的成就。20 世纪 90 年代开始，中俄两国关系全面实现正常化，建立了国家和政府领导人的经常性会晤机制，建立了真正的伙伴关系和战略协作关系，签订了具有历史意义的《中俄睦邻友好合作条约》，在上海合作组织框架内实现多方面合作。从"友好国家关系"发展到"建设性伙伴关系"，再从"建设性伙伴关系"发展到"面向21世纪的战略协作伙伴关系"以及"新时代全面战略协作伙伴关系"。中俄关系的发展历程表明，两国具有广泛而坚实的合作基础，中俄关系已经进入了有史以来最健康、最稳定的发展时期，务实、创新合作成为中俄关系的主旋律。21世纪以来，中俄关系进入了实质性发展阶段，中俄两国不仅在政治互信、经贸往来、能源合作、文化交流及地区合作等领域取得重大进展，而且在国际舞台上展开了更加有效的合作，为未来中俄关系的全面推进打下了坚实基础。2015年5月，中华人民共和国和俄罗斯联邦在莫斯科发表《中华人民共和国和俄罗斯联邦关于深化全面战略协作伙伴关系、倡导合作共赢的联合声明》。两国互为最主要的贸易伙伴和最重要的战略协作伙伴，既维护了共同利益，也提高了两国的国际地位和影响力；既给两国人民带来了实实在在的好处，也促进了地区及世界的和平稳定。两国致力于经贸领域互利共赢，并取得了重大进展。中俄两国经济合作的趋势仍在继续加深。两国在能源领域的合作也取得了重大突破。区域间的合作逐年迈上新台阶，两国金融领域的合作也出现可喜成绩。2010年12月，人民币与卢布实现了挂牌交易，标志着俄罗斯成为人民币在境外挂牌交易的第一个国家，加速了两国货币的国际化进程，人民币和卢布在区域性货币结算方面扮演着重要角色，促进两国边境贸易的发展。

三 中俄区域经贸合作商品结构及特点

在长期对俄区域贸易合作中，中方一直处于逆差状态。中国进口俄罗斯以资源类商品为主，主要是矿产品、木材、化肥和纸浆等，占比超过1/3；出口俄罗斯主要是日用轻工产品，如服装、鞋类和纺织品等，这些商品在对俄区域出口贸易中居主导地位，机电产品和高新技术产品出口规模也在不断扩大。

（一）进出口贸易结构

第一，出口主要商品。东北地区对（苏联）俄罗斯的出口商品，随着时间的变化也在不断调整。20世纪80年代向苏联出口的主要是粮食、罐头和冻牛肉等。苏联解体之后，远东地区物资极度匮乏，因此服装及衣着附件、鞋类和纺织纱线、织物及制品就成为对俄出口的主要商品，占比一度达到黑龙江省出口的八成以上。机电产品比例不高，但近来机电产品和汽车及配件的出口比例有所上升。2020年，黑龙江省的对俄贸易额为973.3亿元，同比下降23.4%。汽车及机电产品对俄的出口占比有所提升，服装、蔬菜、干鲜水果、纺织服装和编织袋等占黑龙江省出口总额的50%以上，但服装和蔬菜类的比例则在下降。

第二，进口主要商品。黑龙江省自俄（苏）边境贸易进口的产品则高度集中于原油、原木、肥料、纸浆、钢材、初级形状的塑料、汽车和汽车底盘、废钢、合成橡胶、己内酰胺和纸及纸板，进口产品中缺少高科技产品及其副产品。从俄罗斯大量进口的能源和原材料产品既解决了国内基本建设物资紧缺的问题，又调剂了国内的市场需求，为保障中国"天保工程"、节能降耗政策的顺利实施奠定了基础。黑龙江省自俄罗斯进口高新技术产品的规模较小，主要是俄罗斯对高新技术的出口管制和国内配套生产能力较弱导致的。2020年，黑龙江进口俄罗斯的高新技术产品占进口额的比例不足5%。

（二）进出口贸易特点

黑龙江省与俄罗斯拥有15处边境口岸，2019—2022年又新增4个口岸，即黑河公路客货运输口岸、同江铁路口岸、黑瞎子岛公路客运口岸与黑河（步行）口岸（索道口岸），现有19个口岸。黑龙江在长期对俄合作中积累了丰富的经验，对于促进两国沿边地区人文合作、夯实民意基础发挥了重要作用，尤其是在新时代两国建立全面战略协作伙伴关系的背景下，开展区域贸易合作对于推动"一带一路"建设具有重要意义。

第一，中俄边境贸易长期呈现逆差。中国自俄罗斯进口以中方短缺而又需求量较大的资源型产品为主，货值高、货运量大。随着中国经济的进一步发展，对这类商品的需求还将增加，进口量和进口额均会扩大。而对外边境贸易的出口货值较低，主要是轻工、纺织、服装类商品，且出口额和出口量与俄消费市场的需求和变化紧密相关，具有不稳定性，这种趋势在短期内难以改变。2020年新冠疫情防控期间，黑龙江省对俄出口逆势增长，前10个月出口增长20%，主要是俄罗斯市场急需中国的纺织品和蔬菜类。

第二，贸易方式更加多样化。黑龙江省对俄边境贸易方式由最初单一的易货贸易，逐步发展到目前的边民互市贸易、边境小额贸易和一般贸易等多种方式，形成了以边境小额贸易为主、其他贸易为补充和加工贸易正在兴起的格局。近年来兴起的电商贸易已经成为两国区域合作的重要补充，黑龙江省每年的电商贸易额已经达到5亿美元以上。此外，旅游购物商品成为边境贸易新的增长点。旅游购物商品是边境地区开展的"边境游"中，出境旅客委托报关企业以货运方式报关出境的小批量旅游购物商品，其出口限值为8000元人民币至5万美元。由于贸易方式比较灵活，贸易规模随着市场需求而变化，因此交易的商品也由毗邻的远东地区延伸至俄罗斯腹地。此贸易方式在黑龙江省发展迅速，涉及的商品数量增多、价值逐渐增长。

第三，贸易通道更加顺畅。口岸对于经济贸易发展起到了不可或缺的作用，它可以较好地起到交通运输便利的作用。1986年以来，黑龙江省陆续开放国家一级口岸25个，口岸通关效率和便利化程度不断提高，为与俄罗斯经贸往来提供了坚实的基础。黑龙江省经国家批准先后有19个边境县（市）开展对俄边境贸易，形成了以绥芬河、东宁、黑河、同江、抚远、饶河等重点边境口岸为龙头、牵动内陆地区共同发展的格局。2013年，中国国务院批准《黑龙江和内蒙古东北部地区沿边开发开放规划》上升为国家战略，为黑龙江成为中国面向俄罗斯、东北亚开放的桥头堡打下了坚实的基础。在"一带一路"倡议和欧亚经济联盟对接背景下，逐步形成以哈尔滨为中心，以大（连）哈（尔滨）、佳（木斯）同（江）、绥（芬河）满（洲里）、哈（尔滨）黑（河）沿边铁路4条干线与俄罗斯西伯利亚大铁路和贝阿铁路连通，通过铁路与俄罗斯远东地区各港口的水运业务实现畅通，形成了以"黑龙江通道"为依托，建设哈尔滨临空经济区等航空网络以及管网、电网和光纤通信网，打造国际商贸物流带、要素聚集产业带、互利共赢开放带，形成"三带合一"的大开放、大贸易的新格局。

第四，利用政府间会晤机制推进中俄边境贸易发展。除了国家层面，近年来，黑龙江省与俄毗邻各州、区建立了省级和双方政府部门定期会晤机制；各边境市、县也与俄对应城市间建立了完善的会晤机制；省、市、边境县市商务部门分别与毗邻俄州区的经贸、外事、旅游等部门建立了顺畅的沟通协商渠道。通过这种有效的工作机制，及时协商解决双方贸易合作中存在的重大问题，极大地促进了对俄边境贸易的发展。

第三节　中俄区域合作存在的主要问题

近年来，由于对俄合作形式不断变化，合作模式不断创新，中俄贸易取得了较快的发展，是中国对外贸易发展较快的地区之一。但两国的区域合作发展不尽如人意，尤其区域大项目合作还只是刚刚起步，与新时代两国关系发展要求相去甚远。其中原因既有沿边地区经济发展水平不高，也有俄罗斯经济发展受到欧美制裁而出现大幅下滑等。

一　两国沿边地区产业结构导致区域合作发展缓慢

中俄边境贸易发展最好的时期就是苏联解体后最初几年。由于俄罗斯远东及西伯利亚地区经济出现大幅度下降，居民日用品短缺，而经济滑坡又使工人大量失业，导致购买力不强，实惠的中国商品正好符合百姓的需求。因此20世纪90年代，中俄边贸一度发展得很快。但随着两国经济结构的调整，特别是中国和俄罗斯相继加入世贸组织，对边贸的政策红利也逐渐取消，最主要的是沿边地区产业结构的调整，边贸出现大幅度下滑。一直以来，俄罗斯的主要贸易伙伴是欧盟，中国全方位地开展对外经济贸易合作的格局，也是以对美、日、西欧等国家为主，在以后相当长的一段时间内，俄罗斯的外贸尤其是高新技术贸易，在世界贸易中的地位不可能有根本性的改善。因此中俄贸易无论是在数量上还是在质量上，都不可能同各自与欧美的贸易规模相比。[1] 进入21世纪，俄罗斯经济得到了恢复性发展，尤其是远东开发也取得了阶段性成果，西方国家和日韩的产品涌入远东地区，对中俄边境贸易带来一定的影响。受亚洲金融危机的影响，1998年以来，日本、韩国和东南亚一些国家的同类商品在价格上比中国更具竞争力，大大增加了中国拓展俄罗斯市场的难度。从贸易规模来看，中日韩一直是远东地区的主要贸易伙伴，即使中国与远东的贸易额排第一的位置，但三方的差距并不明显。

二　贸易不规范导致区域合作出现滑坡

长期以来，从事对俄边贸的主体以个体和私营企业为主，特别是苏联

---

[1]　尤盛东：《中俄边境贸易问题及建议》，《化工管理》2007年第10期。

解体前后在进口货物报关和查验方面出现较大混乱，使中俄边贸一直处于非正规贸易阶段，"灰色清关"贸易形式得以长期存在，直到2009年前后逐渐退出历史舞台。"灰色清关"长期存在，不仅是中国企业出口商品报关不规范，俄罗斯海关在某些方面也纵容这种现象的存在，以便从中获得渔利。俄罗斯司法机关也趁机以查验货物为名，大肆掠夺中国的财物。最典型的就是2009年俄罗斯执法机关查抄切尔基佐沃大市场，没收中国人的货物达到60亿美元，虽经多方呼吁也损失巨大。同时在资金结算和货物进口方面也存在不规范行为，如俄罗斯不法商人向中国走私木材，在公海上向中国商人非法出售海产品等，这些走私行为一度引起俄罗斯执法部门的强烈不满。走私行为泛滥必然对正规的经济贸易合作产生不利影响。

三 出口商品结构单一导致边贸生命力不强

在边境贸易中，中方向俄罗斯出口纺织和轻工产品，俄罗斯向中国出口原材料和矿产品等，长期的固化模式并没有根据中俄两国经济形势的变化而加以调整。黑龙江省对俄出口的产品，大部分来自江浙地区，本地产品只占20%左右。由于口岸地区经济基础薄弱，缺少知名企业和名牌产品，以至于口岸变成了主要出口外省商品的口岸，只起到了"通道"作用。由于加工能力较弱，多是原字号进原字号出，没有形成产业链，对地方经济拉动作用不强。[①] 2010年前后，俄罗斯打击"灰色清关"措施出台，黑龙江省政府适时提出走"白色清关"发展思路，虽然当时受到了一些损失，但对后来规范两国区域合作具有重要意义。2011年，黑龙江省针对俄罗斯进口结构单一的问题，适时提出"出口抓加工，进口抓落地"，在一定程度上解决了商品结构单一的问题。

四 通关不畅是影响边贸发展的重要因素

中俄两国通关便利化问题一直没有得到很好地解决，已经成为影响两国经贸合作的重要因素。俄罗斯对进口的商品普遍征收高关税，尤其是对从中国进口的大宗商品，如纺织品、鞋、皮革等。俄罗斯的关税有从量税、从价税和混合税三种形式，俄海关在征收时往往并不按规定，而是按高的征收方式计征。另外，俄对某些大量出口到中国的商品开始恢复了出口税，

[①] 范旭越等：《黑龙江省对俄边境贸易问题探析》，《现代商贸工业》2012年第4期。

如木材等。出入境手续复杂，签证不但费用较高，而且时间较长。有时商务人员只有办理旅游签证出境，这些都给正常的商务活动带来极大的不便。俄方边境口岸通关效率低下，俄方海关人员素质不高，工作效率低下，向过关人员索要财物的现象非常普遍；俄境内的通关设施落后，俄方铁路运输秩序混乱，运输效率低，而且俄方口岸收费远高于中方。[1]

第四节　新时代中俄区域经贸合作的进展与设想

在两国发展全面战略协作伙伴关系中，区域合作的作用逐渐增强。2018年9月，习近平主席在出席符拉迪沃斯托克东方经济论坛期间，与俄罗斯普京总统签署了《中俄在俄罗斯远东地区合作发展规划（2018—2024）》，使双方地方区域合作延伸至2024年。2019年6月，习近平主席与普京总统在莫斯科签署《中俄关于发展新时代全面战略协作伙伴关系的联合声明》，又一次为两国的区域合作指明发展方向。

一　新时代中俄区域合作与时俱进

黑龙江省最早恢复了对俄（苏）边境贸易，并以此推动两国全面经贸合作进入繁荣期。2020年即使受到新冠疫情的严重冲击，两国贸易额也达到973.3亿元。新时代中俄区域合作在国际地缘政治不断恶化的背景下，两国还将加深合作，助力两国全面合作。为有效地和实质地推进中俄两国合作，尤其是加强区域合作，首先在机制上应加以保证和完善，因此应制定推进中俄合作长效机制。由于俄远东地区所处的地理位置，中国与俄罗斯远东地区的合作不仅对中俄全面合作有深刻的影响，同时对区域合作也会产生影响。因此加强中俄沿边地区与远东地区的合作绝非地方合作，而应该把与远东的合作上升到国家战略高度，从国家战略全局的角度考量与远东合作方面的问题。特别是在两国元首级会晤中，远东合作问题应成为经常性的话题并逐渐形成机制。中俄两国关系的发展不仅为两国人民带来实实在在的利益，同时超出两国关系的范畴，已成为促进世界和平与稳定的重要因素。在当前世界正经历大变革、大调整、大发展的背景下，作为邻国、大国和联合国安理会常任理事国，中俄坚持睦邻友好、战略协作，对

---

[1] 王兆国：《中俄边境贸易存在的问题与对策探讨》，《黑龙江对外经贸》2006年第12期。

维护世界和平具有重要意义。① 2020 年是中俄睦邻友好签约 20 周年,这对于双方来讲都是一个重要的事件。坚持真诚互信,巩固中俄关系政治基础;坚持互利双赢,夯实中俄关系经济基础;坚持世代友好,打牢中俄关系社会基础;坚持紧密协作,坚定维护中俄战略安全利益。②

在以美国为首的世界贸易保护主义抬头、世界经济增长放缓的大前提下,中俄双方更加深刻地认识到,两国不仅要加强政治合作,而且要加强区域经济领域务实合作,这才是战胜世界经济危机和恢复新冠疫情经济最有效的途径。相对政治关系的迅速发展,中俄经贸关系显得有些滞后,这与两国的经济规模以及政治上的密切关系是不相称的。中俄双方正力图完善双方的经济合作,从而为政治关系的发展提供更有力的支撑。近年来,中俄两国曾多次表示应加强合作,共同应对复杂的国际局势。

二 中俄双方应着力落实两国签署的各项协议

2018 年,中俄两国签署了《中俄在俄罗斯远东地区合作发展规划(2018—2024 年)》,今后的关键问题是如何落实里面的各项具体措施。近年来,中俄两国的高层互动频繁,也签署了一系列的合作协议,特别是中国提出的"一带一路"建设与欧亚经济联盟对接符合两国的战略利益,加强其对接不仅能有效地促进两国战略合作,也有利于东北地区与俄罗斯远东的务实合作。苏联解体之后,有关俄罗斯远东对华合作的问题,俄国内议论颇多,主要是"中国威胁论"和"人口扩张论"等。这些观点的产生主要是俄地方官员出于自身的目的而有意打中国牌,煽动所谓的民族主义情绪,更是联邦政府各部门争取本部门利益的哗众取宠之举。但是,这种思想在俄罗斯一度很有市场,在一定程度上势必会影响到俄远东地方政府对华的态度和政策。为此,就需要中方耐心地沟通,与俄罗斯开展多领域、多层次、多渠道的合作,使俄罗斯社会各界特别是政府官员逐渐认识到,俄罗斯远东开发必须是在多国合作的基础上才能完成,特别是应该加强与中方的紧密合作。时间也充分地证明,俄罗斯所担心的"中国威胁论"完全是捕风捉影。

---

① 马友君:《中国品牌商品开拓俄罗斯市场问题及对策》,《对外经贸》2012 年第 2 期。
② 胡锦涛:《共创中俄关系美好未来——在中俄建交六十周年庆祝大会上的讲话》,《光明日报》2009 年 6 月 18 日。

进入21世纪，中国也加大了对俄包括劳务输出在内的各项政策的监管力度，使中俄之间的合作逐渐走上正规化、合法化的轨道。长期以来，中俄关系一直是"上热下冷"，出现这样的局面的主要原因是在两国合作中，高层交往活动频繁，而地方交往不多，特别是能够影响两国关系的活动不多。借鉴东盟10+3的经验，在哈尔滨、沈阳、长春等省会设立中俄两国地方层面的协调委员会，专门负责中俄双方地方之间的沟通协调问题，邀请东北各省、区、市和俄罗斯东西伯利亚及远东地区各联邦主体在上述城市设立代表处、办事处或联络处，具体解决中俄地区合作出现的问题。借助举办各种展会的重要机会，如中俄博览会、大黑河岛国际经贸洽谈会、俄罗斯阿穆尔州展会等，积极加强与俄罗斯各级政府及企业进行有效沟通，拓展合作范围，扩大合作领域，由远东地区逐渐向俄罗斯腹地发展，利用长江经济带与伏尔加河沿岸经济合作的机会，拓展东北地区在俄罗斯的全面经济合作，与更多的俄罗斯腹地城市建立联系。构筑中俄区域合作的基础就是加强经济合作，建设企业间合作机制是保障经济合作的有效手段。黑龙江省实施的"一窗四区"建设是"一带一路"建设的一部分，是不断加强与远东合作特别是企业合作的平台。力争创造这样的一个条件，为黑龙江省与俄罗斯远东及其他地区的企业创造一个平台机制，使企业能在同等条件下合作与竞争，这样才能有利于两国企业健康发展。这就需要两国上自中央政府，下至地方政府，不断改善投资环境，创造出有利于企业发展的优化环境。

三 新时代中俄沿边区域经贸合作进入拐点期

2014年发生的乌克兰危机，导致俄罗斯外资进入大幅度下滑。2019年吸引外资1855亿美元，但资金外流1535亿美元，实际外资利用只有319.8亿美元。[1] 俄罗斯投资环境不佳一直是各国投资俄罗斯难以逾越的障碍，也是远东吸引外资不足的主因之一。在远东联邦区中，萨哈林州吸引外资额度最大，占远东吸引外资额的56.6%。远东联邦区之所以在这一时期外资增加，主要得益于俄罗斯在远东开发政策的落实，实施了很多吸引外资的优惠政策。特别是自2015年开始，远东地区首先实施建设超前经济社会发

---

[1] Регионы России. Социально-Экономические Показатели 2018, Статистический Сборник, Москва 2020.

展区，大力吸引包括中国在内的外资汇集远东地区。

俄罗斯及远东外资虽然流入量不大，但东部地区表现出良好的发展态势，说明俄罗斯东部地区在吸引外资方面付出了极大的努力。实际上从2018年以来俄罗斯东部地区在不同场合的表现就可以看出，俄罗斯对外资态度的改变，使俄罗斯在制定吸引外资条款方面的优惠条件比其他地区好。每年召开的中俄博览会，俄罗斯远东联邦区和西伯利亚联邦区都派出强大的代表团到展会上举办各种推介会，介绍远东及西伯利亚的优惠条件，以便吸引包括中国在内的世界资本投资。2014年，俄罗斯受到西方经济制裁，在短期内没有看到缓和的迹象，迫使俄罗斯实施在对待外资的态度上改变以往国民待遇或者低国民待遇的政策。现在实施的一定程度上是超国民待遇，在远东实施的超前经济社会发展区优惠政策里面就看得很清楚，无论是税收、土地、银行贷款还是劳务证发放等，都实施了特别优惠政策。一方面说明俄罗斯远东急于吸引外资改变远东经济发展状况，另一方面也进一步说明，俄罗斯人改变了国际合作态度。不平衡和大国情怀等影响经济合作非经济因素有所收敛，在一定程度上有利于中俄沿边地区对俄开展区域合作，特别是未来开展投资合作。

在中俄沿边地区，中国各省区也在积极拓展对俄投资合作的渠道，不仅在能源合作方面积极开展对俄合作，在其他领域也积极与俄罗斯远东开展政策对接。与俄罗斯东部地区相比，2008—2020年黑龙江省在这一时期实际利用外资都有不同程度的增加，除了2009年下降了7.3%，其他年份都呈上升趋势，2011年一度达到了增加22%。但从发展趋势来看，黑龙江省实际利用外资的绝对价值呈下降的趋势。

自2015年以来，中俄已就"一带一路"建设与欧亚经济联盟对接挑选出73个优先考虑的项目。这其中不仅包括能源、基建、运输，还包括木材加工、水泥建材、农产品合作以及大型客机在内的高新技术研发，而且一些项目已经落地，同时也包括未来在北极冰上项目的合作。中国是冰雪产业大国，但不是冰雪产业强国。对于长期以来以农业为主的发展中国家而言，发展冰雪产业还是一个新兴的事物。无论是发展方式还是发展理念，都需要一个全新的改变。把冰雪确立为发展经济的支柱产业，还需要作出极大的努力。2015年，习近平主席视察黑龙江省时提出，要把冰山雪山变成金山银山。2017年年底，中俄两国领导人确定了发展"冰上丝绸之路"的理念，对于两国未来以冰雪为主题的投资合作提供了良好的发展契机。

普京在 2017 年 5 月参加"一带一路"国际合作高峰论坛期间,就明确指出"希望中国能利用北极航道",把北极航道同"一带一路"建设连接起来。2017 年 7 月 4 日,习近平主席在莫斯科访问期间,也正式提出了"要开展北极航道合作,共同打造'冰上丝绸之路'"。2022 年,北京和张家口举办的第 24 届冬奥会,也为两国冰雪产业的合作提供了难得的发展机遇。

四 谋划东北振兴与俄远东开发对接合作路线图

深入分析东北地区发展潜力和外向合作的发展机遇,特别是利用俄罗斯开发远东的契机,把东北振兴与俄罗斯远东开发有效衔接起来。同样,俄罗斯远东开发"经济之帆"也需要搭上"中国经济发展之船"[①]。远东开发仅靠俄罗斯自身的力量难以完成,这在历史上已经有很好的证明。俄罗斯远东开发问题由来已久,苏联时期就提出过远东开发的规划,但出于资金、政策等方面的原因,这个规划一直没有得到很好的落实。为此需要两国政府基于国家战略考虑,适时制定有利于双方合作的法律和法规,提升双方战略的水平,改善地区贸易结构,提高加强地区间相互投资的规模。

国家"一带一路"构想的提出以及中俄两国领导人达成的"一带一路"建设与欧亚经济联盟对接等重大的战略决策,为东北地区开展与俄罗斯远东大项目合作提供了新的发展机遇。鉴于远东地区中国投资额不大、投资领域不宽的局面,可以在两国能源领域合作的前提下,增加相关领域的投资。中俄大项目合作具有战略意义,投资能够带动双边贸易的发展。俄罗斯 2015 年出台的有关远东地区的法律,也为两国的区域大项目合作提供了难得的发展机遇。根据超前区的法律,远东投资合作在资金的使用、劳务输出及企业税收等方面,都作了相应的规定。2020 年 9 月 24 日,俄罗斯政府批准《2024 年前远东发展国家纲要及 2035 年远景目标》,作为指导远东未来 15 年发展的重要规划,分别列出了俄罗斯远东未来发展的重要领域,如能源矿产、林业木材、农业、渔业和水产养殖、交通物流、造船和航空、旅游业和制造业等,也进一步重视基础设施建设,如铁路、公路、港口、网络和北极航道等。尤其要发展北极航道,实现全年通航,建立由"领袖"级核动力破冰船组成的船队,确定合理破冰船护航费用;打造俄北极航道集装箱运营商;在堪察加和摩尔曼斯克地区建设交通枢纽。应很好地研究

---

① 张娜:《俄罗斯"经济之帆"乘上"中国风"》,《中国经济时报》2012 年 6 月 7 日。

俄罗斯近期出台的法律，为大项目合作寻找法律支撑。中俄经济结构以及产业结构的互补性，使相互进行大项目投资合作具有现实的可能性。中国现在正在进行新一轮的工业革命，对外合作由"中国制造"向"中国创造"方向发展。东北地区是中国重工业基地，在中华人民共和国的建设过程中，东北地区发挥了重要的作用。但随着新的工业革命的来临，东北地区的工业也面临着转型升级的问题，而且这些问题的迫切性更强烈。2019年7月，黑龙江省人民政府印发《黑龙江省工业强省建设规划（2019—2025年)》。全面实施工业强省战略，到2025年黑龙江省现代化工业新体系基本建成，工业对经济增长的贡献稳中有升，"百千万工程"取得明显成效，工业高质量发展取得积极进展，形成质量更高、效益更好、结构更优、优势充分释放的全面振兴发展新局面，支撑经济高质量发展的作用不断凸显。俄罗斯也在调整经济结构，发展创新经济，改变过度依赖能源经济的模式，提高国际竞争力，提高在经贸领域的话语权。推动东北地区对俄形成全面开放新格局，既需要相对稳定的国际政治经济环境，也需要与俄罗斯方面通力合作。尽量破解非经济因素对两国经济合作的负面影响，为两国实现合作添砖加瓦。

五　以金融合作促进中俄两国产业合作全面发展

在远东联邦区已经建成了18个超前区。俄罗斯远东开发步伐缓慢原因很多，其中缺乏资金是主要的原因之一。2008年出台的《俄罗斯联邦远东及外贝加尔地区2013年以前经济社会发展联邦专项规划》中，有关资金来源主要包括三个方面，即联邦政府预算、地方财政和社会资金各占1/3。实际运作情况却是另一番景象，地方政府根本无力承担发展规划拨款，而社会资金对规划持怀疑态度，又不愿意投资，导致规划一次次"流产"。2019年，国家发改委和俄罗斯远东发展部签署的《中国东北地区同俄罗斯远东及东西伯利亚地区合作规划纲要（2009—2018)》，也是资金不到位使规划难以实施。近年来，中国对外投资不断加大，每年对外直接投资近1000亿元人民币。一旦俄罗斯远东投资环境得以改善，中国在俄罗斯远东投资力度加大具有极大可能性。

中俄经济合作30多年来，除了国家间能源、通道等大项目成功合作，区域内大项目成功的案例并不多。这其中原因很多，既有政策原因，也有地方投资环境因素。但其中有一点不能忽视，就是中俄投资合作主体大多是个体私营企业,自身实力差,抗风险能力弱,难以承担大项目合作,因此中俄区域合作产业投资发展缓慢。在新时代"一带一路"背景下,中俄沿边地区产业合作迎来重大发展契机,也为两国金融在产业合作方面提供了发展机遇。每年中国对俄罗斯投资流量不超过 20 亿美元,在中国对外投资额中占比不大。即使在远东地区,虽然中国与远东贸易额一直处于前列,但中国在远东的投资处于日韩之后。从另一个角度也说明,正是企业自身的问题,难以获得金融界支持,这样就造成了恶性循环,也是中俄投资合作长期发展缓慢的重要原因之一。为此,在中俄经济合作由出口型向投资型转变的拐点时期,应创新更多金融产品支持双方企业开展投资合作,不仅吸引中国投资俄罗斯产业,同时也吸引俄罗斯产业落户中国,如在中俄沿边地区开展食品加工业等。亚马尔液化天然气由于西方突然中断合作,亚马尔项目面临夭折的风险。中国石油天然气集团公司全价值链参与该项目运作,与丝路基金、俄罗斯诺瓦泰克公司、法国道达尔公司分别持有该项目 20%、9.9%、50.1%、20% 的股份。中国通过亚马尔项目合作,展示中国在机械制造等方面的实力,也得到了俄罗斯的认可。未来两国在大项目合作上,有望在投资收益、资源保障、技术进步、合作拓展等方面共同合作,助力"一带一路"发展。

新时代加强两国区域合作符合两国发展战略,两国高层也达成了共识。2020 年 11 月 2 日,中俄两国总理第二十五次会晤就提出,"支持中俄省州开展地方间大豆合作,扩大两国农产品和食品相互市场准入"。同时促进经济特区运行经验交流,组织投资者考察,鼓励中国企业在俄罗斯经济特区、跨越式经济社会发展区(超前区)和符拉迪沃斯托克自由港等区域内开展项目合作。新时代两国区域合作有很多文章可做,这不仅有利于促进东北振兴,也有利于俄罗斯远东开发,因此促进区域合作符合两国发展战略。

第五节　俄乌冲突后中俄东部地区经贸合作前景

俄乌冲突后,俄罗斯提出远东大开发搞超大经济特区,并明确提出中国是主要合作对象国。因此,中国参与俄罗斯远东大开发问题,越来越受到国内外的关注,原因如下。第一,东部特别是远东地区是苏联与俄罗斯着力发展的地区,一直在寻求国际合作共同开发的地区。第二,2021 年 9 月,俄罗斯国防部长绍伊古与俄罗斯科学院西伯利亚分院的专家会面时,提出将俄罗斯首都从莫斯科迁都到西伯利亚地区，围绕新首都兴建3—5座人口规模为30万—100万人的中型卫星城的建议，还提出要扩充太平洋舰队。2022年2月，俄罗斯对乌克兰发起特别军事行动，目前俄乌冲突仍在继续并不断升级发酵，存在很多不确定因素。在这种大背景下，东部地区引起了人们更多的关注。现在看来，绍伊古提出这个建议，以第二次世界大战的经验来看，更具有现实意义。第三，乌克兰危机后，俄遭到美欧国家十分严厉的经济制裁，面临国际环境恶化，阻碍经济发展的因素增多。在此背景下，俄罗斯转向东方，加强与中国的经贸合作，特别强调远东地与中国的合作，这个更加引起国际社会的关注。第四，2023年3月，习近平主席对俄罗斯联邦进行国事访问时，中俄两国发布《2030年前中俄经济合作重点方向发展规划》的联合声明。双方达成80个重要项目投资协定，投资额达1650亿美元。这些项目主要集中在俄罗斯东部特别是远东地区。从联合声明来看，这次合作将超越能源领域，从推动落地铁路、界河桥梁扩张为"大力发展铁路、公路、航空、河运和海运"，代表着中俄边疆将要建设一系列立体式的交通枢纽和基建。从扩大投资和经济技术合作变为推动双边投资合作高质量发展，意味着双方将开放更多的高附加值产业，中国将出口更多高附加值产品。首次提出了发展冶金、化肥、化工产品等大宗商品及矿产资源领域长期互惠供应合作，加强两国境内资源深加工产能建设互利合作，意味着中国将获得大量稳定的俄罗斯原材料出口。以上领域的合作，有可能促进大规模边境"互联互通物流体系"的建设，这为"将制成品运进去，将原材料运出来，建立中俄之间共同富裕的产业大循环"创造条件。中俄双方表示，将坚定奉行相互尊重和平等互利原则，实现两国长期自主发展，推动中俄经济和贸易合作高质量发展，为全面推进双边合作注入新动力，保持两国货物和服务贸易快速发展势头，致力于2030年前将两国贸易额显著提升，并发表了《中华人民共和国主席和俄罗斯联邦总统关于2030年前中俄经济合作重点方向发展规划的联合声明》。双方商定将在以下八个重点方向开展双边经济合作。

（1）扩大贸易规模，优化贸易结构，发展电子商务及其他创新合作模式。稳步推动双边投资合作高质量发展，深化数字经济、绿色可持续发展领域合作，营造良好营商环境，相互提升贸易投资便利化水平。

（2）大力发展互联互通物流体系。保障两国货物和人员通过铁路、公路、航空、河运和海运等交通方式双向便捷往来。本着互利精神释放两国过境运输潜能,优先解决瓶颈,分步骤分阶段完善中俄边境基础设施特别是重点口岸建设,提升通关和查验效率。

(3)提升金融合作水平。在双边贸易、投资、贷款和其他经贸往来中适应市场需求稳步提升本币结算比重。继续就支付领域创新与现代化改造等交流经验。加强金融市场合作,支持两国评级机构和保险公司在现有监管法规框架内开展合作。

(4)巩固全方位能源合作伙伴关系。加强能源重点领域长期合作,推动实施战略合作项目,拓展合作形式,加强能源技术、设备等领域合作,共同维护两国和全球能源安全,促进全球能源转型。

(5)加强协调,在市场化原则基础上发展冶金、化肥、化工产品等大宗商品及矿产资源领域长期互惠供应合作。加强两国境内资源深加工产能建设互利合作。

(6)促进技术及创新领域的交流和高质量合作,保障两国技术的高水平发展。

(7)推动工业合作提质升级。在对接行业标准和技术要求基础上,打造由两国本土工业企业参与的新产业链,提升附加值。

(8)切实提升农业合作水平,保障两国粮食安全。深化农产品贸易合作,在确保安全基础上稳步扩大农产品相互准入,拓展农业领域投资合作。

双方也愿继续深化人文领域合作,进一步拓展教育、科技、文化、旅游、体育、卫生及其他领域交流。深挖两国地方合作和边境地区合作潜力,提高实效,发展中俄"东北—远东"地区互利合作。

这次俄罗斯搞远东地区大开发,搞超大经济特区,有以下几个特点。一是规模大,需要大量投资。二是俄方表现得特别积极主动。从普京总统到地方各级官员都在积极宣传,提出各种优惠条件。据俄方目前公布的消息,普京总统在俄远东地区贝加尔边疆区搞国际超前发展区时提出,俄罗斯准备给中国投资者三大特权:(1)在俄投资的中国企业可享受治外法权的保护,不受俄罗斯境内俄法规与管理体系制约;(2)在俄投资的中国企业享受免税权,可以长期减免利润税、财产税和土地税,享受便捷海关;(3)中国企业可绕开俄罗斯的铁路标准,在俄投资建设符合中国标准的铁路支线。普京还表示,将继续加大中俄两国之间能源的合作,全力推进西伯利亚力量2号线管道建设。2023年,莫斯科可以做到每年向中国输入超过980亿立方米的天然气与1亿吨的液化天然气。三是明确提出合作的对象主要是中国。

这次俄罗斯决定远东大开发，把远东作为一个超大的经济区来加快发展，其主要战略思路可以从以下几个方面加以分析。

一是促进国内经济发展。在遭到美欧极其严重的经济制裁的情况下，俄罗斯面临的主要问题是如何使经济保持稳定与较快的发展。这在相当程度上取决于东部地区的发展，东部地区集中了俄罗斯75%—80%的资源，它的发展对整个俄罗斯经济的发展至关重要。

二是进一步强化对外战略东移亚太。乌克兰危机后，俄罗斯与它的主要经贸伙伴——欧盟在很多经济领域基本上处于脱钩状态。因此，转向亚太，实行能源出口多元化政策，减少对欧盟的依赖，成为一个十分迫切的问题。

三是出于国家安全因素考虑。前文提到的绍伊古提出有关迁都的问题，他提出这个建议，首先是考虑到俄罗斯今后的安全。他认为，俄罗斯近年来和欧美的关系日趋紧张，一旦爆发战争，首当其冲的是俄处于西部的地区，而西伯利亚处于俄罗斯东部地区，距离欧洲较远，假如俄罗斯陷入战火，那么远在西伯利亚的首都也不易被波及。尤其是自乌克兰危机以来，俄罗斯西部地区的危险性攀升。在此情况下，俄罗斯从国家安全视角考虑，加快东部地区的发展。这也是总结了"二战"的经验教训，再次提醒人们要认识到东部地区在"二战"中的重要作用。

俄进一步强化战略东移亚太，推进东部地区的开发与开放，将对推动中俄经贸合作产生积极的影响。中国东北与俄远东经贸合作已有较好的基础。在乌克兰危后国际格局发生重大变化与俄罗斯国内经济日益恶化的大背景下，俄罗斯再次提出远东大开发搞经济特区的政策，并且提出扩大并强化与中国的合作，从客观条件来讲，可能要比过去的合作前景要好一些。当今中国参与俄罗斯远东的大开发，加强两国的合作，中国在两国合作过程中的地位将提升，有利于中国在油气方面的安全。

据俄罗斯卫星通讯社报道，俄罗斯远东和北极发展部部长阿列克谢·切昆科夫表示，俄罗斯远东地区与中国的贸易额2022年达到220亿美元，较2019年的100亿美元增长一倍多。2023年6月3日俄远东和北极发展部新闻处发布消息称，该部长和中国黑龙江省省长梁惠玲在莫斯科举行会晤时，双方讨论了旨在增加经贸合作规模的项目。切昆科夫部长还表示，俄方优先事项是扩大现有运输走廊和建立新的运输走廊，发展相关基础设施，在高科技和加工业、农业、旅游业实施联合项目，发展内河航运，恢复铁路客运，增加航空线路。俄方愿为中国投资者提供旅游服务设施建设场地，并正在研究在哈巴罗夫斯克边疆区的大乌苏里岛上建立特别优惠待遇、客货口岸和其他物流基础设施的可能性。由于布拉戈维申斯克—黑河公路桥和下列宁斯克—同江铁路桥建成与通行，这为边境合作提供了强大的动力。黑龙江70%的对外贸易涉及俄罗斯。2022年，黑龙江与远东联邦区各地区的贸易额增长41.3%。中国公司已在远东超前发展区和自由港实施51个投资项目，总投资额超过8130亿卢布。近年来，黑龙江对俄贸易发展很快，2022年进出口总额达到1854.7亿元，同比增长41.3%；2023年为2103.9亿元，同比增长13.5%。这两年，黑龙江对俄罗斯贸易占黑龙江对外贸易总额的比重均为70%。

中俄经贸合作无论从国家层面还是从区域层面，都有不少有利因素，这也使得中国连续13年成为俄罗斯的最大贸易伙伴国。但同时也应该看到，在发展两国经贸合作进程中，也可能会出现这样或那样的问题。至于中国参与俄罗斯远东地区的大开发问题，我们需要深入对俄罗斯远东地区的研究，还要考虑到俄罗斯当今与今后一个时期面临的国际环境和国内条件，在此基础上，分析中国与俄罗斯东部地区合作的可能性和前景。

第十四章 "一带一路"倡议与中俄经贸合作问题

2023年是"一带一路"倡议提出十周年。十年来,"一带一路"建设得到国内和国际社会的广泛关注,取得了丰硕的成果与经验。俄罗斯是中国最大的邻国,同时也是共建"一带一路"重点国家。考虑到俄罗斯在"一带一路"建设中发挥着重要作用,本章将以"一带一路"背景下的中俄经贸合作为研究对象,阐述"一带一路"背景下中俄经贸合作的特点及可能面临的问题。

"一带一路"倡议自提出至今已有十年时间。整体上看,"一带一路"建设经历了初建、落实和高质量发展三个阶段。从2013年9月到2015年2月是"一带一路"建设的初建阶段,标志性事件是2013年9月和10月习近平主席先后提出共建"丝绸之路经济带"和"21世纪海上丝绸之路"的倡议,这一阶段主要围绕向国际社会阐释什么是"一带一路"展开;从2015年3月到2018年7月是"一带一路"建设的落实阶段,标志性事件是2015年3月《推动共建丝绸之路经济带和21世纪海上丝绸之路的愿景与行动》的发布,这一阶段"一带一路"框架下的一系列项目、规划得到了初步落实;2018年8月至今"一带一路"建设进入高质量发展阶段,标志性事件是习近平主席在推进"一带一路"建设工作5周年座谈会上提出"推动共建'一带一路'向高质量发展转变",这一阶段"一带一路"建设主要围绕如何实现高质量发展进行。

十年来,"一带一路"建设在政策沟通、设施联通、贸易畅通、资金融通、民心相通方面取得了令人瞩目的成绩,显示出巨大的发展潜力。2016年11月,193个联合国会员国一致同意将"一带一路"倡议写入联合国大会决议,体现了国际社会对共建"一带一路"倡议的普遍支持。截至2023年6月,中国已经同150多个国家、30多个国际组织签署了

200多份共建"一带一路"合作文件,① 共建"一带一路"国家已由亚欧大陆延伸至全球所有区域。十年来,共建"一带一路"国家基础设施互联互通水平大幅提升,铁路、公路、港口、航运、能源管道和信息网络建设全面推进,形成以"六廊六路多国多港"为基本架构的复合型基础设施网络,极大提升了各国互联互通水平,降低了区域国家交易成本,促进了资源在各国间更加有序的配置,实现了共建国家的合作共赢。截至2023年8月底,80多个国家和国际组织加入中国发起的《推进"一带一路"贸易畅通合作协议》。② 2019年6月,世界银行发布的《"一带一路"经济学》报告指出,"一带一路"倡议的全面实施将使参与国之间的贸易往来增加4.1%。③ 中国发起成立的亚投行与丝路基金运行良好,已成为全球范围内重要的多边金融机构与投资平台。截至2023年6月底,亚投行已有106个成员,批准227个投资项目,共投资436亿美元;丝路基金累计签约投资项目75个,承诺投资金额约220.4亿美元。④

"一带一路"的建设成果集中体现为三次"一带一路"国际合作高峰论坛的成功举办。2017年5月14—15日,第一届"一带一路"国际合作高峰论坛在北京举办。其间,各国达成了推动包容性全球化的重要共识,并指出"一带一路"倡议有助于推动实现开放、包容和普惠的全球化,为各国深化合作、共同应对全球性挑战提供了重要机遇。2019年4月26日,第二届"一带一路"国际合作高峰论坛开幕。论坛以"共建'一带一路'、开创美好未来"为主题,包括37位外国领导人以及联合国秘书长和国际货币基金组织总裁在内的150个国家、92个国际组织的6000余名外宾与会。2023年10月,第三届"一带一路"国际合作高峰论坛举行,主题为"高质量共建'一带一路',携手实现共同发展繁荣"。"一带一路"的国际合作实践不断丰富着全球治理的内涵,已具备全球公共产品

---

① 《共建"一带一路":构建人类命运共同体的重大实践》,《人民日报》2023年10月11日。
② 《共建"一带一路":构建人类命运共同体的重大实践》,《人民日报》2023年10月11日。
③ 《共建"一带一路":构建人类命运共同体的重大实践》,《人民日报》2023年10月11日。
④ 《共建"一带一路":构建人类命运共同体的重大实践》,《人民日报》2023年10月11日。

属性，成为当今世界范围最广、规模最大的国际合作平台。

俄罗斯是共建"一带一路"重点国家，在"一带一路"由倡议发展为具体落地项目的过程中，俄罗斯的参与发挥了积极的作用。俄罗斯主导下的欧亚经济联盟是最早一批与"一带一路"实现对接的区域一体化组织，中俄地区合作进程在"一带一路"建设背景下持续深入推进，"一带一路"背景下中俄经贸合作成果突出，中俄经贸合作的水平、质量和规模都得到了显著的提升，并迎来双边进一步深化合作、实现共同发展的机遇。

第一节　俄罗斯对"一带一路"倡议的认知与评价

"一带一路"倡议提出以来，受到国内外学界的广泛关注，引发了热烈的讨论。为了促进学界各种观点的交流，思想的碰撞，国内学者一直对域外各国各界对"一带一路"倡议的认知评价给予了高度的关注，产生了一批这方面的研究述评成果[①]。俄罗斯学界在"一带一路"倡议提出之初就给予了高度的关注。原因是多方面的，俄方认为：首先，倡议提出的规格高，它是由中国国家最高领导人提出的；其次，倡议包含的地理范围广，合作领域多；最后，俄方学者把该倡议看作中国一系列积极进取的外交举措的有机组成部分。

总体来看，俄罗斯学界对"一带一路"倡议的态度经历了从质疑到小心谨慎接受，再到肯定和支持的过程。[②] 俄方学者主要从内涵、意图、

[①] 马建英：《美国对中国"一带一路"倡议的认知与反应》，《世界经济与政治》2015年第10期；贺方彬：《海外视域下的"一带一路"倡议研究》，《当代世界与社会主义》2017年第3期；宋瑞琛：《美国对"一带一路"倡议的认知及中国的策略选择——基于对美国布鲁金斯学会和外交关系委员会学者观点的分析》，《国际展望》2017年第6期；林民旺：《印度对"一带一路"的认知及中国的政策选择》，《世界经济与政治》2015年第5期；张立、李坪：《印度对"一带一路"的认知与中国的应对》，《南亚研究季刊》2016年第1期；毛悦：《从印度对"一带一路"的认知与反应看印度外交思维模式》，《国际论坛》2017年第1期；申ква津、黄河：《日本对"一带一路"倡议的认知及其对中国的启示》，《社会主义研究》2017年第2期；李成日：《中日战略博弈与安倍政府对"一带一路"的应对》，《郑州大学学报》（哲学社会科学版）2017年第6期。

[②] 展妍男：《俄罗斯学界对中国"丝绸之路经济带"构想的认知和评论》，《俄罗斯学刊》2015年第4期。

机遇与挑战几个层面对"一带一路"倡议进行了解读。具体来看，从历史和语言的角度提出了对"一带一路"倡议的理解和意见，从经济、外交、地缘、战略等多个方面对其意图进行了分析和解读，同时也着重评估了"一带一路"倡议给俄罗斯带来的机遇和挑战。此外，结合上合组织、欧亚经济联盟、中亚地区影响力等问题，对由"一带一路"倡议可能引发的中俄关系新变化展开了讨论。

俄学者 В. Я. 沃罗比约夫（В. Я. Воробьёв）从历史和语言表述的角度对"一带一路"的内涵提出了自己的建议。《俄罗斯与中国》杂志主编 В. 别列日内赫（В. Бережных）回答了为何"一带一路"倡议在提出之初受到俄罗斯学界不同程度的质疑的问题。他指出，俄方最初对"一带一路"的谨慎是由于将之与美国的"新丝绸之路计划"对比产生的这也是一个"反对俄罗斯"的计划的想象。另外，也有俄方评论认为，中国的"一带一路"倡议在提出之初解释得"过于漂亮和没有冲突，以至于不够真实"。①

对于中国"一带一路"倡议的意图，俄罗斯学界的认知和分析大致包括以下几个方面：一是认为这是中国陆上"西进"战略的实施；二是认为"一带一路"倡议的提出反映了中国新一代领导集体从"韬光养晦"到"奋发有为"的外交转型；三是从能源诉求、资本输出及扩展新的运输通道等功能性需求方面分析"一带一路"倡议的意图。

俄罗斯科学院远东研究所 А. 拉林（А. Ларин）对中国的"西进"战略（продвижение на Запад）与"一带一路"倡议进行了全面的分析。俄方学者认为，2013 年中国的对外政策显现了新的特点和风格，由于中国已经成为世界第二大经济体，中国更加明显地把自己放在了新的地缘政治地位上，沿着新的轨道前进，"奋发有为"的外交已不仅仅停留在口头上。"一带一路"倡议的提出恰恰反映了中国在对外政策方面的积极改变。对此，俄罗斯科学院远东研究所中俄关系研究与预测中心副主任 С. В. 乌亚纳耶夫（С. В. Уянаев）认为，"一带一路"倡议的提出之所以受到国际社会的广泛关注，一个重要原因在于它是中国一系列对外政策的

---

① Дергачев В. Кто будет владеть Евразией? Суперпроект века. http：//www.dergachev.ru/analit/The_Great_Silk_Road/. 09.02.2014.

积极表现的一部分。① 在功能性领域，俄方学者认为，中国的"一带一路"倡议有着具体的目标：一是扩大能源、原料进口来源地；二是输出资本，进一步扩大外部市场；三是拓展成本更低的运输通道，巩固能源通道安全。②

"一带一路"建设进程中，中俄关系和地区格局将面临调整和新的问题，这也是俄方学者重点关注的，主要讨论了中俄关系在两个组织、一个地区中的发展变化。两个组织是上海合作组织和欧亚经济联盟，一个地区是中亚地区。

俄方学者普遍认为，不能把上海合作组织未来的发展与"一带一路"建设分割开，中方应该考虑如何把二者有机地结合起来。有学者指出，"一带一路"倡议的提出与上合组织12年来发展的实践和经验是密不可分的，而且二者在成员、地域上有很大的重合，"丝绸之路"所倡导的精神内涵很大程度上是"上海精神"的延伸。③

俄罗斯学者最初对"一带一路"倡议的态度是小心谨慎的，很重要的一个原因在于他们把"一带一路"计划看作由俄罗斯主导的"欧亚经济联盟"的潜在竞争对手。④ 对此，B. 别列日内赫指出，欧亚经济联盟与"一带一路"并非竞争关系，而是可以相互配合。⑤

2015年5月，中俄两国元首签署了《关于深化全面战略协作伙伴关系、倡导合作共赢的联合声明》和《关于丝绸之路经济带建设和欧亚经济联盟建设对接合作的联合声明》两个重要文件，一方面从官方层面上助推"一带一路"与欧亚经济联盟的合作，另一方面也用事实回答了俄方各界之前对"一带一路"倡议的一系列质疑。

"一带一路"倡议提出之后，如何处理中俄在中亚地区的关系和利益成为俄方学者重点关注的问题。目前中国已超过俄罗斯成为中亚国家的第

---

① 参见 C. B. 乌亚纳耶夫2015年5月16日在山东大学俄罗斯与中亚研究中心举办的"丝绸之路经济带视域下的中国与俄罗斯及中亚关系——机遇与挑战"国际学术研讨会上的发言。

② Ларин А. Матвеев В. Китайская стратегия《продвижения на Запад》и《новый Шелковый путь》.

③ Воробьев В. Я. О китайской идее построения《экономического пространства Великого шелкового пути》.

④ Терентьев С. "Шелковый путь"мимо России, Дергачев В. Будет ли Евразийский Союз частью китайского суперпроекта, Лузянин С. Г. Китай:《шелковая политика》возвышения, Сергеев М. Пекин дипломатично подвинул путинский проект Евразийского союза.

⑤ Бережных В. Место России в Великом шелковом пути.

一大贸易伙伴，中国在中亚地区的影响力正在逐步上升。而俄罗斯一直视中亚地区为其传统"势力范围"，因此，面对中国的积极"加入"，俄罗斯学者提出了不同的观点。①

对俄罗斯的国家利益而言，俄方学界的主流观点认为，"一带一路"倡议既是机遇，也是挑战。"一带一路"的实施无疑将进一步提升稳步发展的中俄经贸关系，此外，对于"一带一路"为俄罗斯带来的机遇，俄方学者还从以下两点予以关注：一是有助于俄罗斯进一步摆脱经济上对西方的依赖；② 二是有助于发挥俄罗斯巨大的运输潜力，带动沿线地区发展。③ 俄罗斯盖达尔经济政策学院国际贸易实验室主任 А. 克诺贝尔（А. Кнобель）认为，俄罗斯的能源优势众所周知，但是俄罗斯另一优势——巨大的运输潜力却没有发挥出来。尽管从地理上看，穿越俄罗斯的运输路线直线距离更短，但是目前东亚至欧洲的商贸运输大多绕过俄罗斯，这是由于俄罗斯远东、西伯利亚地区的基础设施落后，运往欧洲的货物更倾向于选择从日本或中国的港口出发到达欧洲各港口，即便是其中涉及俄罗斯的商贸运输，也大多不经过西伯利亚，而是直接到达俄罗斯欧洲部分的圣彼得堡港。就现有状况而言，А. 克诺贝尔认为，"一带一路"对大家都是有利的，俄罗斯可以发挥出地理上的优势，通过运输路线加强俄境内各地的联系，促进经济发展，东亚国家的运输成本能够降低，欧洲国家则可以买到价格更低的商品。

除了机遇，俄方学者也特别分析了"一带一路"倡议将会给俄罗斯利益带来的挑战。挑战主要体现在两个方面：一是与中国相比，俄罗斯经济从结构、规模、发展阶段各方面来讲都处于劣势的事实，将不利于中俄展开对等的经济来往；二是"一带一路"倡议将进一步冲击西伯利亚和远东地区的发展。俄方学者普遍认为，由于"一带一路"倡议侧重于中亚地区，这将进一步冲击俄罗斯振兴西伯利亚和远东地区的发展计划。比如，А. 拉林指出，虽然建设连接中国—中亚—俄罗斯—欧洲运输线路无疑将使俄受

---

① Тодоров В. Китай поможет. http：//globalaffairs. ru/globalprocesses/Kitaipomozhet – 1739331. 03. 2015，Михайлов А. Россию и Китай свяжет новый шелковый путь. http：//www. pravda. ru/economics/rules/globalcooperation/02 – 05 – 2014/1206269 – china – 0/.

② Бордачев Т. Создавая Евразию вместе. http：//www. globalaffairs. ru/global – processes/Sozdavaya – Evraziyu – vmeste – 17418. 04. 17. 2015.

③ Михайлов А. Россию и Китай свяжет новый шелковый путь.

益，但是这条线路会成为西伯利亚线路的竞争者，使在基础设施方面本来就落后的西伯利亚铁路面临更大的竞争。除了担忧俄罗斯西伯利亚陆路运输线会遭受冲击，В. 别列日内赫还提出俄罗斯北方海上航线同样会遭受"一带一路"运输线路的冲击。[①]

由此可见，"一带一路"倡议提出后，俄罗斯学界广泛讨论了这一倡议的意图、内涵及其对俄罗斯将产生的机遇和挑战。总体上看，俄学界普遍认同"一带一路"倡议，认为这将推动中俄关系在双边和地区层面的发展。

第二节 "一带一路"框架下中俄经贸合作若干问题分析

随着中俄政治关系的不断发展，两国经贸关系在夯实中俄关系中的作用越来越重要。中俄两国经贸合作的不断深入表现在诸多方面，在"一带一路"倡议提出后，中俄经贸合作有了进一步深化发展的平台和抓手。随着"一带一路"建设步入高质量发展阶段，中俄经贸合作也将取得更加丰硕的成果。具体来说，"一带一路"下中俄经贸合作的深化发展体现在以下几个方面：一是"丝绸之路经济带"与欧亚经济联盟对接的逐步完善，为中俄经贸合作提供了更加稳定的平台，其在机制化方面取得的成果将进一步优化中俄经贸关系；二是"一带一路"助推了中俄两国的地区合作，而后者为中俄经贸合作的更广泛发展开拓了更加广阔的空间；三是"一带一路"阐释了新型全球治理观，将中俄经贸合作这一议题置于更加广阔的世界舞台。理顺这几个方面的问题，一定程度上是对中俄如何在"一带一路"建设中深化经贸合作这一问题作出了回答。

一 "丝绸之路经济带"与欧亚经济联盟对接[②]：推动中俄经贸合作进一步优化升级

"对接"是"一带一路"宣传和研究中的一个高频词。一般认为，

[①] Бережных В. Место России в Великом шелковом пути.
[②] "一带一路"是"丝绸之路经济带"和"21世纪海上丝绸之路"的简称，在"一带一路"与欧亚经济联盟对接中，具体指的是"丝绸之路经济带"与欧亚经济联盟的对接，本书多采用"丝绸之路经济带"与欧亚经济联盟对接的说法。

"一带一路"建设中主要存在三种"对接"模式：一是"一带一路"与多边贸易体制和多边金融体制的对接，二是与现有各种类型的区域经济一体化组织的对接，三是与沿途国家的发展战略对接。① "一带一路"中的"丝绸之路经济带"与欧亚经济联盟的对接属于第二种对接模式。

（一）"丝绸之路经济带"与欧亚经济联盟对接进程

2014年9月，习近平主席出席中俄蒙三国元首会晤时提出，将"丝绸之路经济带"同"欧亚经济联盟"、蒙古国"草原之路"倡议对接，打造中蒙俄经济走廊。随着2015年3月《推动共建丝绸之路经济带和21世纪海上丝绸之路的愿景与行动》的发布，5月中俄签署了《中华人民共和国与俄罗斯联邦关于丝绸之路经济带建设和欧亚经济联盟建设对接合作的联合声明》（以下简称《声明》）。《声明》的发表，传递了"丝绸之路经济带"和欧亚经济联盟之间合作的积极信号。《声明》发表后，学界出现了"丝绸之路经济带"与欧亚经济联盟对接研究的高潮，专家学者们围绕对接的可能性、风险与挑战、影响、路径与模式等方面展开了热烈的讨论。②

在"丝绸之路经济带"与"欧亚经济联盟"对接的联合声明发表之初，双方学界都存在对对接的必要性和可行性的质疑，普遍认为二者是不同性质的项目，"一带一路"是倡议，"欧亚经济联盟"是一体化国际组织，无法实现真正意义上的对接，对接会流于形式或口号。与此同时，2015年5月，中国与欧亚经济联盟经贸合作协定谈判正式启动。2016年10月，中国与欧亚经济联盟国家举行首轮谈判，之后历经了五轮谈判、三次工作组会议和两次部长级磋商。2017年10月，双方顺利结束了所有实质性的谈判。2018年5月，哈萨克斯坦阿斯塔纳经济论坛期间，中国商务部副部长、国际贸易谈判代表傅自应与欧亚经济委员会执委会主席、亚美尼亚副总理季格兰·萨尔基相以及欧亚经济联盟各成员国代表共同签署了《中华人民共和国与欧亚经济联盟经贸合作协定》（以下简称《协定》）。《协定》的签署反映了各方加强经贸合作的共同愿望，形成了解决

---

① 李向阳：《"一带一路"的高质量发展与机制化建设》，《世界经济与政治》2020年第5期。

② 柴瑜、王效云：《丝绸之路经济带》与欧亚经济联盟的对接——基础、挑战与环境塑造》，《欧亚经济》2018年第5期。

欧亚经济联盟与中国经贸合作问题的法律基础与合作机制，也一定程度上回应了之前学界提出的不同性质的"丝绸之路经济带"与欧亚经济联盟如何真正对接的问题。2019年10月，李克强总理和欧亚经济联盟各成员国总理共同发表《关于2018年5月17日签署的〈中华人民共和国与欧亚经济联盟经贸合作协定〉生效的联合声明》。这标志着中国与欧亚经济联盟成员间的经贸合作迈入了全新的制度引领新阶段。

2020年9月，中俄两国外长发表的共同声明指出，中俄将继续推进"丝绸之路经济带"建设和欧亚经济联盟对接，并致力于推进"一带一路"倡议和"大欧亚伙伴关系"并行不悖、协调发展，促进欧亚大陆区域互联互通和经济发展。"丝绸之路经济带"与欧亚经济联盟对接对于中俄经贸合作的升级有着特殊的意义，为中俄在区域框架下的经贸合作提供了重要的平台和依托。

（二）《中华人民共和国与欧亚经济联盟经贸合作协定》

2018年5月，中华人民共和国与欧亚经济联盟各成员国签订了《中华人民共和国与欧亚经济联盟经贸合作协定》（以下简称《协定》）。

时任中国商务部新闻发言人高峰在对《协定》进行介绍时称，《协定》主要有三个特点：一是强化政策和规则的对接，为双方提升经贸合作水平奠定了坚实的制度基础；二是双方在海关、质检、技术标准等领域达成了共识，将有力提升本地区贸易便利化水平，提高贸易的透明度和可预期性；三是协定包含了知识产权、政府采购、电子商务等新议题，开辟了双方更广阔的经贸合作领域和空间。[1]

从机制来看，欧亚经济联盟是典型的国际组织，具有国际机制的特点，其未来的发展方向是"硬机制"；"一带一路"则既不是国际组织，也不是实体，而是具有中国国别性质的、具有一定灵活性的"软机制"。[2]《协定》签署后，形成了解决欧亚经济联盟与中国经贸合作问题的法律基础与合作机制，将大大提升"丝绸之路经济带"建设和欧亚经济联盟对接框架下实施各项基础设施项目的合作效率。《协定》特别强调双方建立信息交

---

[1] 《商务部发布近期商务领域重点工作情况并答媒体问》，2018年5月24日，中国政府网，http：//www.gov.cn/xinwen/2018－05/24/content_5293239.html。

[2] 焦一强：《由认知分歧到合作共识：中俄"一带一盟"对接合作研究》，《当代亚太》2018年第4期。

换和磋商机制，为今后各方商议采取更高水平的贸易便利化措施打下了基础。二者通过签署对接《协定》，突破了理论上单方面接受某一区域一体化组织规则的要求。①

还应该指出的是，《协定》以世界贸易组织（WTO）的法律框架为根据，如在执行过程中出现分歧，要以 WTO 有关规定为准。因此，这个《协定》的签订，解决了原来"一带一路"作为倡议与欧亚经济联盟两个不对称的组织或机制相互关系的问题。这样，为促进中国与欧亚经济联盟成员国合作建立了法律基础，消除了机制性障碍。从而《协定》生效后，将会推进中国与欧亚经济联盟国家间的经贸合作发展，为双方在贸易和产业领域的深度融合创造了有利条件。

在经贸合作过程中，协定的签约国都能与国际贸易规则接轨，并有利于在 WTO 框架内推进贸易便利化的进程。从国际经济领域来讲，"一带一路"倡议这个平台，通过加强区域经济合作来推进经济全球化、贸易自由化的进程。从国内经济发展来讲，"一带一路"倡议这个平台的建设，有利于中国形成全方位开放新格局与推动经济可持续增长。

《协定》属于非优惠性的协定，但它为中国和欧亚经济联盟成员国进一步挖掘贸易合作潜力、提升贸易合作便利化水平、减少非关税贸易壁垒、提高市场调控透明性，以及拓展更深层次的合作空间奠定了坚实的制度性保障。这对中国和欧亚经济联盟进一步提升双方的贸易关联度，并在"一带一路"倡议框架下展开全方位更深层次的经济合作意义重大。《协定》是中国与欧亚经济联盟达成的经贸方面的重要制度性安排，标志着中国与欧亚经济联盟及其成员国经贸合作从项目带动进入制度引领的新阶段，对于推动"丝绸之路经济带"与欧亚经济联盟的对接具有里程碑意义。《协定》的签署，是中国与欧亚经济联盟之间建立有效长期合作机制的第一步，是促进欧亚经济联盟成员国加深与中国进一步发展经贸关系的动力。《协定》将为今后双方达成更高水平的自贸区安排奠定基础，让中国和欧亚经济联盟成员国都享受到经济开放和贸易便利化带来的红利。②

---

① 在"一带一路"与欧盟对接的可能性方面，欧盟曾提出需要"一带一路"单方面接受欧盟规则的要求。
② 蒋菁、刘阳：《〈中华人民共和国与欧亚经济联盟经贸合作协定〉评析》，《俄罗斯学刊》2019 年第 6 期。

（三）"丝绸之路经济带"与欧亚经济联盟对接将产生的积极影响

"丝绸之路经济带"与欧亚经济联盟对接的积极影响主要体现在三个方面，包括中国与俄罗斯主导的欧亚经济联盟成员国在经贸合作上的进一步深化、在地区合作中的进一步绑定和对"一带一路"机制化发展的探索。

中国是欧亚经济联盟最大的贸易合作伙伴国，双方贸易额在欧亚经济联盟所有贸易伙伴中位列第一。近年来，中国与欧亚经济联盟的贸易量在该联盟贸易总量中所占比重呈逐年上升趋势，2016年为13.6%，2017年为15.4%，2018年为16.8%，2020年为17.24%。今后，中国与欧亚经济联盟各国将重点开展交通运输、工业、农业、数字经济和服务贸易等领域的合作。

从贸易互补性指数（TCI指数）来看，中国与欧亚经济联盟国家中的俄罗斯、哈萨克斯坦和白俄罗斯三国的贸易互补性较强，TCI指数均在1以上。中国与吉尔吉斯斯坦贸易互补性较低，TCI指数小于1；与亚美尼亚的贸易互补性虽然相对较低，但从2013年之后开始逐渐加强。

中国是欧亚经济联盟国家主要投资来源国，主要投资领域既有传统的能源行业，又有新扩展的建筑业、机械制造业、食品加工业和农业等。欧亚开发银行数据显示，欧亚经济联盟成立至今，其成员国吸引投资总额为1289亿美元，其中337亿美元的投资来自中国。在欧亚经济联盟国家中，中国投资最为活跃的国家是哈萨克斯坦，其次是俄罗斯。近年来，中国开始逐渐加大对白俄罗斯和吉尔吉斯斯坦的投资力度。2018年，中国与哈萨克斯坦确认形成了产能和投资合作第14轮总投资276亿美元共51个重点项目，与俄罗斯签署了进一步加强投资合作的谅解备忘录，着力推动73个重点项目，与吉尔吉斯斯坦商定第2轮中吉产能与投资合作22个重点项目。

因此，"丝绸之路经济带"与欧亚经济联盟的对接对中国与该组织及其成员国的经贸合作进一步深化有着积极的推动作用。

新兴经济体普遍具有出口产品多样化的期待，希望通过生产和出口更多种类的产品，摆脱依赖少数几种初级产品出口的局面。国际贸易标准分类（SITC）统计显示，欧亚经济联盟国家的出口以初级产品和劳动密集型制成品为主。同时，在多样性增强的基础上，还需要提高要素密集度，改善产业结构，更多地出口附加值高、其他国家没有能力生产的产品，从而提高出口产品的复杂度和产业的整体实力,实现产业升级的目标。欧亚经济联盟国家与中国的产业发展阶段虽然有所差异,但中国与欧亚经济联盟国家都面临着提升要素密集度、提高经济复杂度的发展任务。因此,"丝绸之路经济带"与欧亚经济联盟的对接在中国和欧亚经济联盟国家出口的多样化、产业结构的升级及经济复杂度的提升等方面有着积极的作用。

如果说"一带一路"为中俄经贸合作提供了稳定的平台,那么"丝绸之路经济带"与欧亚经济联盟对接则给中俄地区合作搭建了一座更加广阔、更加坚实的桥梁,两国地区合作将因此焕发出更多活力,取得更大成就。

"丝绸之路经济带"与欧亚经济联盟对接协定的签署从区域层面实现了"一带一路"的部分机制化,是对"一带一路"机制化的有益探索,也为"一带一路"进一步对接全球治理体系提供了有价值的参考。

(四)"丝绸之路经济带"与欧亚经济联盟对接需要进一步克服的问题

"丝绸之路经济带"与欧亚经济联盟对接的有利因素主要是来自国家层面的大力支持和巨大的贸易潜力;同时,面临的挑战与困难也是突出的,主要表现在以下几个方面。

首先是在"丝绸之路经济带"与欧亚经济联盟对接的具体项目推进中能否坚持市场主导的问题。非市场因素的干扰将极大影响某些项目的推进。比如,"中国西部—西欧"国际公路运输走廊项目,途经中、哈、俄的数十个城市。尽管各方表示这一干线的连通将大大促进欧亚经济联盟地区国家的经济发展,但项目的整体实施进度并不理想。具体来看,原因有二:一是该项目与俄罗斯正在积极推动的远东地区基础设施建设项目之间存在竞争,影响项目进度;二是俄方很有可能出于地缘政治和安全战略考虑,推延这一项目对俄境内沿线公路干线的更新改造,造成项目总体实施进度的拖延。

其次,环境因素也为"丝绸之路经济带"与欧亚经济联盟对接带来不少障碍和挑战。目前来看,欧亚经济联盟国家和共建"丝绸之路经济带"的其他许多国家,都面临着营商环境不佳、制度环境不健全、政治和安全环境复杂等问题。

就营商环境而言,世界经济论坛发布的全球竞争力报告显示,欧亚经济联盟国家均面临着"较为严重的腐败、金融市场不发达、受教育的劳动力不足、贸易投资便利化水平不高"等共性问题。腐败盛行使得在这些国家经营商业的隐性成本增加，行政效率低下，行政权力凌驾于制度和市场之上，加剧了企业的经营风险。这些国家金融市场方面普遍存在资本价格扭曲、融资工具少、成本高、渠道不畅、外汇短缺、交易困难等问题，拖欠货款现象也比较严重，资金回收风险大。同时，知识型劳动力不足导致附加值高的技术密集型产业的发展潜力和空间受到限制，技术吸收能力和产业升级速度也受到负面影响。知识型劳动力的培育是一个复杂而长期的社会问题。欧亚经济联盟国家并不愿意从其他国家引进受教育水平高的劳动力，担心加剧本来就比较突出的失业问题。对于产能合作而言，国际产业链分工要求各个生产和贸易环节能够运行通畅、无缝对接。目前，欧亚经济联盟成员国贸易投资的便利化程度有限，各种隐性的非关税壁垒和市场准入障碍依然比较多。

从制度环境来看，欧亚经济联盟国家普遍存在相关法律法规不够健全的问题。《2018年全球竞争力报告》显示，这些国家在财产权、知识产权和少数股东权益保护方面的全球排名都很落后，特别是俄罗斯和吉尔吉斯斯坦，在全球137个国家中排名均在第100位之后。作为转型经济体，欧亚经济联盟国家的法律制度尚处于建设过程中，法律法规不健全，无法可依或有法不依、执法不严是这些国家面临的主要问题。法律制度不健全导致的直接后果之一就是，经常因单方面原因违背契约精神、搁置合作项目。

此外，中亚地区普遍面临着民族分裂主义、宗教极端主义及恐怖主义"三股势力"的严重威胁。部分国家之间存在着领土与资源纠纷，如吉尔吉斯斯坦与乌兹别克斯坦、塔吉克斯坦在费尔干纳盆地地区存在边界争端，成员国哈萨克斯坦、吉尔吉斯斯坦与邻国因水资源纠纷引发的关系紧张时有发生。吉尔吉斯斯坦国内政局一直不稳定，国内政治派系斗争激烈，外部则面临"颜色革命"的威胁；历史原因导致的亚美尼亚与阿塞拜疆的紧张关系，甚至爆发了战争。[1] 在这样的政治和治安环境下开展投资经营合作，不仅将面临严重的人身安全隐患，而且合作项目随时可能因武装冲突、政权更迭、资源纠纷而被中止和破坏，经济利益难以得到有效保障。

---

[1] 谢晓光、生官声：《"丝绸之路经济带"与欧亚经济联盟对接面临的挑战及应对》，《辽宁大学学报》（哲学社会科学版）2016年第6期。

最后,欧亚经济联盟在多方面存在管理水平低、执行力不足的问题。联盟内各成员国的海关管理水平仍有待提高。欧亚经济联盟国家的贸易便利化水平大多相对较低,成员国内部在货物通关、商品检验检疫及监管标准等方面"通而不畅"的现象较为普遍,特别是海关管理水平参差不齐。

虽然"丝绸之路经济带"与欧亚经济联盟对接在法律基础和机制化建设方面迈开了重要的一步,签订了《中华人民共和国与欧亚经济联盟经贸合作协定》,然而,明显存在的问题是各方在落实该协定的过程中缺乏具体有效的执行方案和强制性手段。在这种情况下,合作的结果往往取决于咨询委员会和工作组的职权范围与工作成效,中国和欧亚经济联盟成员国国家领导人的意愿也是决定合作能否顺利展开的因素之一。另外,该协定中并未设定投资方面的内容,这既不利于缔约方展开相应的投资保护,也有违于各方将持续推进投资便利化的初衷。

此外,联盟各成员国对与中国展开高水平经贸合作仍然存在顾虑。欧亚经济联盟国家不仅整体经济发展水平与中国有一定差距,而且在经济规模上也存在明显不同,加之受自身经济结构和对外贸易结构的制约,一方面,欧亚经济联盟成员国想通过加强与中国的合作促进本国商品加快进入庞大的中国市场,特别是加大绿色农产品的对华出口;另一方面,这些国家又担心中国大量具有竞争力的商品对等进入联盟市场后对本国相关产业造成冲击。因此,欧亚经济联盟现阶段某种程度上还未做好与中国展开更高水平经贸合作的准备。

二 "一带一路"下的中俄地区合作:两国经贸合作的重要平台

从国际背景来看,"一带一路"倡议不仅有利于中国推进经济全球化、贸易自由化,还助推了中国与其他国家的地区合作进程,包括中俄的地区合作进程。随着中俄国家间政治关系的高水平稳定发展,两国地方合作也在不断推进。经过多年的发展,中俄在地区合作方面进行了积极的探索,地区合作正在逐渐成熟化,合作区域也在逐渐扩大,已从最初的两国毗邻地区发展到了双方腹地。其中突出的成果是,双方建立了长江—伏尔加河(以下简称"两河流域")、东北—远东两大地区合作机制。2018年2月,中俄两国元首把地方合作提升至国家水平,正式启动地方合作交流年,无疑为中俄经贸合作与发展创造了新的增长点。

中俄两国地区合作是双方对进行跨国次区域经济合作的探索。跨国次区域经济合作包括毗邻地区及联系紧密的非毗邻地区之间开展的跨国经济合作，其具有对相邻地域的经济溢出效应强、主权让渡成本低、以地方和企业为主要参与主体、功能性合作显著的特点。中俄在双方毗邻和非毗邻地区都进行了推进跨国次区域经济合作的积极尝试。另外，"丝绸之路经济带"包含国际"次区域"经济合作的特点，重视地理上邻近国家或地区的经济合作，往往表现为基于经济的互补性、政府发挥主导作用、非制度性一体化等。① 因此，"一带一路"有利于推动中俄双方的地区合作。

（一）中俄地区合作进程

2016 年 6 月，《中华人民共和国和俄罗斯联邦联合声明》中提出"中国东北—俄罗斯远东"合作机制。受地缘因素的影响，中国东北地区与俄罗斯远东地区是中俄构建跨国次区域经济合作的首要地区。第十三章对这一地区的合作作了较为详细与系统的论述，本章着重论述中俄两河流域地区合作问题。

2013 年 3 月，首届中国长江中上游地区与俄罗斯伏尔加河沿岸联邦区地方领导人会议在武汉召开。会议宣布正式启动"长江—伏尔加河"地区合作机制。近年来，该区域合作取得了不少的进展，2018 年中国长江中上游流域 6 个省份的对俄贸易额约为 50 亿美元，同比增长 30%，高于同期中俄贸易额的增幅。② 两河流域非毗邻地区的跨国次区域合作属于地区合作的强强联合，不仅具有很强的经济互补性和区域带动性，而且对推进中俄合作具有广阔的发展前景和深远的战略意义。"长江—伏尔加河"地区合作机制主要是指，中国长江中上游流域的 6 个省份与俄罗斯伏尔加河沿岸联邦区 14 个联邦主体之间构建的对接式发展机制。③ 这是中俄非毗邻内陆地区合作的重要探索与尝试，被两国学者评价为中俄地区合作的"创新版"和"升级版"。

"长江—伏尔加河"地区合作机制的发展经历了酝酿（2012 年 4 月—

---

① 展妍男：《"丝绸之路经济带"与欧亚经济联盟的差异与对接》，《国际经济评论》2017 年第 4 期。

② 王树春等：《浅析中俄"长江—伏尔加河"区域合作》，《欧亚经济》2021 年第 1 期。

③ 长江中上游流域 6 个内陆省份分别为安徽省、江西省、湖北省、湖南省、重庆市和四川省，伏尔加河沿岸联邦区的 14 个联邦主体分别为巴什科尔托斯坦共和国、马里埃尔共和国、莫尔多瓦共和国、鞑靼斯坦共和国、乌德穆尔特共和国、楚瓦什共和国、彼尔姆边疆区、基洛夫州、下诺夫哥罗德州、奥伦堡州、奔萨州、萨马拉州、萨拉托夫州和乌里扬诺夫斯克州。

2013年5月)、推进(2013年6月—2015年2月)、发展(2015年3月—2016年6月)、实施(2016年7月至今)四个阶段。[①] 2012年4月,李克强总理出访俄罗斯,其中一项议程是与伏尔加河沿岸联邦区地方领导人座谈,此次座谈会释放了"长江—伏尔加河"地区合作机制建立的积极信号。2013—2015年,两河流域共举办四次地方领导人圆桌座谈会,2014年2月还启动了副部级的两河流域合作工作组会议。经过四次会议,双方达成重要共识并签署多项合作协议,扩大和深化了两河流域地区的实质性合作。2016年7月,中俄两国在国家引导层面将两国非毗邻地区地方领导人座谈会机制提升为两地区地方合作理事会,并签署了《中国长江中上游地区和俄罗斯伏尔加河沿岸联邦区地方合作理事会条例》,标志着两河流域建立了正式合作支持机制,由此推动地区合作从务虚向务实转变,并进入全面发展阶段。

(二) 中俄地区合作面临的问题

尽管中俄双方的地区合作已经取得了许多突出的成绩,尤其是开始步入一种机制化进程中,但是仍然存在一些问题。比如,在合作中中俄双方政府偏重于考虑合作的政治影响,有时会造成忽视经济效益和社会效益的结果。中俄总体经贸合作,彼此企业进入对方市场的意愿不强,双边地区合作中这种问题同样存在。出于历史的原因,中俄之间依然存在部分贸易壁垒,对有些商品跨境贸易限制过多。中俄地区合作的诸多协议及规划纲要的合作项目落实力不强,不少协议流于形式。

机制化建设特别是机制性公共产品供给不足,是中俄地区合作面临的困境之一。目前,已有的中俄地区合作机制不健全,约束力不强,主要停留在会晤或者软法约束机制的层面,硬法约束机制没有建立起来,导致深化合作的区域公共产品供给不足,[②] 如基础设施互联互通等区域公共产品缺乏,促进贸易投资金融类合作的机制供应不足,地区合作缺乏一个健全的组织机构,地区人文交流不足带来的互信及认同感低。因此,提供所需的跨国基础设施、制度、机制等区域性公共产品,成为进一步推动两国地区合作取得实质进展的当务之急。

---

① 高立伟、杨慧:《中俄"长江—伏尔加河"地区合作机制分析》,《中国经贸》2020年第10期。

② 米军:《公共产品供给与中俄地区合作机制建设》,《欧亚经济》2018年第5期。

总之,"长江—伏尔加河"合作模式的问题主要体现在四个方面:一是非毗邻地区的交流成本大;二是在投资领域存在投资饥渴与投资恐惧的矛盾,这阻碍了两地经贸合作水平的提升;三是该地区合作是中俄两国间跨境合作的一种新尝试,既缺乏合作传统,又缺乏可借鉴的、成熟的模式;四是缺乏专项的协调合作机制,缺乏具体的合作协调意见和规划。①

(三)提升中俄地区合作机制质量的对策建议

中俄双方合作地区进一步扩大开放度,尤其是俄罗斯远东地区的开放度远远不够。2010年俄罗斯科学院远东研究所副所长波尔加科夫提出,俄罗斯只有采取向中国开放市场的方式才能使远东地区的自然资源开采计划获得实际经济利益。俄罗斯虽然提出了欧亚经济联盟对所有邻国开放的发展战略,并且约有40个国家表示希望与欧亚经济联盟建立自由贸易区,然而,意向的达成不代表事实的存在。因此,有学者提出,深化中俄经贸合作需要尽快建立中俄自贸区,这也是深化中俄合作的重大战略选项。

中俄自由贸易区建设也可以先从边境自由贸易区的建设开始启动,如率先在牡丹江—海参崴边境地区试点实施,待条件成熟时逐步扩大到中国东北地区与俄罗斯远东地区更大范围的次区域自由贸易区,最终建设中国—俄罗斯或中俄中亚全域开放的自由贸易区网络。

跨境交通基础设施互联互通是共建"一带一路"国家经济融合发展的基本条件。随着欧亚大陆经济联系日益紧密,加快完善跨境交通基础设施已成为各国的广泛共识。中俄加强交通基础设施建设,并与沿线国家共同构建跨境交通经济带,必将进一步加快沿线区域互联互通,构建互利共赢的经济合作新局面,推进中俄区域经济合作向更广范围、更深层次拓展。

中俄经贸合作面临着转型趋势,自由贸易区和跨国次区域经济合作区、跨境交通经济带建设以及加强城市间经济联系是中俄经贸合作的努力方向和必然发展趋势。但是,由于中俄之间的经贸合作发展落后于政治关系的发展,经贸合作的动力不足,完成向市场驱动导向的转变还有一个较

---

① 高立伟、杨慧:《中俄"长江—伏尔加河"地区合作机制分析》,《国际贸易》2020年第10期。

长的过程,"政府导向"模式在短时间内难以发生实质性的改变。近十年来两国的经贸合作取得了重大突破,也主要是在高层领导下国家和地方政府推动大项目建设上取得的。因此,政府导向和市场拉动是深化中俄经贸合作的重要战略选择。

三 "一带一路"高质量发展与中俄经贸合作展望

进入21世纪以来,除2020年因为新冠疫情出现下降外,中俄贸易额一直保持上升态势,从2001年的106.71亿美元增加到2022年的1902.71亿美元。尤其是2020年后中俄贸易额增势强劲,2021年中俄双边贸易额为1468.86亿美元,同比增长35.8%;2022年,中俄双边贸易额为1902.71亿美元,同比增长29.5%;2023年,中俄贸易额达到2401.11亿美元,同比增长26.2%。

(一)"一带一路"建设与中俄经贸合作共同发展的优势

"一带一路"建设与中俄经贸合作之间的关系体现在:一方面,"一带一路"促进了中俄经贸合作的增强,助推了中俄在双边和多边层面的合作;另一方面,俄罗斯作为共建"一带一路"的重要国家,中俄经贸合作也部分诠释了"一带一路"的内涵、意图及目标。

首先,中俄间的经贸合作在"一带一路"提出后有了很大的提升。中俄双边贸易额在"一带一路"倡议提出后,尤其是其进入高质量发展阶段之后有了大幅度的提升,贸易规模实现了前所未有的扩大。可以说,"一带一路"蓬勃发展的十年也是中俄经贸合作快速推进的十年,尤其是2019—2022年,中俄经贸合作进入高速增长阶段。[①]

其次,中俄经贸合作在"一带一路"建设背景下有了更多新的增长点。中俄间经贸合作项目不断增加、合作领域继续扩展、合作形式更加多样。中俄经贸合作不仅在双边框架下实现新的突破,中俄贸易结构的互补性明显,而且在多边平台下也有新的增长点。中俄共同推动下实现了"一带一路"与"欧亚经济联盟"的对接合作,并签署了具体的贸易合作协定。中俄相互支持在金砖国家、上海合作组织等国际机制和组织平台中的合作。

再次,中俄经贸合作的不断提升一定程度上诠释了"一带一路"倡

---

① 《推动中俄经贸合作量质并进》,《经济日报》2023年4月3日。

议的内涵、意图及目标。

"一带一路"倡议提出之初，有学者提出，"一带一路"的内涵存在"泛化"的问题，国际社会对"一带一路"的意图也多有质疑。[①] 中俄在政治高度互信、政治关系稳定的前提下，面临需要加强务实合作的问题。"一带一路"背景下，中俄务实合作的突破一定程度上使二者面临的问题得到了有效解决。

最后，中俄经贸合作在"一带一路"建设过程中的良好发展体现了，中国与共建国家在推进"一带一路"建设过程中寻求彼此利益的最大公约数以达到合作共赢的目标。[②] 有分析指出，"一带一路"建设对于降低共建国家的交通运输时间，提升共建国家的贸易发展水平、收入水平和外资流入水平，以及促使共建国家摆脱贫困等方面发挥了积极作用。[③]。

（二）"一带一路"高质量发展下中俄经贸合作面临的问题

有学者指出，"一带一路"高质量发展的关键是可持续发展，而这种可持续性具有双重含义：一是对中国的可持续性，二是对相关国家的可持续性。对中国的可持续性意味着"一带一路"建设要符合中国自身的利益诉求，在中国自身实力范围内实现发展，避免战略上被卷入不符合利益和实力的风险中。对相关国家的可持续性可以从意愿和能力两方面解读，一方面，共建"一带一路"国家要自愿接受参与共建；另一方面，参与共建"一带一路"的国家要有能力进行双边或多边的国际合作。满足上述两方面的可持续性，"一带一路"与现行全球治理体系才能构成良好的互动关系，被国际社会认同和接受。[④]

由此可见，中俄经贸合作要在符合"一带一路"高质量发展原则，即可持续性的前提下进行。这方面中俄经贸合作面临着挑战。

在俄乌冲突背景下，俄罗斯面临的国际环境恶化，国家形象和影响力持续下降，经济发展在制裁下受到严重影响，俄罗斯参与国际合作的意愿和能力都受到冲击。"一带一路"建设主要从支持世界经济增长、推进新

---

① 李向阳、胡必亮、徐秀军：《共建"一带一路"倡议十周年：回顾与展望》，《国际经济评论》2023年第5期。

② 李向阳、胡必亮、徐秀军：《共建"一带一路"倡议十周年：回顾与展望》，《国际经济评论》2023年第5期。

③ The World Bank, *Belt and Road Economy: Opportunities and Risks of Transport Corridors*, 2019.

④ 李向阳：《对"一带一路"的研究现状评估》，《经济学动态》2019年第12期。

型全球化发展、推动多边主义合作以及完善全球治理体系等方面促进全球共同发展。党的二十大报告强调，"一带一路"共建的目标是使其成为被国际社会认可的国际公共产品和国际合作平台。当前，中国与共建"一带一路"国家和众多国际组织正凝聚强劲力量，通过共建"一带一路"来推进经济全球化。同时，中国也积极推进"一带一路"与地区组织和机制的对接合作，促进区域经济一体化发展。在国际秩序转型和全球治理问题不断叠加、交错影响的背景下，"一带一路"建设需要全球伙伴的支持与参与。中俄经贸合作也需要在此进程中发展。乌克兰危机发生后，中国对俄罗斯经贸合作一直秉持慎重负责的态度，严格根据国内政策、法令与承担的国际义务等原则精神进行。在研究"一带一路"建设背景下的中俄经贸合作问题时，需要有新的、大的国际视角。

总之，中俄经贸合作未来的发展需要符合"一带一路"高质量发展的要求，"一带一路"高质量发展需要处理好中俄经贸合作面临的问题。

主要参考文献

习近平：《高举中国特色社会主义伟大旗帜　为全面建设社会主义现代化国家而团结奋斗——在中国共产党第二十次全国代表大会上的报告》，人民出版社2022年版。

习近平：《论坚持推动构建人类命运共同体》，中央文献出版社2018年版。

《习近平谈"一带一路"》，中央文献出版社2018年版。

《阿巴尔金经济学文集》，李刚军等译，清华大学出版社2004年版。

本书编委会编：《俄罗斯经济发展研究（2021—2022）》，当代世界出版社2023年版。

［俄］德·C.利沃夫主编：《通向21世纪的道路——俄罗斯经济的战略问题与前景》，陈晓旭等译，经济科学出版社2003年版。

郭力：《俄罗斯东北亚战略》，社会科学文献出版社2006年版。

郭连成主编：《经济全球化与转轨国家经济发展及其互动效应》，经济科学出版社2007年版。

郭连成主编：《俄罗斯对外经济关系研究》，经济科学出版社2005年版。

郭晓琼：《俄罗斯产业结构研究》，知识产权出版社2011年版。

韩立华：《能源博弈大战：影响人类未来命运的最大挑战》，新世纪出版社2008年版。

季志业、冯玉军主编：《俄罗斯发展前景与中俄关系走向》，时事出版社2016年版。

金挥、陆南泉、张康琴主编：《论苏联经济——管理体制与主要政策》，辽宁人民出版社1982年版。

金挥、陆南泉、张康琴主编:《苏联经济概论》,中国财政经济出版社1985年版。

金挥、陆南泉主编:《战后苏联经济》,时事出版社1985年版。

经贸部东欧中亚咨询组编:《俄罗斯远东经济概览》,中国对外经济贸易出版社1995年版。

李传勋主编:《俄罗斯远东市场研究》,社会科学文献出版社2003年版。

李传勋主编:《中俄区域合作研究》,黑龙江人民出版社2003年版。

李建民:《独联体国家投资环境研究》,社会科学文献出版社2013年版。

李建民主编:《曲折的历程:俄罗斯经济卷》,东方出版社2015年版。

李新等:《亚欧地缘经济发展及其趋势》,上海远东出版社2023年版。

李新:《俄罗斯经济再转型:创新驱动现代化》,复旦大学出版社2014年版。

陆南泉等编:《对苏贸易指南》,中国财政经济出版社1991年版。

陆南泉等编:《苏联国民经济发展七十年》,机械工业出版社1988年版。

陆南泉等主编:《苏东剧变之后:对119个问题的思考》,新华出版社2012年版。

陆南泉等主编:《苏联真相:对101个重要问题的思考》,新华出版社2010年版。

陆南泉:《论苏联、俄罗斯经济》,中国社会科学出版社2013年版。

陆南泉:《俄罗斯转型与国家现代化问题研究》,中国社会科学出版社2017年版。

陆南泉:《苏俄经济改革二十讲》,生活·读书·新知三联书店2015年版。

陆南泉:《苏联经济体制改革史论(从列宁到普京)》,人民出版社2007年版。

陆南泉:《中俄经贸关系现状与前景》,中国社会科学出版社2011年版。

陆南泉主编:《俄罗斯经济二十年(1992—2011)》,社会科学文献出版社2013年版。

陆南泉主编:《苏联经济简明教程》,中国财政经济出版社1991年版。

陆南泉主编：《转型中的俄罗斯》，社会科学文献出版社2014年版。

马友君：《俄罗斯远东地区开发与中俄区域合作研究》，黑龙江大学出版社2020年版。

《普京文集（2002—2008）》，中国社会科学出版社2008年版。

《普京文集》，中国社会科学出版社2002年版。

戚文海：《中俄科技合作战略与对策》，黑龙江大学出版社2008年版。

戚文海：《中俄能源合作战略与对策》，社会科学文献出版社2006年版。

曲文轶：《俄罗斯转型研究》，经济科学出版社2013年版。

［俄］C.З.日兹宁：《俄罗斯能源外交》，王海运、石泽译审，人民出版社2006年版。

沈志华主编：《中苏关系史纲（1917—1991）》，新华出版社2007年版。

苏联部长会议中央统计局编：《苏联国民经济六十年》，陆南泉等译，生活·读书·新知三联书店1979年版。

苏联部长会议中央统计局编：《苏联国民经济统计年鉴（1959）》，梅国彦译，世界知识出版社1962年版。

苏联科学院经济研究所编：《苏联社会主义经济史（第一卷）：1917—1920年苏维埃经济》，复旦大学经济系和外文系俄语教研组部分教员译，生活·读书·新知三联书店1979年版。

王奇等主编：《东方—俄罗斯—西方：历史与现实》，外文出版社2020年版。

王奇主编：《中俄战略伙伴对话：现状、问题、建议》，中央编译出版社2014年版。

邢广程、孙壮志主编：《上海合作组织研究》，长春出版社2007年版。

薛君度、陆南泉主编：《俄罗斯西伯利亚与远东——国际政治经济关系的发展》，世界知识出版社2002年版。

薛君度、陆南泉主编：《中俄经贸关系》，中国社会科学出版社1999年版。

［俄］亚·格·拉林：《中国移民在俄罗斯：历史与现状》，刘禹、刘同平译，天津人民出版社2017年版。

赵传君主编：《东北经济振兴与东北亚经贸合作》，社会科学文献出版社2006年版。

赵传君主编:《东北亚三大关系研究——经贸·政治·安全》,社会科学文献出版社 2006 年版。

郑羽、庞昌伟:《俄罗斯能源外交与中俄油气合作》,世界知识出版社 2003 年版。

中国现代国际关系研究所民族与宗教研究中心:《上海合作组织——新安全观与新机制》,时事出版社 2002 年版。

中华人民共和国商务部欧洲司、中国社会科学院俄罗斯东欧中亚研究所联合课题组:《俄罗斯经济发展规划文件汇编》,世界知识出版社 2005 年版。